Découvrez l'histoire par les archives de presse

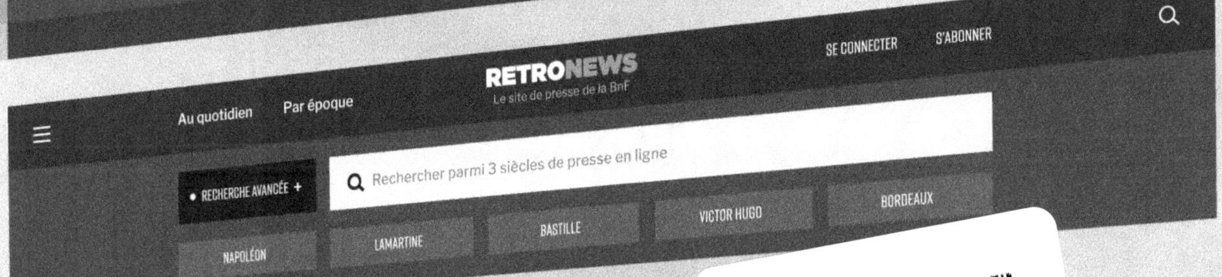

RETRONEWS

Le site de presse de la BnF

www.retronews.fr

REVUE

DE

L'HISTOIRE DES RELIGIONS

TOME SOIXANTE-QUATORZIÈME

ANGERS. — IMP. BURDIN, GAULTIER ET THÉBERT, SUCC^{rs}, RUE GARNIER, 4.

ANNALES DU MUSÉE GUIMET

REVUE

DE

L'HISTOIRE DES RELIGIONS

PUBLIÉE SOUS LA DIRECTION DE

MM. RENÉ DUSSAUD ET PAUL ALPHANDÉRY

AVEC LE CONCOURS DE

MM. R. BASSET, A. BOUCHÉ-LECLERCQ, J.-B. CHABOT, E. CHAVANNES, Fr. CUMONT,
E. de FAYE, G. FOUCART, A. FOUCHER, Comte GOBLET d'ALVIELLA, Maurice
GOGUEL, H. HUBERT, G. HUET, L. LÉGER, Israël LÉVI, Sylvain LEVI,
Ad. LODS, Fr. MACLER, M. MAUSS, A. MEILLET, P. MONCEAUX, Ed. MONTET,
A. MORET, P. OLTRAMARE, F. PICAVET, C. PIEPENBRING, A. RÉBELLIAU,
Ad. REINACH, M. REVON, J. TOUTAIN A. VAN GENNEP, etc.

TRENTE-SEPTIÈME ANNÉE

TOME SOIXANTE-QUATORZIÈME

PARIS

ERNEST LEROUX, ÉDITEUR

28, RUE BONAPARTE (VI°)

1916

ANNALES DU MUSÉE GUIMET

REVUE
DE
L'HISTOIRE DES RELIGIONS

PUBLIÉE SOUS LA DIRECTION DE

MM. RENÉ DUSSAUD ET PAUL ALPHANDÉRY

AVEC LE CONCOURS DE

MM. R. BASSET, A. BOUCHÉ-LECLERCQ, J.-B. CHABOT, E. CHAVANNES, Fr. CUMONT,
E. de FAYE, G. FOUCART, A. FOUCHER, Comte GOBLET d'ALVIELLA, Maurice
GOGUEL, H. HUBERT, G. HUET, L. LÉGER, Israel LEVI, Sylvain LEVI,
Ad. LODS, Fr. MACLER, M. MAUSS, A. MEILLET, P. MONCEAUX, Ed. MONTET,
A. MORET, P. OLTRAMARE, F. PICAVET, C. PIEPENBRING, A. RÉBELLIAU,
Ad. REINACH, M. REVON, J. TOUTAIN, A. VAN GENNEP, etc.

TOME LXXIV, N° 1. — JUILLET-AOUT

PARIS
ERNEST LEROUX, ÉDITEUR
28, RUE BONAPARTE (VIe)

1916

La REVUE DE L'HISTOIRE DES RELIGIONS paraît tous les deux mois, par fascicules in-8° raisin, de 8 à 10 feuilles d'impression.

NOTES D'HISTOIRE ÉVANGÉLIQUE

Le Problème chronologique

I. — LA DATE DE LA NAISSANCE DE JÉSUS.

Le caractère légendaire[1] des évangiles de l'enfance ne dispense pas l'historien d'examiner comment il faut interpréter les indications de dates qu'ils contiennent. On ne saurait, en effet, nier *a priori* que l'imagination populaire qui leur a donné naissance ait utilisé et encadré des données chronologiques positives.

L'évangile de Matthieu (2, 1) met la naissance de Jésus « au temps du roi Hérode », c'est-à-dire à une date antérieure à 4 avant notre ère[2]. Peu de temps après, des Mages arrivent à Jérusalem pour se prosterner devant le roi des Juifs qui vient de naître. Son étoile (ὁ ἀστήρ), apparue en Orient, les a conduits à Jérusalem; elle les guide ensuite jusqu'à Bethléhem (2, 1-12)[3].

Daniel Völter[4] cherche l'origine de ce récit dans un passage du livre des Nombres où il est question de l'étoile de Jacob[5].

1) Il ne nous paraît pas utile de relever ici toutes les difficultés et toutes les contradictions qu'ils contiennent.

2) Schürer, *Geschichte des jüdischen Volkes im Zeitalter Jesu Christi*, I[4]. Leipzig, 1901, p. 415, n. 167. Otto, *Herodes, Beiträge zur Geschichte des letzten jüdischen Königshauses*, Stuttgart, 1913, col. 149.

3) On trouvera d'abondantes indications bibliographiques sur l'étoile des Mages dans F. K. Ginzel, *Handbuch der mathematischen und technischen Chronologie*, Leipzig, 1906-1914, III, p. 382 ss.

4) D. Voelter, *Die evangelische Erzählungen von der Geburt und Kindheit Jesu kritisch untersucht*, Strassburg, 1911, p. 91.

5) *Nombres*, 24, 17. Cf. 23, 7. *Esaïe*, 9, 1-5; 60, 1-3, 5. 6. *Psaume* 72, 10. 11.

L'explication est ingénieuse mais se heurte à une objection sérieuse. Matthieu qui, pourtant, prend plaisir à montrer dans l'histoire évangélique la réalisation de prophéties ne cite à propos de cet épisode aucun passage de l'Ancien-Testament.

Hermann Usener[1] a justement montré que tous les éléments de la tradition recueillie par Matthieu se retrouvent dans diverses conceptions mythologiques de l'antiquité. D'après Varron, Énée avait été conduit par une étoile depuis Troie jusqu'à Laurente[2]. D'après Cicéron, une constellation brillante avait paru dans le ciel au moment de la naissance d'Alexandre[3]. En présence de ces exemples et de ceux qu'on y pourrait joindre, il faut se demander s'il n'est pas vain de chercher l'étoile des Mages dans le ciel des astronomes[4]. Les tentatives faites pour l'y trouver ont pourtant été nombreuses. Quelques auteurs ont voulu identifier l'étoile des Mages à une comète[5], à celle de Halley, par exemple, à son passage en 12 ou 11 avant notre ère[6], bien que, dans l'antiquité, l'apparition d'une comète ait passé, en général[7], pour un signe néfaste[8]. Képler ayant observé,

1) H. Usener, *Das Weihnachtsfest*[2], Bonn, 1911, p. 79 s.

2) Servius, *Aen.*, II, 801.

3) Cicéron, *De Divinatione*, I, 47.

4) Von Soden, art. *Chronology*, dans Cheyne, *Encycl. Bibl.*, I, p. 809. Turner, art. *Chronology of the New Testament*, dans Hastings, *Dict. of the Bible*, I, p. 404. Avec une conception toute différente H. Lesètre (art. *Étoile des Mages* dans Vigouroux, *Dict. de la Bible*, II, c. 2039) aboutit à une conclusion pratiquement identique. Il voit dans l'étoile des Mages « un simple météore, un astre qui n'avait de commun avec les autres que l'apparence... La puissance divine l'a conduit en dehors de toutes les lois astronomiques pour le faire paraître et disparaître à son gré, le pousser du Nord au Sud, de Jérusalem à Bethléhem... l'abaisser assez pour guider des voyageurs sur une route et enfin l'arrêter sur une maison. »

5) Wieseler, *Beiträge zur richtigen Würdigung der Evangelien und der evangelischen Geschichte*, Gotha, 1869, p. 153. Wieseler pense à une comète signalée sur une table astronomique chinoise pour 4 avant J.-C. (750 de Rome).

6) Westberg, *Die biblische Chronologie nach Flavius Josephus und das Todesjahr Jesu*, Leipzig, 1910. *Zur neutestamentlichen Chronologie und Golgathas Ortslage*, Leipzig, 1911, p. 41, 49.

7) Voyez les témoignages en sens contraire cités par Westberg, *Zur neutest. Chron.*, p. 41 s.

8) Schweitzer, *Geschichte der Leben-Jesu-Forschung*[2], Tübingen, 1913, p. 610.

dans l'automne de 1604, l'apparition d'une étoile, invisible jusque-là, qui brilla jusqu'à la fin de 1605, nota que le phénomène
s'était produit à un moment où Mars, Saturne et Jupiter étaient
en conjonction dans le signe du Poisson. Il supposa une corrélation entre les deux phénomènes. Les trois planètes considérées ayant occupé une position identique en 7 avant J.-C., il
pensa que l'étoile des Mages était un astre temporaire qui avait
brillé à ce moment [1]. Mais les astronomes ont complètement
renoncé à l'idée d'une relation entre la conjonction des planètes
et l'apparition d'une étoile temporaire : on n'a donc pu retenir la théorie de Képler qu'en voyant dans la conjonction des
planètes un signe auquel les Mages ont pu reconnaître que le
Messie était né en Israël [2].

Le moindre défaut de cette interprétation est qu'elle ne rend
pas compte du texte. Il y est question d'une étoile et non de la
position occupée par certaines planètes dans une région particulière du ciel. Les Mages sont guidés par l'astre lui-même
et non par l'interprétation qu'ils donnent d'un phénomène
astronomique [3].

1) Kepler, *De Jesu Christi servatoris nostri vero anno natalitio*, 1606. *De vero
anno quo aeternus Dei filius humanam naturam in utero benedictae virginis
Mariae adsumpserit*, 1614. Ideler, *Handbuch der mathematischen und technischen Chronologie*, Berlin, 1825, II, p. 399. Cf. Caspari, *Chronologisch-geographische Einleitung in das Leben Jesu-Christi*, Hamburg, 1869, p. 33 s.

2) Les rabbins considéraient cette conjonction de planètes comme particulièrement favorable à Israël. Avec la modification indiquée la théorie de Képler
est admise par A. Jeremias (*Babylonisches im Neuen Testament*, Leipzig, 1905,
p. 53). J. Hontheim (*Die Konjunktion von Jupiter und Saturn im Jahre 7 v.
Chr.*, Der Katholik, 1908), Kritzinger (*Der Stern der Weisen*, Gütersloh, 1911).
Une combinaison un peu différente, mais du même ordre, a été proposée par
Voigt (*Die Geschichte Jesu und die Astrologie, Eine religionsgeschichtliche und
chronologische Untersuchung zu der Erzählung von den Weisen aus dem Morgenlande*, Leipzig 1911).

3) Il paraît bien téméraire de vouloir opérer une distinction dans le récit
pour retenir seulement comme historique l'apparition de l'étoile en regardant
comme un embellissement littéraire le détail de son mouvement et de son arrêt
à Bethléhem. C'est cependant ce que fait W. C. Allen, *A critical and exegetical
commentary on the Gospel according to St. Matthew* (Intern. Crit. Comm.),
Edinburgh, 1907, p. 14.

L'épisode du massacre des Innocents (*Matthieu*, 2, 13-23) fournit indirectement une indication sur la date que Matthieu assigne à la naissance de Jésus par rapport à la mort d'Hérode. L'assassinat de tous les enfants de deux ans et au-dessous oblige à reporter la naissance de Jésus au moins en 6 avant notre ère, c'est-à-dire deux ans avant la mort du roi. Il ne faut sans doute pas remonter beaucoup au-delà, car, bien que le récit ne contienne aucune indication précise sur ce point, il paraît indiquer que le séjour de Jésus et de ses parents en Égypte a été de courte durée.

L'an 6 avant notre ère, ou 748 de Rome, est donc la date approximative qui résulte pour la naissance de Jésus de l'évangile de Matthieu.

L'évangile de l'enfance de Luc [1] est aussi daté, d'une manière générale, du temps où Hérode était roi du « pays juif »

1) Depuis l'époque de Scaliger (*De emendatione temporum*, 1656, p. 303-305) on a tenté, à diverses reprises (par exemple F. Stawart, *Die Ordnung Abia in Beziehung des wahren Geburtsdatums Jesu, Theologische Qartalschrift*, 1866, pp. 201 ss., en dernier lieu, F. R. Montgomery Hitchcock, art. *Dates* dans Hastings, *Dict. of the Christ and the Gospels*, I, p. 410), d'utiliser, pour préciser la date de la naissance de Jean le fait qu'au moment ou elle fut annoncée par l'ange, la classe d'Abia était de service au temple. D'après Joseph (*Antiq.*, VII, 14, 7. Niese, 367) l'ordre de service des familles sacerdotales indiqué dans *I Chron.*, 25 était resté le même après le retour de l'exil. On sait, d'autre part, par le témoignage du Talmud, que lors de l'incendie du temple (9 Ab 70. Cf. Schürer, *Gesch. des jüd. Volkes*, I, p. 631 n. 115) la famille sacerdotale en fonction était celle de Jehojarib (*Seder olam Rabba*, XXX. *Bab. Erachim*, 1, 2. *Bab. Taanith*, 29, 1. Cf. Caspari, *Chron. Geogr. Einl. in d. Leb. Jes.*, p. 22). Ces données permettent, semble-t-il, de calculer à quels moments de chaque année les diverses familles ont été de service. Pour l'an 748 de Rome (6 av. J.-C.) la famille d'Abia aurait été en fonction du 18 au 24 avril et du 3 au 9 octobre. Si on admet (cf. *Luc*, 1, 26) que Jésus est né six mois après Jean-Baptiste et que la grossesse d'Élisabeth a commencé immédiatement après le service de Zacharie dans le temple, la naissance de Jésus se placerait quinze mois après que la classe d'Abia avait été en fonction. Si l'on adopte le second tour de service de l'an 748 (6 av. J.-C.), la naissance de Jésus se placerait en décembre 749 (5 av. J.-C.). Beaucoup d'auteurs ont été frappés de cette coïncidence. Mais il est établi que la tradition qui met la naissance de Jésus en hiver est de date récente. Luc, en tous cas, ne l'a pas connue, puisque d'après lui (2, 8 s.), au moment de la naissance de Jésus, les bergers gardent leurs troupeaux aux champs pendant les veilles de la nuit. Aussi toute la combinaison s'écroule-t-

(1, 5. 2, 1)[1]. A ce moment là, l'empereur Auguste aurait ordonné de faire un recensement des habitants de toute la terre. Jésus serait né à Bethléhem au cours de ce recensement, Quirinius étant gouverneur de Syrie[2].

Il n'entre pas dans notre dessein de faire l'historique de toutes les controverses soulevées par ces quelques versets. Nous rappellerons seulement les points essentiels du débat. Il est maintenant admis que Quirinius fut, à deux reprises, gou-

elle. En outre, le mode d'insertion du mois supplémentaire dans le calendrier juif (cf. plus loin) rend absolument incertain le calcul sur lequel repose toute cette combinaison.

1) Rigoureusement l'indication ne se rapporte qu'aux récits du chapitre 1 (Annonce de la naissance de Jean-Baptiste et de celle de Jésus. Naissance de Jean-Baptiste). S'il fallait interpréter à la lettre l'indication de 2, 1. « En ces jours là » il faudrait la rapporter au temps de la « manifestation de Jean à Israël » (1, 80) c'est-à-dire au début de son ministère; on serait ainsi obligé de statuer un intervalle d'au moins vingt années entre la naissance de Jean-Baptiste et celle de Jésus (Spitta, *Die chronologischen Notizen und die Hymnen in Luc 1 u. 2, Zeitschrift für die neutestamentliche Wissenschaft* (VII), 1906, p. 290 s.) Telle n'est certainement pas la pensée de l'évangéliste. Il est d'ailleurs absolu- ment impossible de mettre un intervalle de vingt ans ou davantage entre l'annonce de la naissance de Jésus et cette naissance elle-même. La difficulté n'est guère moindre avec l'interprétation de Lutteroth (*Le recensement de Quirinius en Judée*, Paris, 1865) qui entend par la manifestation de Jean à Israël, le moment où l'enfant, arrivé à l'âge de douze ans, est conduit au temple et commence à être astreint à l'observation de la loi. La seule interprétation naturelle est celle qui rattache 2, 1 à l'ensemble du chapitre 1 et en fait une reprise de l'indi- cation donnée dans 1, 5.

2) C'est ainsi, du moins, que nous croyons devoir comprendre le passage *Luc 2, 2*. Reprenant une opinion autrefois défendue par plusieurs exégètes le P. Lagrange (*Où en est la question du recensement de Quirinius? Revue Biblique Internationale*, 1911, p. 60 s.) a soutenu récemment qu'il fallait tra- duire « Ce recensement eut lieu avant que Quirinius fût gouverneur de Syrie. » Le thesaurus de Didot cite plusieurs textes où πρῶτος a incontestablement le sens de πρότερος. Il y en a deux dans le Nouveau-Testament : *Jean, 1, 30 et 15, 18*. Employé dans ce sens πρῶτος régit le génitif. Il faut que les deux termes comparés soient homogènes, toutefois la construction admet la substitution au terme comparé de son complément. Mais, dans le passage qui nous occupe, le membre de phrase ἡγεμονεύοντος... Κυρηνίου est un participe absolu et ne saurait être regardé comme le complément de ἀπογραφῆς sous-entendu. La construction que suppose la traduction du P. Lagrange est extrêmement dure et peu natu- relle. Il faut ajouter que son interprétation, peu vraisemblable avec la leçon ἐγένετο πρώτη (אּ* D) l'est encore moins avec le texte bien plus autorisé de BACL, πρώτη ἐγένετο.

verneur de Syrie : la première fois, probablement, de 3 à 2 avant notre ère[1], la seconde de 6 à 12 après. Auquel de ces deux gouvernements la notice de Luc se rapporte-t-elle ? Joseph qui parle d'un seul recensement le place en 7 après J.-C.[2]. Si l'on admet cette indication, la date donnée par Luc dans 2, 2 pour la naissance de Jésus est en contradiction avec celle qui résulte du rapprochement des deux passages 1, 5 et 2, 1 qui font naître Jésus au temps du roi Hérode, c'est-à-dire une dizaine d'années avant le recensement de Quirinius. Faut-il penser, comme l'ont fait certains critiques[3], que Joseph s'est trompé de dix ans dans la date assignée au premier recensement qui, en réalité, aurait eu lieu du vivant d'Hérode ou immédiatement après sa mort[4]? Ou bien, doit-on admettre que le recensement était périodique en Syrie, comme il devait l'être plus tard en Égypte, et que celui que mentionne Joseph avait été précédé d'un autre, fait lors du premier gouvernement de Quirinius[5]? Il est superflu de discuter ces questions, car le texte de Luc ne paraît contenir aucune tradition solide de laquelle il soit possible de tirer des conclusions certaines. Nous ne nous arrêterons pas au fait qu'on ne sait rien d'un édit par lequel Auguste aurait ordonné un recensement de toute la terre, alors qu'un tel acte aurait difficilement pu ne laisser aucune trace. On pourrait, à la rigueur, admettre qu'il n'y a dans l'expression employée par Luc qu'une certaine exagération littéraire. En fait, d'après Joseph, le recensement ne fut fait qu'en Judée et en Samarie. Il n'avait d'ailleurs, en ce qui concerne la Palestine, d'intérêt que dans ces deux régions incorporées à la

1) Schürer, *Gesch. d. jüd. Volk.*, I, p. 322. Sur une tentative faite par Ramsay pour reporter, d'après une inscription récemment trouvée à Antioche de Pisidie, le premier gouvernement de Quirinius en 8-6 avant J.-C. Cf. *Theol. Literaturzeitg.*, 1912, c. 605 s.

2) Sur le témoignage de Joseph voir Schürer, *Gesch. d. jüd. Volk.*, I, p. 508 ss.

3) Pour leurs opinions voir Lagrange, *Où en est la question du recensement de Quirinius? Rev. bibl.*, 1911, p. 63 s.

4) Voelter, *Die ev. Erzähl. von d. Geb. u. Kindh. Jesu*, p. 36 ss.

5) C'est par exemple le système de Ramsay, (*Was Christ born at Bethlehem*[?] London, 1898, p. 149 ss.) et celui de Lagrange (*Où en est la question du recensement de Quirinius? Rev. bibl.*, 1911, p. 65).

province romaine de Syrie au moment de la déposition d'Archélaüs.

Le principe posé au verset 3, d'après lequel chacun devait se faire enregistrer dans sa ville d'origine est bien peu vraisemblable. Une telle mesure, pratiquement irréalisable dans la majorité des cas, était complètement inutile. Le recensement destiné à rendre possible le recouvrement de l'impôt devait constater un état de fait et non se préoccuper de généalogies plus ou moins anciennes. On a cité, pour justifier la mesure attribuée à Quirinius par Luc, un édit par lequel G. Vibius Maximus, gouverneur d'Égypte en 104 après J.-C., ordonnait, au moment d'un des recensements périodiques, à ceux qui avaient quitté leur village d'y retourner pour le dénombrement [1]. Le parallèle invoqué n'est nullement probant [2]. G. V. Maximus s'adresse à des gens qui ont momentanément quitté leur domicile. Il ne leur demande pas de venir y faire une apparition, il entend qu'ils y restent ainsi que cela résulte de l'exhortation qu'il leur adresse de se remettre à la culture de leurs terres.

On a aussi essayé de justifier le texte de Luc en supposant que Joseph, bien que fixé à Nazareth, possédait quelque bien à Bethléhem et qu'en raison de ce fait il était tenu de se soumettre au recensement. Cette hypothèse, arbitraire et difficile [3], obligerait à attribuer à Luc une imprécision et une inexactitude d'expression qui diminueraient singulièrement l'autorité de son témoignage.

Et d'ailleurs, même si Joseph avait dû venir en personne à Bethléhem, comme c'était au chef de famille seul qu'il appartenait de faire une déclaration, il n'était nullement tenu d'être accompagné par Marie et il est invraisemblable que, dans l'état

---

1) Kenyon and Bell, *Greek Papyri in the British Museum*, III, London, 1907, p. 125, n° 904, 18 s. Cf. Deissmann, *Licht vom Osten* [2-3], Tübingen, 1909, p. 201 s.

2) Schürer, *Theol. Litzg.*, 1907, col. 683 s.

3) Les parents de Jésus paraissent avoir été de très pauvres gens. Le sacrifice qu'ils offrent (*Luc*, 2, 24) est celui qui était indiqué pour les pauvres (*Lévit.*, 12, 8).

où elle se trouvait, il l'ait emmenée sans y avoir été obligé.

La tradition recueillie par Luc contient donc un certain nombre de traits nettement légendaires, il serait par suite téméraire de lui attribuer une valeur absolue.

Le rôle que joue l'histoire du recensement dans la narration évangélique est très clair. Elle sert à résoudre un des problèmes en face desquels la pensée chrétienne se trouva placée quand elle se mit à transférer systématiquement à Jésus de Nazareth les attributs que la dogmatique juive prêtait au Messie. On savait que Jésus était Galiléen, on connaissait son village, Nazareth, mais, en tant que Messie, fils de David, il devait être né à Bethléhem [1]. La tradition recueillie par Luc résout la difficulté en se servant du recensement pour amener les parents de Jésus à Bethléhem, malgré toutes les difficultés que soulève cette combinaison [2].

Vouloir, dans ces conditions, concilier le récit de Luc avec les données fournies par Joseph serait comparer des grandeurs qui ne sont pas du même ordre.

Il n'y a donc pas à recueillir des évangiles de l'enfance de Matthieu et de Luc d'autre indication chronologique que celle-ci : Jésus est né avant la fin du règne d'Hérode. Que vaut cette tradition? On pourrait se demander si elle n'est pas née d'une opposition dramatique entre le Messie doux et humble de cœur et le tyran cruel et sanguinaire. L'hypothèse doit être écartée puisque cette opposition n'est développée ou indiquée ni chez Matthieu ni chez Luc. Comme, d'autre part, cette indication, en elle-même assez vraisemblable, ne présente aucun

---

1) *Michée*, 5, 1. Bousset, *Die Religion des Judentums im neutestamentlichen Zeitalter*, Berlin, 1903, p. 214. Comparer une légende rabbinique rapportée dans le midrasch *Echa Rabbatı*, I, 16ᵃ (Wünsche, *Der Midrasch Echa Rabbati*, Leipzig, 1881, p. 88) et par le traité *Berachot*, II, 5 *a*. Voir là-dessus Voelter, *Die ev. Erz. von der Geb. u. Kindh. Jesu*, p. 4 ss.

2) Voelter, *Die evang. Erzähl. v. der Geburt u. Kindh. Jesu*, p. 45 s. On sait que l'évangile de Matthieu a adopté une autre solution : les parents de Jésus qui, avant sa naissance, habitent à Bethléhem, sont amenés par l'hostilité d'Hérode et celle d'Archélaüs, d'abord à fuir en Égypte puis, à se réfugier à Nazareth.

intérêt dogmatique ou apologétique, elle mérite d'être retenue. Jésus serait donc né au plus tard au début de 4 avant notre ère.

II. — LA QUINZIÈME ANNÉE DU RÈGNE DE L'EMPEREUR TIBÈRE.

Au moment où il commence le récit de l'histoire évangélique proprement dite, Luc donne une indication chronologique détaillée qui se rapporte à la vocation de Jean-Baptiste. « La quinzième année du règne de l'empereur Tibère, Ponce-Pilate étant gouverneur de la Judée, Hérode tétrarque de la Galilée, Philippe tétrarque de l'Iturée et de la Trachonitide, Lysanias tétrarque d'Abylène, sous le pontificat d'Hanne et de Caiphe... » (3, 1-2). Ponce-Pilate fut gouverneur de Judée de 27 à 37[1], Hérode Antipas, tétrarque de la Galilée de 4 avant J.-C. à 39 après J.-C.[2], Philippe, tétrarque de l'Iturée, de 4 avant J.-C. à 34 après[3]. On ne sait rien de précis sur les dates relatives à Lysanias[4]; Joseph Kaiaphas fut grand-prêtre de 18 à 36, Hanne (Ananos) l'avait été de 6 à 15[5] et avait conservé une grande influence même après sa déposition[6]. Il suit de là que la seule indication utilisable de notre passage est la première : « la quinzième année du règne de l'empereur Tibère ». Tibère étant monté sur le trône le 19 Août 14, l'indication qui nous est fournie se rapporte à une date comprise entre le 19 Août 28 et le

---

1) Les raisons que vou Dobschütz (art. *Pilatus* dans Herzog-Hauck, *RE*[2], XV, p. 398) fait valoir en faveur de ces dates nous paraissent décisives contre l'opinion de Schürer (*Geschichte d. jüd. Volk.*, I, p. 487 s.) qui adopte les dates 26 à 36.

2) Schürer, *Gesch. d. jüd. Volk.*, I, p. 431 s.

3) *Id.*, p. 425 s.

4) *Id.*, p. 717 s.

5) *Id.*, II, p. 217 s.

6) C'est ainsi que, d'accord avec la quasi-unanimité des exégètes, nous expliquons la phrase un peu étrange de Luc de laquelle il semblerait, au premier abord, résulter qu'il y avait simultanément deux grands-prêtres en fonction. Pour comprendre ainsi le texte il faut prêter à Luc une ignorance des choses juives trop grande pour être vraisemblable.

18 Août 29. Quelques auteurs, il est vrai, ont proposé de prendre comme point de départ du calcul non pas l'avènement de Tibère, mais le moment où Auguste l'avait associé à l'empire, soit la fin de 11 ou le début de 12. Dans cette hypothèse la vocation de Jean-Baptiste daterait de 26[1]. Mais les historiens romains et Joseph comptent toujours les années du règne de Tibère, à partir de la mort d'Auguste. Rien n'autorise à penser que Luc ait suivi un autre système[2].

La date donnée par Luc est celle de la vocation de Jean-Baptiste, mais, comme Luc ne s'intéresse pas directement au précurseur et qu'il ne présente son ministère qu'en un très bref raccourci, il est naturel de penser que cette date est aussi celle du baptême de Jésus et du commencement de son activité. En 28-29, Jésus aurait été âgé d'environ 30 ans (*Luc*, 3, 23)[3]. Ceci s'accorde suffisamment avec sa naissance en 4 avant notre ère, ou à une date un peu antérieure. Les deux données toutefois ne se confirment pas l'une l'autre, l'attribution de 30 ans à Jésus au début de son ministère pouvant avoir été déduite par Luc des dates auxquelles il plaçait sa naissance et le début de son activité. L'indication donnée par Luc sur le moment où commence l'activité de Jésus ne se présente pas dans des conditions qui fournissent de sérieuses garanties et méritent d'inspirer confiance. L'absence

1) Wieseler, *Beitr. z. richt. Würd. d. Ev.*, p. 177 s. Caspari, *Chron.-geogr. Einl. i. d. Leb. Jesu*, p. 38 s. Bernhard Weiss, *Leben Jesu*, Berlin, 1882, I, p. 305 s. Ramsay, *Was Christ born at Bethlehem?* p. 199 s. Turner, art. *Chronology of the New Testament*, dans Hastings, *Dict. of the Bible*, I, p. 405 s. Neesser, *La durée du ministère de Jésus, Revue de théologie et de philosophie*, 1908, p. 482, 487. L'intérêt de cette combinaison est que sa naissance étant datée de 4 avant l'ère chrétienne, Jésus aurait eu, en 26, exactement 30 ans. L'argument n'est pas probant. L'expression « environ 30 ans » peut convenir pour un homme de 32 ans et surtout il n'est pas établi que les données de *Luc*, 3, 1, et de *Luc*, 3, 23, soient parfaitement cohérentes.

2) Holtzmann, *Handkommentar zum Neuen Testament*, I, 1ᵉ. Tübingen, Leipzig, 1901, p. 324. Joh. Weiss, coll. Meyer, I, 2ᵉ. Goettingen, 1892, p. 346. Loisy, *Les évangiles synoptiques*, Ceffonds, 1907, I, p. 387. Wellhausen, *Das Evangelium Lucae*, Berlin, 1904, p. 14.

3) Turner (art. *Chronology of the New Testament*, dans Hastings, *Dict. of the Bible*, I, p. 405) signale que trente ans est d'après *Nombres*, 4, 3-47, l'âge requis pour l'exercice des fonctions sacerdotales.

de toute indication chronologique comparablé à celle de Luc (3, 1) dans les évangiles de Matthieu et de Marc, et, on peut ajouter, dans celui de Jean, montre que l'ancienne tradition chrétienne ne s'intéressait pas aux renseignements de cet ordre[1]. Il est, dans ces conditions, difficile de croire que la tradition sur la vie de Jésus ait fourni à Luc l'indication qu'il donne au début de son récit. Il est, d'autre part, bien peu vraisemblable qu'écrivant postérieurement à 70, c'est-à-dire plus de 40 ans après les événements qu'il raconte, Luc ait été en état de recueillir des indications précises sur une date à laquelle personne jusque-là ne paraît s'être intéressé. Il est donc probable que c'est par des combinaisons dont il nous est impossible de vérifier l'exactitude et qui ne présentent aucune espèce de garantie que Luc a déterminé la date qu'il donne pour celle du début du ministère de Jésus[2].

Cette date ne mériterait donc d'être retenue que si elle s'accordait avec des données précises établies par ailleurs. Nous verrons que tel n'est pas le cas.

III. — LA DATE DE LA MORT DE JEAN-BAPTISTE ET LE MINISTÈRE DE JÉSUS.

Une partie au moins du ministère de Jésus s'est déroulée après la mort de Jean-Baptiste. La date de cet événement, si elle pouvait être déterminée, fournirait une indication intéressante pour la chronologie de l'histoire évangélique. Quelques auteurs comme Keim[3] et, plus récemment, Lake[4] ont poussé leurs

1) On sait qu'il n'y a pas non plus d'indication chronologique dans le livre des Actes.

2) Loisy, *Revue d'histoire et de littérature religieuses*, 1911, p. 506. Au contraire Ramsay (*Was Christ born at Bethlehem?* p. 197) estime l'indication donnée par Luc pleinement fondée. De même Otto (*Herodes*, col. 188).

3) Keim, *Geschichte Jesu von Nazara*, Zurich, 1867-1872, I, p. 621 s. III, p. 484 s.

4) Lake, *The date of Herode's marriage with Herodias and the chronology of the Gospels, Expositor*, nov. 1912, p. 462, 477. Comp. le résumé donné par Alphandéry, *Le quatrième Congrès international d'histoire des religions à Leyde, Revue*, t. LXVI, sept.-oct. 1912, p. 251.

recherches dans ce sens. Ils prennent pour point de départ l'indication des évangiles d'après laquelle l'emprisonnement, puis la mise à mort de Jean-Baptiste auraient été motivés par les reproches adressés par lui à Hérode Antipas, au sujet de son mariage avec Hérodias, femme de son demi-frère Hérode[1].

Pour épouser Hérodias, Hérode avait dû rompre son premier mariage avec la fille du roi nabatéen Arétas IV. Celle-ci, apprenant que son mari se préparait à la répudier, avait pris les devants et s'était réfugiée chez son père[2]. Il s'en était suivi une rupture, entre Hérode et les Nabatéens, et en 36 Hérode fut battu par Arétas[3], Keim et Lake pensent que la guerre dut suivre de près le second mariage d'Hérode. Ils trouvent une confirmation de leur opinion dans le fait que, d'après Joseph, on vit dans la défaite infligée à Hérode un juste châtiment du crime qu'il avait commis en faisant périr Jean-Baptiste[4]. Comme la date la plus extrême que l'on puisse assigner à la mort de Jésus est la pâque 36[5], on pourrait fixer la mort de Jean-Baptiste à la fin de 34[6] ou au commencement de 35[7]. Cette argumentation appelle une double réserve. La rupture du premier mariage d'Hérode a été l'origine de l'hostilité entre lui et Arétas; il n'en résulte pas qu'Arétas soit immédiatement entré en campagne contre son ancien gendre. Joseph parle expressément de « commencement de haine »[8], et la façon dont il s'exprime n'exclut pas que d'autres causes aient pu agir à côté de celle-là et contribuer à amener la guerre[9]. Pour attaquer Hérode, Arétas a dû attendre une occasion favorable. Il s'en est présenté une en 36, au moment où les Romains étant occupés par la lutte contre Artabanos III, roi

---

1) *Marc, 6, 17-29. Matthieu, 14, 3-12.* Cf. *Luc, 3, 19-20.*

2) Joseph, *Ant. Jud.*, XVIII, 5, 1. Niese, 109 ss. Cf. Otto, *Herodes*, col. 187.

3) Otto, *Herodes*, col. 187.

4) Joseph, *Ant. Jud.*, XVIII, 5, 2. Niese, 116.

5) Ou la pâque 35 si l'on admet la chronologie donnée par Schürer, cf. p. 9, n. 1.

6) Date adoptée par Keim.

7) Date adoptée par Lake.

8) ἀρχὴ ἔχθρας. *Ant. Jud.*, XVIII, 5, 1. Niese, 113.

9) Schürer, *Gesch. d. jüd. Volk.*, I, p. 444 s.

des Parthes, il n'avait pas à craindre leur intervention[1]. Quant
à l'opinion de ceux qui virent dans la défaite d'Hérode un châtiment du meurtre de Jean-Baptiste, elle n'oblige nullement à
rapprocher la date du crime et celle du châtiment ; l'impression
qu'avait produite Jean-Baptiste a pu rester assez vivace pour
que, plusieurs années plus tard, on pût reconnaître un châtiment dans un malheur qui frappait son meurtrier[2].

Peut-être n'est-il pas nécessaire de pousser plus avant la discussion sur la date du mariage d'Hérode Antipas avec Hérodias,
car la relation entre cet événement et la mort de Jean-Baptiste
est loin d'être incontestable. Elle est affirmée par Marc (6, 17-29)
dont le récit est reproduit avec quelques abréviations par Matthieu (14, 3-12)[3]. Ce récit fourmille d'inexactitudes et d'invrai-
semblances[4]. Hérodias n'était pas la femme de Philippe, comme
le dit l'évangile, mais celle d'un autre frère d'Hérode[5]. Le fait
d'une princesse de la maison d'Hérode dansant, à la fin d'un
festin a paru, à juste titre, invraisemblable à ceux qui savent ce

1) Otto, *Herodes*, col 192.

2) Schürer, *Gesch. d. jüd. Volk.*, I, p. 444. Wellhausen, *Einleitung in die
drei ersten Evangelien*[3], Berlin, 1911, p. 138. Il faut ajouter que, d'après Joseph,
ceux qui virent dans la défaite d'Antipas un châtiment du meurtre de Jean-
Baptiste, ce furent seulement « quelques-uns (τινὲς) des Juifs » (*Ant. Jud.*,
XVIII, 5, 2. Niese, 117).

3) Luc dit seulement qu'Hérode Antipas fit emprisonner Jean à cause des
reproches que le prophète lui avait adressés à propos de son mariage avec Hérodias (*3, 19-20*). Ailleurs (*9, 20*) il dit qu'Hérode avait fait décapiter Jean-
Baptiste.

4) Maurice Goguel, *L'Évangile de Marc dans ses rapports avec ceux de Ma-
thieu et de Luc* (*Bibl. de l'Éc. des Hautes Ét. Sc. Rel.*, t. XXII), Paris, 1909,
p. 135. M. Dibelius, *Die urchristliche Ueberlieferung von Johannes dem Taeufer*, Goettingen, 1911, p. 78 s. J. Psichari, *Salomé et la décollation de Jean-
Baptiste*, *Revue*, t. LXXII (1915), p. 131 ss.

5) Philippe épousa Salomé à une date qui ne peut malheureusement être
déterminée avec quelque certitude. Dans mon *Év. de Marc*, p. 139, j'ai admis
que ce mariage devait être antérieur à l'époque de la mort de Jean-Baptiste.
C'est aussi l'opinion de Wellhausen (*Einl. in d. drei erst. Ev.*, p. 138) qui
pense que ce n'est qu'après être devenue veuve que Salomé vécut à la cour
d'Antipas. Il n'est toutefois pas possible d'écarter absolument la combinaison de
Gutschmid, (citée par Schürer, *Gesch. d. jüd. Volk.*, I, p. 442, n. 29, qui ne
se prononce pas formellement lui-même) d'après laquelle le mariage de Philippe
et de Salomé n'aurait eu lieu qu'en 29.

que sont les danses orientales[1]. Enfin le récit a, par la place
qu'il occupe dans la narration de Marc, un caractère épisodique
très frappant. Il ne joue, dans le développement de l'histoire
évangélique, absolument aucun rôle. C'est manifestement une
tradition populaire que l'évangéliste a recueillie dans des conditions qui ne fournissent aucune garantie de sa valeur[2].

Aux raisons intrinsèques qu'il y a de douter de l'historicité
du récit évangélique de la mort de Jean-Baptiste, se joint une
raison extérieure très grave : le désaccord qu'il y a entre Joseph
et les évangiles sur les causes de la mort de Jean-Baptiste.
D'après Joseph[3] le meurtre de Jean-Baptiste aurait eu des motifs
politiques. Hérode, redoutant l'influence du prophète sur le
peuple, aurait prévenu toute possibilité d'émeute en faisant
emprisonner, puis mettre à mort, celui qu'il regardait comme
un agitateur dangereux[4]. Certains critiques[5] ont proposé de
combiner les motifs donnés à l'emprisonnement et au meurtre
de Jean-Baptiste par les évangiles et par Joseph. Il serait cependant bien surprenant que l'historien juif ait ignoré, s'il répondait à la réalité, le rôle joué par la haine d'Hérodias ou, s'il
l'avait connu, qu'il ait négligé d'introduire dans son récit un
élément d'un intérêt dramatique aussi puissant.

IV. — EST-IL POSSIBLE DE DÉTERMINER DIRECTEMENT LA DATE DE LA MORT DE JÉSUS?

On peut considérer comme un des points les mieux établis

1) Merx, *Die vier kanonischen Evangelien nach ihrem ältesten bekannten Texte*, Berlin, 1897 ss. II, 1, p. 228 s. Psichari, *art. cit.*, p. 138 s.

2) Et qu'il a insérée pour dissimuler l'absence de développement organique dans son récit. Nous reviendrons quelque jour sur ce point.

3) *Ant. Jud.*, XVIII, 5, 2. Niese, 117-119.

4) Schürer, *Gesch. d. jüd. Volk.*, I, p. 437 s. Otto, *Herodes*, col. 189.

5) Il n'y a pas de raison de douter de la valeur de ce témoignage de Joseph. Comme ce morceau ne fait aucune place aux idées messianiques et ne présente pas Jean-Baptiste comme un précurseur de Jésus, on n'est pas en droit d'y voir une interpolation chrétienne. Cf. M. Dibelius, *Die urchr. Ueberlief. v. Joh. d. Taeufer*, p. 124.

de toute l'histoire évangélique que Jésus a été crucifié pendant le gouvernement de Ponce-Pilate, soit entre 27 et 36[1]. Il n'y a aucune des années de ce gouvernement qui n'ait été indiquée comme celle de la mort de Jésus[2]. Rien ne montre mieux la complexité du problème.

Il semble, au premier abord, qu'une méthode qui participe de la certitude des calculs astronomiques puisse intervenir ici. Les évangiles mettent la mort de Jésus en relation directe avec la pâque juive : les synoptiques la fixent au 15 Nisan, le quatrième évangile au 14. Tous semblent d'accord pour dire que Jésus est mort un Vendredi. Ces données paraissent suffisantes pour résoudre le problème, ou du moins, pour en préciser les termes en déterminant un petit nombre de solutions possibles. Le 14 Nisan, en effet, jour où se faisaient les préparatifs de la pâque qui se célébrait après le coucher du soleil, est le jour de la pleine lune de printemps. Il suffit donc de calculer les dates des pleines lunes de printemps pendant les années 27 à 36, puis de relever les années où cette pleine lune est tombée un Jeudi et celles où elle est tombée un Vendredi pour obtenir les dates possibles de la mort de Jésus d'après les synoptiques et d'après le quatrième évangile.

Et comme, en fait, les calculs les plus récents ne donnent, dans chacune des deux hypothèses envisagées, qu'une seule date possible[3], le problème se trouve ramené à celui de la détermination de la valeur relative de la tradition johannique et de la tradition synoptique.

1) Cf. p. 9. n. 1. L'année 37 est exclue, Pilate n'ayant certainement plus été à Jérusalem à la pâque de cette année là. Schürer (*Gesch. d. jüd Volk.*, I, p. 487 n. 141) pense qu'il n'y était déjà plus à la pâque de 36.

2) Preuschen, *Todesjahr une Todestag Jesu, Zeitschr. f. neutest. Wiss.*, V. (1904) p. 1.

3) Les derniers calculs, ceux qui ont été faits pour Achelis (*Ein Versuch den Karfreitag zu datieren, Nachr. der Goetting. Gesellsch. d. Wiss.*, 1902) et qui sont mis par Preuschen à la base de ses recherches donnent comme dates possibles de la mort de Jésus, d'après les synoptiques, le Vendredi 7 avril 30, d'après le quatrième évangile, le Vendredi 3 avril 33. La date du 7 avril 30 avait déjà été donnée par Chavannes. *Essai sur la détermination de quelques dates de l'histoire évangélique, Revue de théologie*, (Strasbourg) 1863, p. 228.

Nous avons, il y a quelques années[1], essayé de montrer que le récit synoptique, dans la majorité de ses éléments constitutifs, supposait une tradition d'après laquelle Jésus serait mort la veille de la pâque c'est-à-dire le 14 Nisan. Nous nous bornerons à rappeler très sommairement les principales raisons qui nous paraissent dicter cette opinion[2].

Si Jésus était mort le 15 Nisan, la mention du dessein de ne pas le faire périr pendant la fête appellerait l'indication des raisons qui ont entraîné une modification du plan primitif. Il y aurait, en outre, un hiatus étrange entre la notice de *Marc*, 14, 1-2, qui se rapporte au 13 et le commencement de l'histoire de la passion au début de la journée du 15. Il faut ajouter deux raisons qui ont plus de poids encore : l'absence dans le récit du dernier repas de toute allusion directe au rituel de la pâque[3] et l'impossibilité que les faits et gestes attribués aux pharisiens et aux prêtres dans la nuit et dans la journée où Jésus fut arrêté, jugé, condamné et exécuté puissent être placés pendant la fête très solennelle du 15 Nisan au cours de laquelle on était tenu d'observer un repos sabbatique rigoureux[4]. Un seul morceau du récit synoptique donne une impression contraire c'est *Marc*, 14, 12-16. (Les disciples demandent à Jésus des instructions pour la préparation du repas pascal et il envoie deux d'entre eux à Jérusalem pour tout préparer). Ce récit est rendu suspect par l'analogie — il vaudrait mieux dire par l'identité —

1) Maurice Goguel, *Les sources du récit johannique de la Passion*, Paris, 1910, p. 15 ss.

2) Schwartz, *Osterbetrachtungen, Zeitschr. f. neutest. Wiss.*, VII, (1906) p. 23 ss., admet aussi que le dernier repas de Jésus n'a pas été un repas pascal et par conséquent que la chronologie synoptique n'est pas fondée. Il estime toutefois que le récit johannique est, non pas la reproduction de la tradition primitive altérée par le récit synoptique, mais une correction tendancieuse de ce récit. C'est, nous semble-t-il, admettre une bien singulière coïncidence que de supposer qu'une correction arbitraire de la narration johannique lui a fait retrouver la tradition historique.

3) Maurice Goguel, l'*Eucharistie des Origines à Justin Martyr*, Paris, 1910, p. 59 ss. Schwartz, *Osterbetrachtungen, Zeitsch. f. neutest. Wiss.*, VII (1906), p. 23.

4) Beer, *Pesachim, Text Uebersetzung und Erklärung*, Giessen, 1912, p. 93.

qu'il y a entre l'envoi de ces deux délégués chargés de préparer
le repas pascal et l'envoi des deux disciples chargés de ramener
l'âne sur lequel Jésus fait son entrée à Jérusalem (*Marc* 11,
1-11 et par.). Le récit du chapitre 14 dérive directement de celui
du chapitre 11[1]. Le caractère secondaire de l'épisode des disciples chargés de préparer le repas pascal est confirmé par le
fait que ce récit est mal soudé à celui qui suit : « Le soir venu,
est-il dit, Jésus arrive avec les Douze » (14, 17). Cette phrase ne
peut être de la même main que le récit de l'envoi des deux
disciples qui, à aucun moment de la journée, n'ont pu rejoindre
Jésus[2]. La tradition synoptique primitive ne contenait donc
rien qui ait fait du dernier repas de Jésus un repas pascal[3]. Il
est facile de découvrir les raisons qui ont déterminé la transformation de la tradition et le transfert de la mort de Jésus
du 14 au 15 Nisan. Elles sont en étroite relation avec l'évolution qui a fait de l'eucharistie chrétienne la pâque de la nouvelle alliance et du dernier repas de Jésus l'institution de cette
pâque.

C. H. Turner[4] a trouvé dans la première épître de Paul aux
Corinthiens une précieuse confirmation des conclusions chronologiques auxquelles nous avons abouti. Il s'agit du passage
où la mort du Christ est comparée au sacrifice de l'agneau pascal et où toute la vie des chrétiens est présentée comme la célébration d'une fête de pâque : « Otez, dit l'apôtre, le vieux
levain... Christ notre pâque a été immolé... Célébrons donc la

---

1) Maurice Goguel, *L'évangile de Marc*, p. 257 s.

2) Le passage 14, 26 qui mentionne un chant par Jésus et ses disciples
avant le départ de la chambre haute a parfois été interprété comme une preuve
que le dernier repas de Jésus avait bien été un repas pascal. On a voulu en
effet, trouver là le chant du Hallel, (*Ps.*, 113-118) qui faisait partie du rituel
pascal. Toutefois c'est un simple chant qui est mentionné et, étant donnée la
place que les Psaumes occupaient dans la piété de Jésus et de ses disciples,
nous pouvons considérer comme certain qu'ils ne les chantaient pas seulement
à l'occasion du repas pascal.

3) Spitta, *Die synoptische Grundschrift in ihrer Ueberlieferung durch das
Lukasevangelium*. Leipzig, 1912, p. 489.

4) C. H. Turner, art. *Chronology of the New Testament*, dans Hastings, *Dict.
of the Bible*, I, p. 412.

2

fête non avec du vieux levain, levain de corruption et de méchanceté mais avec des pains sans levain de sincérité et de vérité » (*I Cor.*, 5, 7-8). Les trois parties de cette exhortation correspondent aux trois moments de la célébration de la pâque juive : recherche et destruction du vieux levain, immolation de l'agneau, consommation des pains sans levain. Dans un autre passage de la même lettre (15, 20), Paul qualifie le Christ de « prémices de ceux qui sont morts ». Or, le 16 Nisan au matin — au moment même où dans l'hypothèse de la mort le 14 Nisan il faudrait, d'après l'apôtre, placer la résurrection — on offrait, dans le temple, les prémices de la moisson[1]. Chacun de ces quatre éléments pris isolément pourrait n'avoir que la valeur d'une image. Leur accumulation et leur enchaînement leur donnent une toute autre portée et autorisent à penser que, d'après l'apôtre Paul, Jésus était mort le 14 Nisan. Ceci admis, nous avons à nous demander dans quelles conditions cette donnée peut servir de base à une détermination astronomique. Le problème se pose dans les termes suivants : Jésus étant mort le Vendredi[2] 14 Nisan, il s'agit de déterminer quand le 14 Nisan, c'est-à-dire la pleine lune de printemps, est tombé un Vendredi entre les années 27 et 36. Le problème paraît relativement simple, mais ce que nous savons du calendrier juif rend le calcul singulièrement incertain et ne laisse à la détermination de la date de la mort de Jésus qu'une apparence de rigueur.

Le calendrier juif[3] est luni-solaire, c'est-à-dire qu'il combine deux manières de mesurer le temps, l'une d'après les phases de la lune, l'année comprenant 12 révolutions de la lune autour de la terre, l'autre d'après les saisons, c'est-à-dire d'après la révolution apparente du soleil autour de la terre, l'année comprenant le temps qui s'écoule entre deux moments successifs où la terre occupe la même position par rapport au soleil. La

1) Ed. Stapfer, *La Palestine au temps de Jésus-Christ*[5], Paris, 1892, p. 428.

2) Pour ne pas compliquer notre exposé nous supposons établi que Jésus est mort un Vendredi; nous reviendrons ultérieurement sur ce point.

3) On peut consulter sur ce point Schürer, *Gesch. d. jüd. Volk.*, I, p. 745 ss. Ginzel, *Handb. d. math. u. techn. Chron.*, II, p. 36 ss

durée d'une révolution de la lune étant de 29 j. 12 h. 44′ 3″
l'année lunaire aura 29 j. 12 h. 44′ 3″ × 12 = 354 j. 8 h. 48′ 36″.
L'année solaire étant de 365 j. 5 h. 48′ 11″, l'année lunaire est de
10 j. 20 h. 59′ 35″ plus courte. Ainsi, un calendrier purement
lunaire avancerait chaque année d'environ 11 jours sur les saisons. L'équilibre serait approximativement rétabli au bout de
33 années solaires qui équivalent à 34 années lunaires[1].

Le désaccord entre l'année lunaire et l'année solaire, en
d'autres termes entre le calendrier et les saisons, présentait de
très graves inconvénients à divers points de vue, pour l'agri-
culture par exemple, et tout particulièrement pour le culte
puisque le caractère primitivement agricole de certaines fêtes
s'était maintenu et se traduisait par l'offrande des prémices de
la moisson le 16 Nisan au matin[2], d'où la nécessité d'une correction du calendrier lunaire destiné à le mettre en harmonie
avec la marche des saisons. Cette correction se faisait par l'addition, chaque fois que cela était jugé nécessaire, d'un mois
supplémentaire qui, à la fin de l'année, doublait le mois d'Adar
(Veadar ou second Adar). L'intercalation du mois supplémentaire était décidée par le sanhédrin pour des raisons toutes
empiriques sans intervention d'aucune règle précise[3]. Il y a là
une première cause d'incertitude dans le calendrier juif ; ce
n'est pas la seule. Le mois lunaire ayant une durée approximative de 29 jours 1/2 oscille entre 29 et 30 jours. Le calendrier
juif est ainsi composé de mois caves (29 jours) et de mois
pleins (30 jours). L'alternance de ces mois n'était pas déterminée par les règles précises du calcul astronomique mais par une
observation toute empirique. Chaque mois, lorsque la journée
du 29 était écoulée, on observait avec soin le ciel. Si, après le
coucher du soleil, on apercevait le mince et fugitif croissant
lumineux qui marque l'apparition de la nouvelle lune le mois

---

1) 33 années solaires font 12.052 j. 23 h. 30′. 3″ ; 34 années lunaires font
12.048 j. 11 h. 32′ 24″ ; la différence n'est que de 4 j. 11 h. 57′ 39″

2) Stapfer, *La Palestine*, p. 428.

3) Voir en particulier sur ce point Schürer, *Gesch. d. jüd. Volk.*, I, p. 753,
n. 19. Mgr Duchesne, *Origines du culte chrétien*[2], Paris, 1903, p. 236.

était réputé cave et la journée qui commençait au coucher du soleil était le premier jour du mois suivant. C'était le sanhédrin qui proclamait le mois plein ou cave mais quiconque avait observé la lumière de la nouvelle lune était tenu de lui apporter son témoignage. Cette méthode de détermination des mois introduit une possibilité d'erreur, l'observation de la nouvelle lune pouvant, dans chaque cas particulier, avoir été contrariée, soit par l'état de nébulosité du ciel, soit par quelque cause accidentelle. Il n'est donc pas possible de calculer avec quelque certitude les dates des calendriers julien ou grégorien qui correspondent à celles du calendrier juif pour les années entre lesquelles il faut choisir celle de la mort de Jésus. Il y a en effet deux causes d'incertitude. On ne peut savoir si, dans chaque cas particulier, l'année précédente a compris 12 ou 13 mois et si la lumière de la nouvelle lune a pu être observée dès son apparition [1]. Le calcul astronomique ne permet donc pas de trouver la date de la mort de Jésus [2].

1) Caspari, *Chron.-geogr. Einl. i. d. Leb. Jesu*, p. 14. Ginzel, *Handb. d. math. u. techn. Chron.*, II, p. 103. Les explications de Ginzel, et déjà celles de Caspari, répondent à l'avance au desideratum formulé par A. Schweitzer, *Gesch. d. Leb. Jesu Forsch.*, p. 613, n. 1.

2) Nous ne croyons pas qu'on puisse suppléer à l'incertitude du calcul astronomique en ayant recours aux indications fournies par les Pères. A moins de diviniser la tradition, quelle valeur peut-on attribuer à des renseignements que les évangélistes n'étaient pas en état de donner ou bien qu'ils jugeaient sans intérêt ce qui rendrait inexplicable qu'ils aient été conservés en dehors d'eux? Nous mentionnerons cependant une coïncidence, au premier abord frappante, qui a été signalée par Preuschen (*Todesjahr und Todestag Jesu, Zeitschr. f. neutest. Wiss.*, V (1904), p. 8 s.): Clément d'Alexandrie cite une tradition qui avait cours parmi les disciples de Basilide et d'après laquelle, en admettant que le calendrier utilisé soit l'ancien calendrier égyptien, Jésus serait mort le Vendredi 7 avril 30, c'est-à-dire précisément à la date que fournit le calcul astronomique. La coïncidence paraît à Preuschen avoir une telle importance qu'il suppose que les disciples de Basilide disposaient d'une tradition solide sur la date de la mort de Jésus. Mais les connaissances astronomiques étaient assez développées en Égypte pour qu'au cours du IIe siècle on ait été en état de calculer la date de la mort de Jésus en prenant comme point de départ qu'il était mort un Vendredi, lendemain d'une pleine lune de printemps entre 27 et 36. L'accord de la tradition citée par Clément avec les calculs astronomiques modernes est à l'honneur des astronomes égyptiens du second siècle, il n'a pas d'autre portée.

L'incertitude qui résulte de la nature du calendrier juif n'est pas la seule difficulté à laquelle se heurte la détermination astronomique de la date de la mort de Jésus. Les données mêmes que l'on prend comme point de départ du calcul n'ont peut-être pas toute la solidité qu'elles paraissent avoir au premier abord.

Que vaut la tradition d'après laquelle Jésus est mort un Vendredi? Le fait est affirmé par les quatre évangélistes. Leur témoignage se présente toutefois dans des conditions qui amènent à se demander s'il fait partie du noyau le plus primitif de la tradition. Voyons d'abord ce qui concerne les synoptiques : Marc (15, 42) et Luc (23, 54) donnent le détail dans le récit de la mise au sépulcre du corps de Jésus mais pas dans des conditions identiques. Marc l'insère tout au début de la péricope, avant de mentionner la démarche de Joseph : « le soir étant déjà venu, comme c'était le jour de la préparation, veille du sabbat, Joseph d'Arimathée... ». L'indication de temps est donc présentée comme la cause déterminante de la démarche de Joseph. Ceci est à rapprocher d'une indication que fournit l'évangile de Pierre où ce sont les Juifs qui descendent le corps de Jésus de la croix (v. 21) et où Hérode répond à Joseph qui vient demander ce corps : « Si quelqu'un ne l'avait pas demandé nous l'aurions enseveli nous-mêmes » (v. 5). L'intervention des Juifs et celle d'Hérode ne peuvent être déterminées par un motif de piété à l'égard de Jésus. Elles ne s'expliquent que par le désir d'éviter la profanation du sabbat par l'exposition du corps d'un supplicié. Un passage du livre des Actes (13, 29) attribue expressément aux Juifs la sépulture de Jésus. Le récit johannique[1] leur prête formellement l'intention de ne pas laisser le corps de Jésus exposé sur la croix pendant la fête (19, 31)[2]. En rapprochant la tradition ainsi reconstituée du

---

1) La valeur de ce détail du récit importe peu ici.

2) La tradition primitive devait donc raconter non seulement qu'on brisait les jambes des brigands et qu'on perçait le côté de Jésus mais encore qu'après qu'ils eurent rendu le dernier soupir on les descendait de la croix. (Maurice Goguel, *Les sources du récit joh. de la Passion*, p. 100). On doit ajouter que

texte de Marc on en vient à se demander si l'idée de Joseph faisant à Jésus des funérailles honorables (15, 46 b) est un élément primitif de la tradition. Si, comme on peut le conjecturer, ce détail provient d'une transformation du récit, il nous permet de saisir sur le vif dans la narration de Marc la transformation de la tradition et la substitution de la sympathie pour Jésus au désir d'éviter une profanation du sabbat, comme motif de la mise au sépulcre [1].

Des deux types de traditions que nous pouvons dès maintenant distinguer, le plus ancien est certainement celui qui fait intervenir un juif soucieux de pureté légale, tant il devait paraître choquant à l'ancienne tradition chrétienne que Jésus, au moment où il venait de mourir, ait été entièrement abandonné des siens et même des femmes qui, venues de Galilée avec lui, s'étaient pendant le supplice tenues en face de la croix.

Wellhausen [2], et après lui Schwartz [3], estiment que le temps qui s'est écoulé entre le moment de la mort de Jésus (3 heures de l'après-midi) (*Marc*, 15, 34) et la fin de la journée, c'est-à-dire

dans le quatrième évangile il y a trace d'une autre tradition qui fait jouer un rôle à Nicodème dans la mise au sépulcre (*Sources*, p. 101). La multiplicité des traditions sur la mise au sépulcre montre à la fois l'importance qu'avait pour le christianisme primitif la question de savoir dans quelles conditions Jésus avait été enseveli et la liberté avec laquelle on répondait à cette question.

1) Un détail nous paraît confirmer cette hypothèse, c'est que les femmes sont témoins de la mise au sépulcre sans y jouer aucun rôle actif comme cela eût été naturel si Joseph avait été un disciple de Jésus (*Mc.*, 15, 47. *Mt.*, 27, 61. *Lc.*, 23, 55-56) Schwartz (*Osterbetrachtungen, Zeitschr. f. neutest. Wiss.*, 1906 (VII), p. 30-31) suppose que, dans la tradition primitive, elles embaumaient le corps de Jésus et que c'est pour pouvoir introduire le récit de leur venue au sépulcre au matin de Pâques et de la découverte du tombeau vide qu'on leur a attribué le Vendredi un rôle tout passif en leur prêtant l'intention de revenir le Dimanche pour procéder à l'embaumement, ce qui, étant donné le climat de la Palestine, était une impossibilité. On peut répondre à cela que le désir d'embaumer Jésus n'est pas nécessaire pour amener les femmes au sépulcre le dimanche matin puisqu'elles y viennent dans le récit de Matthieu (28, 1) où le sépulcre est gardé et scellé et dans celui de Jean (20, 1) où le corps de Jésus a été embaumé par Nicodème (19, 39-40).

2) Wellhausen, *Das Evangelium Marci*, Berlin, 1903, p. 148.

3) Schwartz, *Osterbetrachtungen, Zeitschr. f. neutest. Wiss.*, VII (1906) p. 31-32.

le début du sabbat, ne suffit pas pour la démarche de Joseph auprès de Pilate et pour la mise au sépulcre. Cette argumentation ne nous paraît pas décisive car il est naturel de penser qu'on a dû se hâter autant que possible [1].

Le récit de Matthieu (27, 57-61) présente un développement plus accentué que celui de Marc. Joseph n'est plus un membre du sanhédrin, c'est simplement un homme riche, il ne saurait donc être suspect d'avoir participé aux décisions prises contre Jésus. Il est même dit expressément qu'il était un disciple de Jésus. Deux petits détails insistent sur l'honneur que Joseph rend à Jésus en l'ensevelissant. Il achète un linceul pur et dépose le corps dans son propre sépulcre qui est neuf. Enfin, et c'est là le point le plus important, il est dit seulement que c'est le soir et non que c'est la veille du sabbat, comme si le narrateur voulait éviter que la démarche de Joseph pût être expliquée par autre chose que par le respect et l'amour pour Jésus.

Chez Luc (23, 50-56) le récit a évolué dans le même sens que chez Matthieu. Les deux évolutions toutefois sont certainement indépendantes l'une de l'autre, elles n'en sont que plus significatives. Joseph, comme chez Marc, est membre du sanhédrin mais il est expressément souligné qu'il n'a pris aucune part aux desseins et aux décisions de ses collègues. Le tombeau dans lequel le corps de Jésus est déposé n'a jamais servi. Enfin, comme dans Matthieu et, sans doute, pour les mêmes raisons, l'indication chronologique du début a disparu. Elle est insérée à la fin et d'une manière toute incidente qui ne peut autoriser l'idée que c'est la proximité du sabbat qui a motivé la mise au sépulcre.

On pourrait se demander si la différence de disposition de l'indication chronologique entre les récits de Marc et de Luc et l'absence d'une indication correspondante dans celui de Matthieu n'établissent pas que cette indication manquait dans le récit pri-

1) Clemen, *Religionsgeschichtliche Erklärung des Neuen Testaments*, Giessen, 1909, p. 152. Notons d'ailleurs que ceux qui ont participé à la sépulture de Jésus ont été souillés par là et n'ont pu célébrer la pâque qu'au second mois (*Nombres*, 9, 9-12).

mitif. Matthieu en insère une au début du récit suivant (la garde mise au sépulcre). « Le lendemain qui était le jour qui suit le Vendredi... » (*Matthieu*, 27, 62). Rien n'appelait à cet endroit l'insertion d'une indication de temps, elle est de plus rédigée en termes très peu naturels. La formule « le jour après le Vendredi » pour « le Samedi » ne peut se comprendre que comme la transposition d'une indication qui primitivement se rapportait au Vendredi. Ainsi s'explique du même coup l'insertion de l'indication de temps dans un récit où elle n'était pas indispensable ni même naturelle. La tradition suivie par Matthieu pour la mise au sépulcre devait donc contenir une indication de temps que Matthieu aura transposée, probablement pour les mêmes raisons que Luc.

Le quatrième évangile donne, par trois fois, une indication sur le jour de la mort de Jésus. Au début du récit de la comparution de Jésus devant Pilate, le narrateur remarque que les Juifs n'entrent pas au prétoire afin de ne pas se souiller et de pouvoir manger la pâque (18, 28). Le sens de cette indication est précisé un peu plus loin quand, au moment où Pilate va prononcer la sentence, il fait sortir Jésus et s'assied à son tribunal, au lieu appelé « pavé » et en hébreu « *Gabbatha* » (19, 14). Ce lieu est choisi pour que les Juifs qui n'ont pas voulu entrer au prétoire soient témoins de la condamnation. Le motif de l'abstention des Juifs est expliqué en ces termes. « C'était la préparation de la pâque » (ἦν δὲ παρασκευή τοῦ πάσχα). Enfin une troisième indication se trouve dans le récit de la mise au sépulcre. La tradition synoptique est combinée avec une tradition différente [1]. Joseph, et Nicodème qui l'assiste, sont présentés comme des disciples secrets de Jésus. C'est donc le respect et l'affection pour lui qui les font agir. Ils déposent Jésus dans un tombeau neuf qui se trouve à l'endroit même où a eu lieu la crucifixion. Ce détail, qui a certainement pour l'évangéliste une valeur allégorique [2], est expliqué par la nécessité où l'on est de

---

1) Maurice Goguel, *Sources du récit johannique de la Passion*, p. 101 s.

2) Le rituel pascal ordonnait de préparer et de manger l'agneau dans le même lieu, *Ex.*, 12, 46. Cf. Loisy, *Le quatrième Evangile*, Paris, 1903, p. 892. 898.

se hâter. Nous retrouvons ici le motif donné par Marc pour la sépulture elle-même. Il devait être indiqué déjà dans la tradition primitive. La formule employée est particulière à Jean. Le terme dont il se sert (παρασκευή τῶν Ἰουδαίων), pris en lui-même, peut signifier aussi bien la veille du sabbat que la veille de n'importe quelle fête juive. Comme la même journée est désignée dans 19, 14 par le terme de παρασκευή τοῦ πάσχα, c'est en ce sens aussi que nous devons l'entendre.

Le témoignage de Jean, rigoureusement interprété, n'est donc pas identique à celui des synoptiques. Jésus est mort un Vendredi, disent les trois premiers évangélistes, il est mort la veille de la pâque, dit le quatrième. Cette tradition s'accorde avec les conclusions auxquelles nous avons abouti plus haut. La mort de Jésus ayant été retardée d'un jour, il n'y avait qu'un seul moyen de conserver au jour qui avait suivi le caractère de repos sabbatique qu'il devait avoir à cause du récit de la sépulture et d'expliquer que les femmes ne soient pas venues ce jour là au sépulcre : c'était de faire de ce jour un sabbat. La tradition synoptique sur la mort de Jésus un Vendredi a donc un caractère secondaire par rapport à la tradition johannique. La tradition primitive ne contenait pas d'indication directe sur le jour de la semaine où était mort Jésus [1].

Elle ne contient pas non plus l'indication indirecte que l'on pourrait être tenté de tirer du rapprochement de ces deux données traditionnelles : Jésus est ressuscité le troisième jour et le

1) Aussi devons-nous écarter l'explication de la genèse de la foi à la résurrection au troisième jour qui au premier abord paraît la plus naturelle, celle qui est donnée, par exemple par von Dobschütz (*Ostern und Pfingsten*, Leipzig, 1903, p. 15), d'après laquelle Jésus étant mort le Vendredi, les femmes n'avaient pu venir dès le lendemain au sépulcre à cause du repos sabbatique et n'avaient pu s'y rendre que le jour suivant. C'est ainsi qu'elles auraient découvert au matin du troisieme jour que le sépulcre était vide. On en serait tout naturellement venu à identifier le moment de la résurrection avec celui de la découverte du tombeau vide. Il faut écarter du même coup la théorie de Brandt (*Die evangelische Geschichte und der Ursprung des Christentums*, Leipzig, 1893, p. 430 s.) d'après laquelle on aurait fixé la résurrection au Dimanche matin parce qu'on pensait que Dieu avait observé le repos sabbatique.

tombeau a été trouvé vide le Dimanche matin [1]. La tradition sur
la résurrection le Dimanche, au matin du troisième jour, n'a
pas, en effet, un caractère primitif[2].

V. — DÉTERMINATION INDIRECTE DE LA DATE DE LA MORT DE JÉSUS.

Le quatrième évangile contient un passage qui, incidemment,
fournit une indication chronologique d'autant plus précieuse
que son insertion ne répond pas à la préoccupation de dater un
événement de l'histoire évangélique[3]. Quand, après la purification du temple, Jésus a déclaré aux Juifs qui lui demandent un
signe[4] : « Détruisez ce temple et je le relèverai en trois jours[5] »
les Juifs, ne comprenant pas que Jésus veut parler de son corps,
rapportent cette déclaration au temple de Jérusalem. Ils lui
répondent : « Ce temple[6] a été construit en quarante-six ans
(τεσσεράκοντα καὶ ἓξ ἔτεσιν οἰκοδομήθη ὁ ναός οὗτος) et tu le rebâtirais
en trois jours ! » (*Jean*, 2, 20). Le temple d'Hérode ne fut achevé
que pendant le gouvernement d'Albinus (62-64) c'est-à-dire

1) Voir appendice I. *Le Dimanche et la résurrection au troisième jour.*

2) Nous sommes sur ce point entièrement d'accord avec M⁸ʳ Duchesne, qui
écrit : « (La date de la mort de Jésus) ne peut être déterminée historiquement,
les données fournies par les évangiles et par la tradition ne suffisent pas à établir une solution certaine ». (*Orig. du culte chrét.*, p. 261).

3) Il est même vraisemblable que l'évangéliste ne s'est pas rendu compte de
la portée chronologique de la parole qu'il rapportait.

4) C'est-à-dire une preuve qu'il a bien le droit d'agir comme il vient de le
faire.

5) Le sens exact de cette parole vise probablement l'abrogation de l'organisation cultuelle du judaïsme. L'authenticité de cette parole est au-dessus de
toute contestation, elle a joué un rôle dans le procès de Jésus, cependant les
synoptiques ne la rapportent pas directement, sans doute parce qu'ils ont été
effrayés de sa hardiesse.

6) Nous rapportons cette phrase au temple de Jérusalem, cependant certains
exégètes ont cru devoir la rapprocher du passage où les Juifs disent à Jésus :
« Tu n'as pas encore cinquante ans » (8, 57) et de la tradition des presbytres
recueillie par Irénée (II, 22, 5) d'après laquelle Jésus serait mort à cinquante
ans. Le rapprochement ne nous paraît avoir aucune portée car la phrase qui
nous occupe est prononcée par des Juifs qui ne peuvent lui donner que son sens
naturel.

peu de temps avant sa destruction. Le sens de la parole considérée n'est donc pas : « On a mis quarante-six ans à construire ce temple », mais « On y travaille depuis quarante-six ans ».

Nous savons par Joseph que la construction du temple fut commencée par Hérode, la dix-huitième année de son règne, soit en 734/735 de Rome (20/19 avant J.-C.)[1], l'année où l'empereur vint en Syrie. Ce voyage se place, d'après Dion Cassius en 734 de Rome (20 avant J.-C.)[2]. Du rapprochement de ces deux indications, il résulte que la construction fut commencée pendant la seconde partie de cette année ; les 46 ans furent donc accomplis dans la seconde partie de l'année 780 de Rome (27 après J.-C.).

La parole qui nous occupe ayant été prononcée au moment d'une fête de Pâques, cette pâque est celle de 28 après notre ère. D'après le quatrième évangile l'épisode auquel cette parole se rattache se place au début du ministère de Jésus. Les synoptiques au contraire le mettent à la veille de la passion. Les deux traditions sont incompatibles. Un acte comme celui-là ne peut avoir été répété deux fois. On ne voit pas l'intérêt qu'auraient pu avoir les évangélistes synoptiques à mettre à la fin du ministère de Jésus une scène qui leur était transmise comme s'étant déroulée au commencement. On comprend admirablement au contraire que Jean relatant plusieurs voyages de Jésus à Jérusalem, ait placé au premier l'intervention souveraine de Jésus dans le temple, car on ne saisit pas pourquoi Jésus, à sa dernière visite, serait pris d'une indignation soudaine à la vue d'un spectacle qu'il aurait eu maintes fois déjà l'occasion d'observer[3].

---

1) *Ant. Jud.*, XV, 11, 1. Niese, 380. Dans le *De bello Judaico* (I, 21, 1. Niese, 401) Joseph donne une autre indication, « la quinzième année d'Hérode » mais, de l'avis de la grande majorité des critiques, cette date, si elle ne s'explique pas par une simple erreur, ce qui reste le plus vraisemblable (Otto, *Herodes*, col. 84 n.) se rapporte peut-être à l'établissement du projet. La dix-huitième année du règne d'Hérode paraît bien établie. Schürer, *Gesch. d. jüd. Volk.*, I, p. 369.

2) LIV. 7.

3) Maurice Goguel, *Les sources du récit johannique de la passion*, p. 45 s. Zoeckler et Wabnitz admettent qu'il y a eu deux purifications du temple.

Mais la parole sur le temple est-elle solidaire du récit de la purification ? Les synoptiques ne la donnent pas directement, elle n'est pas cependant étrangère à leur tradition puisqu'elle joue un rôle important dans le procès de Jésus tel que Marc et Matthieu le rapportent? (*Marc*, 14, 57. s. *Matthieu*, 26, 60. cf. *Marc*, 15, 29. *Matthieu*, 27, 40).

Dans le quatrième évangile, après la purification du temple on réclame à Jésus un signe qui justifie son intervention et il répond par la parole sur le temple. Dans les synoptiques on lui demande par quelle autorité il fait ces choses[1] et il répond en interrogeant à son tour les Juifs sur le baptême de Jean. Les deux questions posées à Jésus dans le quatrième évangile et dans les synoptiques se correspondent exactement. Mais quelle est la réponse primitive ? On ne voit pas pourquoi le quatrième évangéliste n'aurait pas reproduit la question de Jésus sur le baptême de Jean. La préoccupation qu'on a signalée chez lui d'insister sur la subordination de Jean par rapport à Jésus[2] n'exclut nullement, dans sa pensée, l'affirmation du caractère divin de la mission du précurseur. On comprendrait au contraire que, sous l'impression douloureuse pour eux des événements de 70, les évangélistes synoptiques aient évité de reproduire une parole de Jésus qu'on aurait pu interpréter comme attribuant à lui-même, et par conséquent aux chrétiens, une part de responsabilité dans la destruction du temple. Il faut ajouter que la question sur Jean-Baptiste n'est qu'un artifice dialectique. Elle est, en somme, un refus de répondre. L'attitude prêtée ici à Jésus contredit celle qu'il prend dans l'épisode de la purification du temple.

Nous devons donc reconnaître le caractère primitif de la tra-

Stapfer, Bernhard et Johannes Weiss, Sanday. Calmes donnent la préférence à la tradition johannique tandis que Jean Réville, Loisy, Wendt, O. Pfleiderer, O. Holtzmann, Jülicher, Drummond, P. W. Schmidt, Bousset, P. W. Schmiedel et Heitmüller se prononcent pour la tradition synoptique.

1) D'après les synoptiques la question est posée à Jésus le lendemain de la purification du temple, mais il n'est pas douteux que ce soit à l'acte accompli par Jésus en chassant les vendeurs qu'elle se rapporte.

2) Baldensperger, *Der Prolog des vierten Evangeliums*, Freiburg, i. B., 1898.

dition johannique qui met la parole sur la destruction du temple en relation avec l'épisode de Jésus chassant les vendeurs et comme cet épisode nous paraît se placer incontestablement à la fin du ministère de Jésus, il en résulte que la dernière pâque de Jésus a été celle de l'an 28 [1].

APPENDICE I

LE DIMANCHE ET LA RÉSURRECTION AU TROISIÈME JOUR.

Les quatre évangiles placent la résurrection ou du moins la découverte du tombeau vide le Dimanche, au matin du troisième jour [2]. Par là, ils fixent au Vendredi le jour de la mort de Jésus. Que vaut cette tradition? L'origine du Dimanche chrétien est obscure. Les textes qui le visent sont rares au 1er siècle.

Dans la première épître aux Corinthiens (16,2), Paul engage les fidèles à mettre de côté, « le premier jour de chaque semaine », ce qu'ils destinent à la collecte pour les saints [3].

1) Il se pourrait que, pour des raisons sur lesquelles nous comptons revenir quelque jour, il faille dater la venue de Jésus à Jérusalem de l'automne 27 au lieu du printemps 28. Ce déplacement n'aurait aucune influence sur les conclusions auxquelles nous avons abouti car c'est pendant l'automne 27 que les quarante-six ans de construction du temple ont été accomplis.

2) *Mc.*, 16,1. *Lc.*, 24, 1. *Jean*, 20, 1. — *Matthieu* (28, 1) paraît seul faire exception, il conduit les femmes au sépulcre quelques heures plus tôt, immédiatement après le coucher du soleil, c'est-à-dire dès que la journée du sabbat est écoulée. Son récit est bien peu vraisemblable. Il n'est guère naturel que ce soit en pleine nuit que les femmes aillent visiter le tombeau. L'origine du récit de Matthieu est, d'ailleurs, facile à saisir. Marc raconte que, le sabbat, achevé, c'est-à-dire après le coucher du soleil, les femmes vont acheter des aromates, puis qu'au lever du jour elles se rendent au sépulcre. Matthieu reproduit la première indication de temps mais doit laisser tomber l'achat des aromates qui n'a pas de raison d'être chez lui, le tombeau étant scellé et gardé. Aussi rapporte-t-il l'indication de temps à la venue au sépulcre.

3) L'apôtre ne dit pas expressément que ce jour ait une valeur cultuelle particulière. Il semble bien cependant que telle soit sa pensée, sans cela il aurait écrit « chaque semaine ».

Dans le livre des Actes il est question du premier jour de la semaine à propos de la fraction du pain de Troas (16, 2). Il y a lieu de penser que ce jour-là était spécialement réservé pour la célébration de l'eucharistie[1] ou repas du Seigneur. Peut-être est-ce de là qu'est venu le nom de « Jour du Seigneur » donné au Dimanche dans l'Apocalypse : « Je tombai en extase, le jour du Seigneur », dit le Voyant (1, 10).

·Un passage de la Didachè est à rapprocher, à la fois du livre des Actes, parce qu'il place la célébration de l'eucharistie le Dimanche, et de l'Apocalypse parce qu'il donne à ce jour le nom de « Jour du Seigneur »[2].

Mais aucun de ces textes, les seuls du premier siècle qui se rapportent au Dimanche, ne met l'observation de ce jour en relation avec le souvenir de la résurrection.

Sur l'origine réelle du Dimanche, trois thèses principales ont été et sont encore soutenues. La première, la plus généralement répandue, reproduit l'explication donnée au IIe siècle par Ignace, Barnabas et Justin[3]. D'après elle, le Dimanche est la commémoration de la résurrection de Jésus[4].

. D'après les deux autres théories, l'explication de la genèse du Dimanche fournie par les auteurs du second siècle n'est qu'une explication donnée après coup d'un état de fait dont on ne dis-

---

1) Maurice Goguel, L'*Eucharistie*, p. 141 s.

2) *Didachè*, 14, 1 : Κατὰ κυριακὴν δε κυριόυ συναχθέντες κλάσατε ἄρτον καὶ εὐχαριστήσατε.

3) *Ev. Petr.*, 35 : τῇ δὲ νυκτί ᾗ ἐπέφωσκεν ἡ κυριακή... (suit le récit de la résurrection). 50 : ὄρθρου δὲ τῆς κυριακῆς Μαριὰμ... (suit le récit de la venue des femmes au sépulcre). Ignace, *ad Magn.*, 9, 1 : μηκέτι σαββατίζοντες ἀλλὰ κατὰ κυριακήν ζῶντες, ἐν ᾗ καὶ ᾗ ζωή ἡμῶν ἀνέτειλεν δι' αὐτοῦ, καὶ τοῦ θανάτου αὐτοῦ. Barnabas, 15, 9 : διὸ καὶ ἄγομεν τὴν ἡμέραν τὴν ὀγδοήν εἰς εὐφροσυνήν ἐν ᾗ καὶ ὁ Ἰησοῦς ἀνέστη ἐκ νεκρῶν καὶ φανερωθεὶς ἀνέβη εἰς οὐρανούς. Pline, *Ep.*, X, 96, 7,.. *stato die*... Justin, *Apol.*, I, 67. 3. 8. καὶ τῇ τοῦ Ἡλίου λεγομένη ἡμέρᾳ... τήν δε τοῦ Ἡλίου ἡμέραν κοινῇ πάντες τὴν συνέλευσιν ποιούμεθα, ἐπειδὴ πρώτη ἐστίν ἡμέρα, ἐν ᾗ ὁ θεὸς τὸ σκότος καὶ τὴν ὕλην τρέψας κόσμον ἐποίησε, καὶ Ἰησοῦς Χριστὸς ὁ ἡμέτερος σωτήρ τῇ αὐτῇ ἡμέρᾳ ἐκ νεκρῶν ἀνέστη · τῇ γὰρ πρὸ τῆς χρονικῆς ἐσταύρωσαν αὐταί, κόν τῇ μετὰ τὴν χρονικήν. ἥτις ἐστίν ἡλίου ἡμέρα· φανεὶς τοῖς ἀποστολόις αὐτόν καὶ μαθηταὶς ἐδίδαξε ταυτὰ, ἅπερ εἰς ἐπίσκεψιν καὶ ὑμῖν ἀνεδώκαμεν.

4) Cette théorie est encore admise par Clemen, *Relgesch. Erk. d. N. T.*, p. 153.

cernait plus l'origine. Le caractère relativement récent des témoignages qui mettent le Dimanche en relation avec la commémoration de la résurrection est un argument très puissant qui s'oppose à cette théorie. Quant aux véritables origines du Dimanche, elles ont été cherchées par la critique dans deux directions principales.

Schwartz estime que l'origine du Dimanche se trouve dans les pratiques du culte et non dans des réflexions d'ordre spéculatif[1]. Pour lui, la substitution du Dimanche au sabbat, de la célébration du premier jour de la semaine à celle du septième, est un phénomène du même ordre que la substitution du Mercredi et du Vendredi comme jours de jeûne au Lundi et au Jeudi observés par les Juifs, ou encore que l'institution par Mahomet du Vendredi à la place du sabbat des Juifs et du Dimanche des Chrétiens[2].

De son côté, Gunkel[3] reconnaît dans l'observation du Dimanche une survivance d'un culte solaire. Cette pratique serait antérieure au christianisme et aurait déjà existé dans certains cercles juifs comme ceux d'où provient le livre slave d'Hénoch[4]. Un parallèle moins immédiat se trouve dans la célébration du premier jour de la semaine par les adeptes du Mithriacisme[5].

Aucune des trois théories qui se proposent d'expliquer la genèse du Dimanche ne nous paraît rigoureusement établie. La moins satisfaisante est celle de Gunkel qui explique le Dimanche

---

1) Schwartz, *Osterbetrachtungen, Zeitschr. f. neutest. Wiss.*, VII (1906), p. 29, 31, 33. La même opinion est soutenue par Bousset, *Kyrios Christos, Geschichte des Christusglaubens von den Anfängen des Christentums bis auf Irenaeus*, Goettingen, 1913, p. 31.

2) Schwartz, *Osterbetrachtungen, Zeitschr. f. neutest. Wiss.*, VII (1906), p. 29.

3) Gunkel, *Zur religionsgeschichtlichem Verständniss des Neuen Testaments*, Goettingen, 1903, p. 73 s.

4) 33, 1. « J'ai béni le septième jour qui est le sabbat parce que, ce jour là, je me suis reposé de toutes mes œuvres, mais j'ai institué le huitième jour pour qu'il soit le premier créé au-dessus de toutes mes œuvres ».

5) Cumont, *Textes et monuments figurés relatifs aux mystères de Mithra*, Bruxelles, 1892-1899, I, p. 119.

par la survivance de quelque culte païen[1]. Si cette théorie était juste il serait surprenant que les adversaires juifs des chrétiens n'aient pas signalé cet emprunt qu'ils faisaient au paganisme[2]. Des deux parallèles cités par Gunkel aucun n'est décisif. Le témoignage de l'Henoch slave ne peut être invoqué. Ce livre ayant subi des remaniements chrétiens[3] le passage relatif à la célébration du huitième jour est un de ceux pour lesquels l'hypothèse de l'interpolation chrétienne se présente avec le plus de vraisemblance. Quant à l'exemple fourni par le Mithriacisme, il est chronologiquement trop éloigné des origines chrétiennes pour être vraiment probant[4].

Il faut ajouter que, si le Dimanche chrétien était une survivance d'un culte solaire, il serait étrange que jusqu'à la fin du IIIe siècle, c'est-à-dire bien au-delà de la période des origines, les chrétiens aient désigné les jours par leur rang dans la semaine et non par les noms des planètes auxquelles ils étaient consacrés[5]. Il reste, il est vrai, le texte de Justin[6] où se trouve le terme de « jour du soleil ». Mais Justin s'adressant à des païens est bien obligé d'employer une appellation qu'ils puissent comprendre, et s'il donne une interprétation allégorique du terme qu'il emploie, c'est parce qu'il s'attache toujours à trouver dans le paganisme le christianisme tout entier. De toutes les consi-

---

1) Nous ne sommes pas disposé à attribuer de l'importance à des considérations générales sur l'opposition des chrétiens à la célébration de jours de fête tels que la pratiquaient les juifs et les païens (Zœckler, art. *Sonnatagsfeier*, R, E., XVIIIe, p. 522). Il ne s'agit pas, en tous cas, d'un emprunt conscient.

2) Le Talmud (*Aboda Zara* 6b 7a) appelle le dimanche נצרי יום, « jour du Nazaréen ». Cf. W. Bacher, *Ein Name des Sonntags im Talmud, Zeitschr. f. neutest. Wiss.*, VI (1905), p. 202.

3) Schürer, *Gesch. d. jüd. Volk.*, II, p. 212.

4) « Il ne peut pas y avoir eu d'action du mithriacisme sur le christianisme car la substitution du Dimanche au Sabbat date des temps apostoliques ». Cumont, *Textes et Mon. fig. rel. aux Myst. de Mithra*, I, p. 335, n. 5. Baudissin (art. *Sonne*, R. E., XVIIIe, p. 520) estime que la célébration mithriaque du premier jour de la semaine a pu favoriser la propagation du Dimanche chrétien.

5) Schürer, *Die siebentägige Woche im Gebrauch der christlichen Kirche der ersten Jahrhunderten, Zeitschr. f. neutest. Wiss.*, VI (1905), p. 43 ss.

6) *Apol.* I. 67, 3. 8. On pourrait signaler un fait semblable chez Tertullien.

dérations que fait valoir Gunkel, une seule observation nous paraît subsister. La commémoration de la résurrection ne peut être la cause unique[1] dont est né le Dimanche chrétien car cette commémoration[2] aurait été annuelle et non hebdomadaire.

Cette observation donne, dans une certaine mesure, raison à Schwartz. L'institution du Dimanche est en relation avec le culte. Nous croyons cependant que la substitution du Dimanche au sabbat est indépendante de celle du Mercredi et du Vendredi au Lundi et au Jeudi comme jours de jeûne. L'observation du Dimanche est en effet attestée dès 56[3] et remonte certainement plus haut; celle des jours de jeûne n'est attestée que vers la fin du siècle[4] et le silence des écrits du Nouveau-Testament empêche de penser qu'elle puisse remonter beaucoup plus haut. Il peut donc y avoir analogie entre l'institution des jours de jeûne et celle du Dimanche, il n'y a pas solidarité entre les deux faits[5].

Rien n'était plus naturel que le choix d'un jour particulier pour les réunions religieuses des chrétiens et pour la célébration de l'eucharistie. Une notable partie des membres de la plupart des communautés chrétiennes étaient aussi membres d'une synagogue dont ils suivaient le culte en même temps qu'ils faisaient partie du groupement nouveau qui s'était formé, en partie en son sein, en partie en dehors d'elle. On comprend aisément que le culte et les réunions de la synagogue n'aient pu longtemps suffire aux besoins de leur vie religieuse. Tous ne pouvaient y participer. Ceux des chrétiens qui étaient sortis du paganisme en étaient exclus. Les fidèles chrétiens ne pouvaient qu'incidemment s'y entretenir de ce qui était l'objet central de leur foi, et quand ils le pouvaient ce ne devait être, à cause de l'opposition des Juifs, que sous une forme polémique incapable de satisfaire leur besoin d'adoration.

1) Gunkel dit seulement « la cause ».
2) Gunkel, Z. *relgesch. Verst. d. N. T.*, p. 74.
3) Dans la première épître aux Corinthiens. Le passage de Paul à Troas est de l'année suivante.
4) Dans la *Didaché*, VIII, 1.
5) Contrairement à l'opinion indiquée par Schwartz, *Osterbetrachtungen*, *Zeitschr. f. neutesi Wiss.*, VII (1906), p. 28.

Ils pouvaient encore moins célébrer, dans le cadre du culte de la synagogue, le repas du Seigneur qui formait le centre véritable du culte chrétien. Les communautés chrétiennes étaient donc poussées par une nécessité interne à se constituer un foyer différent de la synagogue[1] et à organiser leur culte d'une manière indépendante. L'indépendance, toutefois, n'excluait pas l'imitation. L'institution d'un jour célébré chaque semaine n'est qu'une transposition du sabbat juif. Il est malheureusement impossible de décider si le premier jour de la semaine fut choisi parce que ce jour était, d'après la tradition, celui où Jésus était sorti du tombeau. Le choix du premier jour pourrait bien avoir été déterminé par des raisons toutes empiriques. On pourrait concevoir que l'importance prise par le Dimanche dans le culte du Seigneur, notamment à cause de la célébration de l'eucharistie, ait fait de ce jour le « jour du Seigneur » et que cette expression ait été ultérieurement interprétée dans un sens qui faisait du Dimanche la commémoration de la résurrection.

Cette dernière explication nous paraît devoir être préférée puisque, à l'époque de Paul, on ne trouve pas encore le terme de « Jour du Seigneur » et que dans le petit sommaire sur la résurrection que l'apôtre donne au début du chapitre quinze de la première épître aux Corinthiens il ne mentionne pas le fait que Jésus est ressuscité le Dimanche matin alors que ce détail n'aurait pas dû être passé sous silence s'il avait déterminé la place que le premier jour de la semaine occupait dans le culte des chrétiens.

Le Dimanche a donc dû être observé dans le christianisme primitif avant le moment où il est devenu une commémoration de la résurrection. Son rôle dans le culte et son importance dans

1) D'après le livre des Actes, l'apôtre Paul, au bout d'un certain temps d'activité à Corinthe (18, 7) et à Éphèse (19, 9), est amené, dans chacune de ces deux villes à réunir les chrétiens dans un local différent de la synagogue. Pour l'auteur des Actes cette décision est prise chaque fois à la suite d'un conflit entre l'apôtre et les autorités juives. Mais il paraît y avoir des raisons d'attribuer au rédacteur cette explication du fait de la rupture.

la vie religieuse des premiers chrétiens étaient tels qu'ils
n'avaient pas besoin d'être justifiés. Il est probable qu'il y eut
seulement une coïncidence fortuite entre la détermination du
premier jour de la semaine comme sabbat des chrétiens et la
tradition qui fixait à ce jour la découverte du tombeau vide.
Le rôle joué par le Dimanche dans la vie religieuse des chrétiens ne saurait donc expliquer entièrement la genèse de cette
tradition [1].

Une tradition que nous pouvons estimer indépendante de
l'institution du Dimanche chrétien date la découverte du tombeau vide du premier jour de la semaine au matin. La tradition sur la résurrection au troisième jour établit une relation étroite entre la mort de Jésus le Vendredi et la découverte
du tombeau vide le Dimanche matin.

Le texte le plus ancien [2] où il soit question de la résurrection
le troisième jour est le passage de la première épître aux Corinthiens (*I Cor.*, 15, 1 ss.) où l'apôtre rappelle l'évangile qu'il a
prêché et qui consiste en premier lieu en une affirmation de la
résurrection de Jésus ainsi formulée : « Christ est mort pour
nos péchés, conformément aux Écritures, il a été enseveli, il est
ressuscité le troisième jour conformément aux Écritures, il a
été vu par Céphas, etc. ». Dans la phrase la plus importante pour
nous ἐγήγερται τῇ ἡμέρᾳ τῇ τρίτῃ κατὰ τὰς γραφάς, on peut avoir une
petite hésitation d'interprétation. Convient-il de faire porter les
mots κατὰ τὰς γραφάς sur tout le membre de phrase qui précède ou
uniquement sur les mots « le troisième jour » ? La première
interprétation doit être préférée. Il serait, en effet, étrange que
l'apôtre ait souligné la réalisation des prophéties à propos de
la mort de Jésus et non à propos de sa résurrection alors que
pour lui les deux faits sont connexes et ont une égale importance. En tous cas « conformément aux Écritures » ne porte
pas exclusivement sur ἐγήγερται sans quoi ces mots auraient

1) Contrairement à l'opinion de Schwartz, *Osterbetrachtungen, Zeitschr. f.
neutest. Wiss.*, VII (1906), p. 29 ss.

2) Cela ne veut pas dire que le noyau primitif des traditions fixées dans les
évangiles ne soient pas plus ancien encore.

été insérés avant τῇ ἡμέρᾳ τῇ τρίτῃ. Donc Paul a attribué une certaine importance à la résurrection le troisième jour et il a trouvé ce fait attesté à l'avance par les prophètes [1].

Dans le passage qui nous occupe, Paul n'établit pas la solidarité qui, au premier abord, parait exister entre la résurrection et les apparitions. Ce sont deux points différents de son credo. La résurrection se suffit à elle-même. Il semble que pour Paul, comme peut-être pour les évangélistes, elle résulte de la découverte du tombeau vide. Les apparitions en sont une confirmation et presque un appendice. L'argument principal sur lequel Paul fait reposer sa foi à la résurrection est tiré de prophéties et non de constatations de fait. Sur ce point l'apôtre exprime, sans doute, les convictions de tous les chrétiens de son temps.

Cependant si, pour le christianisme, la résurrection au troisième jour est devenue un article de foi, formulé déjà dans l'ancien symbole romain, nous pouvons, par les traditions fixées dans les évangiles, remonter jusqu'à un moment où la forme de cette tradition n'était pas encore arrêtée [2].

Les synoptiques mettent, par trois fois, dans la bouche de Jésus une annonce des souffrances du Messie conçue en des termes stéréotypés et précis qui en font un véritable résumé de l'histoire de la passion. L'annonce des souffrances est régulièrement, sauf pour la seconde prophétie dans Luc, accompagnée de celle de la résurrection. Dans les trois textes de Marc (8, 31. 9, 31 10, 34.) il est question de la résurrection après trois jours (μετὰ τρεῖς ἡμέρας). Dans les cinq autres textes (*Matthieu*, 16, 21. 17, 23. 20, 19. *Luc*, 9, 22. 18, 33.), il est question de la résurrection le troisième jour (τῇ τρίτῃ ἡμέρᾳ). Plusieurs interprètes ont cru pouvoir considérer les deux expressions comme équivalentes [3]. Elles auraient été à l'origine prises l'une

1) Luc (24, 46) fait aussi intervenir les Écritures pour la détermination de la résurrection le troisième jour.

2) C'est ce qui empêche de voir, ainsi que l'ont fait Loofs (*Die Auferstehungsberichte und ihr Wert*, Leipzig, 1898) et Rohrbach (*Die Berichte über die Auferstehung Jesu Christi*, Berlin, 1898) dans la tradition sur la résurection au troisième jour simplement l'écho de la réalité des faits.

3, Par exemple Wohlenberg, *Das Evangelium des Markus*, Leipzig, 1910,

et l'autre dans un sens approximatif et signifieraient seulement
« au bout de peu de jours »[1]. Quoi qu'il en soit, du caractère
plus ou moins proverbial des deux expressions considérées, une
chose est certaine : Matthieu a connu la tradition sous la forme
« après trois jours » et c'est par une correction qu'il a introduit
la formule « le troisième jour ». En effet, dans le récit de la
garde mise au sépulcre (*27, 63*) il a introduit une allusion directe à la prophétie de la résurrection sous la forme « après
trois jours ». La correction qui a introduit chez lui la formule
« le troisième jour » n'est pas de pur style. Elle a dû être faite à
un moment où l'on s'est aperçu que la thèse de la résurrection de
Jésus après trois jours était incompatible avec celle de la mort
le Vendredi et de la résurrection le Dimanche. Matthieu, en effet,
nous a conservé une tradition d'après laquelle le corps de Jésus
est resté dans le sépulcre plus longtemps que du Vendredi soir
au Dimanche matin. Il s'agit du passage où il interprète le signe
de Jonas comme se rapportant à la mort et à la résurrection de
Jésus. « De même, fait-il dire à Jésus, que Jonas a été trois
jours et trois nuits dans le ventre du monstre marin, le Fils de
l'Homme sera trois jours et trois nuits dans le sein de la terre »
(*Matthieu*, 12, 40). La phrase qui nous intéresse ne provient pas
de la source[2]; on ne peut donc penser à une reproduction toute

p. 234, n. 83, et Turner, art. *Chronology of the N. T.*, dans Hastings, *Dict. of
the Bible*, I, p. 409, n. 10. Ce dernier cite deux passages des LXX (*Gen.*, 42,
17-18. *Esther*, 4, 16 cf. 5, 1) desquels il croit pouvoir conclure que les deux
expressions considérées ont le même sens. Si on serre les textes de près on ne
peut souscrire à son opinion. Le texte d'*Osée*, 6, 2 « Il nous rendra la vie
dans deux jours, le troisième jour il nous relèvera » montre qu'il faut considérer comme équivalentes les expressions « dans deux jours » et « le troisième
jour ». Cf. Wellhausen, *Das Evangelium Marci*, p. 71. Loisy (*Les év. syn.*,
II, p. 18, n. 1), Schwartz (*Osterbetrachtungen, Zeitschr. f. neutest. Wiss.*, VII
(1906), p. 32), Bousset (*Kyrios Christos*, p. 29, n. 1) considèrent l'identification des deux expressions comme possible à la rigueur. Au contraire
E. Klostermann (dans Lietzmann, *Handb. z. N. T.*, II, 1, Tübingen, 1907,
p. 69) maintient strictement la distinction des deux expressions.

   1) B. Weiss, dans Meyer, I, 2, p. 143.

   2) Dans le texte parallèle de Luc (*11, 29 s.*) le signe de Jonas n'est pas
autre chose que la prédication du prophète.

mécanique d'une formule qui aurait contredit les idées personnelles de l'évangéliste.

La coexistence de ces deux traditions, résurrection le troisième jour, résurrection après un séjour de trois jours et trois nuits dans le tombeau, prouve que la plus ancienne tradition ne contenait pas d'indication sur le délai qui s'était écoulé entre la mort et la résurrection; si elle en avait contenu une, deux traditions divergentes sur ce point n'auraient pas pu naître.

On peut distinguer trois formes sous lesquelles s'est successivement présentée la tradition. La première parlait de la résurrection après trois jours ou le troisième jour, ces expressions n'étant pas prises dans un sens littéral, mais signifiant « au bout d'une courte période de temps »[1]. Une autre tradition parlait de la résurrection après trois journées passées par le corps de Jésus dans le tombeau; une autre encore de la résurrection le troisième jour. La tradition qui contenait l'indication de temps la plus indéterminée et la plus vague est certainement la plus ancienne. On comprend que les deux autres en soient dérivées. L'évolution inverse ne se comprendrait pas. Les causes qui ont donné naissance aux deux formes secondaires de la tradition sont inégalement faciles à saisir. La résurrection après trois jours s'explique complètement par l'influence de l'histoire de Jonas[2], influence qui s'est d'autant plus

1) C'est le sens que l'expression paraît avoir dans *Mc.*, 8, 1. *Mt.*, 15, 32 et dans *Luc*, 13, 32. 33. Cf. aussi *Mc.*, 14, 58. 15, 29. etc, et dans l'Ancien Testament (LXX), *Gen.*, 31, 2. 5. 34, 25. 40. 12 s. 18 s. 42, 17. *Exode*, 3, 18; 5, 3. 7. 8, 27. Clemen, *Der Ursprung des heiligen Abendmahls*, Leipzig, 1898, p. 15. H.-J. Holtzmann, *Neutestamentliche Theologie*[8], Tübingen, 1913, I, p. 383. v. Dobschütz, *Ostern und Pfingsten*, p. 14. Weinel, *Biblische Theologie des Neuen Testaments, Die Religion Jesu und des Urchristentums*[8], Tübingen, 1913, p. 241. Ce semble déjà avoir été l'opinion de Herder, cf. Nicolardot, *La Résurection de Jésus et la critique depuis Reimarus, Revue*, 1909, t. LIX, p. 320. Il se peut que dans la formation de cette tradition il faille attribuer un rôle à l'influence exercée par la parole sur la destruction du temple et sa reconstruction en trois jours (*Mc.*, 14, 58 et par *Jean*, 2, 19).

2) Sur le mythe de Jonas et son origine voir H. Schmidt, *Jona. Eine Untersuchung zur vergleichenden Religionsgeschichte*, Goettingen, 1907. H.-J. Holtzmann (*Neutest. Theol.*, I, p. 383) pense que le texte de *1 Sam.*, 30, 12 (1)

facilement exercée que Jésus lui-même avait expressément comparé le Fils de l'Homme au prédicatèur de Ninive[1]. Cette tradition représente une phase dépassée par l'histoire évangélique telle qu'elle est fixée dans les évangiles[2].

L'origine de l'autre tradition est moins facile à trouver. Paul[3] parle de prophéties mais les seuls textes de l'Ancien-Testament auxquels on puisse penser sont trop peu nets pour qu'on puisse admettre qu'ils aient donné naissance à la doctrine de la résurrection le troisième jour[4]. Les textes que l'on cite d'ordinaire sont *Osée*, 6, 2 « Il nous rendra la vie dans deux jours, le troisième jour il nous relèvra »[5] et *II Rois*, 20, 5. (Dieu dit à Ezéchias) : « Voici, je te guérirai, le troisième jour tu monteras à la maison de l'Éternel ». Mais, en admettant que Paul ait eu dans l'esprit, outre ces textes, des formules plus précises tirées de tel ou tel livre apocryphe qui ne nous a pas été conservé[6], il est difficile de penser que les paroles scripturaires aient été pour lui[7] la cause déterminante de la formation de la tradition relative à la résurrection le troisième jour[8]. D'autres causes ont

n'avait pas pris de nourriture et pas bu d'eau depuis trois jours et trois nuits) a pu aussi exercer une influence.

1) Gunkel, (*Z. relgesch. Verst. d. N. T.*, p. 80), voit ici l'influence d'une religion étrangère à cause du désaccord qu'il y a entre cette idée et les données de la tradition. Son opinion ne nous paraît pas fondée. Elle ne tient pas compte du fait que la résurrection après trois jours a été éliminée au profit de la résurrection le troisième jour. Elle correspond à une phase de la tradition où la résurrection n'était pas encore fixée au dimanche matin.

2) Weinel, *Bibl. Theol. d. N. T.*, p. 241.

3) Et aussi *Luc*, 24, 46.

4) Loofs, *Die Auferstehungsberichte*, p. 11. Rohrbach, *Die Ber.. ub. d. Aufersteh.*, p. 4. v. Dobschütz, *Ostern und Pfingsten*, p. 13. H.-J. Holtzmann, *Neut. Th.*, I, p. 382. Weinel, *Bibl. Th. d. N. T.*, p. 241, 259.

5) Bousset (*Kyrios Christos*, p. 29, n. 4) admet que ce passage a pu déterminer la transformation de la formule « après trois jours » en la formule « le troisième jour ».

6) Les commentateurs ne paraissent pas en général envisager cette hypothèse.

7) Ou par ses prédécesseur s'il n'a pas été lui-même le créateur de la formule « ressuscité le troisième jour », ainsi que cela paraît assez vraisemblable d'après le texte de I. Cor. 15.

8) Bousset, *Kyrios Christos*, p. 30.

dû agir, à son insu peut-être, pour donner à sa théorie de la résurrection la forme que nous lui connaissons. L'argumentation scripturaire n'est vraisemblablement ici qu'une justification et une confirmation *a posteriori*[1].

Quelles peuvent être ces causes? Gunkel[2] estime que le temps qui sépare la mort de la résurrection correspond à une donnée mythique fort ancienne. C'est le temps que dure le triomphe provisoire du mal. Sous des formes qui varient quelque peu cette idée se retrouve (pour ne recueillir ici que des données bibliques) dans les trois jours du séjour de Jonas dans le ventre du monstre marin, dans « le temps, les temps et la moitié d'un temps » (3 ans 1/2 = 1/2 de 7) que doit, d'après Daniel[3], durer « l'abomination de la désolation » dans les 1.260 jours (= 3 ans 1/2) qui, d'après l'Apocalypse[4], s'écoulent entre la naissance de l'enfant et la défaite du dragon ou enfin dans les 3 jours 1/2 pendant lesquels, d'après le même livre[5], doivent rester exposés, avant de ressusciter, les corps des prophètes assassinés.

Les parallèles signalés par Gunkel sont en rapport avec le temps du séjour de Jonas dans le ventre du monstre marin et expliquent ainsi l'idée d'un passage de trois jours du corps de Jésus dans le tombeau. Ils ne peuvent pas expliquer la substitution de la formule « le troisième jour » à la formule « après trois jours ».

On a pensé aussi à l'influence des croyances relatives à la mort et à la résurrection d'un dieu[6]. C'est ainsi que, dans le culte d'Osiris, la mort du dieu était célébrée le dix-septième

---

1) Gunkel, *Z. relgesch. Verst. d. N. T.*, p. 80
2) *Id.*, p. 81-82.
3) *Dan.*, 7, 25; 12, 7.
4) *Apc.*, 12, 6.
5) *Apc.*, 11, 11.
6) A. Bertholet, *Prechristian Belief in the Resurrection, The American Journal of Theology*, janv. 1916, p. 9 ss. Sur ces mythes cf. W. W. Baudissin, *Adonis und Esmun, Eine Untersuchung zur Geschichte des Glaubens an Auferstehungsgötter und Heilsgötter*, Leipzig, 1911.

jour du mois d'Athyr et la découverte de son corps le dix-neuvième[1].

D'autres ont pensé au mythe d'Adonis[2] ou à celui d'Attis[3].

La question que soulèvent ces parallèles est extrêmement délicate. Il serait imprudent d'affirmer qu'il n'y a aucune relation entre la foi à la résurrection de Jésus et le mythe de la mort et de la résurrection du dieu tel qu'il s'est développé dans les mystères d'Attis ou d'Osiris, par exemple. Il faut cependant se garder d'une identification hâtive[4] reposant sur des parallèles très approximatifs, comme les trois temps et demi du livre de Daniel ou les quatre jours qui séparaient la mort et la résurrection d'Attis. Entre les deux termes comparés il y a des différences capitales qu'on ne doit pas méconnaître. Les chrétiens de la première génération, les contemporains de l'apôtre Paul par exemple, avaient le sentiment très net que la mort et la résurrection de Jésus constituaient une histoire proche d'eux et presque contemporaine. C'est un sentiment qu'il est difficile d'attribuer aux adeptes des mystères d'Attis ou d'Osiris. Les conditions de la genèse de la foi à la résurrection de Jésus établissent aussi entre cette foi et les croyances analogues des mystères une importante différence[5]. Si les premiers disciples de Jésus ont cru que celui qu'ils avaient vu expirer sur la croix du calvaire était revenu à la vie, ce n'est pas parce qu'ils l'ont, d'une manière plus ou moins consciente, identifié au héros d'un mythe, c'est parce que l'attachement et la foi qu'ils avaient

1) Plutarque, *De Iside*, 13, 39. Ps. Lucien, *De dea syra*, 6. O. Pfleiderer, *Das Christusbild der urchristlichen Gemeinden*, Berlin, 1903, p. 62, 69. *Religion und Religionen*, Munich, 1906, p. 221 s. Bousset, *Kyr. Christos*, p. 30.

2) Eb. Schrader, *Die Keiltnschriften und das Alte Testament*, Dritte Aufl. von Zimmern. u. Winkler, Berlin, 1902-1903, p. 362, 370 s., 388 s., 500 Zimmern estime que la période de disparition du dieu correspond à la période d'obscurcissement de la lune avant sa réapparition au printemps.

3) Bousset, *Kyr. Christos*, p. 30.

4) H.-J. Holtzmann, *Neut. Theol.*, I. p. 429, n. 2. H. Weinel, *Bibl. Th. d. N. T.*, p. 241.

5) C'est ce qu'a bien montré Joh. Weiss, *Das Urchristentum*, Goettingen, 1913, I, p. 70.

pour lui ont été plus forts que la mort, c'est parce que toutes
les raisons qu'ils auraient pu avoir de douter et de désespérer
ont été vaincues par la confiance qu'ils avaient dans l'accomplissement de l'idéal pour lequel leur maître avait vécu, pour
lequel il était mort et dont la réalisation était inséparable à
leurs yeux de sa propre vie. Le caractère spécifique de la foi à
la résurrection de Jésus empêche donc de voir aucune relation
organique entre cette foi et des mythes comme ceux d'Attis et
d'Osiris [1].

Les raisons qui nous paraissent décisives contre l'explication
de la « résurrection au troisième jour » par l'action de mythes
anciens ne valent pas contre l'idée d'une influence exercée par
certaines conceptions populaires dans la détermination de la
forme prise par cette foi.

L'antiquité a connu une opinion qui paraît avoir été fort
répandue et d'après laquelle l'âme d'un mort demeurait jusqu'à
l'aube du troisième jour auprès du corps qu'elle avait animé [2].
Cette croyance est attestée dans le Mazdéisme [3], c'est peut-être
de là qu'elle a passé dans l'eschatologie judéo-chrétienne où on
la rencontre dans divers textes [4]. Les Testaments des XII Pa-

1) Ceci n'exclut pas que, postérieurement, certains éléments mythiques aient
pu être introduits lors du développement du dogme de la résurrection. Toutefois, il n'a pu en être ainsi qu'à un moment où les causes qui ont donné naissance à la foi à la résurrection avaient cessé d'agir. Il faudrait, d'autre part, que
la survivance des mythes considérés soit directement attestée dans le milieu où
s'est développé le dogme de la résurrection pour que cette hypothèse puisse
être considérée comme plus qu'une simple possibilité théorique.

2) Arnold Meyer, *Die Auferstehung Christi*, Tübingen, 1905, p. 184 s.
H.-J. Holtzmann, *Neut. Theol.*, I, p. 429, n. 2. Sur les parallèles invoqués, voir
Baudissin, *Adonis und Esmun*, p. 412-416.

3) *Vendidad* 19, 28 s. (à la troisième nuit, quand l'aurore brille) (Darmesteter, *Le Zend-Avesta*, Paris, 1892 s., II, p. 269) *Yasht 22 Hadhokht Nask 11*
(Darmesteter, II, p. 651), cf. N. Söderblom, *La Vie future d'après le Mazdéisme
à la lumière des croyances parallèles dans les autres religions. Étude d'eschatologie comparée. Annales du Musée Guimet, Bibl. d'Études*, t. IX, Paris,
1901, p. 82 s. Böcklen, *Die Verwandtschaft der judisch-christlichen mit der
parsischen Eschatologie*, Goettingen, 1902, p. 27.

4) C'est ce qu'admettent Kohut (*Was hat die talmudische Eschatologie aus
dem Parsismus entnommen? Zeitschr. d. Deutsch-Morgendländischen Gesell-*

triarches[1] et le Midrasch Koheleth[2] prescrivent d'attendre trois jours avant d'ensevelir un mort. Rabbí Juda I donnait, vers la fin du II⁰ siècle après J.-C., une prescription identique[3]. La même idée se trouve avec une précision intéressante dans un passage du Talmud de Jérusalem. « L'âme, y est-il dit, reste trois jours auprès du corps, cherchant à y rentrer; elle s'éloigne quand l'aspect du corps commence à changer[4]. » Le séjour de l'âme auprès du corps pendant trois jours est aussi mis en relation avec la période qui s'écoule avant que commence la décomposition du corps dans les deux Midraschim Bereschit Rabba[5] et Wajjikra Rabba[6]. Sur le terrain du christianisme la théorie des trois jours se trouve dans l'apocalypse copte anonyme publiée par Steindorff[7], dans les Παραλειπόμενα

schaft, XXI (1867)) et Böcklen (*Die Verw.*, p. 27). Cependant Baudissin (*Adonis u. Esmun*, p. 414 n. 1) a fait observer que d'après la doctrine mazdéenne le sort du mort est réglé après que les trois jours ont passé, c'est-à-dire au matin du quatrième jour; tandis que dans les textes juifs qui vont être cités, il est question du troisième jour. Certains de ces textes suggèrent l'idée que la théorie du séjour de l'âme auprès du corps pendant trois jours pourrait bien avoir pour origine l'observation de la décomposition du cadavre. Cf. Bertholet, *Prechristian Belief in the Resurrection, Am. Journ. of Theol.*, 1916, p. 5.

1) *Test. Abraham, Rec. A. c. 20. Test. Hiob* c. 53.

2) *Midrasch Koheleth*, Wünsche, *Der Midrasch Koheleth ins Deutsche übertragen*, Leipzig, 1880, p. 154 (cité par Baudissin, *Adonis u. Esmun*, p. 412).

3) S. Klein, *Tod und Begräbnis in Palästina zur Zeit der Tanaïten* (Diss. Freiburg i. B.), Berlin, 1908, p. 43 (cité par Baudissin, *Adonis u. Esmun*, p. 412).

4) *Talm. Jer. Moed Katan* p. 82 b. Cf. *Jebamot* XVI, p. 15 c. *Talm. Bab. Sabb.* 151 b. *Tanchuma* (sur *Gen.*, 42, 1). (Textes cités par Baudissin, *Adonis und Esmun*, p. 413, n. 2).

5) *Bereschit Rabba*, par. 100 sur *Gen.*, 50, 10. Wünsche, *Der Midrasch Bereschit Rabba ins Deutsche übertragen*, Berlin, 1881, p. 504 (Baudissin, *Adonis und Esmun*, p. 412, n. 3).

6) *Wajjikra Rabba* par. 18. sur *Lev.*, 15, 1. Wünsche, *Der Midrasch Wajjikra Rabba ins Deutsche übertragen*, Leipzig, 1884, p. 117 (Baudissin, *Adonis u. Esmun*, p. 412 n. 3).

7) Steindorff, *Die Apokalypse des Elias. Eine unbekannte Apokalypse und Bruchstücke der Sophoniasapokalypse, T. U. N. F.*, II, 3a (1899), p. 150.

8) C. 9 (*The rest of the words of Baruch* ed. by Rendel Harris, London, 1889, p. 62 s.).

'Ιερεμίου[1] et dans la Pistis Sophia[2]. Elle paraît supposée dans le passage du quatrième évangile où Marthe déclare à Jésus qui lui demande où a été mis le corps de Lazare : « Seigneur, il sent déjà, car c'est le quatrième jour qu'il est dans le sépulcre » (11. 39)[3].

Si on combine cette idée de la corruption qui commence au matin du troisième jour avec l'idée que le corps de Jésus n'a pas été atteint par la corruption[4] on arrive ainsi tout naturellement à mettre la résurrection au matin du troisième jour. C'est au moment où l'âme aurait dû définitivement s'éloigner du corps qu'elle avait animé qu'on a dû se représenter qu'elle y était rentrée. On comprend très bien d'autre part, que la résurrection n'ait pas été davantage rapprochée de la mort, car il fallait établir péremptoirement qu'il ne s'agissait pas d'une mort apparente. On ne pouvait d'ailleurs amener les femmes au sépulcre dans la journée de fête qui avait suivi la mort de Jésus.

L'origine de la tradition relative à la résurrection au matin du troisième jour, probablement un Dimanche, n'implique aucune réminiscence d'un souvenir historique ; c'est une construction théorique spontanée.

1) Ed. Petermann, 1851. Trad. lat. de Schwartze, p. 179, 237, 242 (Böcklen, *Die Verw.*, p. 29).

2) C'est probablement aussi à une croyance relative au départ de l'âme au matin du troisième jour que se rattache l'usage grec de ne célébrer les funérailles que ce jour-là. Cf. Erw. Rohde, *Psyche, Seelencult und Unterblichkeitsglaube der Griechen*[2], Leipzig, p. 223 s. On a encore signalé un autre parallèle si éloigné dans le temps et dans l'espace, que l'idée d'un emprunt ne peut pas être envisagée et qu'on ne peut songer qu'à une analogie toute spontanée. Pendant le mouvement xénophobe de 1900 les Boxers chinois étaient encouragés dans leur mépris de la mort par la conviction qu'ils ressusciteraient au bout de trois jours (Böcklen, *Die Verw.*, p. 30, n. 1).

3) Ceci résulte de l'application à Jésus du passage du *Ps.*, 16, v. 9. 10. Ce passage est rapporté à la résurrection dans *Actes*, 2, 25. 28. 31 ; 13, 35.

APPENDICE II

LA DATE DE LA MORT DE JÉSUS
ET CELLE DE LA CONVERSION DE PAUL

La conclusion à laquelle nous avons abouti — Jésus mort à la pâque de l'an 28 — s'accorde avec le résultat des recherches que nous avions faites il y a quelques années sur la date de la conversion de Paul. (29/30) [1]. La conversion de l'apôtre serait séparée de la mort de Jésus par un intervalle de temps compris entre neuf mois et deux ans et neuf mois, ce qui répond bien à ce que nous savons des conditions dans lesquelles cette conversion s'est produite. L'apôtre lui-même l'a mise en relation étroite avec la résurrection de Jésus et l'a attribuée à une action directe du Christ glorifié (*I. Cor.*, 9, 1). Il a entièrement assimilé l'apparition qu'il avait eue avec celles qu'avaient eues avant lui les autres apôtres et il a fait de la sienne la dernière de la série (ἔσχατον δὲ πάντων... ὤφθη κἀμοί. *I Cor.*, 15, 8).

Il a donc eu le sentiment que sa conversion marquait le terme des apparitions du ressuscité [2]. Il va de soi que si l'on pouvait déterminer à combien de temps on fixait dans l'ancienne église la période des apparitions, on aurait par là une indication précise sur la date de la conversion de Paul par rapport à celle de la mort de Jésus [3]. Malheureusement, l'ancienne église ne nous a pas laissé de tradition unanime sur la durée des

1) Maurice Goguel, *Essai sur la chronologie paulinienne*, Revue, t. LXV (1912), p. 307 (p. 23 du tirage à part).

2) D'autre part Paul parle de « visions » et de « révélations du Seigneur » (*II Cor.*, 12, 1) certainement postérieures à sa conversion et qu'il ne paraît pas possible de différencier radicalement de l'apparition du chemin de Damas. Il est probable que pour Paul la différence est que les apparitions de la première série ont été génératrices de foi chrétienne et d'apostolat ce qui n'est pas le cas de visions et des révélations ultérieures.

3) Sur ces questions, voir Ad. Harnack, *Chronologische Berechnung des « Tags von Damaskus »*, *Sitzungsberichte der königlisch-preussischen Akademie der Wissenschaften*, Berlin, 1912, p. 673 s.

communications directes de Jésus ressuscité avec ses disciples. L'évangile de Luc[1] place l'ascension le jour même, ou, au plus tard, le lendemain de la résurrection (*Luc*, 24, 50)[2]. Le livre des Actes (1, 3) donne la tradition qui a prédominé dans la suite et qui assigne aux apparitions du ressuscité une durée de quarante jours[3]. Il ne paraît pas douteux que cette durée ait été fixée pour des raisons d'ordre allégorique ou spéculatif. Les quarante jours qui s'écoulent entre la résurrection et l'ascension sont une préparation à l'avènement de Jésus, à sa messianité glorieuse, tout comme les quarante jours de la tentation au désert précèdent le début de l'activité messianique sur la terre[4]. Irénée atteste que les Ophites et les disciples du Valentinien Ptolémée[5] assignaient à la période des apparitions une durée de dix-huit mois. Il peut s'agir là, soit d'une donnée empruntée à la tradition, soit d'un chiffre établi par une construction spéculative.

La première explication se recommande du fait que l'Ascension d'Esaïe qui n'est pas un livre hérétique mais un livre ecclésiastique du IIe siècle, contient la même donnée[6]. Dans la Vision il est dit à Esaïe : « Et quand il (le Fils de l'homme) aura dépouillé l'ange de la mort, il ressuscitera le troisième jour et demeurera dans ce monde 545 jours »[7]. Le fait qu'une tradition gnostique et une tradition ecclésiastique contiennent la même

---

1) Les autres évangiles ne donnent aucune indication sur ce point.

2) L'épître de Barnabas paraît supposer une tradition analogue, là ou elle parle du Dimanche.

3) Le désaccord avec l'évangile de Luc s'explique par le fait que le récit de l'ascension est dans le livre des Actes, une addition de seconde main. Cf. Norden, *Agnostos Theos*, Leipzig, Berlin, 1913, p. 312 ss.

4) Harnack, *Chron. Ber.*, p. 678.

5) I, 30. 14. I, 3, 2.

6) Harnack, *Chron. Ber.*, p. 678. L'idée de chercher dans le texte de l'Ascension d'Esaïe une indication sur la période qui s'est écoulée entre la résurrection de Jésus et la conversion de Paul se trouve dans le livre d'un professeur de Riga, F. Westberg, *Zur Neutestamentlichen Chronologie und Golgathas Orstlage*, Leipzig, 1911, p. 50 s. Harnack s'est abstenu d'indiquer qu'il reprenait dans son étude de 1912 l'indication donnée par le savant russe.

7) *Asc. Jes.*, 9, 16. 1 an (365 j.) + 6 mois (6 × 30 = 180) = 545.

donnée oblige à faire remonter leur source commune à une date antérieure à celle où le mouvement gnostique s'est séparé du courant général de la vie de l'église.

Enfin des gnostiques coptes du IIIe siècle ont assigné une durée de douze ans aux relations de Jésus ressuscité avec ses disciples [1]. La date à laquelle apparaît cette tradition et l'évident intérêt qu'avaient les gnostiques à prolonger autant que possible la période pendant laquelle Jésus avait pu communiquer des enseignements secrets à ses disciples rend très vraisemblable l'hypothèse formulée par Harnack [2] d'après laquelle cette tradition ne serait que la transposition de celle qui fixe à douze années le temps du séjour des apôtres à Jérusalem après la mort de Jésus [3].

De ces diverses traditions relatives à la durée des apparitions de Jésus ressuscité, celle qui lui assigne une durée de dix-huit mois est celle qu'il est le plus malaisé d'expliquer soit par d'autres traditions, soit par des raisons d'ordre allégorique ou théologique. C'est donc la plus ancienne. Il serait sans doute téméraire de conclure de là, comme le fait Harnack [4], qu'elle a son origine dans le souvenir du temps qui s'est réellement écoulé entre la résurrection de Jésus et la conversion de Paul, considérée comme la dernière en date des apparitions du ressuscité. Il est cependant intéressant de noter que, si cette hypothèse était fondée, elle s'accorderait bien avec les dates que nous admettons pour la mort de Jésus et pour la conversion de Paul.

MAURICE GOGUEL.

1) Harnack, *Chr. Ber.*, p. 677.
2) *Id.*, p. 678.
3) Von Dobschütz, *Das Kerygma Petri*, *T. U.*, XI, 1, Leipzig, 1893, p. 52 ss. 136 ss.
4) Harnack, *Chr. Ber.*, p. 678 s.

LE SENS DES TERMES Οὐσία, Ὑπόστασις

ET Πρόσωπον

CONTROVERSES TRINITAIRES POST-NICÉENNES

Les controverses trinitaires postnicéennes mêlent intimement la philologie à l'histoire des dogmes. Elles nous montrent comment l'ambiguïté de termes mal définis, et la difficulté de passer d'une langue dans l'autre peuvent faire croire à une divergence de la doctrine entre des esprits qui professent sensiblement la même foi. Des chefs d'accusation accablants reposent sur une équivoque de mots, des anathèmes fulgurants sur une amphibologie de langage. Le Malin se fait philologue pour abuser l'âme des simples et confondre l'esprit des doctes. Les disputes théologiques du IV⁰ siècle dégénèrent parfois en éristique de sophistes, rappelant les discussions des bateleurs de l'Enthymème de Platon.

I. — La triple source des équivoques.

Au moment où s'ouvrit le concile œcuménique de Nicée, deux grandes hérésies trinitaires sévissaient en Orient et en Occident : le sabellianisme et l'arianisme.

Le sabellianisme ou modalisme résultait de la nécessité de concilier le monothéisme affirmé par la Bible avec la divinité de Jésus-Christ reconnue par les communautés chrétiennes, dès la fin du Iᵉʳ siècle. Puisqu'il n'y a qu'un Dieu et que Jésus possède la divinité, le plus simple est de conclure que Dieu lui-même s'est incarné. Selon Noët, qui émit le premier cette doctrine à Smyrne, entre 180-200, « tant que le Père ne fut pas engendré il mérita proprement le nom de Père, mais quand il lui plût d'être enfanté, il devint son propre fils à lui-même »[1]. En tenant compte de l'Esprit-Saint, la doctrine se complique ainsi : le Père s'identifie avec l'élément divin en Jésus-Christ, le Fils avec l'élément humain, et l'Esprit avec Dieu conçu en dehors de son incarnation. « Ils distinguent, dit Tertullien, dans la même personne, le Père et le Fils, en soutenant que le Fils est la chair, c'est-à-dire l'homme, c'est-à-dire Jésus et que le Père est l'Esprit, c'est-à-dire Dieu, c'est-à-dire le Christ »[2].

Cette interprétation modaliste de la Trinité, dès la fin du second siècle, fut apportée d'Asie dans l'Église romaine par Praxéas, Épigone, Cléomène et Sabellius, admise par le pape Victor, et jouit bien vite d'une grande vogue. Sabellius en fixa définitivement la teneur. « Il disait que Dieu n'était réellement qu'une seule personne (hypostase), ἕνα μὲν εἶναι τῇ ὑποστάσει τὸν Θεὸν, mais qu'il avait pris dans l'Écriture différents masques, πρσσωποπεῖσθαι διαφόρως, suivant l'opportunité du moment : tantôt parlant à titre de Père, lorsqu'il y avait lieu de jouer ce rôle ; tantôt faisant figure de Fils, lorsqu'il descendit pour notre salut ; enfin, jouant maintenant le personnage du Saint-Esprit, τοῦ Πνεύματος προσωπεῖον, parce qu'il y a utilité qu'il parle en assumant ce rôle, ἀπὸ τοῦ τοιούτου προσώπου »[3]. Il n'y a qu'un seul Dieu, une monade simple, qui suivant les modalités sous lesquelles elle se révèle prend le nom de Père comme législateur dans l'Ancien Testament, de Fils comme Rédempteur dans le Nouveau, de Saint-Esprit comme sanctificateur des âmes dans l'Église : trois appellations distinctes appliquées à une même hypostase, ὡς εἶναι ἐν μίᾳ ὑποστάσει τρεῖς ὀνομασίας[4]. Le sabellianisme est l'affirmation d'une seule personne μία ὑπόστασις, jouant un triple personnage, τρία πρόσωπα.

---

1) Hippolyte, *Philosoph.*, IX, 10.
2) Tertullien, *Adv. Prax.*, 27.
3) S. Basile, *Ad Meletium*, epist. 216.
4) S. Epiphane, *Hær.*, LXII, 1.

Le sabellianisme impliquait nécessairement comme corollaire, au point de vue christologique, l'adoptianisme. C'est ce que montra Paul de Samosate, évêque d'Antioche, précurseur direct d'Arius. Paul déclarait que Jésus-Christ est un simple homme, adopté comme Fils par Dieu, et devenu dès lors ὁμοούσιος avec lui, c'est-à-dire ne formant plus avec lui qu'une seule et même personne. C'était prendre οὐσία au sens attribué par Sabellius à ὑπόστασις de substance individuelle ou de personne en parlant d'un être raisonnable, ὁμοούσιος équivalant dès lors à μία ὑπόστασις. Trois conciles se réunirent successivement à Antioche de 263 à 268, pour en déposer l'évêque hérétique. Le troisièmecondamna le terme d'ὁμοούσιος entendu dans le sens sabellien de Paul de Samosate [1]. Les semi-Ariens réunis à Ancyre, en 358, se souviendront de cette condamnation pour rejeter l'homoòusie professée, dans une toute autre acception, par les Nicéens. Ainsi le sabellianisme avait identifié les termes οὐσία et ὑπόστασις, et leur avait donné comme sens celui de substance individuelle, personne. Il avait pris le terme πρόσωπον suivant son sens étymologique et courant, de masque de théâtre, rôle, personnage, qu'en nombre varié un même acteur peut assumer.

L'arianisme consistait à sauvegarder la Monarchie divine, en affirmant que le Père seul est Dieu, conformément à la terminologie des trois premiers siècles qui consistait à réserver le nom de « Dieu » presque uniquement à l'usage de la première personne [2]. Dieu a créé le Fils en le tirant du néant, à titre de cause seconde, pour être l'instrument du reste de la Création, et c'est le Fils qui a créé à son tour le Saint-Esprit. Quand on parle de la génération du Logos, il faut l'entendre non dans le sens de procession divine, mais au sens courant de création *ex*

1) Duchesne, *H. A.*, I, 470.

2) Cet usage était si tenace que, même au ɪvᵉ siècle, les docteurs qui défendent la divinité du Fils et du Saint-Esprit désignent encore le Père par l'expression de « Dieu suprême » : τῶν ὅλων Θεός, dit S. Basile; ἐπὶ παντῶν Θεός, dit son frère ; Θεός, dit tout court S. Athanase, *Deus ex quo omnia*, déclare S. Hilaire.

nihilo. Le Fils, premier né de Dieu, ne se distingue pas par nature des autres créatures, mais simplement en primauté et en éminence. Le Fils, par suite, n'est pas une partie consubtantielle de Dieu μέρος ὁμοούσιος. Il est, au contraire, étranger et dissemblable en tout à l'essence et à l'individualité du Père : ἀλλότριος μὲν καὶ ἀνόμοιος κατὰ πάντα τῆς τοῦ Πατρὸς οὐσίας καὶ ἰδιότητος[1]. C'est, pour cela, qu'on appellera plus tard les Ariens du nom d'Anoméens. Le Père, le Fils et le Saint-Esprit sont trois personnes, τρεῖς ὑποστάσεις, absolument et incommensurablement dissemblables quant à l'essence et à la gloire, ἀνόμοιοι πάμπαν ἀλλήλοις ταῖς τε οὐσίαις καί δόξαις εἰσιν ἐπ' ἄπειρον[2], n'ayant ni unité numérique ni unité spécifique.

Entre le sabellianisme et l'arianisme, l'antithèse est complète. Pour les Sabelliens il n'y a qu'une seule personne, μία ὑπόστασις, fils-père tout à la fois υἱοπάτηρ, susceptible de jouer un triple personnage : celui du Père, du Fils, du Saint-Esprit. Ces trois personnages sont non pas seulement semblables en essence, ὁμοούσιοι, ils sont identiques en substance, μονοούσιοι[3], ταυτοούσιοι[4], puis qu'ils sont un numériquement, ἀριθμῷ, d'essence et de personne ἕν οὐ μόνον οὐσίᾳ καὶ ὑποκειμένῳ[5]. Pour les Ariens, il y a trois personnes numériquement distinctes, τρεῖς ὑποστάσεις, infiniment dissemblables en essence, ἀνόμοιοι πάμπαν ἀλλήλοις, dont une seule est Dieu. Il résultait de cette terminologie que les expressions μία ὑπόστασις, τρία πρόσωπα, ὁμοούσιοι, μονοούσιοι, ταυτοούσιοι, semblaient un aveu de sabellianisme ; tandis que les expressions τρεῖς ὑποστάσεις, ἀνόμοιοι étaient entachées d'arianisme. Lorsque les Nicéens de langue grecque voudront définir la doctrine orthodoxe de la Trinité, ils n'auront à leur service que des expressions flairant une saveur sabellienne ou un goût d'arianisme. Suivant l'opportunité du moment, suivant qu'ils auront

---

1) *Thalie.* ap. S. Athan., *Orat. c. Arian.*, I, 5-6 ; P. G., t. XXVI, col. 24 ; *De Synod.*, 15.
2) *Ibid.*
3) S. Athan., *De exposit. fidei*, 2 ; P. G., t. XXV, col. 204.
4) S. Epiph., *Adv. Hæres.*, LXXVI, 7 ; P. G., t. XLII, col. 528.
5) Origène, *De princip.*, I, iii, 4.

surtout en vue de combattre le modalisme ou l'arianisme, ils feront choix de telles ou telles expressions, mais un commentaire sera toujours requis pour bien manifester à leurs adversaires qu'ils ne sont pas dupes et ne font profession ni de l'une ni de l'autre hérésie. Lorsqu'ils auront surtout en vue les Ariens, ils emploieront plutôt la terminologie de ceux-ci pour n'être pas accusés par eux de sabellianisme ; au lieu qu'ils se serviront de préférence du langage des Sabelliens, à l'égard de ces derniers, pour ne pas être accusés par eux d'arianisme. Mais quelles équivoques ne naîtront pas d'une semblable tactique. L'inévitable arrivera : viennent des compétitions de personnes également orthodoxes, elles s'accuseront de bonne foi, la passion aidant, de sabellianisme ou d'arianisme, selon leur langage. Ce sera la discorde dans le camp même des Nicéens, et l'adversaire en profitera.

En présence des triades hérésiarques, des triades plus orthodoxes — encore que subordinatiennes — étaient enseignées par les Pères de l'Église. En Orient, Origène avait finalement admis, à la différence des Apologètes du iv° siècle, trois hypostases en Dieu, dont les deux dernières, le Fils et le Saint-Esprit, étaient divines, non par participation extrinsèque, κατὰ μετουσίαν, mais par essence, κατ' οὐσίαν [1]. Tantôt pour marquer que le Fils procède de la substance du Père, Origène se sert du terme ὁμοούσιος [2], tantôt pour réagir contre le sabellianisme et cédant aux idées subordinatianistes, il déclare le Fils différent du Père en essence et en personne κατ' οὐσίαν καὶ ὑποκείμενον [3]. En interprétant dans le sens le plus favorable les idées d'Origène, on peut les résumer dans la formule du jeune diacre Athanase, qui,

---

1) Origène, *Selecta in Psalmos*, hom. XIII, 134.

2) Origène, *In Matth.*, scolie sur XXVIII, 18, P. G., t. XVII, 309 ; *In Joan.*, fragm. XXXVI (Preuschen, XXIII, 512) ; S. Pamphile, *Ex libris Origenis in Epist. ad Hebr.*, P. G., t. XIV, col. 1308 ; *Orig. Apol.*, V, P. G., t. XVII, col. 581-588 ; Rufin, *De adult. libror. Orig.*, P. G., t. XVII, col. 619. Eusebe affirme expressément que le terme ὁμοούσιος était employé avant Nicée, Socrate, *H. E.*, i, 8.

3) Origène, *De Orat.*, XV.

dès les débuts de l'arianisme à Alexandrie en 318, résumait
ainsi la foi orthodoxe : « Μία γὰρ ἡ θεότης καὶ εἷς Θεὸς ἐν τρισὶν
Ὑποστάσεσι [1] ». En tenant compte de l'expression ὁμοούσιος utilisée par Origène et par d'autres docteurs avant Nicée, on peut
dire que la théologie grecque aboutissait à la formule trinitaire : « τρεῖς ὑποτάσεις, μία οὐσία, ce qui est la vraie foi, dit saint
Épiphane, celle qui nous vient des premiers chrétiens, ἡ ἀπὸ τῶν
ἀνέκαθεν, la foi prophétique, évangélique et apostolique » [2].

Tertullien fut pour l'Occident ce qu'Origène avait été pour
l'Orient. Il admet trois personnes en Dieu et une seule subtance,
tres personae et una substantia. Cette unité substantielle, Tertullien, en stoïcien qu'il est, l'entend, du reste, d'une façon purement corporelle. La matière divine, qui est une masse de matière
éthérée [3], se trouve non pas divisée mais distribuée entre le Fils
et le Saint-Esprit, le Père étant la totalité de la substance
divine [4]. Le Fils est de la même substance que le Père, tout
comme l'onde du fleuve que dispense la source est de même substance que celle-ci, tout comme le rayon que déverse le soleil est
de la même substance que lui. A la différence de celle d'Origène,
cette trinité de personnes n'est pas éternelle, mais temporelle
comme la Dyade des Apologètes du iie siècle. Quoi qu'il en soit
de son interprétation, la terminologie trinitaire de Tertullien
reste correcte et sert d'aboutissement à la spéculation doctrinale
des Latins en cette matière. Ainsi pour exprimer le dogme de la
Trinité d'un seul Dieu en trois personnes, les Grecs disaient : τρεῖς
ὑποστάσεις, μία οὐσία ; les Latins disaient : *tres personae, una sub-
lantia*.

Ces deux formules qui exprimaient la même foi, risquaient
fort, à être traduites d'une langue dans l'autre, d'abuser Grecs et
Latins sur leur orthodoxie respective. En effet, prenons la formule grecque comme point de départ. Elle se traduit en latin

1) S. Athan., *De Incarnat.*, 10, P. G., t. XXVI, col. 1000.
2) S. Epiph., *Hæres.*, LXXIII, 34, P. G., t. XLII, col. 468.
3) Tertullien, *Adv. Prax.*, 7 ; *De carne Christi*, 11.
4) *Adv. Prax.*, 14, 26.

littéralement par *tres substantiae, una essentia*,[1]. Mais, d'une part, par suite de la pénurie de leur langue au dire de Basile, Grégoire de Nazianze, Acaste et Boèce[2], les Latins n'eurent pendant longtemps qu'un seul terme *substantia* pour exprimer les deux concepts distincts d'ὑπόστασις et d'οὐσία ; d'autre part, quand le terme *essentia* fut introduit dans le langage théologique par saint Hilaire et saint Augustin, ces auteurs lui donnèrent la même signification que *substantia*[3] : ὁμοούσιος fut de tout temps rendu par *consubstantialis*. Il en résultait que la formule grecque, traduite en latin, avait l'air d'une contradiction dans les termes, puisqu'elle affirmait et niait tour à tour l'unité de la substance ; et, comme on y remarquait surtout l'affirmation de τρεῖς ὑποστάσεις, c'est-à-dire, pour les Latins, de trois substances individuelles séparées, on y vit un aveu d'arianisme comme l'insinue saint Jérôme dans sa lettre au pape Damase[4]. Pour traduire l'idée grecque d'hypostase, un autre mot que *substantia* s'imposait donc : ce fut celui de *persona*. « Ce mot, dit Boèce, désignait d'abord le masque dont se servaient les acteurs dans les comédies et les tragédies... Mais, comme les histrions se servaient de ces masques pour représenter des individus, par exemple Hécube, Médée, Simon, Chrémès, on a pris l'habitude d'appeler aussi « personnes » les autres hommes qui se reconnaissent et se distinguent par leur aspect particulier »[5]. Ce sens

1) « Plurique nostri qui haec graeco tractant eloquio, dicere consueverint : μίαν οὐσίαν, τρεῖς ὑποστάσεις, quod est latine : unam essentiam, tres substantias ». S. Augustin, *De Trinit.*, V, c. VIII.

2) S. Basile, *Ad Meletium*, epist. 216 ; S. Grégoire de Nazianze, *In laudem Athanasii*, Orat.. XXI, 35 ; Acaste, lettre à Cyrille, *apud* S. Cyrille, *epist.* 15, P. G., t. LXXVII, col. 100 ; Boèce, *De duabus naturis*, c. III ; Peteau, IV, c. IV, 16.

3) Pour S. Hilaire le mot οὐσία répond indifféremment aux deux mots *essentia* et *substantia* entre lesquels il ne fait pas de différence (surtout, *De Synodis*, 12, *Ex opere historico*, fragm. 2, 32, P. L., X, col. 657). — S. Augustin dans son *De Trinitate* déclare à maintes reprises qu'en latin *essentia* et *substantia* ont la même signification : « quia, sicut jam diximus, non aliter in sermone nostro, id est latino, essentia quam substantia solet intelligi. » *De Trinit.*, l. VII, c. IV, initio ; cf. l. IV, 8 ; l. V, c. VIII.

4) S. Jérôme, epist. XV.

5) Boèce, *De persona et duabus naturis*, c. III.

devint tout à fait courant par suite de l'habitude des grammairiens d'appeler « personnes » les trois cas du discours « moi, toi, lui », et par l'emploi que firent de ce mot les jurisconsultes romains pour distinguer, en droit, les choses et les personnes. Dès le ii⁰ siècle, Gaius écrivait : *Omne jus quo utimur, vel ad personas pertinet, vel ad res, vel ad actiones*[1]. Plus tard, le terme de *substantia*, employé par Victorin l'Africain vers 368, puis d'une façon plus précise par Rufin vers 400, enfin, établi dans son sens véritable et vulgarisé par Rustique en 550, fut tenu pour l'équivalent latin exact du terme ὑπόστασις et s'employa dans le même sens que *persona*[2].

Inversement, là formule latine se traduit littéralement en grec par μία οὐσία, τρία πρόσωπα. Mais πρόσωπον, dont la signification première fut sensiblement la même que celle de *persona*, c'est-à-dire face, visage, puis masque de théâtre dont se sert l'acteur pour se composer une figure de circonstance, n'avait pas subi la même évolution de sens que le terme latin correspondant. Il avait pris celui de personnage, de rôle et les Sabelliens s'en étaient servi suivant sa véritable acception. Dès lors, la formule latine, traduite en grec, apparaissait comme l'expression même du sabellianisme[3], de même que la formule grecque, traduite en latin, paraissait celle de l'arianisme.

Enfin, comme si les chances d'équivoque n'étaient pas suffisantes, le concile de Nicée va les augmenter, en ayant l'air de poser une équivalence entre οὐσία et ὑπόστασις. Pour comprendre comment cette équivalence put aggraver les choses, il est temps de définir le sens précis de ces deux mots.

Οὐσία, depuis Aristote, avait deux sens : « On appelle proprement οὐσία, dit le Stagyrite, ce qui n'est dit d'aucun sujet et qui

---

1) *Digeste*, I, tit. 5, 1.

2) M. Victorin, *Adv. Arium*, I, 30, P. L., t. VIII, col. 1062; II, 4, P. L., col. 1092. — Rufin, *H. E.*, I, c. xxix, P. L., t. XXI, col. 499. — Rustique, *Contra Acephalos disp.*, P. L., t. XLVII, col. 4197.

3) Surtout S. Basile, *Ad Neocessareæ priores*, epist. 210, 5; *Ad Meletium*, epist. 216.

n'est dans aucun sujet ; par exemple, cet homme ou ce cheval. On appelle secondes ousies, δεύτεραι οὐσίαι, les espèces dans lesquelles les premières ousies existent avec les genres correspondants ; ainsi cet homme est spécifiquement homme et génériquement animal. On appelle donc secondes ousies, l'homme et l'animal[1] ». Οὐσία désigne donc d'abord la substance première, c'est-à-dire la substance individuelle et incommunicable d'un sujet concret : tel homme particulier comme Socrate ou Callias. Οὐσία désigne ensuite la substance seconde, c'est-à-dire la nature spécifique commune aux individus de la même espèce, telle que la nature humaine commune à tous les hommes. A cette substance on donne souvent le nom d'essence, *essentia*. La substance première comporte, en plus de la nature spécifique et des attributs dits essentiels qui la manifestent, une série d'attributs accidentels qui individualisent et multiplient cette nature dans des spécimens variés de l'espèce et en fait tels ou tels individus concrets totalement discernables entre eux : c'est dire qu'un homme, tel que Socrate, est composé de deux sortes d'attributs, les attributs essentiels ou spécifiques qui lui sont communs avec tous les autres humains et que l'on définit en disant : « Socrate est un animal raisonnable » et les caractères accidentels ou individuels, tel que le nez camard de Socrate, qui se surajoutent aux premiers pour composer l'individu entre tous reconnaissable qu'est Socrate. « L'individu porte proprement le nom d'hypostase, déclare saint Damascène, puisque c'est dans l'hypostase que subsiste de fait l'ousie associée aux accidents[2]. » Les substances premières sont toujours sujets et subsistent en elles-mêmes, à la différence des attributs qui n'existent que par inhérence à un sujet : ainsi la forme de camard n'existe que comme inhérente au nez de Socrate, au lieu que Socrate n'est jamais attribué à un autre sujet qu'à lui-même.

Socrate, le grand historien de l'Église, remarque, dans la

1) Aristote, *Catégories*, c. v, Οὐσία.
2) S. Damascène, *Dialectique*, ch. xlii.

première moitié du v° siècle, que si les anciens philosophes grecs ont souvent défini le concept d'οὐσία, il n'en est pas de même de celui d'ὑπόστασις[1]. Ce terme ne fait pas partie de la terminologie philosophique d'Aristote. Celui-ci s'en sert dans le *De Mundo*, pour l'opposer à ἔμφασις, comme la réalité à l'apparence, et, tour-à-tour, Thémistius, Plutarque, Diogène-Laërce, saint Épiphane, saint Basile et saint Grégoire de Nysse en font le même usage[2]. Chez les Stoïciens, plus encore chez les Néoplatoniciens[3], hypostase prend le sens d'existence ὕπαρξις, avec cette nuance qu'il s'agit d'une réalité qui subsiste en soi (ὑφίστασθαι), et non d'accidents qui subsistent par inhérence à un sujet : en un mot, il s'agit d'une existence substantielle. Mais, une réalité qui subsiste en soi et n'a besoin que de soi pour exister ne peut être qu'une substance individuelle, comme le reconnaît Boèce : « *sed peritior Græcia sermonum* ὑπόστασιν » *vocat individuam substantiam* ». Quand cette substance individuelle désigne un être raisonnable tel qu'un homme, un ange, une hypostase divine, elle équivaut à la notion juridique et grammaticale de personne : « *Longe vere illi signatius naturae rationabilis individuam substantiam* ὑποστάσεως *nomine vocaverunt*[4] ». Boèce déclare que les docteurs grecs finirent par restreindre la notion d'ὑπόστασις aux substances individuelles des seuls êtres raisonnables, « *quoniam nomen hoc melioribus applicatum est* »[5]. Ainsi, hypostase exprima successivement l'idée de réalité, d'existence substantielle, puis de substance individuelle, équivalant dans ce cas à οὐσία pris dans le sens de substance première; enfin, dans une acceptation plus restreinte

---

1) Socrate, *H. E.*, III. 7.

2) Aristote, *De Mundo*, 5 ; Thémistius, P. G., t. XXXII, col. 19 ; Plutarque, *De iride*, 894 *b* ; Diogène Laërce, *Pyrrh.*, IX, 91 ; S. Epiph , *Hæres.*, LXXXVII, 24, P. G., t. XLII, col. 676 ; S. Basile, *Contr. Eunom.*, II, 16, P. G., t. XLV, col. 489.

3) Surtout Cléomède parlant de l'existence du vide, ὑπόστασις κενοῦ, *De motu orbium cælestium libri duo*, éd. Ziegler, Lipsiae, MCCCXCI, p. 8-9. — Plotin, *Enn.*, 6-7-8, 15, 20 ; Bouillet, III, p. 507-522-523, 531-532, 571-572.

4) Boèce, *Liber contra Eutychen et Nestorium*, III.

5) *Ibid.*

encore, hypostase exprime l'idée de personne (substance individuelle d'un être raisonnable), équivalant alors la notion latine de *persona*.

On voit par ce qui précède que les modalistes prenaient οὐσία dans le sens de substance individuelle, ὁμοούσιος dans celui d'unité numérique d'individus, le sabellianisme étant la croyance en un seul Dieu qui joue son triple personnage. Au contraire, dans la formule origéniste μία οὐσία τρεῖς ὑποστάσεις, οὐσία désigne l'essence spécifique, la substance seconde, par opposition à ὑπόστασις qui désigne l'individu, la personne, la substance première. Οὐσία a une signification abstraite et admet pour synonymes les termes de nature, de forme, φύσις, μορφή ; ὑπόστασις a une signification concrète et admet pour synonyme le terme ἄτομον[1]. C'est ainsi que l'on dit : Pierre, Paul, Barnabé, en tant qu'individus distincts, sont trois hypostases, et ils ont une même essence spécifique, la nature humaine[2]. Ὁμοούσιος signifie, non plus une unité numérique de personnes, mais une unité spécifique de personnes. Les Grecs lettrés élevés à l'école des philosophes, tels que les Cappadociens, ne varieront pas sur ce point : à οὐσία ils accorderont une signification abstraite, à ὑπόστασις, une signification concrète[3].

Il advint alors que le symbole de Nicée déclara anathèmes ceux qui disent que le Fils de Dieu est d'une autre hypostase ou essence que le Père, ἐξ ἑτέρας ὑποστάσεως ἢ οὐσίας φάσκοντες εἶναι. La conjonction ἢ dans ce passage peut s'interpréter dans le sens d'une alternative ou d'une équivalence. Ceux qui distinguaient le sens abstrait d'οὐσία et le sens concret d'ὑπόστασις, tel

---

1) S. Jean Damascène, *Dial.*, 41, P. G., t. XCIV, col. 608-609, 612-613.

2) S. Basile, *Quod non sint tres dii*, P. G., t. LXIV, col. 117.

3) Dans la suite, nous prendrons les termes d'essence, d'espèce et de nature dans le sens de substance seconde ; ceux de personnes, hypostases, individus, dans le sens de substances premières, conformément à l'usage patristique après Nicée : « Οἱ οὖν ἅγιοι Πατέρες ἐπὶ τοῦ εἰδικωτάτου εἴδους τάσσουσι τὸ τῆς οὐσίας, καὶ φύσεος, καὶ μορφῆς ὄνομα, καὶ ταυτὸν λέγουσιν οὐσίαν, καὶ φύσιν, καὶ μορφήν, τὸ εἰδικώτατον εἶδος...χρὴ δέ γιγώσκειν, ὡς οἱ ἅγιοι Πατέρες ὑπόστασιν, καὶ πρόσωπον, καὶ ἄτομον τὸ αὐτὸ ἐκάλεσαν. » S. J. Damascène, *Dial.*, 41, P. G., t. XCIV, col. 608-609 ; *Inst. elem.*, 1, P. G. t. XCV, col. 100.

que saint Basile, virent une alternative[1]. Mais ceux qui confondaient ces deux notions et les rendaient par le même mot latin *substantia*, virent une équivalence : tels furent saint Athanase[2], Paulin[3], saint Jérôme[4], saint Augustin qui avouait ingénûment « ne pas savoir la distinction que les Grecs disent exister entre οὐσία et ὑπόστασις »[5]. A cette opinion se rangèrent, d'une façon générale, les Latins et les adversaires du symbole de Nicée, orthodoxes ou hérétiques. Il s'ensuivit que, parmi les Grecs, les uns crurent à la différence des deux concepts, les autres à leur équivalence[6]. Parmi ces derniers, les uns entendirent cette équivalence dans le sens d'une réduction d'ὑπόστασις à οὐσία, οὐσία désignant la nature spécifique ; d'autres l'entendirent dans le sens d'une réduction inverse, et l'affirmation que le Fils était ὁμοούσιος avec le Père fut pris par les Semi-Ariens comme une profession de sabellianisme et exploitée dans ce sens par les Ariens contre les Nicéens.

En résumé la source d'équivoques est triple :

1° Sabelliens et Ariens se sont déjà servi des termes qu'utiliseront les Nicéens et leur ont donné une saveur hérétique.

2° Les deux formules par lesquelles Grecs et Latins expriment le dogme trinitaire d'un seul Dieu en trois personnes ne se

1) « Si les deux mots ont même et identique signification, quel besoin d'employer l'un et l'autre ? Le concile en condamnant, soit ceux qui nient que le Fils procède de l'ousie du Père, soit ceux qui prétendent qu'il ne procède pas de l'ousie mais d'une certaine hypostase, témoigne par là même qu'il distingue ces deux erreurs ». S. Basile, *Exemplar fidei*, epist. 125, 1. P. G. t. XXII, col. 787-790.

2) Avant le concile de Nicée, il semble que S. Athanase distingue ousie et hypostase (P. G., t. XXV, col. 220 ; t. XXVI, col. 1000) ; après le concile, et, peut-être par suite de l'équivalence qu'il semblait avoir établie entre les deux termes dans un esprit de conciliation, il tend à les confondre (*Epist. ad Afros*, 4 ; *De Decretis*, 27 ; *De Synodis*, 41 ; *Tomus ad Antiochus*, 6 ; Tixeront, II, 75).

3) Paulin, apud *Tomus ad Antiochenos*, 11 ; S. Jérome, *ad Damasum*, epist. 15.

4) « Tota saecularium litterarum schola nihil aliud hypostasim quam usiam novit ». S. Jérôme, *Ad Damasum*, epist. 15. P. L. t. XXII, col. 356.

5) « Essentiam dico, quæ οὐσία græce dicitur, quam usitatius substentiam vocamus. Dicunt quidem et illi hypostasim ; sed nescio quid volunt interesse inter usiam et hypostasim ». *De Trinit.*, l. V, c. VIII.

6) S. Athanase, *Tomus ad Antiochenos*, 5.

correspondent pas littéralement. Lorsqu'on traduit littéralement ces formules d'une langue dans l'autre, il en résulte des
équivoques. Saint Hilaire a clairement vu cette conséquence :
« la traduction mot à mot du grec en latin engendre l'obscúrité
parce que les mots n'ont pas exactement le même sens dans
les deux langues »[1].

3° Le texte du symbole de Nicée permet de poser une fâcheuse
équivalence entre οὐσία et ὑπόστασις, qui autorisera à entendre
ὁμοούσιος dans un sens sabellien. .

II. — LES CONTROVERSES TRINITAIRES POST-NICÉENNES
SUR L'HOMOOUSIE.

Lorsque s'ouvrit le concile œcuménique de Nicée, les
évêques avaient pour but principal et immédiat la condamnation directe de l'arianisme ; du même coup, ils désiraient en
finir, par une décision claire et définitive, avec les philonistes
alexandrins, les juifs ébionistes, les gnostiques orientaux,
les partisans de la Dyade des Apologètes du second siècle,
ceux de la Triade de Noët et de Sabellius, et même avec les
subordinatiens à la façon d'Origène. Pour cela, il fallait
définir la trinité des personnes et l'égalité de leur titre divin.
C'est ce que firent les Nicéens en confessant le Père, le Fils et
le Saint-Esprit; en déclarant que le Fils est engendré de la
propre substance du Père et non créé à partir du néant,
γεννηθέντα... ἐκ τῆς οὐσίας τοῦ Πατρός οὐ ποιηθέντα; enfin, en professant qu'il a la même nature divine que Dieu, ὁμοούσιος. Saint
Athanase a raconté comment les évêques avaient d'abord proposé le terme ὅμοιος ; mais, ayant surpris les Ariens à murmurer
que le Fils était, bien entendu, ὅμοιος au Père, au sens analogique et impropre applicable aux œuvres extérieures de Dieu,
en tant que dérivant toutes de la même source divine[2], ils se
rallièrent au terme ὁμοούσιος qui marque une identité dans la
ressemblance de deux personnes distinctes, ταὐτὸν τῇ ὁμοιώσει[3],

1) S. Hilaire, *De Synodis*, 9.
2) S. Ath., *De Synodis*, 28, P. G., t. XXV, col. 457.
3) S. Ath., *De Synodis*, P. G., t. XXV, col. 452.

c'est-à-dire une unité spécifique de nature qui ne compromet pas la distinction numérique des personnes. Οὐσία était ainsi prise par les Nicéens dans le sens abstrait de nature commune à plusieurs individus ou essence, conformément à la signification donnée à ὁμοούσιος par Origène et par son élève Grégoire le Thaumaturge : λέγεται γαρ τὸ ταὐτὸν τῇ φύσει καὶ τῇ ἀϊδιότητι ἀπαραλλάκτως [1]. Des écrits anonymes, qui commencèrent à circuler vers 360, précisent la même signification : « On dit ὁμοούσιος, déclare l'auteur du *premier dialogue sur la sainte Trinité*, ce dont l'essence comporte la même définition. Ainsi, l'homme en tant qu'homme ne diffère en rien d'un autre homme, et l'ange comme tel ne diffère en rien d'un autre ange » [2]. L'auteur du *Liber de definitionibus* s'exprime de même : « On dit coessentiels des êtres qui ont la même essence, mais qui témoignent quelque différence, tels la pierre friable et la pierre dure, qui sont ὁμοούσιοι, c'est-à-dire de la même essence. Il y a pareillement, le bois de palmier et le bois d'ébène; la chair de chameau et la chair de poisson. On les dit ὁμοούσιοι parce qu'ils sont d'une même essence de bois ou de chair. De même encore, tous les hommes sont d'une seule et même essence; pourtant, ils comportent plus d'une différence : l'un est grand, l'autre petit; celui-ci puissant, celui-là faible. Nonobstant, ils ont une seule et même essence, je veux dire qu'ils sont composés d'âme et de corps » [3]. Bref, il y a homoousie toutes les fois qu'il y a communauté d'essence ou nature spécifique avec quelques différences qui correspondent aux accidents individuants.

Le terme ὁμοούσιος ainsi choisi pour exprimer l'identité de nature spécifique, et, par suite, l'égalité du titre divin des trois personnes de la Trinité, était fort recommandable. Bien qu'il ne fut pas scripturaire, Origène s'en était servi en parlant de la communauté de substance du Père et du Fils [4]. On le retrouve dans un dialogue faussement attribué à Origène, mais anténi-

---

1) Gr. le Thaum., *De fide*, P. G., t. XX, col. 1128.
2) P. G., t. XXVIII, col. 1158.
3) P. G., t. XXVIII, col. 545.
4) *Vide supra*, note 13.

céen, intitulé Περὶ τῆς εἰς θεὸν ὀρθῆς πίστεως, où l'un des deux inter-
locuteurs Adamantius déclare : πεπίστευκα καὶ τὸν ἐξ αὐτοῦ θεὺν λόγον
ὁμοούσιον ἀεί ὄντα et ajoute que, de ce fait, le Verbe est Fils de Dieu
par nature κατὰ φύσιν, au lieu que les hommes le sont par adoption
κατὰ θέσιν[1]. Dans l'accusation portée contre Denys d'Alexandrie,
devant le pape son homonyme, par Ammonius et Euphrator,
un des griefs invoqués consiste à ne pas dire que le Christ est
ὁμορύσιος au Père, ὡς οὐ λέγοντος τὸν χριστὸν ὁμοούσιον εἶναι τῷ Θεῷ[2].
Enfin, Eusèbe de Césarée, protecteur d'Arius avant et après
Nicée, dans sa lettre à ses diocésains pour justifier son adhésion au décret du concile, s'appuie sur ce fait que plusieurs
évêques et écrivains doctes et illustres des anciens temps,
se sont servi du terme ὁμοούσιος[3]. Par ailleurs, le terme choisi
comportait ses dangers. Paul de Samosate s'en était servi pour
nier la distinction de la première et seconde personne ; le troisième concile d'Antioche (268) l'avait condamné, et il devenait
forcément suspect dès que, entendant par la conjonction ἤ une
équivalence, on ramenait οὐσία à ὑπόστασις. Dès Nicée, un parti
d'opposition, souvent orthodoxe, se forme pour protester
contre l'emploi de ὁμοούσιος considéré comme un retour offensif du modalisme oppresseur. Déjà, dans les discussions du
concile, les arianisants objectèrent à l'emploi du mot, qu'étranger à l'Écriture, il semblait impliquer que la substance divine,
indivisible en soi, avait pourtant été divisée entre le Père et le
Fils, suivant la conception matérialiste de Tertullien. En tout
cas, ajoutaient-ils, ce mot procède de Sabellius et rend illusoire
la distinction des personnes. A quoi le camp adverse répondit ;
le terme ὁμοούσιος ne peut s'appliquer à deux êtres qu'à la condition qu'ils soient distincts en personnes, car, « une chose n'est
jamais ὁμοούσιος à elle-même, mais toujours à une autre »[4].

1) *Der Dialog. des Adamantius*, v. H. van de Sande Ballhnyzen, Leipzig,
1901, I, 2.
2) S. Ath., *De Synodis*, 25 ; *De Sententia Dionysii*, 18, P. G., t. XXV, col.
462, 506.
3) Eusèbe, *Epist. 1 ad Cæsarienses*, P. G., t. XX, col. 1541 ; Socrate,
H. E., I, 8.
4) S Basile, *Epist.*, 52, P. G., t. XXXII, col. 392.

La majorité des évêques était encore hésitante, lorsqu'Athanase fit accepter le terme controversé en les persuadant que le choix était entre l'homoousie ou l'arianisme. L'homoousie passa. Mais, cependant que Constantin jugeait la controverse arienne abolie à jamais, elle allait reprendre de plus belle. La tactique des Ariens sera d'utiliser la défiance contre le mot ὁμοούσιος, « en l'interprétant de façon calomnieuse, en faisant dire aux Nicéens que le Fils est consubstantiel au Père en hypostase, τὸν Υἱὸν κατὰ τὴν ὑπόστασιν ὁμοούσιον[1] », par suite en accusant les Nicéens de sabellianisme.

(*A suivre.*)

Louis ROUGIER.

1) S. Basile, *Ad Meletium*, epist. 216.

LE CULTE DE LA CROIX
CHEZ LES INDIENS DE L'AMÉRIQUE DU NORD

La croix sur les coquilles des « mounds ». — La croix totem chez les Gaspésiens, les Dakotas et les Ojibvas. — La croix humaine en Californie et les Kaiowas. — La croix des pluies chez les Navajos.

Parmi les « mounds » ou tertres artificiels de l'Amérique du Nord il en est un grand nombre qui sont de toute évidence des « tertres » cérémoniels. Tel est le cas en particulier des « mounds » à effigies représentant la forme humaine ou des formes animales. Précolumbiennes ou post-columbiennes, toutes ces constructions sont incontestablement d'origine indienne[1], et s'apparentent aux loges rituelles semblables à celles que l'on dresse encore dans les grandes cérémonies pour la santé ou pour la pluie[2]. Certains de ces « mounds » représentent des croix[3]. Les « mounds » funéraires et peut-être les « mounds » cérémoniels, les renseignements précis manquent à cet égard, ont fourni d'autre part des images de la croix sur coquille ou sur cuivre, voire sur argent qui relèvent de la même civilisation. Des grains et des pendants de collier ornés de la croix grecque pourraient bien avoir été utilisés comme insignes ou comme talismans de sociétés cérémonielles[4]. Sur quelques pendants de collier, la croix grecque apparaît inscrite

---

1) H. Beuchat, *Manuel d'Archéol. améric.*, 1912, p. 184-186.

2) Cf. J. Stevenson, *Ceremonial of Hasjelti Dailjis and mythical sandpainting of the Navajos Indians* dans *8th Ann. Report of the Bur. of Ethnol.* 1886-87, Washington, 1891, pp. 237-242.

3) Marquis de Nadaillac, *L'Amérique prehis.*, pp. 133-134; Lapham *Ant. of Wisconsin*, pp. 20 et 39, pl· XXXI, fig. 2 et 3.

4) W. H. Holmes, *Art in shell*, pp. 228-230; pl. XXXVI, fig. 1, 2, 3; pl. LI, LII. LIII, pp. 268-273.

dans un cercle radié à 12 pointes inscrit lui-même dans un carré dont chaque côté supporte une tête d'oiseau[1] ; sur d'autres, elle semble portée par une araignée dont elle couvre tout le corselet[2]. Cette association de la croix à des formes animales confirment notre hypothèse : ce sont là très vraisemblablement des attributs de sociétés cérémonielles. En tout cas on ne saurait songer à y voir des croix importées. Dans cet ancien art américain, déclare W. H. Holmes, la croix est mêlée d'une façon si intime aux conceptions particulières des Indiens d'Amérique qu'elle ne saurait en être séparée, et encore je n'ai pas vu un seul exemple de gravure sur coquille qui suggère une main étrangère ou un dessin d'origine exotique[3]. C'est également l'avis de Brinton, juge des plus qualifiés qui, voilà bientôt quarante ans, expliquait la genèse de ce symbole sur le sol américain par l'idée que les Indiens se faisaient du rôle et de l'importance rituelle des quatre points cardinaux[4]. Nous verrons dans quelle large mesure il avait raison.

Les Espagnols de la conquête ont d'ailleurs été les témoins directs de ce culte de la croix, et les négations postérieures qu'on a opposées à leurs témoignages ne sauraient plus aujourd'hui se défendre[5]. Après eux, d'autres témoins irrécusables vinrent affirmer l'existence de ce culte. Nous nous arrêterons spécialement à la relation de P.-Ch. Le Clercq, car elle contient des détails du plus haut intérêt[6]. Il écrit des Gaspésiens :

« Tout infidèles qu'ils soient, ils ont parmi eux, la croix en singulière vénération, ils la portent figurée sur leurs habits et sur leur chair, ils la tiennent à la main dans tous leurs voyages soit par mer, soit par terre et enfin ils la posent, au dehors et

---

1) W. H. Holmes, *Art, in shell*, pl. LVIII et LIX, pp. 282-284.

2) W. H. Holmes, *Art in shell*, pl. LXI p. 288.

3) W. H. Holmes, *loc. cit.*, p. 269 et 271.

4) W. H. Holmes, *loc. cit.*, p. 270.

5) E. Beauvois, *Les porte-croix de la Gaspésie et de l'Acadie*, p. 2.

6) P. Ch. Le Clercq, *Nouvelle relation de la Gaspésie qui contient les mœurs et la religion des sauvages gaspesiens, porte-croix, adorateurs du soleil et d'autres peuples de l'Amérique sptentrionale dite Canada*, Paris, A. Auroy 1691, in-12.

au dedans de leurs cabanes *comme la marque d'honneur qui les distingue des autres nations du Canada.* Ces sauvages demeurent à la rivière de Mizamichiche, que nous avons depuis honorée du titre auguste de Sainte-Croix, au bruit du canon et aux mille acclamations de joie et de réjouissances tant des Français que des Sauvages [1]. »

« Je ne sais quel jugement vous ferez de la manière que nos sauvages disent avoir reçu la *Croix*, selon la tradition de leurs ancêtres qui porte que, leur pays étant affligé d'une maladie très dangereuse et pestilentielle qui les réduisait dans une extrême disette de toutes choses et qui en avait déjà mis plusieurs dans le tombeau, quelques vieillards, de ceux qu'ils estimaient les meilleurs, les plus sages et les plus considérables, s'endormirent tous, accablés de langueur et de chagrin de voir une désolation si générale, et la ruine prochaine de toute la nation gaspésienne, si elle n'était promptement soulagée par un puissant secours du Soleil, qu'ils reconnaissent comme nous avons dit, pour leur Divinité. *Ce fut, disent-ils, dans ce sommeil plein d'amertume, qu'un homme beau par excellence leur apparut avec une Croix à la main,* qui leur dit de prendre bon courage, de s'en retourner chez eux, de faire des *Croix* semblables à celles qu'on leur montrait et de les présenter aux chefs de famille, les assurant que, s'ils les recevaient avec estime, ils y trouveraient indubitablement le remède à tous leurs maux. Comme les Sauvages sont crédules aux songes jusqu'à la superstition, ils ne négligèrent pas celui-ci dans leur extrême nécessité. Ainsi ces bons vieillards retournèrent aux cabanes d'où ils étaient partis le jour précédent. Ils firent une assemblée générale de tout ce qui restait d'une nation mourante, et tous ensemble conclurent d'un commun accord, que l'on recevrait avec honneur le sacré signe de la *Croix*, qu'on leur présentait du ciel pour être la fin de leur misère et le commencement de leur bonheur ; comme il arriva en effet, puisque la maladie cessa et que tous les affligés qui portèrent res-

1) P. Ch. Le Clercq, *Nouvelle relation*, p. 169.

pectueusement la *Croix* furent guéris miraculeusement[1]. »

« Après donc la résolution prise dans leur conseil que l'on porterait toujours la *Croix,* sans en excepter même les petits enfants, pas un Sauvage n'eût osé paraître devant les autres sans avoir en sa main, sur sa chair ou sur ses habits, ce sacré signe de leur salut; en sorte que s'il était question de décider quelque chose de conséquence touchant à la nation, soit pour conclure la paix ou déclarer la guerre contre les ennemis de la patrie, le chef convoquait tous les anciens, qui se rendaient ponctuellement au lieu du conseil, où étant tous rassemblés, ils élevaient une *Croix* haute de neuf à dix pieds; ils faisaient un cercle et prenaient leur place, avec chacun leur *Croix* à la main, laissant celle du conseil au milieu de l'assemblée. Ensuite, le chef, prenant la parole, faisait ouverture du sujet pour lequel il les avait convoqués au conseil, et tous ces *Porte-Croix* disaient leurs sentiments, afin de prendre des mesures justes et une dernière résolution sur l'affaire dont il s'agissait[2]. »

« Que s'il était question d'envoyer quelque député à leurs voisins ou à quelque autre nation étrangère, le chef nommait et faisait entrer dans ce cercle celui de la jeunesse qu'il connaissait le plus propre pour l'exécution de leur projet; et après lui avoir dit publiquement le choix qu'on avait fait de sa personne; pour le sujet qu'on lui communiquait, il tirait de son sein *une Croix* admirablement belle, qu'il tenait enveloppée dans ce qu'il pouvait avoir de plus précieux ; et, la montrant avec révérence à toute l'assemblée, il faisait, par une harangue préméditée, le récit des grâces et des bénédictions que toute la nation gaspésienne avait reçues par le secours de la *Croix.* Il ordonnait ensuite au député de s'approcher et de la recevoir avec révérence, et, la lui mettant au col : « Va, lui disait-il, conserve « cette *Croix* qui te préservera de tous dangers auprès de ceux « auxquels nous t'envoyons. » Les anciens approuvaient par leurs acclamations ordinaires de *hoo, hoo, hoo,* ce que le chef

<hr>

1) P. Ch. Le Clercq, *Nouvelle relation,* pp. 172-173.
2) P. Ch. Le Clercq, *Nouvelle relation,* pp. 176-177.

avait dit, souhaitant toutes sortes de prospérités à ce député, dans le voyage qu'il allait entreprendre pour le service de sa nation. »

« Cet ambassadeur donc, sortait du Conseil, *la Croix au col*, comme la marque honoraire et le caractère de son ambassade. Il ne la quittait que le soir pour la mettre sous sa tête, dans la pensée qu'elle chasserait tous les méchants esprits pendant son repos. Il la conservait toujours avec soin, jusqu'à l'accomplissement de sa négociation après quoi il la remettait entre les mains du chef avec les mêmes cérémonies qu'il l'avait reçue, en plein Conseil, et devant toute l'Assemblée il faisait rapport de son voyage[1]. »

« Enfin, ils n'entreprenaient rien sans la *Croix*; le chef la portait lui-même à la main, en forme de bâton, lorsqu'il marchait en raquette, et il la plaçait dans le lieu le plus honorable de sa cabane. S'ils embarquaient sur l'eau dans leurs petits canots d'écorce, ils y mettaient une *Croix* à chaque bout, croyant religieusement qu'elle les préserverait du naufrage[2]. »

« Voilà quels étaient les sentiments d'estime et de vénération de nos anciens Gaspésiens pour la *Croix*, qui subsistent encore aujourd'hui religieusement dans le cœur de nos *Porte-Croix*, puisqu'il n'y en a pas un qui ne la porte dessus ses habits ou dessus sa chair. Les langes et les berceaux des petits enfants en sont toujours ornés; les écorces de la cabane, les canots et les raquettes en sont tous marqués[3]. »

« *Les femmes enceintes la figurent avec le porc-épic dessus l'endroit de la couverture qui cache leur sein, pour mettre leur fruit sous la protection de la Croix.* Enfin, il n'y en a guère qui ne conserve précieusement en son particulier une petite *Croix* faite avec de la pourcelaine (coquillage) et de la rassade (verroterie) qu'il garde et qu'il estime à peu près comme nous faisons les reliques; jusque-là même que ces peuples la pré-

---

1) P. Ch. Le Clercq, *Nouvelle relation*, p. 178-179.
2) P. Ch. Le Clercq, *Nouvelle relation*, p. 180-181.
3) P. Ch. Le Clercq, *Nouvelle relation*, p. 181.

fèrent à tout ce qu'ils ont de plus riche et de plus précieux[1].

« On connaît assez les lieux de la sépulture de ces peuples, *par les Croix* qu'ils plantent sur leurs tombeaux ; et leurs cimetières, distingués par ce signe du salut, paraissent plutôt chrétiens que sauvages ; cérémonies qu'ils observent autant de fois qu'il meurt quelqu'un de la nation des *Porte-Croix*, fût-il éloigné de cents lieues de l'endroit où se fait ordinairement leur sépulture .

« Les lieux de pêche et de chasse les plus considérables sont distingués par les *Croix* qu'ils y plantent, et on est agréablement surpris, en voyageant dans leur pays, de rencontrer de temps en temps des *Croix* sur le bord des rivières, à double ou à trois croisées, comme celles des patriarches. En un mot, ils font tant d'estime de la *Croix* qu'ils ordonnent qu'elle soit enterrée avec eux dans un même cercueil, après leur mort, dans la croyance que cette *Croix* leur fera compagnie dans l'autre monde et qu'ils ne seraient pas connus de leurs ancêtres, s'ils n'avaient avec eux la marque et le caractère honorable qui distingue les *Porte-Croix* de tous les autres sauvages de la Nouvelle France. Comme cette nation Gaspésienne des *Porte-Croix* a été presque toute détruite, tant par les guerres qu'elle a eues avec les Iroquois que par les maladies, qui ont infecté ce pays et qui par trois ou quatre fois en ont fait mourir un fort grand nombre, ces sauvages se sont insensiblement relâchés de cette première ferveur de leurs ancêtres[1]. »

Le témoignage du Père Le Clercq est confirmé par Mᵍʳ de Saint-Vallier évêque de Québec qui, parlant de la rivière de la Croix écrit: « Elle tire son nom de certains sauvages qui de temps immémorial, s'appellent *Cruciantaux* parce qu'ils conservent entre eux un respect particulier pour la croix, sans qu'il paraisse aucun vestige d'où l'on puisse conjecturer qu'ils en aient jamais connu le mystère »[4].

1) P. Ch. Le Clercq, *Nouvelle relation*, p. 181-182.
2) P. Ch. Le Clercq, *Nouvelle relation* p. 184-185.
3) P. Ch. Le Clercq, *Nouvelle relation*, p. 185-186.
4) *Estat présent de l'Eglise et de la colonie française de la Nouvelle France par M. l'Evêque de Québec*, Paris, Robert Pepie, 1688, in-12, p. 36.

· Pour ce qui est de l'origine du culte de la croix chez les Gaspésiens, le Père Le Clercq est contraint de reconnaître qu'il est antérieur à l'arrivée des Européens :

« Voici cependant, quoique en abrégé, quelques raisons principales qui m'obligèrent de croire que la *Croix* avait été en vénération parmi ces barbares, avant la première arrivée des Français dans leur pays ; car, voulant un jour faire avouer à ces infidèles que les missionnaires qui m'avaient précédé leur avaient enseigné la manière dont ils devaient adorer la *Croix* :

« Hé quoi ! me dit le chef, tu es patriarche, tu veux que nous
« croyions tout ce que tu nous proposes et tu ne veux pas
« croire ce que nous te disons ; tu n'as pas encore 40 ans, et il
« n'y en a que deux que tu demeures chez les sauvages et tu
« prétends savoir nos maximes, nos traditions et nos coutumes
« mieux que nos ancêtres qui nous les ont enseignées. Ne
« vois-tu pas encore tous les jours le vieillard Quioudo, qui a
« plus de six vingts ans [1]. Il a vu le premier navire qui ait
« abordé dans notre pays ; il t'a répété si souvent que les sau-
« vages de Mizamichis n'ont pas reçu des étrangers l'usage de
« la *Croix*, et que ce qu'il en sait lui-même, il l'a appris par
« les traditions de ses pères qui ont vécu pour le moins aussi
« longtemps que lui. Tu peux donc inférer que nous l'avions
« reçue avant que les Français vinssent à nos côtes. Mais si tu
« fais encore quelque difficulté de te rendre à cette raison, en
« voici une autre qui te doit entièrement convaincre de la
« vérité que tu révoques en doute. Tu as de l'esprit puisque tu
« es patriarche [2] et que tu parles de Dieu ; tu sais que la nation
« des Gaspésiens s'étend depuis le Cap des Rosiers jusqu'au Cap
« Breton [3] ; tu n'ignores pas que les sauvages de Ristigouche
« sont nos frères et nos compatriotes, qui parlent la même

---

1) J. Cartier visita la baie des Chaleurs et d'autres points de la Gaspésie, dans son premier voyage, en 1534, c'est-à-dire 143 ans avant l'année 1677, la deuxième de celles que le P. Le Clercq passait parmi les sauvages ; il faudrait donc supposer que ce Quioudo atteignit l'âge de 143 ans, ce qui à la rigueur est possible, quoique assez peu vraisemblable.

2) C'est ainsi que ces sauvages appelaient les ecclésiastiques en général.

3) C'est-à-dire sur tout le littoral occidental de la domination canadienne.

« langue que nous ; tu les as quittés pour venir nous voir ; tu
« les as instruits ! tu as vu les vieillards qui ont été baptisés
« par d'autres missionnaires que toi, et cependant nous avons
« été privés malheusement de ce bonheur jusqu'à présent. Si
« donc la *Croix* est la marque sacrée qui distingue les Chrétiens
« d'avec les Infidèles, comme tu nous l'enseignes, dis-nous
« pourquoi les patriarches nous en auraient-ils donné l'usage,
« préférablement à nos frères de Ristigouche qu'ils ont baptisés
« et qui cependant n'ont pas toujours eu le signe des chrétiens
« en vénération, comme nos ancêtres qui n'ont jamais reçu
« le baptême ? Tu vois donc manifestement que ce n'est pas
« des missionnaires que nous avons le mystère de la *Croix*[1]. »

« L'on dira que ce raisonnement est sauvage ; il est vrai, je
l'avoue, mais il n'en est pas pour cela moins persuasif, ni
moins convaincant, puisqu'il est vrai de dire que les sauvages
de Ristigouche sont baptisés et qu'ils ne portent point cependant la *Croix*, mais bien la figure d'un *saumon*, qu'ils avaient
anciennement pendue au col, comme la marque d'honneur de
leur pays ; car il est à remarquer que la coutume de tous nos
Gaspésiens a toujours été de porter quelque figure particulière
qui sont comme des armoiries qui les distinguent des autres
sauvages par rapport aux différents endroits où ils résident
ordinairement. Voilà tout ce que j'ai pu connaître de l'origine
du *culte de la Croix*[2]. »

Nous pouvons d'ailleurs aujourd'hui nous expliquer la véritable origine du culte des Gaspésiens pour la croix. Après avoir
été associée par eux à un véritable totem, la croix en devint un
substitut. Le récit par lequel ils expliquent son adoption se
réfère évidemment à une incubation rituelle, destinée précisé·
ment à leur révéler un totem nouveau qu'ils pussent substituer
à l'ancien, afin de se mieux défendre contre les assauts de l'épidémie qui les ravageait[3]. Nous voyons, en effet, les femmes

---

1) P. Ch. Le Clercq, *Nouv. Relat*, p. 271-274.
2) P. Ch. Le Clercq, *Nouv. Relat*, pp. 274-275.
3) M. de Fronsac cité par Mgr de Saint-Vallier a reçu des indigènes un récit

enceintes l'associer au porc-épic pour protéger leur fruit ; et
nous apprenons de Mgr de Saint-Vallier que « le capitaine
se distinguait du commun, en ce qu'il en avait une partilière sur les épaules, jointe à celle de l'estomac, et *l'une et
l'autre avaient une bordure de poils de porc-épic, teinte en rouge
du plus vif*, couleur de feu » ¹.

Le cas des Gaspésiens est assez spécial et il n'y eut sans
doute pas beaucoup de tribus chez lesquelles la croix joua un
rôle de divinité nationale². En revanche, nombreuses sont les
nations parmi lesquelles la croix fut utilisée dans des cérémonies pour la santé ou pour les récoltes et en particulier pour la
pluie.

Nous retrouvons ce même symbole chez les Dakotas où il est
indubitablement antérieur à la découverte de l'Amérique, et où
il se lie très intimement à la tradition et aux mythes de
cette nation. La croix y est associée à une sorte de grosse libellule que les indigènes appellent la libellule-dragon³.

« La disposition de lignes droites qu'on appelle Croix latine
était et est encore employée par les Dakotas pour désigner ou

à peu de chose près semblable expliquant que la valeur de la croix avait été
révélée en songe à l'un des plus vieux Gaspésiens. *Estat présent*, p. 38.

1) *Estat présent de la nouvelle France*, p. 40.

2) G. Mallery, *Picture writing in 10th Annual Report*, p. 383 note que la
croix est le symbole de la tribu des Cheyennes qui la portaient tatouée sur
leurs bras ou empreinte sur leurs manches et qui désignaient la nation par un
geste qui traçait la croix.

3) Cette association occasionna d'ailleurs un singulier quiproquo. Lorsqu'un
missionnaire demanda pour la première fois à un Dakota le nom de la croix
après l'avoir dessinée sur le sable, afin de pouvoir se servir du renseignement
dans la traduction de la Bible et du Credo en Dakota, l'indigène répondit tout
de suite Sus-be-ca, et il retraça la figure en disant : « Ceci est un Sus-be-ca »
Depuis lors et aujourd'hui encore on lit dans les écritures et dans le Credo :
« Il fut cloué au Sus-be-ca, etc. »; « Que Dieu ne permette pas que je me
glorifie excepté dans le Sus-be-ca de N. S. J. C. » Pour le missionnaire c'était
clair et satisfaisant, le terme Sus-be-ca étant l'équivalent du mot croix. Mais
quand le Dakota lut sa nouvelle Bible ou son Credo il fut fort étonné de lire :
« Il fut cloué à une lebellule-dragon » ou « Que Dieu ne permette pas que je
me glorifie excepté dans la libellule-dragon de N. S. J. C. » G. Mallery, *Picture Wrinting*, p. 725.

dessiner à la fois par le trait ou le geste la libellule-dragon plus communément appelée libellule. Le *Susbeca* ou libellule-dragon est un être surnaturel. Il a le don de la parole. Il avertit les hommes du danger. Il s'approche de l'oreille de l'homme, allant, imprudent et distrait, par l'herbe épaisse des prairies ou des marais — il s'approche de son oreille silencieusement et à angle droit comme le montre la figure *a* et lui dit, alarmé, « Tci » « Tci » « Tci! » — ce qui est une interjection équivalant à : « Prenez garde ! vous allez à une destruction certaine » « Prenez garde ! » « Tci » « Tci » « Tci! »

Dans cet emploi la croix a sa propre signification non seulement en représentant la forme de l'insecte, mais aussi l'angle de son approche. Elle est dessinée de plusieurs manières, mais habituellement comme *a* ou *b* de la figure 1 alors que peinte ou brodée on la trouve comme *c* et quelquefois *d*.

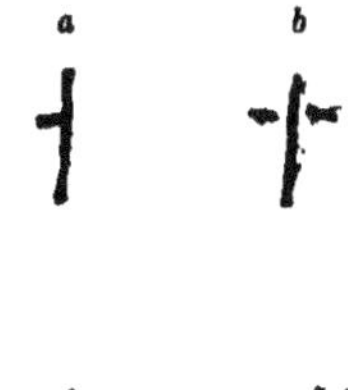
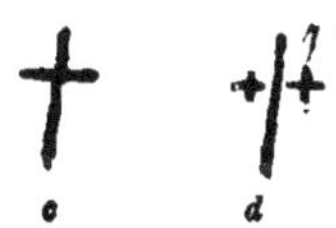

Fig. 1. — Libellules.

Une des raisons qui fit considérer la libellule comme un être surnaturel est sa soudaine apparition en grand nombre. Quand s'étend le calme du soir, avant que tombent les ombres de la nuit, on entend venir de la prairie un bourdonnement semblable au bruit de la sauterelle ou de la grenouille, mais indistinct et prolongé, le lendemain les Susbeca planeront au-dessus. On a entendu le bruit de leur venue, mais d'où viennent-ils? Nul ne le sait [1].

Peut-être aussi la libellule dont les ailes étendues la font ressembler à une croix marque-t-elle la saison de l'apparition des pluies? Ne vit-elle pas ordinairement au bord des eaux.

On ne saurait douter en tout cas que la libellule soit pour les Dakotas un animal totémique. Il est absolument interdit de la tuer si on ne veut pas provoquer les pires représailles : « Qui le fera sera décapité avant la venue de l'hiver par les Ojibwas

[1] G. Mallery, *Picture Writing*, p. 726.

détestés. C'est certain, car il y a longtemps un jeune guerrier inquiet se sentant ennuyé ou persécuté par l'infernal « Tci » « Tci » « Tci » lancé avec tant de sans-gêne en souffles explosifs près de son oreille, essaya de tuer l'importune; mais il fut décapité avant d'avoir pu s'échapper du marais ».

Les Dakotas n'utilisent pas dans leurs cérémonies la seule croix latine ou la croix-libellule. « La croix grecque » représente pour eux les quatre vents qui sortent des quatre cavernes dans lesquelles les âmes des hommes existaient avant leur incarnation dans le corps humain. Tous les « hommes-médecines » c'est-à-dire les sorciers et les magiciens se souviennent de leur ancienne vie de rêve, passée aux extrémités du monde et des instructions qu'ils reçurent alors des dieux, des démons et des sages. Ils se souviennent de cette vie qui précéda leur existence et ils la décrivent, tandis qu'ils ne font que rêver et spéculer en ce qui concerne la vie future au-delà de la tombe.

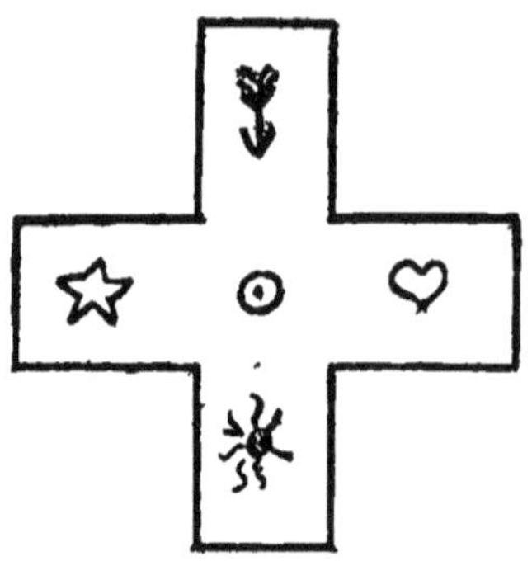

Fig. 2. — Croix dakota.

« Le sommet de la croix est le géant glacé qui conquiert toutes choses, le Vent du Nord, le plus puissant de tous. On le porte sur le corps tout près de la tête, le siège de l'intelligence et des desseins conquérants. Le bras gauche couvre le cœur, c'est le Vent d'Est venant du siège de la vie et de l'amour. Le pied est le Vent du Sud qui fait fondre et qui brûle indiquant, quand on le porte le siège de la passion fougueuse. Le bras droit est le gentil Vent d'Ouest, souffle de la terre de l'esprit, couvrant les poumons, d'où la respiration enfin est émise doucement, mais pour aller dans la nuit inconnue. Le centre de la croix est la terre et l'homme mus par les influences confluentes des dieux et des vents. Cette croix est souvent représentée comme dans la figure 2. D'autres fois elle est dessinée en perles de couleur et parfois gravée sur cuivre comme dans un bijou provenant d'un tertre de l'Ohio [1] ».

Si nous passons aux voisins des Dakotas, aux « Ojibwas détestés » nous retrouvons encore la croix. Lors de son arrivée à la baie Verte (Wisconsin) Marquette trouva un village occupé par trois nations : les Miamis, les Maskoutens et les Kikabeux. Il écrivait :

« Quand j'arrivai là, je fus très heureux de voir une grande croix plantée au milieu du village, ornée de plusieurs peaux blanches, de ceintures rouges, d'arcs et de flèches que ce bon peuple avait offertes au grand Manitou, pour le remercier du soin qu'il avait pris d'eux durant l'hiver et de leur avoir accordé une chasse fructueuse. *Manitou*, ajoute Marquette, est le nom qu'il donne en général à tous les esprits qu'ils pensent être au-dessus de la nature de l'homme. »

Marquette vit dans cette croix une marque de christianisme et presqu'une attention pour sa personne évangélique. C'était, dit Hoffmann qui étudia depuis soigneusement les Ojibwas, c'était une conclusion erronée. La croix est le schème des rites d'initiation au quatrième degré de la société des *Mides* ou *Shamans* [2].

Notons ici que rituels d'initiation, liturgies saisonnières pour la régulation des saisons, ou même rituels médicaux, tous brodent sur un fonds unique, le rituel saisonnier, et cela se comprend de reste. Ce rituel destiné à ramener les pluies ou la chaleur, à renouveler la vie de la nature, s'accompagne presque toujours de cérémonies pour la santé et la restauration de la vie corporelle, ainsi que de cérémonies d'initiation à une vie mystique plus haute et plus puissante. La liturgie n'est en réalité qu'une orientation des forces cosmiques pour le renouvellement du monde tant matériel que spirituel.

Le jour de la cérémonie arrivé on établit une enceinte ayant la forme d'un carré long et dont chacune des quatre faces a une

1) G. Mallery, *Picture Writing*, p. 724.
2) W. J. Hoffman, *The mindewinvin or Great me lecine Society of the Ojibwa* dans 7th *Annual Report of the Bur. of Eth.*, p. 155.

porte qui regarde l'un des points cardinaux[1]. C'est la maison
des sorciers. Aux quatre angles extérieurs de l'enceinte à une
distance de quelques pas sont plantés quatre cèdres qui serviront de refuge à l'ours Manido, lors de sa lutte avec les mauvais esprits. Dans l'intérieur de l'enceinte, sur la ligne est-ouest
se dressent trois poteaux et une croix. La croix est faite d'un
jeune arbre de 4 à 6 pieds muni d'une barre transversale dont
les deux moitiés ont la même longueur que la branche ascendante. Les trois parties supérieures sont peintes en blanc et
tachetées de petits points rouges destinés à rappeler le *migis*,
coquille sacrée qui est le symbole de l'ordre, ou mieux son
totem. Le pied de la croix est équarri et chacun de ses côtés est
peint d'une couleur différente : l'*Est*, source de lumière et de
chaleur en *blanc*; le *Sud*, séjour de l'oiseau-tonnerre qui produit les pluies et l'apparition de la végétation en *vert*; l'*Ouest*
qui regarde le soleil couchant et le séjour des morts en *vermillon*; le *Nord*, qui indique la région d'où vient le froid, la faim et
la maladie en *noir*[2].

Tous les mauvais esprits qui avaient assailli les loges édifiées
lors des initiations aux trois premiers degrés, sont venus de
tous les points de l'espace pour s'opposer à cette initiation
suprême. Aussi la cérémonie essentielle va-t-elle être une lutte
entre le néophyte et ces mystérieux assaillants et l'arme-t-on
d'un arc et de quatre flèches. Sous la conduite d'un prêtre qui
par son costume et ses attitudes personnifie le bon Manido,
l'ours inventeur de ces rites sacrés, le candidat se livre à une
véritable bataille liturgique. Se transportant tour à tour au
Nord, au Sud, à l'Est et à l'Ouest, il lance ses quatre flèches aux
quatre coins de l'horizon mettant en fuite tous les esprits de
toutes les régions. Mais qui ne voit qu'il a ainsi tracé sur le
sol dans le bruit des chants et le tumulte des combats le signe
de la croix?

Devenu *quatrième* la croix lui sera un mémorial des

1) W. J. Hoffman, *loc. cit.*, p. 255-256, fig. 33 et 34.
2) W. J. Hoffman, *loc. cit.* p. 256 et 275 et pl. XV, fig. 1, 2, 3, 4.

quatre combats qu'il a dû livrer aux mauvais esprits auprès des quatre portes de l'édifice sacré[1].

On aura remarqué ici, qu'une fois de plus, la croix est associée avec un animal, la coquille marine qui passe pour l'insigne de l'ordre et que l'on peut considérer à la fois comme le totem de la société des Mides, et très probablement comme un talisman pluvial. Ne nous dit-on pas en effet que le bon ours Manido qui dirige le candidat dans sa lutte est couvert de coquilles *migis*, car il arrive de la mer salée, d'où il est sorti pour lui apporter son aide contre les esprits opposants[2]. Par la grâce de ces coquilles, les sorciers du quatrième degré sont transformés en une sorte d'ours de mer, en animaux aquatiques, dont la seule présence est évocatrice des eaux et des pluies.

La croix n'est pas seulement associée avec des formes animales, oiseau, araignée, porc-épic, libellule, migis ; mais aussi avec la forme humaine.

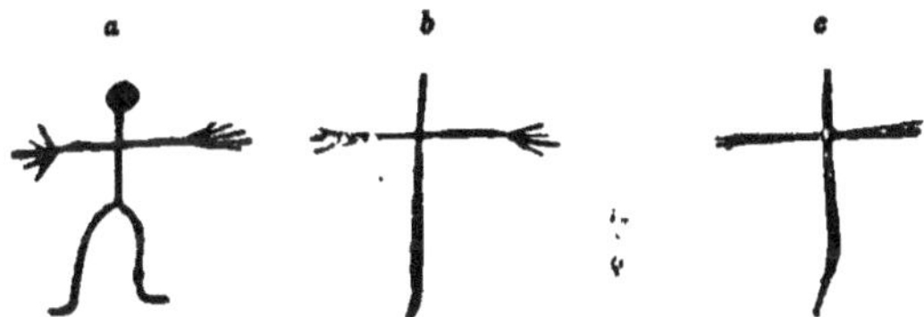

Fig. 3. — Croix de la vallée Owens.

Transportons-nous en Californie, soit dans la vallée de Tulare, soit dans la vallée Owens, au sud de Benton, nous trouvons un grand nombre de croix parmi les sculptures sur rochers[3]. La croix grecque apparaît à maintes reprises au centre d'un cercle ou inscrite dans une circonférence ; mais, et ceci mérite davantage notre attention, nous rencontrons aussi des croix visant à suggérer la forme humaine.

L'une d'elles montre nettement les contours d'une figure humaine 3 *a* tandis que les deux autres ont leurs extrémités

1) W. J. Hoffman, *loc. cit.*, p. 257.
2) W. J. Hoffman, *loc. cit.*, p. 262.
3) G. Mallery, *Picture Writing*, pl. I à XI et pp. 727-728.

plus ou moins effacées par les érosions (*b. c*). La dernière
même ne présente plus que l'aspect d'une simple croix.

On retrouve encore cette croix en forme humaine sur la tête

Fig. 4.
Croix Innuit.

des shamans de la tribu des Kiatexamut (fig. 4).
Elle est censé douée de pouvoirs mystérieux et
exécute leurs ordres. Ici elle constitue donc incontestablement un insigne d'ordre en même
temps qu'un instrument magique [1].

Chez les Navajos, court un long récit mythique
où nous voyons un jeune homme accompagné de ses frères rencontrer quatre moutons sauvages. Ses aînés lui ordonnent d'en
tuer un pour leur repas, mais lorsqu'il va pour lancer une flèche
son bras se trouve subitement paralysé et ceci s'est déjà renouvelé
plusieurs fois lorsque les quatres moutons se métamorphosent
en dieux. Le premier était Hazjelti, le second était Hostjoghon,
le troisième était Naaskidi et enfin le quatrième était Hadatchishi. Notre chasseur est tellement effrayé qu'il s'évanouit.
Mais les dieux s'approchent; Hazjelti se
place du côté du corps tourné vers l'Est,
les autres dieux l'entourent également:
Hostjoghon au Sud, Naaskidi à l'Ouest et
Hadatchishi au Nord. Chacun d'eux avait
une crécelle dont il s'accompagnait pour
chanter, afin que le jeune homme revint
à la vie. En même temps qu'ils chantaient avec accompagnement de crécelle

Fig. 5.

ils traçaient dans le sable une figure de croix afin de représenter
une figure d'homme (fig. 5). Et lorsque le jeune homme revint
à lui, bien qu'ils aient repris leur forme de mouton, ils lui de-
mandèrent pourquoi il avait tenté de tirer sur eux. Vous le voyez,
vous êtes maintenant comme l'un de nous, dirent-ils, et le jeune
homme était en effet transformé en mouton. Il nous faut aller
danser au delà de la montagne et nous avons besoin de vous
pour nous y rendre. Nous vous habillerons comme l'un de nous

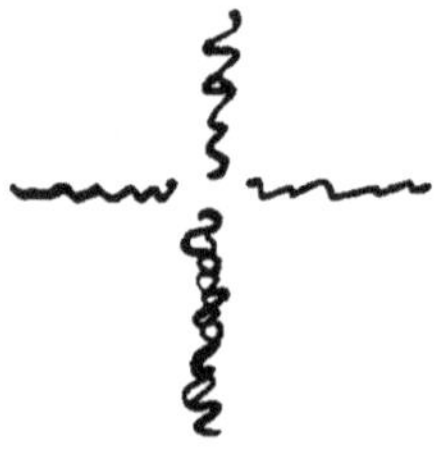

1) G. Mallery, *Picture Writing*, p. 729.

et nous vous enseignerons à danser, après quoi nous irons par
le monde. Ainsi fut fait, après cela il revint au milieu des siens
et leur enseigna leurs chants; leurs médecines, tous les gestes
et les habillements nécessaires aux cérémonies[1].

En réalité, cette association de la croix à la forme humaine
a dû être fort générale. On a sans doute déjà remarqué que chez
les Dakotas la branche supérieure était mise en relation avec
le vent du Nord et la tête humaine, le pied avec le Sud et la
passion fougueuse, lisez les parties sexuelles, tandis que le bras
gauche èst censé correspondre à l'est, au cœur et sans doute
au sang, enfin le bras droit à l'ouest et aux poumons c'est à-dire
au souffle.

Les primitifs enferment toutes leurs conceptions dans des
systèmes de classification numéraux. Ils ont donc tour à tour
conçu le monde et l'homme sous un aspect double, puis sous
un aspect triple, puis enfin sous un aspect quadruple. Le temps
et les saisons, l'espace et les points cardinaux n'étant d'ailleurs
pour eux que des manifestations du principe cosmique universel, le mana, ont été également conçus tour à tour comme
double. puis triple, puis quadruple. Les nombres deux, trois et
quatre leur ont semblé tour à tour être les clefs de la réalité du
cosmos, ou plutôt du macrocosme. Quant à l'Homme conçu
comme une réduction du monde, un microcosme qui avec la
terre se trouve au carrefour de toutes les énergies cosmiques
il bénéficie de toutes les forces sacrées dans la mesure où il sait
s'associer à leurs mouvements et, à leurs épanouissements.
Tout s'explique pour eux, par une double, triple ou quadruple
qualification de l'énergie universelle c'est-à-dire du mana[2]. Le

1) J. Stevenson, *Ceremonial of Hasjelti Dailjis and mythical Sand Painting
vf the Navajo Indians* dans 8th *An. Rep. of. the Bur. of Ethn.*, pp. 282-284.
2) Si je m'en tiens ici aux nombres 2, 3 et 4, c'est parce que ce n'est pas le
lieu d'entrer dans des développements à ce sujet; mais je noterai cependant
que les cinq premiers nombres ont une importance que les autres n'ont jamais
eue en raison de leur simplicité relative. Lorsque le primitif arriva à dissocier
des choses, car au début les nombres ne se différencient pas des choses, les
nombres 6, 7, 8 et les autres nombres supérieurs, ils étaient devenus capables
de combinaisons multiples et complexes et l'on ne trouve plus alors chez eux

dynamisme fondamental qui est au départ des conceptions primitives telles que du moins nous pouvons les atteindre, leur est apparu tantôt comme un dualisme, tantôt comme une trinité ou un ternaire, tantôt comme un quaternaire.

Bien entendu des conceptions qui embrassent ainsi l'universalité des choses s'expriment par des symboles graphiques à la fois schèmes de gestes et de rites, et talismans de concentration ou de rayonnement. La croix est le symbole naturel et essentiel du système de classification dans lequel toutes choses apparaissent comme des quaternaires en correspondance inévitable avec l'énergie cosmique d'aspect quadruple. Chacune des qualifications de cette énergie sont très inégalement favorables, d'aucunes sont tout à fait mauvaises. Toutefois leur action simultanée et collective ne peut qu'aboutir à un équilibre dans lequel les bons principes demeurent les maîtres. La croix est donc tout naturellement le talisman par excellence de ce que j'oserai appeler la civilisation du quatre.

Ces brèves et synthétiques notions, qui voudraient tout un gros livre pour être exposées avec les preuves qu'elles comportent, nous permettront cependant de comprendre comment il se fait que nous rencontrons la croix associée soit avec les points cardinaux et le totem de l'orient favorable, soit avec .le corps humain tête et ventre, cœur et poumons. Le système de classification par quatre devait conduire à concevoir l'homme comme un composé de quatre membres ; d'abord, les bras et les jambes correspondant aux quatre bras de la croix et greffés sur un tronc divisé à son tour en quatre zones d'influence, tête et ventre, cœur et poumon. Une telle tendance devait conduire également à diviser l'arbre en quatre parts : faîte et pied et ramures horizontales réduites à deux branches principales. La liturgie primitive ne pouvait manquer d'autre part d'employer l'arbre dans les rites saisonniers, d'élever des mais, de bouturer des branches et sous l'influence de la tyrannie classificatoire, de leur donner parfois l'aspect d'une croix. De là, à associer à la croix de système de classification qui embrasse sous l'égide d'un nombre la presque totalité des êtres.

bienfaisante, à l'arbre de la croix et à son reverdissement printanier, la figure du dieu qui préside à son renouvellement, il n'y avait qu'un pas. Aussi voyons-nous les Kaiowa, les mangeurs de mescal, utiliser le crucifix catholique dans leurs cérémonies destinées à procurer l'abondance du mescal. « La croix, nous dit-on, représente l'arbre-croix aux feuilles parfumées et l'on y dépose le mescal consacré durant la cérémonie ; quant à la figure humaine elle s'identifie à la déesse même du mescal [1]. »

Mais il est temps de revenir aux Navajos. Dans cette nation où l'instaurateur de leurs rites fut initié par le mouton et par la croix, on ne doit pas s'étonner de trouver la croix grecque sur une bulle d'argent [2] et de voir une croix d'argent à double traverse pendue au cou d'un Indien Navajo [3]. On peut s'attendre d'ailleurs à la retrouver dans leur rituel, c'est ce qui a lieu en effet.

James Stevenson, qui passa l'été de 1885 parmi les Navajos, a eu l'heur d'assister à une longue et très importante cérémonie organisée pour la guérison d'un notable. Elle avait d'ailleurs attiré près de 1.200 Navajos dûment avertis par les parents du malade.

Or, dans la troisième cérémonie du quatrième jour nous voyons le prêtre former une croix de rameaux de sapin qu'il dépose sur le sable, en ayant soin que chaque branche indique l'un des points cardinaux, fig. 6.

D'autre part, un aide place en avant du cercle cérémoniel un panier contenant de l'eau et de la racine de yucca, et, tandis que l'on chante, il brasse le yucca et le fait écumer jusqu'à ce que le yucca ait pris une consistance pâteuse. Dès que l'aide a versé de l'eau sur ses mains pour enlever l'écume, le chantre s'approche et, avec de la farine de grain, trace une croix sur cette masse pâteuse et l'entoure d'un cercle qui forme une bordure au panier fig. 7. L'aide qui avait brassé le yucca essuie de

1) G. Mallery, *loc. cit.*, p. 729.
2) D⁪. W. Mathews. *Navajos Sriversmiths* dans **2ᵈ Annual Report of the Bur. of Ethnol,** p. 172, pl. XVI.
3) D⁪ W. Matthews, *loc. cit.*, p. 178, pl. XX.

sa main droite les quatre coins de cette croix de farine, et place
le panier sur la tête du malade qui, à ce même moment, s'age-
nouille sur la croix de rameaux. Le malade est ensuite fric-
tionné avec la pâte écumeuse du yucca et finalement reçoit tout
le reste du yucca sur la tête, tandis que les chantres inter-

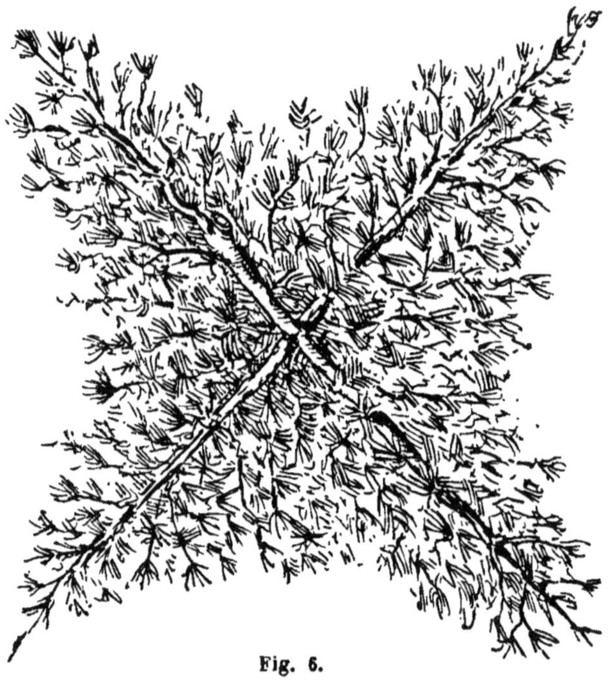

Fig. 6.

cèdent en sa faveur. Le malade retourne enfin à la place qu'il
occupait tout d'abord, et l'on emporte au nord la croix de pin
et le sable sur lequel elle avait reposé, car ils étaient censés
avoir absorbé la maladie. Et ceci s'explique sans doute par la
nature du sapin, qui est un arbre du nord, région du froid, de
la faim et de la douleur. On la mettait d'ailleurs à l'abri de la
lumière solaire, de peur que cette lumière libératrice ne délivre
la maladie qui y était enchaînée. Et jamais plus on ne devait
toucher ni le sable ni la croix[1].

1) J. Stevenson, *loc. cit.*, p. 250-251, pl. CXVII. Je ne donne pas inté-
gralement le cérémonial mais uniquement la partie intéressant notre sujet.

Le sixième jour les officiants traçaient une grande peinture
de sable, extrêmement compliquée formée essentiellement
d'une croix grecque dont chaque bras supportait un couple de
dieux et dont chaque extrémité était flanquée d'une autre divinité. Bien entendu on revoyait ici les quatre dieux moutons
qui avaient initié l'instaurateur de ces rites : Hazjelti, Hostjoghon, Naaskiddi et Hadatchishi.

C'étaient eux qui entouraient la croix et se tenaient à peu de
distance de chaque extrémité. La déesse arc-en-ciel enveloppait
l'ensemble de la peinture et la plupart des attributs des dieux

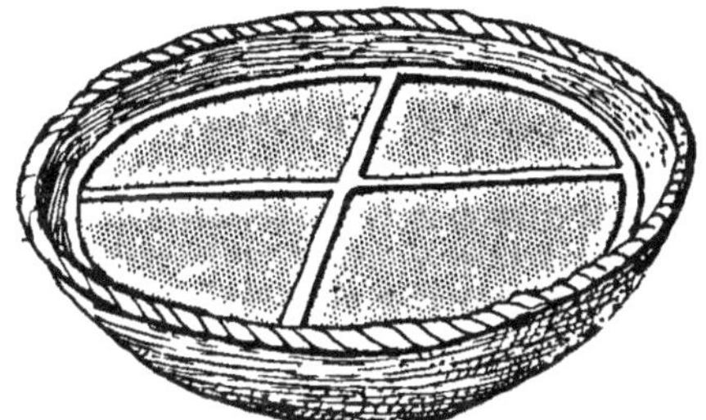

Fig. 7.

faisaient songer à des divinités de la pluie et de l'orage. Evi-
demment cette figure devait d'autres fois jouer un grand rôle
dans les cérémonies saisonnières. Le malade, ici encore, était
amené au centre de la croix sans doute pour y puiser la force
et l'énergie bienfaisante, du moins tout le rituel tendait à
donner cette impression. La cérémonie finie on détruisait la
peinture ; mais les assistants se précipitaient et tâchaient de
s'emparer du cœur ou de la tête ou de quelques membres d'un
de ces dieux de la croix, pour l'emporter chez eux. Quant au
sable sur lequel avait été peint cette figure on le rassemblait
dans un panier et on allait le verser au pied d'un arbre (piñon
tree) à quelques cents mètres de la loge cérémonielle [1].

Chez les Sias, la croix figure dans les cérémonies pour la
pluie auxquelles prennent part les théurgistes ou les magiciens

1) J. Stevenson, *loc. cit.*, p. 261-263.

de diverses sociétés, dont la Société de l'Araignée et la Société du Serpent [1].

On peut voir d'abord un semis de croix de Saint-André sur l'un des masques cérémoniels utilisés par les sorciers Sias [2], et l'on retrouve cette même croix de Saint-André dans une peinture exécutée sur le sable par la Société du Serpent dans la cérémonie pour la pluie. Cette croix, dont chaque branche est faite d'un trait en zigzag terminé par une pointe de flèche, est visiblement en relation avec le tonnerre ; les ornements de l'autel devant lequel elle est tracée confirment pleinement cette impression. On y distingue en effet trois lignes de foudre et deux croix en Tau qui ne peuvent représenter qu'une hache ou un maillet [3]. D'autre part parmi les fétiches emplumés utilisés dans la cérémonie et fournis également par la Société du Serpent, il y a une croix fichée sur un cube de bois de six pouces de côté, mais elle est tellement couverte de plumes qu'on ne peut guère en voir que les extrémités. Une petite touffe de plumes d'aigle est attachée à l'extrémité supérieure de la croix, avec un fil de coton. La croix est flanquée à gauche d'un ours de pierre blanche et à droite d'un loup de même matière. Deux serpents lovés taillés dans la pierre rouge encadrent à la fois l'autel et les fétiches [4].

Le cinquième jour de la cérémonie, à 70 pieds de la hutte de cérémonie, dans la direction de l'est, on érige une gerbe de blé garnie d'épis mûrs, et l'on reproduit sur le sol la peinture de la croix de foudre dont nous venons de parler plus haut. Deux vases placés dans la muraille du nord sont ornés de croix grecques et de libellules d'apparence cruciale [5]. L'un d'eux con-

---

1) M. Coxe Stevenson, *The Sia* dans *11th Annual Report of the Bur. of Ethnol.* in 4°, p. 76.

2) M. Coxe Stevenson, *loc. cit.*, pl. XXXI, pp. 116-117.

3) M. Coxe Stevenson, *loc. cit.*, pl. XIV.

4) M. Coxe Stevenson, *loc. cit.*, pl. XV.

5) M. Coxe Stevenson, *loc. cit.*, pl. XXXV face à la p. 146. On peut voir un vase analogue dans une collection provenant des Indiens du Nouveau Mexique. J. Stevenson. *Illustrated Catalogue*, etc. dans 2th *Annual Report of the Bur. Ethn.*, p. 453, fig. 708.

tient des serpents et l'autre est destiné à les recevoir lorsque la cérémonie est terminée. Le cinquième jour est employé à la fois à requérir la pluie et à initier au troisième degré de la Société du Serpent. Après que chaque membre présent a jeté de la farine de blé sur la tête des serpents, on en saisit un que l'on place autour de la gorge, de la tête et sur le corps du néophyte, puis on l'intercède de donner la sagesse à celui qu'on initie et d'accorder des pluies à la terre pour qu'elle produise des fruits en abondance. Cette cérémonie se répète avec chaque novice, au milieu des chants qui se déroulent longuement selon un rituel fort complexe[1]. A la fin on met les serpents dans le vase vide et on les transporte dans une grotte en ayant soin de les placer, le premier au Nord, le second à l'Ouest, le troisième au Sud et le quatrième à l'Est tandis que l'on répète sans cesse : Allez dans votre logis et soyez heureux. Les serpents réguliè-ment installés, on place auprès d'eux les deux vases liturgiques et l'on ferme la grotte avec une énorme dalle[2].

Est-il nécessaire de souligner la relation de la croix des pluies avec l'aigle oiseau-foudre dont une touffe de plumes orne le sommet et avec les serpents qui sont à son pied ? Faut-il encore remarquer que ces quatre serpents, qui correspondent aux quatre régions des vents et des pluies, sont placés dans des vases où ils sont enchaînés par les croix qui les décorent ?

On pourrait multiplier les exemples de l'usage de la croix parmi les Indiens de l'Amérique du Nord[3], mais il faut se borner. Il vaut mieux souligner les traits caractéristiques de cet emblème sacré.

1) Un des chants de pluie de la Société du Serpent est une sorte de longue invocation adressée aux divinités qui règlent les nuages avec un rappel des arbres associés aux divers points de l'horizon, le sapin au Nord, le pin à l'Ouest, le chêne au Sud, et le tremble à l'Est. M. Coxe Stevenson, *loc. cit.*, pp. 123-125.

2) M. Coxe Stevenson, *loc. cit.*, pp. 87-89.

3) Par exemple, chez les Houmas de la tribu des Natchez où elle est érigée sur la place du village. J. R. Swamton, *Indians Tribes of the lower Missisipi Valley*, Washington, 1911, in-8°, pp. 284-289 ; chez les Oglala où elle brille au cou des chefs. G. Mallery, *loc. cit.*, pl. XXVI c, d, e ; chez les Makis où elle orne la chevelure des vierges. G. Mallaire, *loc. cit.*, p. 729.

La croix nous est apparue soit comme un schème rituel reproduit par les gestes liturgiques, soit comme un dessin ou une figure susceptible d'attirer les énergies cosmiques conçues sous l'aspect de quadruplicité. Née de la préoccupation [d'agir sur l'énergie manique et sa manifestation quadruple, la croix prit nécessairement la forme qu'elle présente, qui du même coup la mit en relation avec les quatre points cardinaux et les quatre parties de l'année.

Il suffit d'ailleurs d'associer la croix à quelque totem : porc-épic, migis, libellule, aigle, pour qu'elle attire tout particulièrement l'énergie bienfaisante, la pluie, le feu, l'énergie guerrière qui, par suite du système classificatoire coïncident presque toujours avec l'Est, avec la pluie, avec la sève printanière avec le dieu où le génie qui préside à l'Orient[1]. La matière dont la croix est faite a d'ailleurs une grande importance. C'est ainsi que le pin ou quelque autre arbre du Nord lui donnera le pouvoir d'attirer sur elle le mal et la douleur, alors que faite d'or ou d'argent elle rayonnera les influences chaudes et lumineuses, douces ou brûlantes et répandra autour d'elle l'énergie cosmique que nous recevons tout particulièrement de la lune et du soleil.

Les quatre quartiers du monde sont souvent, comme nous l'avons vu, désignés par les couleurs qui les caractérisent, c'est un trait qui se retrouve dans presque toutes les symboliques religieuses. La couleur peut suffire à elle seule pour déterminer dans quel sens agira la croix, sur quel orient et sur quel élément. Peinte des quatre couleurs de l'horizon elle agira sur l'énergie du monde entier. Il n'y a pour ainsi dire pas de primitifs chez lesquels on ne puisse établir des tableaux de correspondance comme celui que nous a fourni J.-O. Dorsey à propos

---

1) Dans l'exécution des rites cruciaux on commence, tantôt par un point, tantôt par l'autre, selon le sens du rite, rite de paix ou rite de guerre par exemple, ou selon qu'il est accompli par une tribu cantonnée en tel ou tel point cardinal ou encore suivant qu'il est accompli par un homme ou par une femme. J. O. Dorsey, *A Study of Siouan Cults* dans *11*th *Annual Report of Ethn*, p. 524-527.

des Dakotas ou chacun des quatre dieux de l'horizon est en
relation avec un élément, une couleur et un point cardinal[1].

Dieux dakotas	Élément	Couleur .	Orient
Tunkan	Terre	Bleu	Nord
Wakinyan	Feu	Rouge	Est
Takuskanskan	Air ou Vent	Noir	Sud
Unkteni	Eau	Jaune .	Est

Bien entendu de telles correspondances varient d'une nation
à l'autre en raison de l'habitat et.de diverses considérations
plus ou moins subjectives[2].

Orient	Cherokee	Ojibwas		Navajos		Apaches		Zuni	Aztèques
	a	b	c	d	e	f	g	- h	i
Est	Rouge 1	Blanc	Rouge	Blanc 1	Jaune	Noir	Jaune	Blanc 4	Jaune
Sud	Blanc 4	Vert	Vert	Bleu 2	Rouge	Blanc	Vert ou bleu	Rouge 3	Blanc
Ouest	Noir 3	Rouge	Blanc	Jaune 3	Bleu	Jaune	Noir	Bleu 2	Bleu
Nord	Bleu 2	Noir	Noir	Noir 4	Blanc	Bleu	Blanc	Jaune 1	Rouge

En conséquence il est facile de comprendre comment on peut
donner à la croix une énergie d'action incomparable. On pourra
par exemple ériger la croix à l'Orient, la construire d'un bois
caractéristique de cette même région, la peindre de la couleur
de ce même quartier, l'associer à l'animal totémique qui correspond à ce quartier. On déterminera ainsi une série d'influences concourantes qui donneront à la croix une sorte de
toute-puissance et qui en feront dans les besoins nationaux
un véritable instrument de salut. Grâce à elle on fera surgir
de l'horizon, ordinairement de l'Orient le dieu qui doit ramener
la pluie ou la chaleur, rendre à l'horizon ses nuages ou sa
pureté, imposer aux saisons leurs lois et procurer à tous la fé-
condité.

P. SAINTYVES.

1) J. O. Dorsey, *loc. cit.*, p. 529.

2) Le tableau ci-dessus donne les couleurs qui correspondent aux quatre
orients chez les Cherokée, les Ojibwas, les Apaches, les Zuni et les Aztèques.
Les chiffres indiquent l'ordre dans lequel sont effectués les rites qui sont en
relation avec les points cardinaux.

REVUE DES LIVRES

ANALYSES ET COMPTES-RENDUS

R. Forrer. — **Das mithra-Heiligtum von Königshofen bei Strassburg**, Stuttgart, 1915, gr. in-8, 133 p.

Depuis l'ouvrage magistral de M. F. Cumont, qui a rénové la question, et qu'aucun travail ultérieur ne saurait négliger[1], la littérature mithriaque n'a cessé de s'accroître, les uns étudiant ce culte dans ses caractères généraux : Kluge[2], Dieterich[3], Meillet[4], Loisy[5], Grill[6], Clemen[7], Toutain[8], Gasquet[9], Eisler[10], etc.; les autres scrutant quelque point particulier : Antonielli[11], Frothingham[12]; décrivant de

[1] *Textes et monuments relatifs aux mystères de Mithra*, 1894-1900; id., *Les mystères de Mithra* (3e éd.), 1913 (cf. *Rev. hist. des religions*, LXIX, 1914, p. 386 sq.); id., trad. Gehrich, *Die Mysterien des Mithra* (2e éd.), 1911; id., *Les religions orientales dans le paganisme romain* (2e éd.), 1909, p. 200 sq. La Perse; id., trad. Gehrich, *Die orientalischen Religionen in röm. Heident.*, 1910. Bibliographie : *Textes et monuments*, I. p. xx sq.; *Les religions orientales*, p. 378; *Dict. des ant.*, s. v. Mithra (1904).

[2] *Der Mithraskult, seine Anfänge, Entwicklungsgeschichte und seine Denkmäler*, Der alte Orient, XII, 3 (cf. *Rev. hist. des religions*, 1911, 63, p. 249); id., 1916.

[3] *Eine Mithrasliturgie* (2e éd.), 1910.

[4] *Le dieu indo-iranien Mithra*, Journal asiatique, 1907, 10, II, p. 143 sq.

[5] *Rev. d'hist. et de litt. religieuses*, IV, n° 6.

[6] *Die persische Mysterienreligion und das Christentum*, 1903.

[7] *Der Einfluss der Mysterienreligionen auf das älteste Christentum*, Giessen.

[8] *Études de mythologie et d'hist. des religions antiques*, 1909, p. 228 sq. La légende de Mithra (*Rev. hist. des religions*, XLVI, 1902); *Les cultes païens dans l'Empire romain*, II, 1911, p. 121 sq. Le culte de Mithra.

[9] *Essai sur le culte et les mystères de Mithra*, 1899.

[10] *Weltenmantel und Himmelszelt*, II, p. 382 sq., discute plusieurs des thèses de M. Cumont.

[11] *Il culto di Mithra nelle coorti pretorie*, Roma, 1913.

[12] *Diocletian and Mithra in the roman Forum*, American Journal of arch., 1914, p. 146 sq.

nouveaux sanctuaires [1] : Paris [2], Jullian [3], Passauer [4] ; des sculptures inédites ou incomprises : Avezou-Picard [5], Delatte [6] ; dévoilant quelque survivance [7].

*
* *

M. R. Forrer apporte une utile contribution à notre connaissance de la religion mithriaque, en publiant ses récentes découvertes [8]. Les adeptes du dieu perse, on le sait, furent nombreux en Germanie, tout le long du Rhin, depuis Raurica (Bâle), jusqu'à Vetera (Xanten), au nord de Cologne; c'est l'Allemagne qui a fourni le plus grand nombre de mithreums, et les reliefs les plus complets [9]. Le sol alsacien à lui seul a livré plusieurs sculptures mithriaques, déjà connues, mais que M. Forrer publie à nouveau [10] : le relief d'Eon-Kronos, de Strassburg [11], le lion de Brumath [12], les reliefs de Gunstett [13] et de Haguenau [14], ou apparaît le dieu celtique Medru, qui semble s'être confondu avec

1) Mithreum des Thermes de Caracalla, *Notizie degli Scavi*, 1912, p. 305 ; *Journal des Savants*, 1915, p. 85 ; Mithreum d'Ostie. Paschetto, *Il culto di Mitra ad Ostia*, dans Bilychnis, Rivista di studi religiosi, 1912, Rome, p. 463 sq.; Ross Taylor, *The cults of Ostia*, 1912 ; fouilles nouvelles au mithreum de S. Clément, à Rome, *Acad. Inscr. et Belles-Lettres*, 7 mai 1915 ; *Rev. arch.*, 1915, II, p. 67.

2) *Restes du culte de Mithra en Espagne. Le mithraeum de Mérida*, Rev. arch., 1914, II, p. 1 sq.

3) *Un faux mithraeum dans les Pyrénées*, Rev. des ét. anciennes, 1911, p. 79-80.

4) *Die Saalburg un der Mithrakult*, 1907.

5) *Bas-relief mithriaque découvert à Patras*, Rev. hist. des religions, 1911, 64, p. 179 sq.

6) *Amulettes mitriaques*, Études sur la magie grecque, dans le Musée belge, 1914.

7) Deonna, *La légende de Tell et les monuments mithriaques*, dans Revue suisse d'Ethnographie et d'Art comparé, 1914, p. 11 sq.

8) *Das Mithra-Heiligtum von Königshofen bei Strassburg*, Stuttgart, 1915, gr. in-8, 133 p.

9) *Dict. des Ant.*, s. v. Mithra, p. 1945 ; cf. la carte, p. 1946, fig. 5085 ; et la carte spéciale pour la région du Haut-Rhin et du Neckar, Forrer, *op. l.*, p. 113, fig. 85.

10) *Op. l.*, p. 105 sq. Weitere Spuren des Mithrakults im Elsass.

11) *Ibid.*, p. 105, pl. XXVI.

12) *Ibid.*, p. 107, pl. XXVII.

13) *Ibid.*, p. 108, pl. XXVIII, 2.

14) *Ibid.*, p. 109, pl. XXVIII, 1.

Mithra, et par cela même, avoir facilité la diffusion du culte oriental
en Alsace[1].

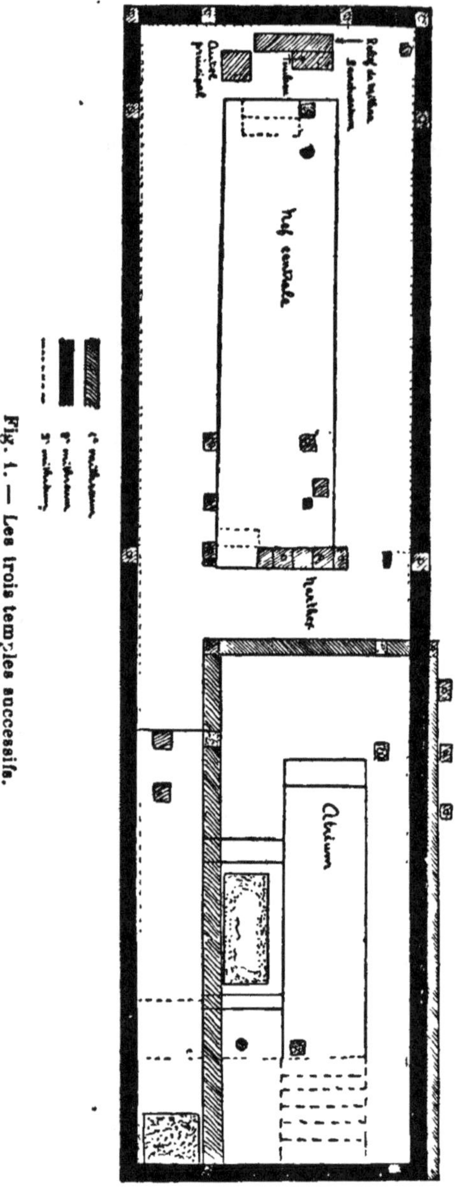

1) *Ibid.*, p. 110: Cumont, *Rev. celtique*, 1904, p. 47 ; A. Reinach, *Le Klapperstein*, p. 12 (du tirage à part).

*
* *

Aux portes de Strassburg, le long de la voie romaine encore en partie visible, s'élevaient à l'époque impériale diverses constructions : tombeaux des habitants d'Argentoratum, maisons, échoppes et magasins, villas, petit sanctuaire, peut-être aussi un castellum qui défendait les routes stratégiques de Bâle-Mayence, et de Zabern-Strassburg. Des conduites amenaient l'eau nécessaire à cette agglomération. Parmi les divers objets qui ont été retrouvés en cet endroit, on peut signaler de petits autels consacrés à Epona, à Jupiter, à Mercure, ainsi qu'au « genio loci canabarum », ce dernier fournissant la preuve écrite qu'il existait en ce lieu, aux II-IIIe siècles de notre ère, un village avec boutiques et tavernes [1].

*
* *

Mais là s'élevait aussi un sanctuaire de Mithra, que des fouilles accidentelles ont mis au jour en 1911-12, et dont les débris ornent maintenant le musée de Strassburg. Les minutieuses recherches entreprises par M. Forrer permettent d'en suivre, du moins dans ses grandes lignes,

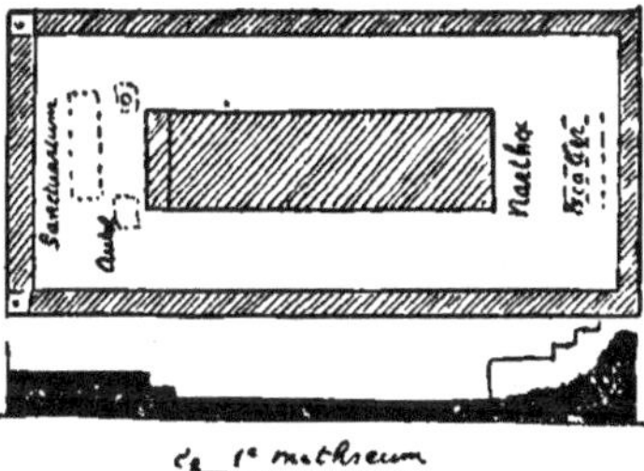

Fig. 2. — Le premier temple.

l'histoire monumentale et les vicissitudes constructives (fig. 1). Au cours du temps, en effet, l'édifice s'est modifié et a dû être agrandi [2].

La construction primitive (fig. 2), peut être un des premiers mithreums

1) *Ibid.*, p. 5 sq. Das römische Konigshofen.

2) *Ibid.*, pl. III, plan reconstitué, avec la superposition des trois temples successifs ; p. 15, fig. 9, coupe verticale du mithreum ; p. 85 sq. Rekonstruktion und Baugeschichte des Königshofener Mithreums.

de Germanie [1], fut élevée vers 145 après J.-C. [2]. Ses dimensions étaient
encore restreintes. Rectangulaire et orientée de l'Ouest à l'Est, elle
comprenait une nef centrale dont le niveau était creusé dans la colline
et dont les côtés surélevés formaient les banquettes où prenaient place
les assistants, sans doute ceux d'un grade supérieur [3]. Au fond de la
nef, le « sanctuarium » présentait aux fidèles les emblèmes du culte,
le relief de Mithra tauroctone, et l'autel principal. Précédant la nef et
accessible par un escalier, le « narthex » groupait les fidèles d'un
grade inférieur, et correspondait au « tablinum », à la salle de réception
de la maison romaine; devant le narthex, la halle d'entrée répondait à
l'« atrium », au « paradis » de l'église du moyen âge [4]. C'est à ce premier édifice qu'appartiennent le trésor de monnaies dédié à Sol par
Silvester [5], sans doute aussi le grand relief de Mithra au taureau,
l'autel principal, dont une particularité curieuse retiendra notre attention, les statues de Mithra « saxigenus » [6].

La communauté s'accroissant, l'édifice dut être agrandi, vers 225 [7].
On peut dater cette réfection avec quelque certitude, grâce à la dédicace
double à Mithra, par laquelle C. Celsinus Matutinus, vétéran de la
VIIIe légion, a pris soin de nous apprendre qu'il a repeint à ses frais
l'image, « typum de suo repinxit » [8], assurément le grand relief de
Mithra qui ornait le fond du sanctuaire. Cette VIIIe légion y est quali-
fiée d'« Alexandriana », surnom qu'elle reçut d'Alexandre Sévère (222-
235), et le mot, qui a été martelé, est cependant encore visible. On sait
en effet que Maximin I fit condamner la mémoire de son prédécesseur,
et effacer son nom. On peut en conclure que la restauration de l'image
par Matutinus, et vraisemblablement la réfection du temple, ont eu
lieu sous le règne d'Alexandre Sévère, entre 222-235 [9]. Toutefois
l'ancien mithreum ne fut pas démoli : la nef devint corridor d'entrée,
la cella devint narthex, et l'on construisit à l'Ouest une nouvelle nef

1) *Ibid.*, p. 74.
2) *Ibid.*, p. 86, fig. 65. Der erste Bau.
3) *Ibid.*, p. 13-4, 88.
4) Sur cette division et la correspondance avec la maison romaine, la basili-
que et l'église chrétienne, *ibid.*, p. 23.
5) *Ibid.*, p. 51, 73.
6) *Ibid.*, p. 86.
7) *Ibid.*, p. 86 sq. Der zweite Bau ; p. 89, fig. 66, plan.
8) *Ibid.*, p. 69 sq. Die « Repinxit »-Inschriften und die Zeitstellung unseres
Mithreums.
9) *Ibid.*, p. 72-3.

plus spacieuse, avec ses banquettes latérales et son sanctuaire [1]. On transporta dans le nouvel édifice les anciennes images de culte, et on y en ajouta de nouvelles, entre autres les deux grands lions qui, à droite et à gauche de l'abside, semblaient en défendre l'accès [2]; on plaça des deux côtés du relief de Mithra les deux colonnes qui devaient servir à soutenir le voile [3], etc. Mieux que toute description, le plan que voici indique la disposition du mobilier dans le second mithreum [4] (fig. 3).

Une troisième réfection eut lieu sous Aurélien (270-5), soit que la vétusté du temple la nécessitât, soit que les invasions germaniques sous Gallien eussent endommagé celui-ci [5] : la partie Est, le mithreum pri-

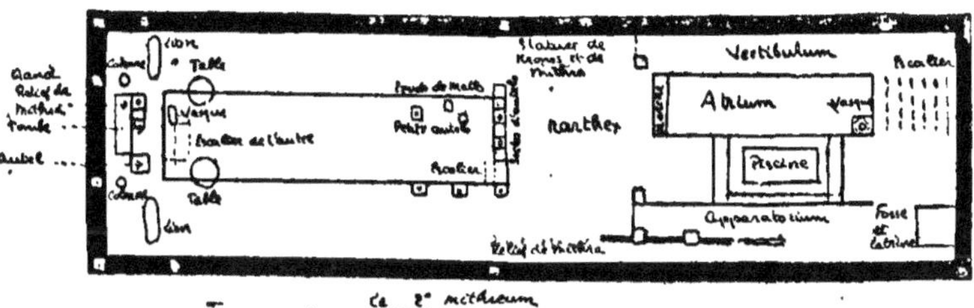

Fig. 3. — Le second temple.

mitif, dont le niveau était inférieur, fut comblée, et on la consacra sans doute spécialement à Sol, en dédiant à celui-ci plusieurs autels qui y ont été retrouvés [6].

A quelle époque disparut le sanctuaire? L'incendie le ravagea, vers la fin du IVe siècle [7]. À Königshofen, comme à Saarburg, on a constaté que les images mithriaques sont toutes brisées, alors que les ex-votos consacrés aux divinités classiques et indigènes sont presque intacts [8]. Ce choix n'indique-t il pas que les auteurs du désastre furent les chrétiens, qui étaient désireux d'anéantir le culte de leur plus puissant rival, mais qui n'osaient pas encore s'attaquer aux dieux classiques et aux dieux celtiques vénérés par les indigènes [9]?

1) *Ibid.*, p. 23-4.
2) *Ibid.*, p. 28, pl. XIII, p. 40 sq.
3) *Ibid.*, p. 88.
4) *Ibid.*, p. 89, fig. 66.
5) *Ibid.*, p. 89, fig. 67, plan; p. 91, Der dritte Bau ; p. 74.
6) *Ibid.*, p. 50, 74.
7) *Ibid.*, p. 16, 29, 91.
8) *Ibid.*, p. 50, 79.
9) *Ibid.*, p. 79.

Toutefois, la partie Est fut épargnée par l'incendie, et servit de demeure jusqu'à l'époque mérovingienne[1]. Puis l'endroit fut abandonné, devint champ de culture jusqu'au moment où, en 1914, une église chrétienne, après de nombreux siècles, s'éleva sur l'emplacement de l'antique mithreum[2].

*
* *

Parmi les objets découverts dans le temple, on signalera les suivants :

Statues. — Deux grands *lions* en pierre, une patte levée, se faisaient pendant des deux côtés de l'abside[3]. L'un pose encore la patte gauche sur une tête de sanglier, comme celui de Brumath[4]. Symbolise-t-il Mithra vainqueur des autres religions ? En tout cas, ce thème, dont on connaît de nombreuses répliques[5], a un sens mithriaque et solaire[6]. Les curieuses appliques en bronze de Sierre (Valais) unissent à Sol, debout, la main droite levée à sa coiffure radiée dans un geste traditionnel de bénédiction, les lions que montent des enfants solaires, et qui posent la patte sur une tête de taureau et sur une tête de cerf[7].

Le thème de *Mithra né de la pierre* était représenté par quatre exemplaires très fragmentés[8] ; celui de *Kronos* par un fragment de torse ailé[9].

Reliefs. — Un *premier relief* montre Mithra tauroctone, accosté par les deux dadophores. Le travail en est médiocre[10].

Un *second relief*, plus grand et de meilleure technique, était brisé en une multitude de fragments, dont M. Forrer a tenté une reconstitu-

1) *Ibid.*, p. 91 sq. Die spätrömischen und merowingischen Funde aus der Mithreum-Ruine.
2) *Ibid.*, p. 97.
3) *Ibid.*, p. 40 sq., pl. XIII.
4) *Ibid.*, pl. XXVII.
5) *Ibid.*, p. 42 ; *Indicateur d'ant. suisses*, 1909, p. 292, ex. et référ.
6) Cumont, *Textes et monuments*, p. 441, p. 527, n° 330 ; II, p. 453-4 ; *Indicateur d'ant. suisses*, 1909, p. 292.
7) *Indicateur d'ant. suisses*, 1909, p. 221 sq. ; 292 sq. ; sur le sens solaire de ces bronzes, cf. mon article *Les prototypes de quelques motifs orientaux dans l'art barbare*, Rev. hist. des religions, 1916, p. 188.
8) Forrer, *op. l.*, p. 43 sq., pl. XIV.
9) *Ibid.*, p. 45, pl. XIV.
10) *Ibid.*, p. 58, pl. XII.

tion[1]. Placé sur un socle portant une dédicace à Mithra, il ornait
l'abside. C'est celui que mentionne l'inscription de Matutinus, déjà
signalée. Mithra égorge le taureau, accompagné des deux dadophores;
les animaux symboliques, scorpion, chien, serpent enroulé autour du

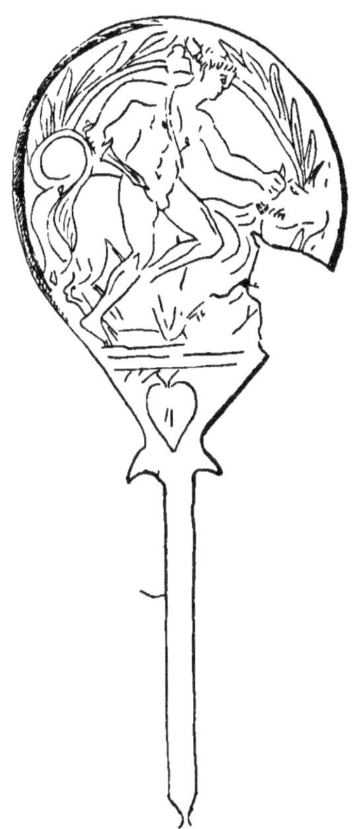

Fig. 4. — Miroir étrusque du Musée de Genève, I, 777.

vase, entourent le taureau expirant, et, au-dessus de la grotte, s'élancent
les chars de Sol et de Luna. De petits reliefs mythologiques encadrent
cette composition centrale. On a rattaché le groupe de Mithra tauroctone au prototype de la Niké au taureau, bien connu par le relief de
l'Acropole; mais ce motif, qui a été du reste transposé à divers sujets[2],

1) *Ibid.*, p. 66, fig. 58; p. 58 sq. Das kleine und das grosse Mithrarelief.
2) Ex. : Miroir étrusque du Musée de Genève, I, 777 (fig. 4); relief de La-
rynna, où un homme égorge un bélier, *Jahrbuch*, 1913, p. 326 sq., pl. 27; com

offre aussi, dit M. Forrer, une curieuse analogie avec celui de Thé-ée terrassant le Minotaure[1].

L'*ex-voto* dédié à Mithra par le gaulois Matto, fils de Gnatus, représente la partie antérieure d'un petit temple « in antis ». Devant la porte apparaît un dieu, vêtu d'une tunique et d'une chlamyde, coiffé du bonnet phrygien, chaussé des souliers à pointes, et tenant dans la main droite la torche. A ces détails, on reconnaît l'un des deux dadophores, Cautopatès, ou Mithra lui-même. Devant l'édicule, dont le socle a été en partie noirci par la fumée d'une lampe votive, se dressait un petit autel. Il est fort vraisemblable que ce monument est la fidèle reproduction, en dimensions réduites, de quelque temple phrygien ou syrien de Mithra[2].

Qu'on nous permette ici une petite digression. Dans le fronton apparaît le buste de Luna. On sait en effet que les emblèmes cosmiques, solaires, lunaires, stellaires, ornent fréquemment, surtout en pays celtiques où le culte astral remonte à la très haute antiquité[3], le fronton des édifices et celui des stèles votives et funéraires, soit qu'ils revêtent l'apparence anthropomorphe — bustes, ou têtes de Sol, de Luna, Gorgoneion solaire[4], — soit qu'ils aient une apparence aniconique — croissant, étoile, disque, croix, rosaces de formes diverses[5]. — Beaucoup d'archéologues, effrayés par les anciennes erreurs de l'exégèse solaire, se refusent encore à reconnaître dans plusieurs de ces motifs ornementaux les vieux symboles astraux qui eurent une si grande vogue dans nos

parer avec les groupes d'Artémis terrassant la biche, de Délos, et d'Héraklès à la biche, de Palerme ; avec celui du Grec terrassant un Centaure, etc.

1) Forrer, *op. l.*, p. 111, note 1 ; id., *Reallexikon*, p. 486, fig. (rapproche une peinture de vase du v* siècle, avec Thésée et le Minotaure, du relief mithriaque d'Heddernheim).

2) *Ibid.*, p. 45 sq. Die Mithra-Luna-Aedicula des Matto, pl. XV.

3) Cf. mon mémoire, *Le soleil dans les armoiries de Genève*, Rev. hist. des religions, 1915, p. 1 sq. ; spécialement, p. 39 sq. La croix préchrétienne.

4) Stèle romaine d'Espagne, avec gorgoneion solaire, *Rev. des ét. anc.*, 1910, p 291, 294, etc.

5) Ex, *Rev. hist. des religions*, 1915, p. 49, fig. 25, I, 4, et mon article Le soleil dans les armoiries de Genève, *passim*; sur ces symboles astraux, cf. Toutain, *Les symboles astraux sur les monuments funéraires de l'Afrique du Nord*, Rev. des ét. anciennes, 1911, p. 165 sq. ; Cumont, *ibid.*, 1911, p. 379-80 ; stèles romaines d'Espagne, Jullian, *ibid.*, 1909, p. 171-2 ; 1910, pl. II-III, p. 89 ; Brutails, *ibid.*, 1910, p. 189 sq., pl. VI ; stèle gallo-romaine d'Autun, Jullian, *ibid.*, 909, p. 362, fig., etc. Ces symboles abondent sur les stèles germaines.

pays dès l'âge du bronze, qui conservèrent leur vitalité jusqu'à la fin du paganisme, où les cultes de l'Orient, tel celui de Mithra, leur donnèrent une nouvelle vigueur, et qui persistent jusqu'à nos jours, dépouillés de leur sens primitif, dans l'ornementation populaire de plusieurs pays[1]. Cette crainte est vaine. Car les monuments sont souvent suffisamment explicites. Voici par exemple (fig. 5), le motif qui orne le fronton d'une stèle gallo-romaine du Musée de Valère, à Sion (Valais). La tête imberbe, dont malheureusement les traits sont effacés,

Fig. 5. — Fronton d'une stèle funéraire gallo-romaine, au Musée de Valère
(Sion, Valais).

est sans nul doute possible celle de Sol. Les rayons qui l'entourent forment autour d'elle comme une rosace, et on dirait qu'elle est posée au centre d'une corolle de fleur épanouie. Enfin, à droite et à gauche s'échappent deux flèches, les rayons du soleil. Un tel motif ne permet-il pas d'en interpréter avec certitude d'autres, où apparaissent isolément les éléments qui sont réunis ici : disque d'où partent de chaque côté des flèches[2], rosace seule au milieu du tympan, si fréquente sur les stèles funéraires ?

Autels. — Parmi les *autels* qui ont été découverts dans les ruines du sanctuaire, les uns sont consacrés à Mithra, maître du lieu, d'autres à Sol, à Attis, et à un dieu indigène, Cissonius, lequel, souvent identifié à Mercure, doit avoir quelque parenté avec Mithra[3].

---

1) Cf. mon article, *Survivances ornementales dans le mobilier suisse*, pour paraître dans les Archives suisses des traditions populaires.

2) Ex. stèles de Carouge et de Versoix, à Genève, *Rev. hist. des religions*, 1915, p. 49-50, fig. 25, 1 ; *Nos anciens et leurs œuvres*, Genève, 1915, p. 77.

3) Forrer, *op. l.*, p. 48 sq. Die Altäre des Heiligtums.

L'autel principal, avec dédicace à Mithra, qui était placé dans l'abside, près du grand relief de Mithra tauroctone, présente une curieuse particularité. Il est creux, ouvert par derrière, avec un trou à la partie supérieure (fig. 6). Servait-il de fosse à offrandes? Jouait-il un rôle dans la cérémonie du baptême de sang mithriaque? Faut-il croire qu'un serviteur du culte s'y accroupissait et, de là, faisait entendre des voix divines, ou jaillir des flammes[1]? De tels procédés n'ont rien qui doivent nous étonner, si l'on se rappelle les statues parlantes de l'Égypte[2], les Sirènes du tombeau d'Héphestion, où se cachaient les chanteurs du thrêne funèbre[3], et les récits plus ou moins légendaires des vieux traités de sorcellerie, qui décrivent ces statues creuses, de l'intérieur desquelles les prêtres rendaient des oracles[4]. Au Yucatan, la statue du dieu, dit-on, était creuse, et le prêtre y montait jusqu'à la hauteur de la bouche pour prophétiser[5]. Quant aux flammes que pouvait faire jaillir l'officiant caché dans l'autel (peut-être dit M. Forrer, le *Kryphios*, l'« occulte », qui occupait le second rang de la hiérarchie mithriaque), on rappellera que les statues du Kronos mithriaque ont parfois la bouche percée d'un conduit, par où il était possible de faire passer le courant d'air destiné à raviver la flamme de l'autel, ou même un jet de flamme[6]. Les vieux démonologues racontent que sur les bords du Weser, on chauffait l'image métallique et creuse du dieu Busterich, remplie d'eau; la vapeur faisait sauter les tampons bouchant les orifices, et s'échappait en torrents par les narines, les yeux et la bouche, simulant la colère du dieu aux yeux de ses grossiers adorateurs[7]. Les temps modernes ont

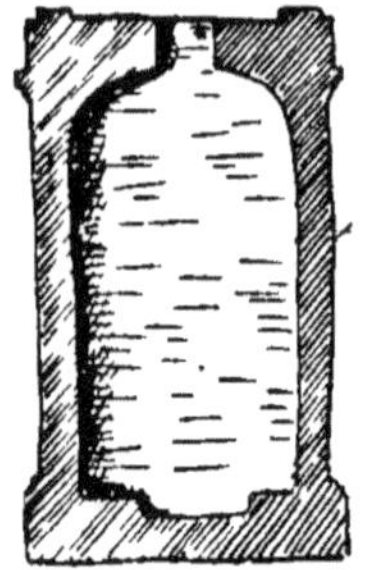

Fig. 6. — Autel creux du sanctuaire mithriaque.

1) *Ibid.*, p. 57, fig. 55.

2) Maspero, *Causeries d'Égypte*, 1907. Les statues parlantes dans l'Égypte antique; Naville, *Les religions de l'Égypte*, p. 212 sq.

3) Diodore, XVII, 115; Collignon, *Les statues funéraires*, p. 218; Heuzey, *Figurines antiques de terre cuite*, p. 13.

4) Wier, *Histoire des disputes et discours, des illusions et impostures des diables*, 1579, p. 311.

5) Réville, *Les religions du Mexique, de l'Amérique centrale et du Pérou*, p. 250.

6) Cumont, *Textes et monuments*, I, p. 81.

7) Salverte, *Des sciences occultes*, II, 1829, p. 215.

connu ces figures que les Allemands dénomment « püstriche » et dont plusieurs exemplaires sont parvenus jusqu'à nous [1].

Objets mobiliers. — Le mobilier du temple [2] comprenait des *récipients* pour les ablutions et l'eau bénite, des *brûle-parfums*, des *tables* en pierre, des *lampes* trop petites pour éclairer l'intérieur où devait du reste régner une obscurité voulue, et allumées plutôt devant les images de culte et les ex-votos, des fragments de *vases à reliefs*, des *sonnettes* qui peut être annonçaient par leur tintement le dévoilement de l'image placée dans l'abside, une *coquille méditerranéenne* partagée en deux dans sa longueur, et qui pouvait servir de castagnettes... Que signifient cet *umbo de bouclier* et ce *glaive*? On sait que le « miles » occupait le 7ᵉ rang dans la hiérarchie mithriaque; faut-il croire que le fidèle, en revêtant ce grade, endossait aussi en réalité l'armure du soldat, tout comme le Korax et le Leo se déguisaient en corbeau et en lion [3]?

Divers. — Une *pierre préhistorique à écuelle* a été une première fois réemployée comme borne, avec inscription, puis une seconde fois comme socle dans la construction du mithreum [4].

Une brique porte *l'empreinte d'une patte de chien* [5]. On connaît divers exemples de ces empreintes animales sur briques [6], qui ne sont peut-être pas toutes accidentelles, mais, comme le supposent MM. Jullian et Baudouin, avaient quelque sens superstitieux [7].

Crâne-relique. — Dans les fondations de l'autel qui occupait l'abside, M. Forrer a fait une curieuse découverte [8] : un *crâne* privé de sa mâchoire inférieure, et un *fémur* humains, seuls, sans aucun autre ossement du squelette auquel ils appartenaient. S'agit-il d'un sacrifice rituel de consécration, et de la survivance, dans le culte mithriaque,

1) Feldhaus, *Die Technik*, 1914, p. 844 sq., s. v. Püstriche (divers ex.).

2) Forrer, *op. l.*, p. 29 sq. Das Kultmobiliar des Mithreums.

3) *Ibid.*, p. 38. Cf. le fragment de vase à relief d'Ittenweiler, avec la représentation d'un mithriaste déguisé en « leo », *ibid.*, p. 116, fig. 84.

4) *Ibid.*, p. 24, pl. VII, 5, p. 121 ; Forrer, *Ein Schalen-menhir aus Königshofen*, dans Materialien zur elsässischen Urgeschichte, Strassburg, 1915, p. 112-5.

5) *Ibid.*, p. 27.

6) Ex. Gauckler, *Le sanctuaire syrien du Janicule*, 1912, p. 197 : Mommsen, *Inscr. Confoed. helvetic.*, nᵒ 347, 4.

7) Cf. *Rev. hist. des religions*, 71, 1915, p. 156 (compte-rendu du mémoire de M. Baudouin sur les rochers à empreintes de pieds).

8) *Ibid.*, p. 75 sq. Die Altarfundamente, der dortige Schädelfund.

d'un vieux rite de fondation? C'est ce qu'a pensé M. Gauckler, en découvrant un crâne humain placé au-dessous de la statue du dieu, au milieu de l'abside du temple syrien du Janicule[1], et M. F. Cumont se range à cette opinion[2]. Ou bien sont-ce les reliques de quelque martyr mithriaque, pieusement déposées devant l'image du dieu[3]? Que ce soit le crâne d'un martyr, ou celui de la victime identifiée par la vertu du sacrifice avec le dieu lui-même, il semble que ce sont bien des reliques, et cet usage païen annonce la pratique du culte chrétien, exigeant la présence de reliques dans tout autel consacré[4].

Au mithreum de Saarburg, on a découvert aussi sous l'autel un squelette enchaîné, dans lequel on a voulu voir celui d'un prêtre de Mithra, tué lors de la destruction du sanctuaire, et enseveli par les fanatiques du culte adverse, afin de souiller irrémédiablement par la présence de ce cadavre cet endroit très saint et d'en rendre l'emploi désormais impossible. M. Cumont a admis cette hypothèse[5], que M. Forrer semble disposé à accepter aussi pour expliquer la présence du crâne de Königshofen. Il est plus simple, semble-t-il, de songer à une véritable relique, plutôt qu'à un assassinat romanesque. Le fait qu'à Königshofen un crâne et un fémur ont été déposés seuls, semble fournir un argument en faveur de cette opinion. On notera que le squelette de Saarburg est enchaîné. Ce détail n'est pas sans importance. On attachait les membres, on enchaînait les cadavres de ceux que l'on redoutait, vampires, criminels, ennemis, tout comme on leur fichait un pieu dans la poitrine, ou des clous dans la tête et le corps, afin de les fixer dans leur tombe, de les empêcher de revenir troubler les vivants, et l'on a parfois trouvé des squelettes ainsi immobilisés[6]. Mais on chargeait aussi de chaînes les statues des dieux, pour les empêcher de s'éloigner de l'endroit qu'ils devaient favoriser de leur présence bénie[7]. Quinte-Curce raconte qu'un habitant de Tyr ayant vu en songe Apollon

1) *Le sanctuaire syrien du Janicule*, 1912, p. 86 sq.
2) Forrer, *op. l.*, p. 77.
3) *Ibid.*, p. 77.
4) Cf. la note de M. Goguel, dans Gauckler, *op. l.*, p. 89 sq.
5) Forrer, *op. l.*, p. 78.
6) Cf. mon mémoire, La recrudescence des superstitions en temps de guerre et les statues à clous, *L'Anthropologie*, 1916, p. 262.
7) Divers ex. : *Rev. arch.*, III, 1846, p. 798 sq. ; Eisler, *Weltenmantel und Himmelszelt*, II, p. 608 ; Clerc, *Les théories relatives au culte des images dans les auteurs du II° siècle après J.-C.*, 1915, p. 29-30.

s'éloigner de la ville; on lia la statue du dieu par des chaînes d'or à l'autel d'Héraklès, comme pour charger celui-ci de retenir Apollon. Suivant Pausanias, un spectre ravageait Orchomène : l'oracle de Delphes ordonna de rechercher les restes d'Actéon, de les ensevelir, puis de former une statue de bronze semblable au spectre, et de l'enchaîner avec du fer à son rocher. Il semble qu'on puisse expliquer de la sorte la présence à Saarburg du squelette chargé de chaines. On a voulu « enchaîner » au sanctuaire la relique du martyr ou de la victime bienfaisante. « La victime immolée selon les rites, dit M. Gauckler, s'identifiant avec le dieu par la vertu du sacrifice, l'enchaîne par là même à ses propres reliques, et en assure la présence réelle, partout où l'on dépose celles-ci[1]. » Ce qui, sous la plume de l'archéologue, n'est que métaphore, a été pour les anciens parfois une réalité concrète : on a fixé l'objet sacré par de vraies chaînes, afin d'immobiliser sa vertu à l'endroit désiré.

W. Deonna.

Alfred Boissier. — **Le culte de Diane en Suisse et les origines du Fraumünster à Zurich.** Genève, Kundig, 1916, 71 p. in-8[2].

M. Alfred Boissier, délaissant pour quelques instants les textes cunéiformes, nous donne dans cette brochure une intéressante étude sur quelques cultes antiques et sur leur survivance en Suisse.

Une vieille légende, qui remonte déjà au xiie siècle, lui sert de point de départ. Sur les hauteurs dominant le lac de Zurich, s'élevait le château merveilleux de Baldern. Là demeurait un roi et ses deux filles très pieuses, qui, chaque soir, se rendaient pour prier à une chapelle isolée, précédées d'un cerf dont les bois portaient des chandeliers allumés. Elles se consacrèrent définitivement à Dieu, et fondèrent le Fraumünster, le couvent de femmes de Zurich. Ce roi, l'histoire le connaît : c'est Louis le Débonnaire, qui, en 853, mit à la tête de ce couvent la princesse Hildegarde.

*
* *

On retrouve dans cette légende les *traces d'un culte antérieur au*

1) Gauckler, *op. l.*, p. 88.
2) *L'Indicateur d'histoire suisse*, 1916, n° 1, p. 19 sq. a reproduit la première partie de ce mémoire.

christianisme. Le nom du château lui-même, Baldern, ne rappelle-t-il pas celui du dieu germanique Balder, dieu solaire, dont la fête zurichoise du « Sechseläuten » conserve peut-être le souvenir (p. 2)? Et il y a tout lieu de croire que le Fraumünster, comme tant d'édifices chrétiens, s'est élevé sur l'emplacement d'un sanctuaire dédié à quelque divinité celtique, dont nous ne saurons sans doute jamais le nom, mais dont l'animal était le cerf (p. 15, 16).

Le *cerf* apparaît en effet, non-seulement dans la légende de la fondation, mais dans d'autres récits (p. 3), et sur divers monuments figurés du canton de Zurich (p. 4 sq.) : autant de survivances d'un culte de cet animal dans la Suisse primitive. Rien d'étonnant à cela. N'est-il pas un des principaux représentants de notre faune? En Gaule, le cerf divin n'apparaît-il pas fréquemment sur les monuments, sous forme animale, ou sous forme du dieu humain à cornes de cerf[1], Cernunnos[2]?

L'*ours*, lui aussi, a été vénéré en Suisse, divers indices en témoignent. Le groupe bien connu de Muri montrant la déesse Artio accompagnée du plantigrade, explique, suivant l'ingénieuse hypothèse de M. S. Reinach, l'origine des ours que nourrit encore la ville de Berne, et, ajoute M. Boissier, les gâteaux ornés d'ours qui sont une spécialité de cette cité conserveraient le souvenir des offrandes faites jadis à la déesse ursine[3].

Le *taureau* a laissé de nombreux monuments en nos contrées, depuis l'âge du bronze, à travers les âges du fer, l'époque romaine, l'art barbare[4]. La belle tête en bronze de Sion, figurant le taureau celtique à trois cornes, est bien connue[5]. La tête de taureau qui orne les armoiries du canton d'Uri paraît être une survivance du culte de cet animal[6], tout comme le cerf des armoiries de la ville d'Eglisau (Zurich) et certains sceaux du chapitre zurichois conservent, dit M. Boissier, le sou-

1) S. Reinach, *Cultes, Mythes et religions*, I, p. 71 ; III, p. 176 ; *Rev. arch.*, 1911, I, p. 63 sq.

2) Renel, *Les religions de la Gaule avant le christianisme*, p. 246 ; *Rev. des ét. anciennes*, 1907, p. 270, référ.; *L'Anthropologie*, 1909, p. 201, etc.

3) Sur le culte de l'ours en Gaule, Renel, *op. l.*, p. 199 sq. ; S. Reinach, *op. l.*, I, p. 55; *Rev. hist. des religions*, 1915, p. 110-111.

4) *Rev. hist. des religions*, 1915, p. 27, note 2, p. 55.

5) *Indicateur d'ant. suisses*, 1909, p. 294, note 12, référ., pl. XVIII ; *Rev. hist. des rel.*, 1915, p. 111. Sur le taureau à trois cornes, S. Reinach, *op. l.*, I, p. 66, 244, etc.

6) *La légende de Tell et les monuments mithriaques*, Rev. suisse d'Ethnographie et d'Art comparé, I, 1914, p. 13-4.

venir du cerf divin (p. 6). Et le cor des premiers confédérés, dont le son répandait la terreur dans les rangs ennemis, le « taureau d'Uri », ne rappelle-t-il pas le carnyx gaulois terminé par un pavillon en forme de gueule, celle de l'animal divin dont la présence devait assurer la victoire à ceux qu'il protégeait [1] ?

En revanche, j'ai montré que l'*aigle* des armoiries genevoise ne peut pas s'expliquer, comme on l'a supposé, par une survivance du culte totémique de l'aigle [2].

Il est vraisemblable qu'une étude plus approfondie trouverait d'autres traces de cultes animaux en Suisse. Le folk-lore, l'onomastique locale, les monuments figurés, anciens et modernes, dit M. Boissier avec raison, en gardent les souvenirs, plus ou moins déformés et trop souvent méconnus.

*
* *

On trouve en effet, surtout dans les pays jadis gaulois et celtiques, des rites qui semblent être des *survivances du culte du cervidé*. Dans diverses légendes (p. 3), entre autres dans celle de la chasse de Saint-Hubert [3] et dans celle de la chasse infernale, le cerf poursuivi par les chasseurs est sans doute le descendant de l'animal divin. C'était une ancienne coutume que de se couvrir de peaux de cerfs et de biches le premier janvier, et de porter en cérémonie des bois de cerfs sur les épaules, déguisement rituel qui fut réprouvé par un article du concile d'Auxerre : « Non licet calendis januarii vitula aut cervula facere, vel strenas diabolicas observare ». Les anciens ouvrages de sorcellerie citent fréquemment cette pratique jugée diabolique : « Les payens, qui le premier jour de l'an, se déguisent avec des masques de cerf... » [4]. Dans une fête contemporaine du Staffordshire, les danseurs portent sur leurs épaules des bois de cerfs [5].

Des légendes et des récits merveilleux peuvent aussi être rattachés au

1) *Rev. hist. des rel.*, 1915, p. 111.

2) *Ibid.*, p. 110 sq. L'aigle.

3) Saintyves, *Les saints successeurs des dieux*, p. 126-8.

4) Rolland, *Faune populaire de la France*, I, p. 103; Le Brun, *Hist. critique des pratiques superstitieuses* (2), 1750, II, p. 564, cite sur ce sujet Burchard, évêque de Vannes au xi⁰ siècle.

5) Burne, *Staffordshire folk and their lore*, Folklore, a quarterly review, VII, 1896, p. 366, 386 (*Rev. hist. des rel.*, XXXVIII, 1898, p. 257).

cerf divin. Les courtisans du roi étant à table, un magicien bohémien
fit surgir de longs bois de cerfs sur leurs fronts [1]. Un autre magicien —,
« le fait a eu lieu quelque temps avant la splendeur de Rome » —,
pour se débarrasser des soldats qui le poursuivaient, fit un geste, et
chacun d'eux se trouva la tête engagée entre deux piquets, et ornée
de belles ramures de cerf qui l'empêchaient de se retirer [2].

Le cerf sacré du paganisme s'est christianisé, symbolisant le
Christ [3]; parfois, suivant un processus fréquent [4], il est aussi devenu
le diable [5]. Mais dans cette déchéance du divin au démoniaque, il y a
des degrés, et le motif peut sombrer dans le grotesque. On peut donc
se demander s'il ne faut pas rattacher à l'antique culte du cerf l'habitude populaire d'attribuer les ramures de cet animal aux maris trom-
pés, au « cocu », dont l'étymologie a été mise en relation avec le
« coucou » [6]. Elle est ancienne, bien antérieure sans doute à l'incident
du bal masqué sous Louis XIV, où un grand personnage, dont les
infortunes conjugales étaient notoires, se laissa naïvement persuader de
revêtir ce déguisement symbolique [7]. Mais y a-t-il quelque relation
entre le cerf et l'acte sexuel ? Le folk-lore en donne des exemples. Déjà
Pline prétend que cet animal, pour l'accouplement, passe successivement à plusieurs femelles, puis revient à la première [8]. Ses organes
génitaux tomberaient chaque année [9]. Furfur, un des diables qui
occupe le rang de comte dans la hiérarchie infernale, est un cerf à la
queue enflammée [10] qui, entre autres missions, entretient l'union entre

1) Delrio, *Les controverses et recherches magiques*, trad. Du Chesne, Paris,
1611, p. 136.

2) Collin de Plancy. *Dict. infernal* (6), p. 427, s. v. Magie.

3) Maury, *Essais sur les légendes pieuses du moyen âge*, p. 169 sq. ; *Rev.
arch.*, VI, 1849, p. 375 sq. ; *Gazette archéol.*, 1877, p. 191 ; Collin de Plancy,
Dict. critique des reliques, 1821, I, p. 23, 28 sq.

4) Cf. mon mémoire, *Comment les idées et les monuments, leur transcription
matérielle, changent de sens : du dieu au diable*, etc., dans Études d'arch. et
d'art, Genève, 1914, p. 1 sq.

5) *Diable triprosope*, Rev. hist. des religions, 70, 1914, p. 129 sq.

6) Rolland, *op. l.*, II, p. 89.

7) Champfleury, *Histoire de la Caricature sous la Réforme et la Ligue*,
p. 223.

8) *Hist. Nat.*, X, 83.

9) Collin de Plancy, *Dict. infernal* (6), 1863, p. 151, s. v. cerf.

10) Cf. aussi, cerfs aux bois phosphorescents de la chasse infernale, E. Reclus,
Les croyances populaires, I, p. XXIII: *Indicateur d'ant. suisses*, 1914, p. 281,
note.

mari et femme [1]. Pour obtenir le même résultat, l'époux peut porter sur lui de la corne de cerf [2]. Faut-il encore évoquer les croyances qui d'une part unissent la femme et le serpent, de l'autre le cerf et le serpent?

**

Combien bizarre ce cerf portant à l'extrémité de ses bois des *chandelles allumées*, qui guidaient les princesses du Fraumünster ! On connaît cependant des exemples analogues [3], et l'origine de ce thème semble être dans l'assimilation très ancienne de la corne aux rayons du soleil, qui a pu aussi inspirer la pratique de dorer les cornes des animaux du sacrifice [4]. Le cerf d'Artémis aux cornes d'or (Euripide) (p. 47), la biche aux cornes dorées (Callimaque) [5], le cerf aux chandelles allumées ou aux cors phosphorescents, c'est tout un.

Le cerf qui mange les *glands*, sur un relief du Fraumünster (p. 4, fig.), rappelle l'idée antique qu'il est l'ennemi mortel du chêne (p. 10).

Il éprouve aussi une *inimitié déclarée pour le serpent* (p. 58-61). Cette croyance, que M. Boissier a étudiée ailleurs [6], est ancienne, puisque Pline la signale déjà. Sans doute provient-elle d'un symbolisme mal compris, qui met aux prises deux animaux divins d'essence opposée, comme ailleurs l'oiseau, aigle ou cigogne, avec le serpent, le griffon avec le cerf, le lézard avec le papillon. Sur le vase de Gundestrup, le dieu aux bois de cerf, accompagné à droite d'un cerf, tient dans la main gauche un serpent [7], et une statuette de l'ancienne collection de Chezelles représente un dieu barbu à cors de cerf, ayant en main le serpent à tête de bélier [8]. Le christianisme a recueilli cette

1) Collin de Plancy, *op. l.*, p. 290, s. v. Furfur.
2) Wecker, *Les secrets et merveilles de nature* (2), Rouen, 1651, p. 105.
3) *Indicateur d'ant. suisses*, 1914, p. 281, note, ex.
4) *Ibid.*, p. 280, note.
5) *Hymn. in Dian.* ; cf. Reinach, *Cultes*, III, p. 27.
6) *Rev. arch.*, 1907, 9, p. 224-5 ; 1908, II, p. 424 ; sur ce sujet, cf. aussi Clermont-Ganneau, *Recueil d'arch. orientale*, IV, n° 17-21. Les cerfs mangeurs de serpents ; *Gazette arch.*, 1875, p. 126-7 ; miniature du manuscrit de Nicandre, fourneau où brûle la corne de cerf, qui doit chasser les serpents, et serpent à côté, *Association française pour l'avancement des Sciences*. Dijon, 1911, p. 900.
7) *Rev. ét. anciennes*, X, 1908, pl. V.
8) S. Reinach, *Cultes*, III, p. 176, note 1.

légende, fréquemment mentionnée à toutes les époques, par exemple dans les Bestiaires du moyen âge [1], dans les traités relatifs à la sorcellerie [2]; le cerf mange le serpent pour se rajeunir [3]; si la corne de cerf met en fuite le reptile, celui-ci est au contraire attiré par le parfum des os tirés de l'extrémité du gosier du cerf [4], etc.

Mais le symbolisme chrétien a reconnu dans ces deux adversaires Jésus luttant contre le diable [5], puisque le cerf est identifié à Jésus, et le serpent au démon. Sur la fresque chrétienne de Baouit (Égypte), un serpent s'enroule autour du corps d'un cerf [6].

*
* *

Ces animaux sacrés, dont la Suisse a conservé le souvenir, cerf et ours, seraient, dit M. Boissier, les attributs d'une seule et même divinité. A Zurich, l'antique Turicum, son nom reste inconnu ; à Berne, c'est Artio, à Avenches, Aventia (p. 13, 15). Doit-on en conclure que la déesse éponyme de Genève, Genava, n'en diffère pas? Je ne le crois pas, et, bien qu'on ne puisse émettre qu'hypothèses fragiles, j'ai reconnu en elle une déesse gardienne du passage du lieu, et peut-être clavigère comme le Dispater celtique de Viège et Saint-Pierre qui s'est substituée à elle comme patron de la ville de Genève [7]. Je crois de plus qu'il n'y a pas lieu de confondre en une seule les divinités du cerf et de l'ours, dont les cultes semblent distincts.

*
* *

Cette déesse unique, M. Boissier l'appelle *Artémis-Diane, l'astre lunaire*. Le cerf a parfois en effet une valeur céleste [8]. Il orne, avec d'autres animaux indéterminés, avec le croissant lunaire et le disque

1) Langlois, *La connaissance de la nature et du monde au moyen âge*, 1911, p. 36, 83, 383; Franklin. *La vie privée d'autrefois, Les animaux*, p. 84.

2) Wecker, *op. l.*, p. 345; Collin de Plancy, *Dict. infernal* (6), 1863, p. 519.

3) Langlois, *op. l.*, p. 92.

4) Collin de Plancy, *l. c.*; Cabanès-Barraud, *Remèdes de bonne femme*, p. 28-9.

5) *Rev. arch.*, 1849, VI, p. 375 sq. ; 1855, XII, p. 29 sq. ; Maury, *op. l.*, p. 176.

6) *Comptes-rendus Acad. Inscr. et Belles-Lettres*, 1902, p. 96, 543.

7) *Rev. hist. des Religions*, 1915, p. 125.

8) Sur la mythologie du cerf, cf. encore de Gubernatis, *Mythologie zoologique*, trad Regnaud, II, 1874, p. 87 sq.

solaire, le beau bol en or de l'époque de Halstatt, qui provient de
Zurich, et doit donc être ajouté à la liste des monuments zurichois
relatifs au culte du cerf, dressée par M. Boissier [1]. Sur ce monu·
ment, les animaux étant au nombre de sept, il semble que le cerf y
représente une *planète*, plutôt que la lune. Il apparaît fréquemment
sur divers monuments protohistoriques, associé à des symboles héliaques,
par exemple sur des fusaïoles d'Hissarlik. M. Déchelette admet qu'il
symbolise primitivement le *soleil*, tout comme le cheval [2], sans que
semblent confirmer d'autres indices [3]. De sa relation avec Artémis
(p. 13, 67), on ne peut pas nécessairement conclure qu'il a un sens
lunaire. Peut-être, dit au contraire M. Déchelette, qu'on a voulu associer les deux êtres solaire et lunaire : « il semble que la mythologie
grecque ait conservé le souvenir de cette dualité, en consacrant le cerf
à Artémis, sœur d'Apollon, née avec lui dans l'île de Délos et partici·
pant étroitement à sa nature » [4]. Anciennement déjà, divers archéo·
logues, en étudiant le mythe d'Actéon, changé en cerf pour avoir surpris Diane au bain, ont reconnu en lui le soleil opposé à la lune [5]. Mais
M. S. Reinach, en scrutant les origines de la fable d'Actéon, rejette
ces dangereuses interprétations symboliques.

Quoi qu'il en soit, sans vouloir décider en faveur de l'un ou de l'autre
des astres célestes, on constate que *le sens lumineux de cet animal a
persisté pendant longtemps*. Les chandelles, les bois phosphorescents,
la queue enflammée qu'il porte encore dans les traditions populaires en
témoignent. Et, dans l'iconographie chrétienne, où il est devenu l'animal
de Christ, et personnifie Jésus lui-même qui est le Soleil de Justice [6],
il porte entre ses cornes le crucifix étincelant [7], tout comme le taureau,
dès l'âge égéen, ou d'autres animaux divins, portent à la même place
des emblèmes cosmiques, double hache, croix, etc. [8]. Le bois de

1) Déchelette, *Manuel*, II, 2, p. 792-3, fig. 312.

2) *Rev. arch.*, 1909, I, p. 314.

3) Losch, *Der Hirsch als Totenführer*, Arch. f. religionswiss., 1899, II,
p. 261 (caractère psychopompe et solaire).

4) *Rev. arch.*, l. c.

5) S. Reinach, *Cultes*, III, p. 29-30.

6) *Rev. hist. des religions*, 1915, p. 52.

7) Cerfs de Saint-Hubert, de S. Félix, de S. Meinulf, de S. Eustache.
Indicateur d'ant. suisses, 1914, p. 284, note 1 ; Cahier, *Caractéristiques des
saints*, I, p. 182 sq., 185, 187 ; vitrail de la cathédrale du Mans, Hucher,
Vitraux de la cathédrale du Mans, 1865, pl II***.

8) *Indicateur d'ant. suisses*, 1914, p. 283-4, ex.

cerf employé comme lustre (p. 14) serait-il en relation avec cette notion de lumière?

*

En étudiant le mythe d'Actéon, M. S. Reinach remarque que l'histoire d'Artémis surprise au bain est adventice, et n'appartient pas au thème primitif, qui est celui du « sparagmos » d'une divinité animale, d'un cerf divin[1], dont, à une date encore récente, les initiés tatouaient l'image sur leur corps[2]. De même, il se peut que, lors de la pénétration de la mythologie gréco-romaine en Suisse, on ait assimilé l'ancien dieu-cerf de la contrée avec l'animal d'Artémis. Peut-être encore que l'ours sacré a été lui aussi mis en relation avec Artémis, qui parfois est une déesse ursine[3]. Mais ici aussi ces assimilations doivent être tardives, et à l'origine, ce sont *des cultes animaux* qu'il faut reconnaître, ceux de l'ours, du cerf, du taureau, ayant vraisemblablement un sens cosmique. Remarquons que, pour M. S. Reinach, le dieu-cerf gaulois s'identifierait non pas avec Artémis, mais avec Mercure[4].

*

Étant donnée cette parenté plus ou moins factice et récente de Diane avec les vieux animaux divins, on comprend pourquoi le cerf conduit les deux princesses qui fondèrent le Fraumünster, puisqu'Artémis est la déesse de la chasteté, protectrice des vierges (p. 14), et pourquoi la corporation romaine des *Ursari* de Zurich a dédié un ex-voto à cette déesse (p. 14). Ces chasseurs conservaient-ils comme trophées les ramures de cervidés, qui déjà ornaient en Grèce les parois des sanctuaires d'Artémis[5], et dont l'usage, surtout en pays germaniques, s'est maintenu jusqu'à nos jours (p. 14)?

*

De nombreux archéologues ont voulu reconnaître dans divers motifs

1) *Cultes*, III, p. 32.
2) Perdrizet, *Arch. f. Religionswiss.*, XIV, 1911, p. 72.
3) *Cultes*, III, p. 39.
4) *Cultes*, III, p. 176.
5) Plutarque, *Quaestiones romanae*, IV; cf. *Journal asiatique*, 1878, II, p. 503; sur un sarcophage illustrant la légende de Phèdre, un serviteur cloue au front de l'édifice un bois de cerf, *Bull. de Correspondance hellénique*, 1889, p. 323.

antiques, les uns des symboles solaires, les autres des *symboles lunaires*.
M. Boissier est un fervent adepte de cette dernière thèse. Dans la
seconde partie de son travail, il passe en revue une série de rites,
d'usages, de monuments, qu'il rattache, souvent avec une hardiesse
fort ingénieuse, au culte lunaire d'Artémis-Diane (p. 19 sqq.). Il ne
nous est pas possible de discuter en détail ces hypothèses relatives aux
points suivants : Artémis Perasia de Castabala (p. 26) en Cappadoce ;
Artémis Orthia de Sparte (p. 41) ; Artémis lacustre (p. 46) ; Artémis aux
oiseaux, Potnia Therôn (p. 50, 53) ; Artémis d'Ephèse (p. 27, 38, 39) ;
relation du miroir avec Diane (p. 46) ; Artémis-colonne, que M. B.
reconnaît dans la colonne du relief de Mycènes (p. 47); nombres 9
et 16 comme artémisiens (p. 44, 45) ; Amazones, prêtresses de cultes
lunaires thraco-cimmériens (p. [23, 42) [1]; Gorgone (p. 32) ; Bès (p. 35) ;
abeille (p. 37) ; Minotaure et dieu-cerf de certaines gemmes égéennes
(p. 26, 44) ; svastika (p. 38) ; lutte du griffon solaire contre le cerf
lunaire (p. 36, 62), etc.

Mais soyons prudents ! Souvenons-nous combien est mouvant le terrain de l'exégèse cosmique, où les hypothèses les plus divergentes sont
possibles et trouvent leurs défenseurs. Le svastika, que M. B. croit
lunaire, n'est-il pas solaire pour la plupart? La Gorgone est pour l'auteur, comme pour d'autres [2], l'image de la lune ; plus souvent on y voit
un motif solaire [3], qui peut s'unir à d'autres thèmes héliaques ; certains
songent à un démon de la fertilité, devenu emblème du disque solaire [4],
à la foudre, à l'éclair [5], même à un poulpe dont les tentacules auraient
donné les serpents du gorgoneion d'Athéna [6]. Il est vraisemblable
que le type de la Gorgone réunit en lui des forces très diverses de la

---

1) Cf. sur ce thème, A. Reinach, *L'Origine des Amazones*, Rev. hist. des
rel., 1913, p. 277 sq. ; à propos de l'ouvrage de Léonhard.

2) Eisler, *Weltenmantel und Himmelszelt*, I, p. 78, note 1 ; *Dict. des ant.*,
s. v. Gorgones, p. 1616.

3) Déchelette, *Rev. arch.*, 1909, II, p. 107 sq. ; *Dict. des ant.*, s. v. Gorgones, p. 1618 ; Déchelette, *Manuel*, II, 3, p. 1519, note 4 ; A. Reinach, *Le
Klapperstein, le Gorgoneion et l'anguipède*, p. 16, note 3, p. 30, 50, note 1,
p. 77 (du tirage à part).

4) Frothingham, *American Journal of arch.*, 1911, p. 349 sq. ; 1915, p. 13
sq. ; cf. *Rev. hist. des rel.*, 1911, 64, p. 410.

5) A. Reinach, *Rev. hist. des rel.*, 1912, 66, p. 271 ; 1909, 60, p. 347 sq.,
342 sq.

6) Siret, *L'Anthropologie*, 20, 1909, p. 153, 156.

nature[1]. Le taureau semble parfois solaire, parfois lunaire[2], etc...
Questions difficiles, sinon insolubles, et sur lesquelles les anciens
n'avaient peut-être pas plus de clartés que nous-mêmes !

W. DEONNA.

Genève, juillet 1916.

CHARLY CLERC. — **Les théories relatives· au culte des
images chez les auteurs grecs du IIe siècle après
J.-C.** Paris, Fontemoing et Cⁱᵉ, E. de Boccard successeur, 1916.

Bien longtemps avant que la Querelle des Iconoclastes ne bouleversât
au viiie siècle de l'ère chrétienne l'empire byzantin et ne contribuât à
détacher pour toujours l'Italie de Constantinople, la question du culte
des images s'était posée dans le monde païen et elle y avait provoqué,
sinon des mesures de rigueur et des émeutes sanglantes, du moins de très
vives discussions et des polémiques passionnées. M. Charly Clerc, professeur à Genève, a voulu suivre de près cette controverse chez les
auteurs grecs du second siècle après J.-C.; il y a consacré un livre d'un
haut intérêt et d'une réelle valeur, qui lui a justement valu le double
titre de docteur de l'Université de Paris et de diplômé de l'École pratique des Hautes-Études (section des sciences religieuses).

L'ouvrage de M. Clerc se compose de trois parties. Dans la première
partie, l'auteur expose avec précision quelle place les images sacrées
tenaient au iie siècle dans le culte et dans la vie religieuse. Il a cherché surtout chez les auteurs de l'époque les éléments de son enquête, et
il a beaucoup puisé dans Plutarque, Pausanias et Lucien. Il fait d'abord
passer devant nos yeux les monuments aniconiques, bétyles, pierres
taillées, arbres; les idoles primitives, *xoana* ou *daedala*, images d'animaux, reliques diverses; il prouve, par des textes formels, que ces
monuments et ces idoles passaient aux yeux des dévots pour être animés
d'une force mystérieuse, pour être vraiment *divins*. Les images anthropomorphiques des divinités, les œuvres d'art qui représentaient des
dieux, et des déesses, quoique d'inspiration et de création moins
archaïque, n'en étaient pas moins sacro-saintes pour la foule. « Leur
beauté même, écrit M. Clerc, inspire la dévotion. Si la piété reste atta-

1) A. Reinach, *Le Klapperstein*, p. 58, note 1.
2) *Rev. arch.*, 1904, IV, p 230-2 ; *Rev. hist. des rel.*, 1915, p. 55.

chée aux reliques du vieux culte, elle trouve dans les merveilles d'un art nouveau un nouvel aliment. » On attribuait à maintes statues le pouvoir de faire des miracles et des révélations ; celles-ci donnaient des signes, qui permettaient de connaître la volonté divine ; celles-là apparaissaient en songe et fournissaient ainsi des présages heureux ou malheureux. Les images impériales et les images funéraires participaient du même caractère sacré. L'on sait aussi quel rôle prépondérant jouaient dans la magie les figurines et l'action que l'on pouvait exercer sur elles. Dans un autre ordre d'idées et pour des esprits plus élevés, les images divines étaient des symboles. « L'image taillée, ainsi conclut M. Clerc à la fin de cette première partie, évoque à la fois l'être et l'idée. Elle parle à la foi craintive comme à l'intelligence. La statue d'un dieu est sacrée pour la croyance naïve qui l'anime, comme pour la raison qui l'interprète. Il y a déjà du symbolisme dans la plus vieille idolâtrie, et il y a encore de l'idolâtrie dans la vénération paisible des symboles. » Donc l'image est, à des titres et à des degrés divers, objet de culte à la fois pour le dévot plus ou moins ignorant, pour le philosophe plus ou moins rationaliste.

Cette idolâtrie, analysée et définie par M. Clerc dans la première partie de son livre, eut, au second siècle de l'ère chrétienne, ses adversaires et ses défenseurs. A ceux-là, l'auteur consacre sa deuxième partie ; à ceux-ci sa troisième.

Le culte des images rencontra des adversaires à la fois chez les païens, chez les Juifs et chez les Chrétiens.

La polémique païenne contre les idoles peut être suivie depuis le vi⁰ siècle av. J.-C. M. Clerc rappelle qu'Héraclite et Xénophane, peut-être même Pythagore, ont montré la vanité des hommages qu'on leur rendait. Parmi les écoles philosophiques issues du grand mouvement qu'ont inauguré Platon et Aristote, aucune ne fut plus hostile à l'idolâtrie que la secte des Cyniques. Stoïciens et Épicuriens y mirent beaucoup moins d'ardeur. Il faut arriver à Plutarque et surtout à Lucien de Samosate pour rencontrer chez l'un une opposition courtoise encore et tolérante, chez l'autre un esprit de raillerie sans réserve et sans égards. A vrai dire, ce que Plutarque dénonce, c'est moins le culte des images que les multiples superstitions dont l'âme des dévots ignorants ne cesse pas d'être envahie et troublée. Lucien, au contraire, a poursuivi de ses sarcasmes les dieux eux-mêmes. Outre Plutarque et Lucien, les Cyniques du ii⁰ siècle de l'ère chrétienne et parmi eux Œnomaüs ont été les adversaires de l'idolâtrie. Attaques, moqueries, critiques respectueuses

des païens n'ont pas d'ailleurs dépassé les bornes d'une polémique
d'idées : « Les discours les plus impies contre les statues, écrit M. Clerc,
n'ont jamais entraîné la foule... Les meneurs les plus enragés ne sont
pas des iconoclastes. Ils s'inclinent à de certaines heures devant l'usage
ancestral. Leur certitude d'être dans le vrai, tandis que la foule est
dans l'erreur, ne les pousse aucunement à devenir les victimes de cette
certitude. La déclamation leur suffit, et ce n'est pas elle en ce temps-là
qui armait le bras des persécuteurs. »

La polémique juive et chrétienne ne gardait pas cette modération ni
ce caractère tolérant. Il est superflu de rappeler de quelle haine aveugle
les Hébreux poursuivaient toute image, toute représentation non seulement de la divinité, mais même simplement de l'être humain. C'est du
judaïsme que l'Église chrétienne primitive a hérité le mépris absolu des
idoles et la condamnation de l'art qui les fabrique. Toutefois, il faut
ajouter qu'en pénétrant de plus en plus dans la société gréco-romaine,
le christianisme a peu à peu dépouillé, envers les images, ce fanatisme
intransigeant. L'Église s'est contenté d'attaquer les idoles païennes. Les
Pères chrétiens du ii⁸ siècle, et après eux, Eusèbe et saint Augustin,
s'en prennent bien plutôt, semble-t-il, au caractère démoniaque des
images qu'aux images elles-mêmes. M. Clerc cite en particulier quelques
phrases de Tertullien, qui ne laissent aucun doute à ce sujet. « Si Tertullien, dit-il, maudit les artistes et leurs ouvriers, c'est parce qu'ils
façonnent des corps aux démons. »

Contre de tels adversaires, les défenseurs des images ne se trouvaient
guère en posture favorable. M. Charly Clerc cite principalement Plutarque et Dion Chrysostome. S'il fut l'adversaire de la superstition, le
philosophe de Chéronée ne se posa pas en réformateur. Il était prêtre :
il s'efforça de réconcilier la religion populaire et le culte traditionnel
avec la conscience et la raison. Il avait à cœur d'éviter l'athéisme autant
que la superstition. Il résume les opinions moyennes. Il estime nécessaire, en ce qui regarde les miracles prêtés aux statues divines, une
réserve prudente. Les images donnent un enseignement. Elles avertissent
des choses divines. Ce sont en quelque mesure des symboles. Le
Discours olympique de Dion Chrysostome insiste sur la valeur esthétique des idoles. « L'art au service de la religion, tel pourrait être le
titre du discours », dit fort justement M. Clerc. Le rhéteur prend comme
exemple de sa thèse le Zeus de Phidias; il fait en quelque manière
l'apothéose de la statue. La perfection de l'œuvre d'art concourt à exal-
ter l'idée divine; le divin s'exprime par la beauté plastique.

M. Clerc a bien vu la faiblesse profonde de ces apologies. « Nous n'osons croire, conclut-il, que cette défense (des idoles) ait joué un grand rôle ni qu'elle ait exercé une véritable influence. Elle ne s'adresse guère à ceux qui maudissent les idoles. Elle ne retentit que pour une minorité capable de la comprendre. Elle n'est pas assez sûre d'elle-même... Le plus souvent, sous les thèmes de la rhétorique, c'est l'amour du passé qui l'inspire plus que la conviction vibrante de la vérité. »

Tel est l'ouvrage de M. Clerc. Le sujet traité présente un intérêt d'autant plus grand, que la controverse sur les images se pose ou peut se poser à propos de beaucoup de religions. Il y a eu, dans le christianisme, une Querelle des images comme dans le paganisme antique. L'islamisme a banni de son culte toute image. M. Clerc, dans les limites fort nettes où il a enfermé son étude, a fait preuve de précieuses qualités. Il ne cesse pas d'être en contact avec la pensée antique ; il n'affirme pas un fait, il n'exprime pas une idée sans produire le témoignage qui établit l'un, qui justifie l'autre. Un ordre logique, sans raideur ni dogmatisme, préside à l'ordonnance générale de son livre, au développement analytique des diverses parties dont il se compose. Parmi les auteurs grecs, dont il a expliqué les opinions et scruté les pensées, Plutarque aurait peut-être mérité une étude un peu plus approfondie et serrée. La physionomie que M. Clerc lui donne demeure trop indécise ; et l'on se demande si cette indécision tient au personnage lui-même ou au commentateur. D'autre part, s'il est vrai que Plutarque·ait tenté de concilier la religion populaire et la conscience ou plus exactement la raison, n'eût-il pas été bien intéressant de montrer quel rôle cette religion populaire attribuait aux images divines, aux idoles ? Sans doute M. Clerc effleure ce sujet dans sa première partie ; mais il nous semble qu'un usage moins discret des documents archéologiques, épigraphiques et numismatiques eût complété heureusement les notions fournies par les écrivains. M. Clerc, il est vrai, nous répondra que ce n'était point là sa thèse. Ce qu'il a voulu préciser, c'est la position prise par les auteurs grecs du IIe siècle ap. J.-C. à l'égard du culte des images. Et cela, il l'a fait et bien fait. Ce sont précisément les qualités de son œuvre et le succès avec lequel il a réalisé son dessein qui nous font regretter que le culte de chaque jour n'ait pas trouvé place dans son livre à côté des opinions exprimées par les philosophes et les rhéteurs. La « pratique » du culte des images ne nous paraît pas moins intéressante que les « théories » relatives à ce culte. Souhaitons que cette autre face

8

du sujet attire l'attention de M. Clerc. Nul ne serait mieux préparé
que lui pour l'étudier.

J. TOUTAIN.

***

CL. HUART. — **Le livre de la création et de l'histoire** de
MOTAHHAR ben Ṭahir el-Maqdisî, attribué à Abou-Zeïd Ahmed ben
Sahl el-Balkhî, publié et traduit d'après le manuscrit de Constanti-
nople, t. V, (*Publications de l'École des Langues orientales vivantes.*)
Un vol. in-8° de 284 + 238 pages. — Paris, E. Leroux, 1916.

Ce volume qui traite des premiers temps de l'Islam, généralement
d'après el-Wâqidi et Mohammed ben Isḥaq, n'apporte pas de détails
nouveaux, mais le lecteur en retirera une impression exacte et très
nette de la rudesse des mœurs du temps et de l'incapacité du prophé-
tisme oriental à asseoir une grande civilisation. La foi ardente unie à
l'ardeur guerrière a pu fonder une grande religion et un grand empire,
mais du jour où l'Islam n'a plus voulu puiser à la source grecque et où
il s'est dressé contre le rationalisme, il s'est enlisé dans une orthodoxie
étroite qui a étouffé tout développement intellectuel et moral.

Certes, dans toute religion, l'enseignement du fondateur est donné
pour l'*alpha* et l'*oméga* de toute connaissance ; mais ce que l'Islam a
de très particulier dans notre monde moderne, c'est qu'il a réellement
voulu plier la pratique à la théorie et qu'il a écarté toute suggestion
qu'il ne trouvait pas dans le Qoran.

Bien que Mohammed ait vécu à une date relativement proche de
nous, que son œuvre et les traditions immédiates nous aient été con-
servées, cependant il est assez difficile de retracer une histoire précise ·
des premiers temps de l'Islam. Le portrait qu'on donne du Prophète
manque de relief : il n'était, nous dit-on, ni grand ni petit, ses cheveux
ni longs ni courts, ni crépus ni raides, le visage ni gras ni maigre. On
insiste sur le sceau de la prophétie : une protubérance garnie de poils
entre les deux épaules. Son caractère se ressent de la même imprécision. Interrogée à ce sujet, 'Aïscha ne trouve à répondre que par cette
parole du Qoran : « Certes, tu as d'immenses qualités intérieures ».
Toutefois, la tradition conserve quelques épisodes, notamment dans les
rapports avec les femmes, si peu à l'éloge du Prophète qu'on doit les
tenir pour exacts : ils n'auraient pas été inventés à une époque où la

vénération pour sa personne était devenue générale et profonde. Il n'y a donc pas lieu de suivre quelques historiens récents qui, tombant dans l'hypercritisme, refusent toute valeur à la tradition musulmane.

Le caractère légendaire de certains récits apparaît de lui-même. Tels sont les miracles dont l'imagination populaire a paré la vie du Prophète par attraction invincible du mythe sur l'âme du fidèle autant que par influence des cultes voisins ou des sectes hétérodoxes et la nécessité de lutter contre eux. Motahhar ben Ṭâhir ne mentionne qu'un petit nombre de ces miracles en donnant comme excuse que son livre serait trop long s'il les rapportait tous. Le miracle est ici d'autant moins en situation que Mohammed — et cela ajoute à la grandeur de son rôle — n'a pas fait profession de thaumaturge. Mais il n'en est que plus instructif que l'histoire de Mohammed se soit muée en « la plus étrange des merveilles » comme la définit notre auteur.

Pour les récits non merveilleux, il est assez difficile d'instituer le départ entre ce qu'on doit accepter et ce qu'il faut écarter. Mais, pour prendre un exemple, on fera une distinction entre ce qu'on raconte de Zeinab, une femme du Prophète, qu'elle fut la première à être portée sur un brancard à sa dernière demeure ou qu'elle institua le port du voile enveloppant le corps (p. 14), et ce qui est dit de Khadidja, à savoir que le Prophète l'enterra sans prononcer de prière sur sa tombe, parce que ce n'était pas encore la coutume de prier pour les défunts (p. 12). En effet, dans le premier cas on peut avoir cherché à expliquer tel ou tel usage en le rapportant à une femme du Prophète, et nous savons que le voile enveloppant le corps est d'usage ancien en Orient, tandis que, dans le second cas, il y a tout lieu de penser que les anciens rites funéraires arabes comportaient la lamentation, mais non la prière pour les morts.

La partie polémique est ce qu'offre de plus personnel le tome V du *Livre de la Création et de l'Histoire* que nous donne aujourd'hui M. Cl. Huart. Les sectes ont livré de rudes assauts à l'Islam orthodoxe ; elles sont probablement cause qu'il s'est replié sur lui-même et s'est imposé une rigueur de doctrine peu commune. Motahhar, imitant en cela ses contradicteurs, manque totalement d'impartialité ou de justice. Il caractérise ainsi les Soufis : « Leur doctrine aboutit à manger, boire, entendre de la musique, suivre ses passions et obéir à sa concupiscence » (p. 156). Mais ce sont les Baténiens qui lui paraissent le plus dangereux et contre lesquels il dresse sa dialectique la plus vigoureuse. On sait qu'ils interprétaient allégoriquement les formes de la prière, les prescriptions religieuses, les détails du culte qui se perpétuaient sans qu'on en vît bien la cause. Des pratiques si essentielles et auxquelles on était si fortement attaché pouvaient-elles être de simples gestes vides de sens? Ce sens, l'allégorie le donnait, satisfaisant la curiosité et, en même temps, émerveillant les âmes.

Pour résister à cet entraînement, notre auteur recommande de ne pas répondre aux questions insidieuses que posent les Bâténiens quand ils commencent leur propagande, mais de réclamer tout d'abord leur propre interprétation « de manière que la faiblesse de leurs dires et le vide de leur intention se manifestent clairement » (p. 54). Puis il fournit, à l'usage des orthodoxes, l'explication des prescriptions concernant les ablutions, la prière, la dîme, la circoncision, le jeûne, le pèlerinage. Il fait preuve d'un esprit très large et en un sens assez moderne, car son explication est rationaliste, mais insuffisante puisqu'elle refuse aux rites toute valeur religieuse.

Il explique que la raison invite à s'humilier devant Dieu, d'où les attitudes de la prière. Pour les ablutions, la circoncision et autres pratiques de ce genre, il vante leur valeur hygiénique. Mais alors il est obligé de concéder qu'on aurait pu adopter d'autres prescriptions que celles en usage et il va jusqu'à dire : « Si la prière avait été établie selon toute autre forme, comme par exemple celle du sommeil, ou d'être assis, ou de marcher, tout cela serait encore admissible ». Mais n'est-ce pas avouer qu'on n'a rien expliqué du tout et que la raison a peu à faire en tout ceci? Ni la raison ni l'hygiène ne rendent compte de ce que l'impureté qu'entraîne l'acte d'uriner est effacée par un simple lavage tandis que le coït exige un bain complet, ni pourquoi il faut laver le corps avant de l'enterrer, encore moins que la terre puisse être substituée à l'eau dans les rites de purification qui accompagnent la prière. Du point de vue qu'adopte l'auteur orthodoxe, les rites du pèlerinage échappent à toute explication. Ainsi pour la course rituelle : « la raison, dit-il, admet également qu'on se hâte et que l'on coure quand c'est utile ou quand on craint de laisser échapper une occasion ». La faiblesse de cette explication lui apparaît certainement, car il ajoute qu'on veut imiter la course à laquelle se livra le Prophète lors de son entrée à la Mecque « pour montrer à ses ennemis sa force d'âme ». A propos de la pierre noire de la Ka'ba, Moṭahhar se découvre une âme d'antiquaire : « Parfois, l'homme s'éprend des monuments laissés par les anciens; cette pierre est justement un de ces monuments » (p. 57). Et il conclut : « Du moment que les rites s'expliquent de la manière que nous avons dite, il n'y a plus de raison de s'empresser d'accuser la nation musulmane et de la traiter d'ignorante au sujet des rites qu'elle a conservés ».

Rien ne montre mieux les progrès accomplis par l'histoire des religions que le fait qu'elle est en état, en dehors de toute préoccupation polémique, de repousser également l'explication allégorique des hétérodoxes et l'explication rationaliste de Moṭahhar.

René DUSSAUD.

NOTICES BIBLIOGRAPHIQUES

Julien Feuvrier. — **Les monuments gaulois du Musée de Dôle**, Le Mans, 1914, 7 p. in-8, 3 fig. — M. J. Feuvrier, archiviste et conservateur du Musée d'archéologie de la ville de Dôle, a présenté au neuvième Congrès préhistorique de France, tenu à Lons-le-Saulnier en 1913, les photographies de trois monuments conservés au Musée de Dôle. Deux de ces monuments proviennent de la démolition d'un ancien couvent des Carmes déchaux transformé au xix° siècle en asile d'aliénés ; le troisième a été découvert par M. Feuvrier lui-même dans le jardin de l'Hôtel-Dieu de Dôle, à moins de cent mètres de l'ancien couvent des Carmes.

Les deux premiers monuments sont des tables en calcaire coquiller d'origine locale, ornées de reliefs sur leur face antérieure. L'un de ces reliefs représente « une roue à huit rais terminés par des maillets emmanchés en bout au lieu de l'être sur le pourtour... Sous la roue se voient deux épis de blé mordus par un serpent et becquetés par un coq dans la crête duquel est incisé un signe cruciforme. » Sur le second relief se voit de face une fleur à huit pétales, dans laquelle M. Feuvrier prétend reconnaître une roue à huit rais ; au-dessous de la roue se trouvent quatre épis becquetés par un coq.

Le troisième monument signalé dans la même note est un monolithe de pierre surmonté de deux boules un peu aplaties ; sur la face antérieure est figuré en relief un cœur renversé, sur la face postérieure un signe cruciforme.

M. J. Feuvrier affirme que ces trois monuments sont bien gaulois. « Tous les symboles, roue ou maillet, signe cruciforme, coq, serpent, cœur renversé, dit-il, figurent sur des documents archéologiques appartenant à l'âge du fer ». Toutefois, au Congrès des Sociétés savantes de 1904, M. Héron de Villefosse a refusé de voir dans les trois pierres de Dôle des monuments gaulois. Il est certain, pour tout observateur impartial et désintéressé, que l'aspect de ces reliefs est bien étrange. On ne saurait contester que la roue à huit rais terminés par des maillets soit un motif gaulois. Mais l'aspect et le mouvement du coq, le cœur renversé, les signes cruciformes, la fleur à huit pétales que M. Feuvrier assimile trop aisément à une roue à huit rais, ce sont là des éléments qui déroutent un peu le regard et le jugement. Nous estimons que la plus grande prudence est ici justifiée ; sans vouloir prendre décidément parti pour ou contre l'origine gauloise de ces monuments, nous jugeons plus scientifique d'exprimer notre doute et nos hésitations.

J. Toutain.

Victor Cauro. — **Récits sur la vie de Mohammed**, extraits de l'ouvrage de Cheikh Ahmed fils de Khaled en-Naçeri es-Salaoui, intitulé *Livre de la recherche approfondie sur l'histoire des dynasties du Maghreb el-Aqça*. Traduction et notes (*Bibliothèque orientale elzévirienne*). Un vol. in-18 de 78 pages. Paris, E. Leroux, 1916. La publication de M. Cauro, répond à l'objet de la Bibliothèque orientale elzévirienne qui est de mettre à la portée du grand public des textes orientaux qui l'initient à ces civilisations éloignées et lui donnent le goût de les mieux connaître. Nous souhaitons que ces récits de la vie du Prophète, qui n'ajoutent rien à notre connaissance, mais sont agréables à lire, trouvent bon accueil et contribuent à développer l'intérêt pour les choses de l'Islam. D'autre part, cette publication dédiée à M. Fagnan atteste l'influence que notre école d'Alger a su prendre sur le corps des interprètes militaires.

Les notes, qui renseigneront le lecteur sur bien des détails, sont généralement judicieuses, mais elles se ressentent du petit nombre d'ouvrages qui paraissent avoir été accessibles à l'auteur. Si tel était le cas et puisqu'on ne visait pas à démêler le fictif du réel, pourquoi ne pas s'en être tenu à un bon commentateur arabe, par exemple à el-Beidawi ? M. Cauro le cite, mais trop rarement et, en général, d'après la *Vie de Mahomet* de Jean Gagnier, édit. de 1732. Quelques mots sur l'auteur de l'opuscule eussent été aussi les bienvenus [1].

R. D.

Émile Doumergue. **L'Arménie, les Massacres et la Question d'Orient**, 1 vol. de 209 pages avec 2 cartes. — Éditions de « Foi et Vie », Paris, 1916. — L'auteur appartient à ce petit groupe d'universitaires et de publicistes qui, pendant des années, ont vainement réclamé l'intervention de l'Europe pour soustraire les malheureuses populations arméniennes aux massacres organisés successivement par le fanatisme de la Vieille Turquie et par l'hypocrisie de la Jeune. Pauvre peuple, dont les seuls torts étaient de porter ombrage à ses maîtres par une incontestable supériorité intellectuelle et sociale, ensuite de faire obstacle aux projets d'expansion formulés en Asie-Mineure par les séides du panislamisme, avec l'encouragement intéressé de l'Allemagne. Les massacres ont repris de plus belle depuis que les dirigeants de Stamboul, débarrassés, par leur rupture avec l'Entente, d'une tutelle cependant peu gênante, ont trouvé une justification et peut-être un encouragement dans les principes et les procédés avec lesquels leurs alliés austro-allemands traitaient ailleurs des populations inoffensives tombées en leur pouvoir. La seule différence c'est que les Turcs vont jusqu'au

---

1) L'auteur nous permettra de lui signaler que son texte abonde en fautes d'impression. De plus, sa transcription des caractères arabes est assez incertaine dans sa complication. Pourquoi écrire *K'adba, Koreiychites, Kh'ouiiled ?* A la même page 71 on trouve Koraïça et K'oraïza, Madh'ir et Nadh'ir, et il faudra que le lecteur devine que ces noms sont identiques à K'raida et Nadhir de la page 22. Même page au lieu de K'aâba fils d'Aamir, lire : Qoṭba ben 'Amir ; et au lieu de Ohka (*sic*) fils d'Amir, fils de Nâbi, fils d'Abd Allah, lire : 'Oqba ben 'Amir et Djâbir ben 'Abdallah. Cela restitue les six personnages annoncés par le texte.

bout de leurs théories et procèdent à l'extermination intégrale des peuples qui les gênent. — Cette publication ne rentre pas précisément dans les matières dont s'occupe la *Revue*. Cependant, comme l'a montré, il n'y a pas bien longtemps, un prélat arménien Mgr Malachia Ormanian dans un volume *L'Église Arménienne*, dont nous nous rappelons avoir rendu compte ici[1], la religion constitue, tout autant que la race, le fondement et le lien de la nationalité arménienne ; d'autre part, il est impossible en Arménie comme dans les Balkans, de séparer les motifs religieux des motifs politiques dans l'explication des cruautés sans nom perpétrées par les Turcs contre leurs sujets chrétiens de toutes confessions. — M. Doumergue réfute méthodiquement les accusations qui, en Arménie ont servi de prétexte diplomatique à une répression que rien ne justifie. Là aussi, les Puissances de l'Entente auront à accomplir une œuvre de libération et de réparation, quand sonnera l'heure de la justice. Déjà, depuis que l'auteur a publié son plaidoyer ou plutôt son récit pathétique et fidèle, les armées russes ont arraché aux serres sanglantes du panislamisme la majeure partie de l'Arménie orientale ou Grande Arménie qui s'étend au pied sud-est du Caucase. L'ancienne Cilicie ou Petite Arménie, qui débouche sur la Méditerranée, ne tardera pas à avoir son tour. Mais, hélas ! on peut se demander ou seront alors les Arméniens ? En tout cas, il faudra rallier leurs débris épars ; les relever à l'aide des reprises faites sur leurs bourreaux justement châtiés : leur assurer, sous un régime quelconque, mais à l'abri désormais du joug ottoman, la liberté civile, politique et religieuse à laquelle ils ont droit, et, pour le reste, s'en remettre à cette volonté de vivre, à cette puissance de renouvellement qui ont de tout temps caractérisé la chrétienté arménienne. C'est par cette vision d'espérance que M. Doumergue termine son intéressante étude.

Goblet d'Alviella.

[1] *Revue*, t. LXX, 1914, p. 233.

Erratum

Ad. t. LXXIII. p. 351.

L'opposition signalée sur la note 2 entre le texte d'*Exode*, XXXII, 4 et Néhémie. IX, 18 n'existe pas, du moins dans le texte hébraïque ; elle est donc à supprimer,

R. D.

Le Gérant : Ernest Leroux.

ESPAGNE

CANOVAS DEL CASTILLO. Le théâtre espagnol, traduit par J. -G. Magnabal. In-18 . . . . 3 fr. 50

CAT (E.). Essai sur la vie et les ouvrages du chroniqueur Gonzalo d'Ayora, suivi de fragments inédits de sa Chronique. In-8 . . . . 2 fr. 50

— Mission bibliographique en Espagne. In-8. . . . . 2 fr. 50

DIEULAFOY (J.). L'évolution religieuse de l'Espagne au xvi° siècle. In-18. 1 fr. 50

DOLLFUS (Lucien). Études sur le moyen âge espagnol. In-18. . . . , 4 fr. »

FÉROTIN (Dom Marius). Histoire de l'Abbaye de Silos. Gr. in-8, figures, 17 planches et 2 plans . . . . 12 fr. »

— Recueil des Chartes de l'Abbaye de Silos. Gr. in-8 . . . . 12 fr. »

HURTADO (O.). Granada y sus monumentos arabes. In-8, 3 planches. 7 fr. 50

L. JOULIN. Les âges protohistoriques dans le sud de la France et dans la péninsule Hispanique. In-8, avec une carte . . . . 3 fr. 50

MAGNABAL (J. G.). Calderón et Gœthe. Le Magicien prodigieux et le Faust, traduit de l'espagnol de Sanchez y Moguel. In-18 . . . . 2 fr. »

— Don Juan et la critique espagnole, traduit de l'espagnol. In-18 . 2 fr. »

— Christophe Colomb et l'Université de Salamanque. In-18 , . . . 2 fr. »

MEZQUITA DE FIGUEIREDO. Monuments romains du Portugal. In-8 2 fr. »

PARIS (Pierre). Promenades archéologiques en Espagne. — Altamira. — Le Cerro de Los Santos. — Elche. — Carmona. — Osuna. — Numance. — Tarragone. In-18, 54 planches . . . . 5 fr. »

— Essai sur l'art et l'industrie de l'Espagne primitive. 2 vol. gr. in-8, richement illustrés . . . . 32 fr. »

— Les bronzes de Costig (Majorque) à Madrid. In-8, planche . . . 1 fr. 50

— Bronzes espagnols de style gréco-asiatique. In-8, fig . . . . . . 4 fr. 25

— Statue d'éphèbe au Musée du Prado. In-8, 2 planches . . . . . 3 fr. 50

— Le trésor de Javéa. In-8 . . . . 1 fr. 50

ROBLES (G.). Malaga musulmana. In-8, planches . . . . 25 fr. »

ROULIN (Dom). L'ancien Trésor de l'Abbaye de Silos. In-4, avec 16 planches et 20 figures dans le texte . . . . 25 fr. »

SIRET (L.). Les premiers habitants des provinces de Murcie et d'Almeria. In-8, 1 fig. . . . . 2 fr. »

— Essai sur la chronologie protohistorique de l'Espagne. In-8. . . 4 fr. 50

TAILHAN (Le P.). Chronique rimée des derniers rois de Tolède et de la conquête de l'Espagne par les Arabes, par l'Anonyme de Cordoue, éditée et annotée. In-folio, 20 héliogravures. 40 fr. »
Chronique écrite en latin, en 154, par un Chrétien espagnol, pour faire suite à celle de Jean de Valclara et d'Isidore de Séville (vi°, vii° siècles).

WATTELIN. Contribution à l'étude des monuments primitifs des Iles Baléares. In-8, fig. . . . . 1 fr.

ANNALES DU MUSÉE GUIMET

REVUE
DE
L'HISTOIRE DES RELIGIONS

PUBLIÉE SOUS LA DIRECTION DE

MM. RENÉ DUSSAUD ET PAUL ALPHANDÉRY

AVEC LE CONCOURS DE

MM. R. BASSET, A. BOUCHÉ-LECLERCQ, J.-B. CHABOT, E. CHAVANNES, Fr. CUMONT, E. de FAYE, G. FOUCART, A. FOUCHER, Comte GOBLET d'ALVIELLA, Maurice GOGUEL, H. HUBERT, G. HUET, L. LÉGER, Israel LEVI, Sylvain LEVI, Ad. LODS, Fr. MACLER, M. MAUSS, A. MEILLET, P. MONCEAUX, Ed. MONTET, A. MORET, P. OLTRAMARE, F. PICAVET, C. PIEPENBRING, A. RÉBELLIAU, Ad. REINACH, M. REVON, J. TOUTAIN A. VAN GENNEP, etc.

TOME LXXIV, N° 2. — SEPTEMBRE-OCTOBRE

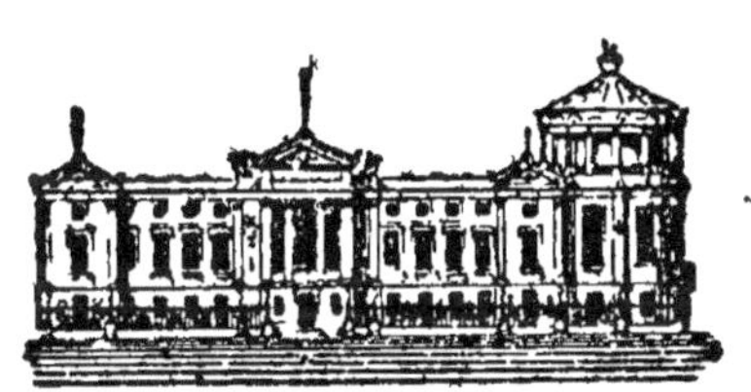

PARIS
ERNEST LEROUX, ÉDITEUR
28, RUE BONAPARTE (VI°)

1916

SOMMAIRE

La REVUE DE L'HISTOIRE DES RELIGIONS paraît tous les deux mois, par fascicules in-8° raisin, de 8 à 10 feuilles d'impression.

Prix de l'abonnement annuel : Paris . . . . 25 fr. »

   —   —   — Départements . . . . . . 27 fr. 50

   —   —   — Etranger . . . . 30 fr. »

Un numéro pris au Bureau . . . . 5 fr. »

La Revue est purement historique ; elle exclut tout travail présentant un caractère polémique ou dogmatique.

Prière d'adresser tous les ouvrages destinés à la Revue à : la *Direction de la Revue de l'Histoire des Religions*, chez M. Ernest Leroux, éditeur, 28, rue Bonaparte, Pairs (VI°).

LE BOUDDHISME AU JAPON

C'est de Corée que le Bouddhisme parvint au Japon. La Corée, elle-même, l'avait reçu de la Chine; comment arriva-t-il aux îles du Soleil Levant, on l'ignore, la seule histoire japonaise ne donnant qu'un récit sommaire de son introduction. Vers 552 de notre ère, le roi de Haku Sai (en Corée) envoyant une ambassade à l'Empereur du Japon Kin Mei Tennô, lui fit présent d'une statue de Bouddha, en or, et de quelques rouleaux des écritures sacrées ; en même temps l'ambassadeur expliqua le sens de la nouvelle doctrine. Le Mikado, tout d'abord conquis, résolut d'admettre la nouvelle religion, bien que la majorité des membres de son conseil fût d'un avis opposé et lui conseillât de rejeter cette religion contraire au culte des Kami créateurs et protecteurs du Japon. Cependant l'un des conseillers nommé Soga no Iname demanda à l'Empereur l'autorisation de transporter à sa maison de campagne les images sacrées; Kin Mei le lui accorda, et Soga no Iname construisît un petit temple où il abrita l'image de Bouddha. Mais une épidémie s'étant déclarée, la foule, surexcitée, attribua la maladie à la présence du dieu étranger, saccagea la maison de Soga et jeta dans un lac la statue et les livres. Ce fut bien pis. Une épidémie encore plus effroyable sévit cette fois, sur tout le Japon ; la statue fut retirée de l'eau ; un nouveau temple lui fut élevé, et, à dater de ce moment. les moines et les nonnes bouddhistes commencèrent à affluer de Corée au Japon.

La propagation de la nouvelle doctrine fut puissamment aidée par la présence au pouvoir, comme régent sous l'impératrice Sui Ko (593) du prince Shô toku tai shi (572-621). A peine chargé de la régence, ce prince s'applique à rendre prospère

9

le Bouddhisme dont il était un adepte fervent ; il avait reçu les leçons de Eji, bonze de Koma, en Corée. Il fit enseigner partout le Sutra, fit bâtir plusieurs temples, entre autres Shi tennô ji, Hôriu ji, Chukiu ji, Bôkô ji. Quand il mourut, en 621, on comptait déjà au Japon quarante-six temples, huit cents bonzes et cinq cents nonnes.

Le Bouddhisme japonais, venu de Corée et de Chine, appartient nécessairement à la secte du grand véhicule ou Mahayana (en japonais dai jô) c'est-à-dire au bouddhisme du nord de l'Inde et du Népaul, lequel est opposé au Hinayana ou petit véhicule (en japonais shôjô) observé au Siam, à Ceylan et en Birmanie et généralement admis comme le plus pur.

Les deux premiers bonzes que vit le Japon et qui vinrent s'y installer en 584 furent Tonei et Dôshin ; ils trouvèrent un protecteur dans Soga no Iname, le premier courtisan qui avait adopté le bouddhisme et, d'accord avec lui, construisirent le premier temple ou *tera*, qu'ils appelèrent *Mukuhara tera* ou *Kôyen j'i*.

Toutefois ce ne fut pas sans luttes que le Bouddhisme s'installa au Japon ; l'admission d'une religion nouvelle venue de l'étranger, offusquait un grand nombre de hauts dignitaires qui voyaient, par cette intrusion, une offense aux Kami, aux dieux ancestraux. Mais, malgré toutes les oppositions, la loi de Bouddha finit par triompher ; ayant trouvé de puissants protecteurs, la nouvelle doctrine fit de rapides progrès. Dès 625 nous voyons apparaître des sectes dissidentes ; la secte Jôjitsu fondée par un bonze coréen nommé Yé Kwan, lequel avait d'ailleurs, introduit au Japon le *Sanron shu* de l'Inde et de la Chine, et qui s'en détacha en créant le Jôjitsu. *San ron shu* ou religion des trois *sutra : Chû ron, Hyaku ron, Jû ni mon ron* [1]. *Jô jitsu shu* veut dire religion de vérité absolue.

D'ailleurs toutes les sectes bouddhiques japonaises durent, au début, leur fondation à des bonzes venus de Corée. En 653, 660, 739, 754 furent établies successivement les

---

1) *Ron*, en japonais = sutra.

sectes de Hossô, Kusha. Kegon, Ritsu. Actuellement celle de Kusha a complètement disparu, et les autres, bien que possé-dant encore quelques temples, sont, pour ainsi dire, sans fidèles. Ce sont les plus vieilles sectes bouddhiques du Japon, datant toutes de l'époque où la ville de Nara était capitale de l'Empire.

En l'ère de Hei an, après que la capitale fut installée à Kiôtô, (nommée à l'époque Hei an jô ou ville de Hei an), trois sectes importantes virent le jour : *Tendai shu*, du nom de la montagne chinoise Tien t'ai dans la province du Tche Kiang. Cette secte a été fondée par le bonze japonais Sai chô, de la famille Miura, de la province d'Omi. Entré dans les ordres à l'âge de douze ans, Sai chô (767-822) se rendit en Chine, au Tche Kiang, en 802 ; il visita plusieurs autres provinces où avaient été construits des temples célèbres, mais il affectionna particuliè-rement le temple élevé sur le mont Tien t'ai (Ten dai en japo-nais), et, de retour au Japon, vers l'année 805, il répandit les doctrines qu'il avait recueillies, fonda la secte du Tendai dont il établit le siège principal au temple de Yen riaku ji sur le mont Hi yei zan près de Kiôtô. Ce fut le bonze Sai chô qui rapporta de Chine la cérémonie du baptême bouddique ou Kwanchô, que le bouddhisme chinois ayait probablement emprunté aux chrétiens nestoriens venus en Chine occidentale dès les premiers siècles de notre ère.

Sai chô reçut après sa mort le titre de Den giô dai shi ou grand maître propagateur de la doctrine, nom sous lequel il est connu aujourd'hui.

La doctrine du Tendai shu a pour objet d'encourager les hommes à arriver à la perfection par l'observation des trois *Kai* ou préceptes :

Shôritsugi kai, fuite du mal ; *Shôzen bô kai*, pratique des bonnes œuvres ; *Shôshu jô kai*, bienveillance envers les êtres.

Cette secte, comme d'ailleurs, presque toutes celles qui furent fondées soit en Chine, soit au Japon, ne resta pas unie ; actuellement elle est divisée en trois branches répandues dans tout le Japon ; cependant Hiei zan est toujours le centre qui les relie.

Shin gon shu ou la parole de vérité ; fondée par le bonze japonais Ku kai, de la famille Saiki, de Biôbu ga ura, province de Sanuki. Entré dans les ordres à l'âge de dix-neuf ans, il se rendit en Chine, en 804 ; là, pendant deux ans, il étudia tous les maîtres les plus renommés de l'époque, voyagea beaucoup pour étudier les différentes doctrines, et s'exerça dans l'art de la statuaire bouddhique (sculpture sur bois), où il devint très adroit ; il étudia aussi la peinture, et il reste de lui, dans divers temples japonais, des œuvres d'art assez originales.

En 807, à son retour de Chine, il commença à prêcher sa doctrine ; l'empereur Hei jô, qui avait entendu vanter ses mérites, le fit venir au palais où il l'entendit controverser au milieu des bonzes les plus savants ; il triompha de son auditoire par son éloquence et par sa science, et l'Empereur lui accorda sa protection et ses faveurs. En 816, il termina sa prédication pour se retirer sur le mont Koya où il fonda le temple de Kongô bu ji. Temple et montagne sont encore célèbres aujourd'hui et sont l'objet de nombreux pèlerinages. Ku kai, qui en même temps qu'il propageait une secte nouvelle, inventait le syllabaire japonais *hira kana*, fut honoré, après sa mort du titre de Kôbô dai shi, le grand maître qui fait connaître au loin la loi.

La doctrine du Shin gon shu repose sur la sagesse et la raison, lesquelles doivent aider l'homme à connaître l'origine de son esprit et de son corps afin de purifier toutes ses actions et de parvenir à la vertu sans limites et au bonheur sans fin dans l'illumination d'un bouddha.

Jusqu'au milieu du xii⁰ siècle, les deux sectes précédentes furent les seules qui, au Japon, se partagèrent les fidèles. Ce n'est qu'en 1174 qu'on voit surgir le *Jôdô shu* ou religion de la terre pure, fondée par le bonze Gen kû (1133-1212), après sa mort Yen kô dai shi. Gen ku, né dans la province de Mimasaka, entra à l'âge de quinze ans au temple de Yenriaku ji à Hieizan près de Kiôtô où il étudia les doctrines de la secte de Ten dai ;

il n'en fut pas satisfait et rejeta les pratiques de ses maîtres qui
le firent exiler dans la province de Sanuki ; cependant il n'y
resta pas, rentra en faveur et retourna à Kiôtô où il fonda la
secte de jôdô et le temple de *Chi on in,* en 1210. Il mourut à
l'âge de soixante-seize ans ; quoiqu'ayant reçu le titre de Yen
ko dai shi, il est plus connu sous le nom de Hô nen shô nin.
La secte Jô dô ne connut la célébrité qu'après la réforme qu'en
fit le bonze Shin ran (1175-1268). Ce dernier, fils d'un noble de
cour ou Kuge nommé Hino Arinori, naquit à Kiôtô ; à neuf ans
il quitta la maison paternelle pour s'initier aux doctrines du
Ten dai shu, puis du Jô dô shu ; il ne fut satisfait ni des unes ni
des autres, et surtout il n'appréciait ni le célibat ni le jeûne
imposés aux bonzes. Aussi un jour qu'il priait, il vit, dit-il,
apparaître un dieu qui le délivra de ses incertitudes et il se
maria ; il épousa une fille de la famille Fujiwara, puis se mit à
prêcher une nouvelle doctrine, le *Jô dô shin shu* ou la vraie
doctrine de la terre pure, c'est-à-dire le Jô dô réformé. Les autres
bonzes qu'il attaquait dans les principes les plus sacrés du
Bouddhisme, le firent condamner pendant cinq ans à l'exil dans
la province d'Echigo, une des provinces des plus froides du
Japon ; mais la nouvelle doctrine de Shin ran offrant toutes
sortes de facilités pour sauver son âme, fut admise par des
milliers d'adhérents. Shin ran revint d'exil et, comme tous les
autres bonzes chefs de sectes, s'installa à Kiôtô.

La doctrine du Jô dô Shin shu, plus communément appelé
Shin shu, est fort simple : l'homme ne peut être sauvé par ses
œuvres et ses prières, mais uniquement par la grâce d'Amida
Bouddha ; le mérite de Bouddha sauve tout le monde ; plus on
pèche, plus on fait valoir les mérites de Bouddha, pourrait-on
presque dire ; car c'est faire valoir la miséricorde de Bouddha.
Cette secte est la plus prospère au Japon ; le siège principal
Hon gwan ji, à Kiôtô, est le temple le plus luxueux que l'on
puisse voir ; les appartements du grand prêtre sont superbes ;
c'est un véritable palais, doré et peint et sculpté par les plus
grands artistes japonais. Le grand prêtre Otani est marié et a
de nombreux enfants. Le Shin shu, appelé aussi, dans le peuple,

Monto shu se divise en dix branches ayant chacune un temple principal dans différentes provinces, mais la doctrine et les rites sont toujours les mêmes.

Zen shu ou religion de la contemplation, importée de Chine au viie siècle, mais qui ne s'établit définitivement au Japon qu'en 1192 au retour de deux voyages en Chine et en Corée du bonze Yeisai (1141-1215) Ce dernier, né dans la province de Bitchu, de la famille Kayô entra à quatorze ans au monastère de Hieizan (Kiôtô) où il étudia le Ten dai shu ; il partit ensuite pour la Chine avec l'intention de se rendre aux Indes, mais ne put aller jusque-là ; revenu au Japon, il releva la secte de Zen shu en bâtissant en 1192, à Hakata, province de Chikuzen le temple de Shifuku ji et commença à prêcher. Sa doctrine repose sur le principe de la méditation contemplative, doctrine qui avait été importée en Chine en 520 par Daruma, fils d'un rajah indien, devenu bonze et qui se rendit en Chine à cette époque. Actuellement au Japon, la secte est divisée en trois branches).

Nichiren shu, religion de Nichiren (du nom de son promoteur ou *Hokke shu*, religion du Lotus de la bonne loi.

Fut fondée par Nichiren en 1253. Nichiren (1222-1282) était originaire de la province de Shimosa, et avait pour père un descendant des Fujiwara, dépossédé de ses biens et réduit à la profession de pêcheur. Dès sa jeunesse il se livra avec ardeur à l'étude du Bouddhisme ; les doctrines existantes ne lui donnant pas satisfaction, il commença à en propager une nouvelle tirée du livre du Lotus de la bonne loi, et que Sakia muni avait, paraît-il, prêchée vers la fin de sa vie.

Ce novateur fut le plus turbulent que le Japon ait connu ; il entra en guerre contre toutes les sectes bouddhiques existantes, fut envoyé en exil dans la province d'Idzu, et finalement, à son retour d'exil, fut condamné à être décapité à cause des révoltes qu'il fomentait partout et qui troublaient la tranquillité ; cependant le Shôgun lui fit grâce et l'envoya en exil dans l'île de Sado. Ses fidèles racontent que l'on procéda à son exécution à Tatsu no guchi, à Yedo ; et voici le miracle qui survint. Quand Nichiren se fut agenouillé pour présenter sa tête au coup de sabre du soldat chargé de l'exécution, un rai de lumière apparut subitement dans le ciel et se projeta sur la tête du bonze ; le sabre levé fut brisé en deux et les soldats jetés à terre. Dès qu'il apprit ce qui était arrivé, le Shôgun comprit que le ciel protégeait Nichiren, et il le combla de faveurs.

La vérité est qu'il resta deux ans à Sado et qu'à son retour, il fonda le temple de Kuon ji à Minobu, province de Kai, et celui de Sô chû ji à Ikegami, province de Musashi ; c'est là qu'il mourut à l'âge de soixante et un ans.

La doctrine de Nichiren ou du Hokke shu est renfermée dans l'adoration, la morale, et la pratique de la Loi. Actuellement elle est très peu suivie, et bien qu'elle soit partagée en neuf branches, elle compte à peine deux millions de fidèles, alors que le Shin shu en compte vingt millions.

Toutefois le secte de Nichiren ou Hokkekio est de la plus stricte observance ; c'est même probablement pour cette cause qu'elle est la moins suivie, car le Japonais, sans esprit religieux très profond, préfère la doctrine plus facile et plus aimable du Shin shu. A la secte de Nichiren appartenait le fameux Kato Kiomasa, persécuteur des chrétiens au xvi⁰ siècle, et que les Jésuites avaient nommé « vir ter execrandus ».

II

Avant de s'implanter d'une manière indéracinable, le Bouddhisme eut à lutter contre un parti très nombreux d'ennemis puissants. Les nobles de la cour, en effet, considéraient comme une souillure pour le pays tout entier et surtout pour la dynastie impériale l'introduction d'une religion venue du dehors et qui se dressait contre la vieille et vénérée doctrine du Shinto ou Kami no michi, la religion du Japon née avec lui et conservée depuis des siècles. Dans le Shinto on retrouve un panthéisme analogue à celui que nous présente la mythologie classique, prenant sa source dans l'adoration des forces et dans la terreur des phénomènes de la nature ; mais il y a en plus, dans le Shinto le dogme de l'origine divine de l'Empereur; et de cette origine dans la personnification du soleil sous le nom d'Amaterasu o mi Kami, ou Ten Shô go dai jin, déesse de la lumière, déesse du soleil descendante des dieux créateurs du monde et ancêtre des Empereurs. C'est ainsi que, considéré comme croyance populaire, le Shinto se fondait sur l'adoration des ancêtres impériaux et des empereurs quand ils étaient morts et par conséquent devenus Kami ou dieux.

Le Mikado est le représentant et l'héritier de la divinité et comme tel c'est à lui qu'il appartient de célébrer le culte des dieux qui sont ses aïeux; c'est à lui, pontife souverain et sacré, d'offrir au ciel les prières et les sacrifices du pays qu'il gouverne. Et c'est pour ce motif, qu'au début des premiers âges et pendant le règne de plusieurs empereurs, le temple n'était autre que le palais du souverain.

Rien n'est plus simple que le culte, très primitif, rendu aux Kami. D'ailleurs, peut-on dire même qu'il y ait un culte? C'est douteux; car il n'y a ni adoration, ni cérémonies pieuses placées à intervalles réguliers. L'Empereur rend, trois ou quatre fois par an, hommage à ses ancêtres, par quelques prosternations exécutées selon certains rites, dans son palais; quant au peuple, à la mémoire de chaque Kami il consacre une ou plusieurs journées pendant lesquelles il se livre à des fêtes autour du miya ou temple. Point de sacrifices, mais seulement offrandes de riz, de gâteaux, de saké ou vin de riz.

C'est cette tradition que le Bouddhisme venait bouleverser. Il y eut lutte surtout parmi les nobles; un parti puissant composé d'adversaires déterminés comme Mononobe no Okoshi et Nakatomi no Kamako prétendit que l'admission d'une religion nouvelle serait un outrage aux dieux du Shinto; la lutte fut très vive, mais ne dura pas plus d'une cinquantaine d'années; le Bouddhisme triompha, ou plutôt fut admis à côté du Shinto; car, en fait il ne cherchait pas à supprimer ce dernier. Les deux doctrines vivaient côte à côte, lorsque, au ixe siècle, certains bonzes de la secte de Shin Shu imaginèrent de fondre les deux religions en un amalgame consistant à faire des dieux tutélaires du Japon, honorés dans le Shinto, des manifestations temporaires des divinités bouddhiques, apparues au Japon et y ayant laissé des traces de leur passage. Ces manifestations temporaires étaient nommées *gon gen*, et la nouvelle théorie concernant leur manifestation était appelé *Ryô bu Shinto*, ou *Shimbutsu Kongo*. Ainsi furent unifiées les deux doctrines, mais, d'ailleurs, unifiées seulement en apparence et surtout pour le peuple. Car, bien que plusieurs empereurs se fussent retirés du pouvoir pour se faire moines bouddhistes, le culte du Shinto demeurait toujours célébré au palais, et il ne pouvait en être autrement puisque ce culte était adressé aux ancêtres mêmes du Mikado.

Mais, pour la masse des fidèles, il n'y eut qu'un seul et même culte ; les temples bouddhiques admettaient les rites du Shinto, et les deux cultes se célébraient dans un seul et même temple. A part les deux temples impériaux d'Ise et d'Idzumo, tous les temples servaient aux deux religions. Cet état de choses dura jusqu'à la fin du xix⁰ siècle (1868) ; et ce fut le Shinto qui en pâtit ; il était peu à peu fondu dans le bouddhisme, cette dernière religion avec ses beaux temples peints et sculptés, ses cérémonies pleines de grandeur, ses décors, ses pompes, sa liturgie, ses cortèges de bonzes chamarrés d'or, frappait davantage l'imagination populaire.

Au xvii⁰ siècle quelques savants travaillèrent à la renaissance du pur Shintô, mais le peuple conserva tout son attachement aux deux religions, à son point de vue, si heureusement fusionnées. Ce n'est qu'après la restauration impériale de 1868 que, officiellement du moins, les deux cultes redevinrent étrangers l'un à l'autre. Seul, le Shintô fut reconnu culte officiel, religion d'État ; le bouddhisme, comme du reste toutes les religions, fut laissé libre, mais sans appui officiel, ce qui lui manqua singulièrement ; car les Shôgun Tokugawa étaient bouddhistes et ils avaient considérablement appuyé les bonzes et dispensé leurs faveurs aux temples et monastères.

III

Le Bouddhisme une fois admis, prospéra d'une manière prodigieuse et ne tarda pas à conquérir tout le Japon; il suivit une marche ascendante jusqu'à la fin du xvie siècle, époque à laquelle il rencontra un ennemi qui lui fit une guerre impitoyable et sans merci.

Cet ennemi fut Ota Nobunaga.

Nobunaga était le fils d'un guerrier qui s'était taillé par les armes un domaine considérable dans les provinces de Suruga, Mino, Omi et Mikawa. Ce guerrier laissait, en mourant, son fils à la tête de territoires défendus par une armée de solides hommes d'armes. Aussi Nobunaga ne tarda pas à jouir d'une autorité sans conteste, et finit par déposer le Shôgun Ashikaga Yoshiaki qu'il avait cependant fait nommer lui-même en 1558. Le Shôgun déposé, Nobunaga prit en main le pouvoir, sans cependant prendre le titre de Shôgun qui resta sans titulaire jusqu'à Iyeyasu en 1603. Maître absolu, Nobunaga fit aussitôt la guerre aux bonzes; il y fut vraisemblablement poussé par l'influence énorme que les prêtres bouddhistes avaient fini par avoir dans le pays. Leurs monastères, enrichis par des offrandes continuelles, étaient, notamment à Kioto, devenus de véritables forteresses; ils renfermaient des arsenaux pleins d'armes et d'équipements; les bonzes entretenaient à leurs frais une armée dont ils se servaient pour soutenir tel ou tel parti politique et aussi pour piller.

Non contents de se mettre du côté qui leur paraissait devoir triompher, ils se battaient aussi entre eux et semaient la terreur dans les villes et les villages.

Des milliers de moines armés étaient installés à Hiyei zan, près de Kioto, ou autour du lac Biwa. Ils vivaient dans un luxe inoui, buvaient, jouaient, avaient des concubines en grand nombre, et la religion était certainement ce qui les intéressait le moins.

Au mois de septembre 1571 Nobunaga, campé avec ses

troupes devant Hiyei zan commanda à ses généraux de faire mettre le feu à tous les temples et de massacrer tous les bonzes. Les généraux surpris, hésitèrent, mais devant les ordres réitérés de leur chef ils commandèrent l'assaut et l'incendie. Alors s'ensuivit une scène de véritable boucherie au milieu d'une conflagration de tous les bâtiments. Les soldats mirent le feu aux temples, aux autels, aux sanctuaires ; parmi les habitants aucun ne fut épargné ; sans distinction d'âge ou de sexe, tout fut massacré ; abbés, moines, servants, femmes et bébés au sein, domestiques et enfants, tous furent tués sans merci. Ce fut pour le Bouddhisme un coup terrible.

Cependant il restait encore le fameux temple et monastère de Hongwanji à Osaka, propriété de la secte de Shin shu ou Monto. Or les bonzes de ce monastère étaient les ennemis déclarés de Nobunaga qui, en haine des bouddhistes, avait favorisé les pères jésuites alors évangélisant le Japon. Aussi donnaient-ils refuge à tous les mécontents qui combattaient, soit ouvertement, soit en se livrant à des embuscades, les troupes de Nobunaga. Déjà très irrité contre les moines, ce dernier résolut de faire à Osaka ce qu'il avait fait à Kioto, et il mit le siège devant le monastère, véritable forteresse entourée de murailles et de fossés remplis d'eau. Dans cette vaste enceinte des milliers de femmes et d'enfants vivaient réunis en plus des bonzes et des soldats. Nobunaga s'y prit de manière à entourer complètement le château-fort afin que pas un être vivant ne pût en sortir. Au bout de plusieurs mois et après des massacres sans nom, presque tout le monastère était en ruines. Ce qui restait fut livré au vainqueur, et les moines qui survivaient furent dispersés, le chef abbé à leur tête, dans différentes parties de l'Empire.

Jamais le bouddhisme ne se releva des coups que lui avait portés Nobunaga. D'ailleurs, instruits par les faits, les Shôgun eurent désormais bien soin de tenir la main à ce que les monastères devinssent des lieux de prière et non des châteaux-forts. Avec Nobunaga le bouddhisme au Japon avait perdu sa puissance.

Il était resté la religion de presque tout le pays ; les Shôgun Tokugawa et les grands daimio faisaient construire des temples, en enrichissaient d'autres ; ils gratifiaient les bonzes de sommes d'argent et d'honneur, mais les empêchaient de sortir de leur sphère d'action pour recommencer les luttes politiques qui avaient amené les persécutions de Nobunaga.

Jusqu'en 1868 le bouddhisme fut toujours considéré, aussi bien que le shinto comme religion nationale ; mais à partir de l'époque de la restauration impériale, il cessa d'être reconnu officiellement ; il est devenu une religion libre, ne recevant plus aucune subvention, aucun traitement de l'État japonais. Cette méconnaissance officielle du bouddhisme par l'État, jointe au peu de dispositions religieuses inhérentes au peuple japonais dans son ensemble, n'a pas peu contribué à la décadence au Japon de la doctrine de Sakia.

Depuis quelques années il s'est formé une école qui fait des efforts très sérieux en vue de faire refleurir le culte de Bouddha ; le Shin Bukkiò ou nouveau bouddhisme a ses journaux et ses revues ; de nombreux adhérents essayent de réformer la doctrine, mais ils n'obtiennent pas grand succès, et c'est aujourd'hui, dans tout l'Empire, aussi bien dans le peuple que dans les classes élevées, l'indifférence qui remplace la croyance.

Les beaux jours du Bouddhisme japonais, du XIIIe au XVIIe siècle ne reviendront plus.

(*A suivre*).   Joseph DAUTREMER.

LE SENS DES TERMES Οὐσία, Ὑπόστασις

ET Πρόσωπον

DANS LES

CONTROVERSES TRINITAIRES POST-NICÉENNES

(Suite et fin [1])

————

La tactique des arianisants, exilés après Nicée, se révèle aussitôt. Elle consiste à accuser les chefs du parti nicéen de sabellianisme. Eusèbe de Césarée, qui acceptait mal l'homoousie, commence par s'en prendre à Eusthate d'Antioche, une des lumières de Nicée, en l'inculpant de modalisme[2]. Eusèbe de Nicomédie, rappelé d'exil en 328 par un acte de clémence de Constantin, arrive à faire condamner et déposer Eustathe par un synode réuni dans sa propre ville. Athanase, élevé au siège patriarcal d'Alexandrie la même année, se voit tenu à se défendre devant l'empereur en 332 contre les attaques des Eusébiens. Lorsque Constantin sous la pression d'Eutocius, réhabilite Arius en 334, le refus d'Athanase de recevoir l'hérétique dans sa communion est considéré par l'empereur comme un défi à l'œuvre politique de pacification qu'il tentait. Il crut bon de réunir un nouveau concile à Tyr, en 336, où tous les adversaires d'Athanase se donnèrent rendez-vous. Le patriarche d'Alexandrie, après s'être disculpé à la confusion de ses accusateurs de l'assassinat de l'évêque Arsène, quitta l'Assemblée

---

1) *Revue de l'histoire des religions*, t. LXXIV, p. 48 et suiv.

2) Socrate, *H. E.*, I, xxiii. L'accusation de modalisme portée contre Eusthate semble n'avoir pas été fondée : F. Cavallera, *Le schisme d'Antioche*, 1905, p. 38, note.

qui s'empresse de le déposer[1]. Pour mettre fin à toute discussion, Constantin exile à Trèves ce trop turbulent trouble-fête. Enfin, les Eusébiens s'attaquent à Marcel d'Ancyre. Celui-ci avait joué un grand rôle à Nicée, mais son enseignement, à en croire Eusèbe de Césarée, était manifestement entaché de sabellianisme compliqué d'adoptianisme. Il concevait Dieu comme une monade indivisible, susceptible d'un déploiement temporaire, πλατυσμός, qui aurait compris trois moments distincts : son Verbe se serait extériorisé en vue de la création du monde, une seconde irradiation plus profonde du Logos aurait pénétré la nature humaine dans l'incarnation, enfin une troisième dilatation du Verbe aurait produit le Saint-Esprit. Mais, « à la fin des choses, une fois terminé le règne de mille ans, l'irradiation cessera et le Logos, y compris le Saint-Esprit émané de lui, rentrera dans le sein de Dieu »[2]. Un synode tenu à Constantinople aboutit à la condamnation de Marcel d'Ancyre qui fut exilé. Son diacre, le Galate Photin, futur évêque de Sirmium condamné au concile de Milan en 345, ne paraît pas avoir professé une théologie plus sûre que celle de son maître : il revient à la théorie adoptianiste de Paul de Samosate[3].

Ces exemples discréditèrent auprès d'un grand nombre de fidèles orthodoxes l'homoousie affirmée au concile de Nicée, condamnée antérieurement au troisième concile d'Antioche, et qui semblait décidément comporter le sabellianisme et l'adoptianisme. Le parti des Semi-Ariens qui triomphera à Ancyre, en 358, se forme dès cette époque; le concile d'Antioche *In Encaeniis* ou de la Dédicace, qui réunit 97 évêques en 341, en est le premier acte manifeste d'existence.

Le propre de ce parti est de condamner d'une part l'arianisme, et de repousser d'autre part l'homoousie du concile de Nicée, comme entachée de sabellianisme. La plupart de ses partisans sont, au fond, aussi orthodoxes que les Nicéens. Ils poursuivent les mêmes hérésies, le sabellianisme plus que

1) Rufin, *H. E.*, X, 18.
2) Loofs, *Comptes-rendus de Berlin*, 1902, I, 764.
3) Épiphane, *Haer.*, LXXII, 1, 2.

l'arianisme qui leur semble cause jugée, mais ils sont séparés des Nicéens par la terminologie qu'ils emploient, par des rivalités de personnes, par des compétitions aux mêmes sièges épiscopaux, parfois par des restes d'origénisme subordinatien, surtout parce qu'ils se trouvent souvent faire cause commune contre les Nicéens avec les Ariens et tous ceux qu'a mécontentés le concile de 325. Ils tiennent les Nicéens pour Sabelliens, les Nicéens les tiennent pour Ariens, bien qu'ils se défendent de toute espèce d'attache avec cette hérésie. Les quatre symboles qui furent successivement proposés au concile de la Dédicace marquent très bien leurs préoccupations dogmatiques[1].

Le premier condamne expressément l'arianisme. La nouveauté introduite est la suppression, maintenue dans les trois autres symboles, du terme ὁμοούσιος, et la condamnation du sabellianisme de Marcel d'Ancyre, tenue pour une conséquence de l'homoousie nicéenne :

« Nous croyons en un seul Dieu suprême, créateur et conservateur de toutes choses, intelligibles et sensibles;... et en un seul Fils, *seul engendré, qui a existé avant tous les siècles, et est avec le Père qui l'a engendré*, καὶ συνόντα τῷ γεγεννηκότι αὐτὸν Πατρί, par qui toutes choses ont été faites, les visibles et les invisibles, qui, aux derniers temps, est descendu par la volonté du Père et a pris chair de la Vierge..., reviendra juger les vivants et les morts et *demeure roi et Dieu pour l'éternité.* »

Le second symbole, dont Hilaire devait se déclarer satisfait[2], est dirigé également contre l'arianisme et le sabellianisme. Il professe nettement la divinité du Fils et son éternité. Au sujet des termes de la Trinité, il énonce qu'ils sont τῇ μὲν ὑποστάσει τρία, τῇ δε συμφωνίᾳ ἕν, ce qui revenait à prendre le terme ὑπόστασις dans le sens de personne, l'expression équivalant dès lors à τρεῖς ὑποστάσεις. Le symbole s'achève en déclarant anathème quiconque « appelle le Fils créature, comme l'une des créatures, ou engendré comme l'un des engendrés, ou produit comme

---

1) Ath., *De Syn.*, 22-25: Socrate, *H. E.*, II, 10-18.
2) Hilaire, *De Syn.*, 31-33.

l'un des produits..., [ou confesse] qu'il fut un temps ou une durée quelconque où le Fils n'était pas engendré ». Ce dernier trait, comme dans le symbole précédent, vise Marcel d'Ancyre.

Un troisième fut proposé par Théophronius de Tyane, qui condamne nommément Marcel d'Ancyre et toutes les formes de sabellianisme :

« Je crois en Dieu, Père tout puissant..., et en son fils, le seul engendré, Dieu-Verbe, puissance et sagesse, par qui tout a été fait, engendré du Père avant tous les siècles, Dieu parfait de Dieu parfait, existant hypostatiquement en Dieu ὄντα πρὸς τὸν θεὸν ἐν ὑποστάσει, lequel en ces derniers temps est descendu et né de la Vierge, et demeure éternellement... Pour celui qui pense comme Marcel d'Ancyre, Sabellius ou Paul de Samosate, qu'il soit anathème et tous ceux qui sont en communion avec eux. »

Un quatrième symbole fut rédigé par une nouvelle assemblée d'évêques orientaux qui continuaient en quelque sorte le concile. Il manifeste un véritable esprit de conciliation à l'égard des Nicéens, jusqu'à reprendre leurs propres termes, en donnant à ὑπόστασις le sens abstrait de nature et en l'identifiant avec οὐσία : « Quant à ceux qui disent : le Fils est du néant, ou d'une autre hypostase ou essence, ἢ ἐξ ἑτέρας ὑποστάσεως ἢ οὐσίας φάσκοντας εἶναι, et non pas de Dieu, et ceux qui disent : il y eut un temps où il n'était pas, l'Église catholique les regarde comme des étrangers ».

On voit par ces textes les deux préoccupations maîtresses des Semi-Ariens ou Eusébiens. D'une part, ils proclament qu'ils ne sont pas solidaires des Ariens comme l'insinuent les Nicéens d'Alexandrie et de Rome : « Nous ne sommes pas les sectateurs d'Arius, proclame une lettre envoyée du Conseil de la Dédicace. Comment, étant évêques, pourrions-nous nous mettre à la suite d'un prêtre ? Nous n'avons pas d'autre foi que celle qui a été transmise dès le commencement »[1]. D'autre part, ils rejettent l'homoousie nicéenne parce que conduisant au modalisme de

1) Ath., *De Syn.*, 23-25.

Sabellius, de Paul de Samosate et de Marcel d'Ancyre. Ils ne sont pas encore en possession du terme ὁμοιούσιος pour exprimer l'identité de nature du Père et du Fils compatible avec la distinction des personnes. Ils se servent d'une circonlocution approchante employée par l'Apôtre[1] : dans le second symbole, le Fils est dit l'image adéquate (ἀπαράλλακτον εἰκόνα) de l'essence (οὐσία) du Père.

Après les scènes scandaleuses provoquées par l'élection illégale de l'arien Grégoire au siège d'Alexandrie, Athanase et tous les évêques déposés d'Orient en appellent au pape Jules qui leur accorde son appui au concile de Rome en 340. Pour juger leur cause et réconcilier Rome et Alexandrie avec Antioche, l'empereur Constant, probablement à l'instigation d'Osius de Cordoue, reprend le projet d'un concile œcuménique. Il détermine son frère Constance à le convoquer à Sardique, en Mésie, l'an 343. On devait y régler la question d'Athanase et des évêques nicéens, condamnés par les Orientaux et soutenus par les Occidentaux ; puis s'entendre sur un texte définitif qui clôrait l'ère de cette surenchère de symboles. Cent-soixante-dix évêques se rendirent à l'appel : soixante-seize Eusébiens, quatre-vingt-quatre Nicéens, parmi lesquels Athanase et Marcel d'Ancyre. Les Eusébiens furent dès l'abord choqués de voir des évêques, déposés par les conciles orientaux, traités et reçus par les Latins comme des évêques légitimes. Ils protestèrent contre la prétention des Occidentaux à reviser les sentences de leurs synodes. Ils posèrent, comme condition préalable de leur participation éventuelle aux travaux du concile, l'exclusion immédiate des évêques déposés, en particulier d'Athanase. C'était refuser de revenir sur un des objets essentiels du concile : la révision du procès des Nicéens. Malgré l'intervention pressante du vénérable Osius, malgré ses concessions, on ne put s'entendre. Le concile se scinda. Les Nicéens restèrent à Sardique, les Eusébiens s'isolèrent à Philippopolis[2].

1) S. Paul, *Coloss.*, I, 15.
2) Hilaire, *De Syn.*, 34; *Fragment*, III, 29.

10

A Sardique, les évêques réglèrent des questions de fait et de personnes : la restitution d'Athanase et même de Marcel d'Ancyre (dont les textes incriminés furent avec trop d'indulgence taxés d'hypothèses émises plutôt que d'affirmations soutenues), et la destitution suivie d'excommunication des principaux chefs eusébiens. Ils édictèrent des canons disciplinaires sur les appels au pape. Enfin, il fut question de promulguer une nouvelle profession de foi en supplément du symbole de Nicée jugé insuffisant. On prépara à cet effet une longue lettre synodale, que Théodoret nous a conservée en grec, et que nous appelons la *Feuille de Sardique*, nom sous laquelle le concile d'Antioche la désigna postérieurement[1].

Le passage essentiel de cette lettre est le suivant : « La cohorte des hérétiques soutient que les hypostases du Père, du Fils et du Saint-Esprit, sont différentes et séparées. Pour nous, nous avons appris et reçu de la tradition, foi et profession catholiques qu'il n'y a qu'une hypostase que les hérétiques eux-mêmes appellent ousie : celle du Père, du Fils et du Saint-Esprit, μίαν εἶναι ὑπόστασιν, ἥν αὐτοὶ οἱ αἱρετικοὶ οὐσίαν προσαγορεύουσι, τοῦ Πατρὸς καὶ τοῦ Υἱου καὶ τοῦ ἁγίου Πνεύματος. »

Ce texte, inoffensif pour les Latins puisque ousie et hypostase étaient rendues par eux à l'aide du seul mot *substantia* pris dans un sens abstrait, renouvellait pour les Grecs la source des plus dangereuses équivoques. C'était, en effet, maintenir sans correctif l'équivalence fâcheuse posée par le symbole de Nicée entre οὐσία et ὑπόστασις, en donnant à ὑπόστασις, qui auprès des Orientaux avait pris le sens d'individu subsistant, la signification abstraite de nature commune. C'était laisser en son imprécision la formule incomplète de Nicée qui n'exprimait rien au sujet de la personnalité du Christ préexistant. C'était, à l'encontre de toute prudence et de toute justice, englober dans une même réprobation, en les qualifiant d'hérétiques, les Ariens notoires et les Eusébiens qui se défendaient si énergiquement d'être confondus avec eux. C'était par une coupable intransigeance de

1) Théodoret, *H. E.*, II, 6; *P. G.*, t. LXXXII, col. 1012.

langage, contrastant fort avec la terminologie conciliante de la
quatrième formule du concile de la Dédicace, décourager tout
effort de conciliation entre les deux camps de fidèles qui, sur la
question de dogme, n'étaient guère divisés que par une question de mots. Les évêques grecs, Athanase en particulier, pres-
sentant ces conjonctures, virent le danger d'une semblable
rédaction qui doublait inutilement celle de Nicée : ils firent
comprendre à l'assemblée que la tâche était déjà assez lourde
de défendre cette dernière sans la compliquer d'appendices
propres à multiplier les résistances : qu'il valait mieux, par
conséquent, s'en tenir au symbole de Nicée et ne pas imiter les
adversaires qui, chaque année, mettaient à jour un nouveau
symbole. Sur ces instances, le projet échoua ; malgré quoi quelques évêques attachés à cette profession l'annexèrent aux exemplaires de la lettre authentiquement synodale que publia le
concile, comme si elle faisait partie des actes même de Sardique. C'est dans ces conditions que Théodoret nous l'a transmise et qu'elle fut plus tard répandue à Antioche par les soins
de Lucifer de Cagliari.

De leur côté, les Orientaux réunis à Philippopolis rédigeaient
une lettre encyclique adressée à tout l'épiscopat pour justifier
leur conduite et réprouver les doctrines de Marcel d'Ancyre
dont Osius s'était fait le patron. Ils maintenaient les sentences
de déposition prononcées par leurs synodes, déclaraient en
outre déposés et excommuniés Jules de Rome et Osius de Cordoue, coupables d'avoir écouté la requête des évêques déposés ;
enfin, ils rééditaient la quatrième formule de la Dédicace en la
faisant suivre de quelques anathématismes complémentaires. La
pièce était sans doute datée de Sardique pour la faire apparaître comme un acte authentique du concile. En Afrique, ce
procédé donna le change. Plus tard, saint Augustin en conclut
que le concile de Sardique était semi-arien[1].

Telle fut la destinée du concile de Sardique. Réuni à si bonne
intention, il échouait dans sa tâche essentielle, la pacification de

1) S. Augustin, *Cont. Crescon.*, P. L., t. XLIII, col. 176, 516, 576.

l'Église. Les évêques réhabilités par les Occidentaux ne purent, sous peine de mort, reparaître dans leurs villes épiscopales. Des prêtres, des diacres d'Alexandrie furent déportés en Arménie. Ce fut dans tout le clergé oriental une sorte de terreur. Le pas de Sucques, entre Sardique et Philippopolis, forma la limite entre deux communions, celle de l'Orient et celle de l'Occident. Une ambiguïté de langage créait un schisme.

Cette situation était intolérable. A l'occasion d'un piège infâme tendu à deux députés du concile de Sardique par Eusèbe évêque d'Antioche, Constance convoqua d'urgence un synode dans cette ville, vers les fêtes de Pâques de 344, pour y juger Eusèbe et rédiger une nouvelle formule de foi, qui reçut par suite de sa longueur le surnom de *Macrotische* (μαχρόστιχος)[1]. Cette formule constituait un remarquable progrès vers l'entente doctrinale. On y rééditait le quatrième symbole de la Dédicace, en s'abstenant de tout terme pouvant prêter à renouveler les équivoques de part et d'autre. Si le terme ὁμοούσιος était omis parce que considéré par les Orientaux comme un aveu de sabellianisme, on s'abstenait également de l'expression τρεῖς ὑποστάσεις considérée par les Orientaux comme une profession d'arianisme, et l'on se servait à sa place de la locution τρία πράγματα καὶ τρία πρόσωπα. Pour éviter le reproche de subordinatianisme que les Eusébiens avaient souvent encouru, le Fils était proclamé semblable au Père en toutes choses τῷ Πατρί κατὰ πάντα ὅμοιος, et inséparable de lui, « en sorte que tout le Père renferme le Fils en son sein et que tout le Fils dépend du Père, lui est adhérent et seul se repose continuellement en lui »; enfin, on y professait une seule et même excellence divine, ἕν τῆς Θεότητος ἀξίωμα. L'abandon des deux termes sujets à contestation, ὁμοούσιος et ὑπόστασις, l'emploi du mot πρόσωπον représentaient un sincère effort de conciliation. Au reste, les Eusébiens continuaient d'insister sur les points doctrinaux compromis par l'enseignement de Marcel d'Ancyre.

L'année suivante vit se renouveler les tentatives des Eusé-

1) Ath., *De Syn.*, 26.

biens vers une entente. Ils dépèchent à Milan quatre évêques chargés d'exposer leur foi à Constant et de voir s'il n'y avait pas moyen de s'entendre entre Orientaux et Occidentaux. Outre la quatrième formule de la Dédicace, rééditée à Philippopolis et à Antioche, les quatre délégués emportaient une explication en dix articles qui ne contenait rien que de très orthodoxe, se contentant d'appuyer sur les articles de foi méconnus par Marcel d'Ancyre et Photin et d'où le terme ὁμοούσιος était absent.

Après ces explications et ce langage conciliant des Eusébiens, on put croire à l'entente doctrinale de l'Orient et de l'Occident. Un moment tout semble s'arranger. Les évêques d'Occident réunis à Milan condamnent Photin et le notifient à leurs commettants. Athanase, comprenant enfin combien sa solidarité avec Marcel d'Ancyre nuisait au parti Nicéen et fournissait contre lui des armes valables aux Eusébiens, désavoue hautement ce qu'il y avait de compromettant dans les doctrines de son ancien ami, et lui signifie qu'il ne peut plus avoir de rapports avec lui. Lui-même est réintégré à Alexandrie après la mort de Grégoire, survenue le 25 juin 345. Son retour tient du triomphe; partout sur son passage les sympathies se déclarent. Saint Antoine, voyant passer les foules qui se portent à sa rencontre et ne pouvant les suivre à cause de son grand âge, entonne son *Nunc Dimittis*. Le 21 octobre 346, Athanase se retrouve parmi ses diocésains, dans la cité en délire qui l'acclame.

Cette accalmie entre les deux partis, en réalité doctrinalement d'accord mais séparés par d'irréductibles rivalités de personnes, était pour une bonne part le résultat de la politique religieuse de Constant. Sous son influence modératrice, son frère, l'empereur Constance, avait atténué l'intransigeance de ses préférences semi-ariennes. Mais, après l'assassinat de Constant, lorsqu'il fut devenu seul maître de l'empire, les Semi-Ariens en profitèrent pour se réunir en synode à Sirmium au début de 352, et y élaborer une nouvelle profession de foi, *dite la première formule de Sirmium*. Elle réédite le quatrième symbole de la Dédicace, en y joignant vingt-sept anathèmes

contre Photin. La condamnation de Photin proclamée à Milan
fut rendue éxécutoire, et l'on déposa de nouveau Athanase, ne
tolérant pas revenir sur les sentences passées des synodes
orientaux. L'empereur intervenant, d'étranges abus d'autorité,
d'incroyables excès furent commis et de nouvelles persécutions engagées contre les évêques Nicéens. En vain la résistance du pape Libère, du vénérable Osius, d'Athanase sauve
la dignité du parti nicéen. Le pape Libère est exilé en Thrace,
Osius à Sirmium, et Athanase, expulsé d'Alexandrie par un
coup de force en 356, commence dans les déserts de la Haute-
Égypte, parmi les moines de saint Pacôme, son étonnante
odyssée. Toujours poursuivi et toujours fugitif, remarquablement averti de tout ce qui se passe dans la chrétienté par d'invisibles témoins, il rédige à la hâte sur un papyrus, à l'ombre
de quelque hutte de fellah ou sous la sauvegarde tutélaire
d'une hypogée souterraine, ses traités dogmatiques les plus
considérables : *son Histoire des Ariens*, sa lettre sur *les Synodes*,
celle *à Sérapion* sur l'hérésie des Pneumatomaques, la *vie de
saint Antoine*, une foule d'œuvres polémiques et justificatives
qui, colportées par des mains sûres, vont raffermir les fidèles
et faire trembler les adversaires. Il est la grande voix, invisible
et omniprésente, qui clame du fond du désert vers les cités
populeuses l'unité de la foi de Nicée et les variations des
Églises Ariennes.

Pendant qu'Athanase rédige en langue grecque des œuvres
qui viendront à leur heure au lendemain de la mort de Constance, lors de la restauration nicéenne, l'évêque de Poitiers,
Hilaire, défenseur en Occident de la foi nicéenne, déposé par le
concile de Béziers (356), puis exilé en Phrygie pour avoir
défendu Athanase et rempli la Gaule entière de l'explosion de
sa surprise indignée, profite de son séjour de quatre années en
Asie pour étudier les doctrines des Orientaux et rédiger en langue
latine son *de Trinitate* et son *de Synodis*, propres à dissiper les
équivoques existantes entre les orthodoxes des deux parties de
la Chrétienté, en montrant, sous les divergences apparentes des
formules, l'identité foncière de la doctrine et de l'esprit.

Durant les années qui s'écoulent dans un exil fructueux pour les chefs nicéens, l'activité doctrinale dans l'empire consiste en polémiques intestines au sein du parti eusébien. Celui-ci se fractionne en trois groupes principaux, amenant les véritables orthodoxes à se nettement distinguer des arianisants notoires et rendant possible, grâce à cette scission, la réconciliation qui ne peut plus tarder entre orthodoxes de langue latine et de langue grecque.

Au premier groupe appartiennent les Ariens purs, sous les noms variés d'Eumoniens, d'Anomiens ou d'Hétérousiastes. Longtemps obligés de dissimuler leur doctrine pour faire bloc avec les Eusébiens contre les Nicéens, ils rééditent maintenant les théories de l'hérésiasque avec Aétius et Eumonius à leur tête. Dieu est essentiellement simple et un. Le Fils est une créature tirée du néant ἐξ οὐκ ὄντων, d'une autre substance que le Père ἑτεροούσιος, entièrement dissemblable de lui en essence et en toutes choses ἀνόμοιος καὶ κατὰ πάντα καὶ κατ' οὐσίαν, dont l'unique privilège consiste à être l'œuvre immédiate de Dieu, tandis que les autres créatures, l'Esprit Saint y compris, sont l'œuvre du Fils[1].

Dans un groupe opposé se trouvent les Eusébiens, injustement dénommés, par Épiphane, Semi-Ariens[2], et plus justement appelés Homoïousiastes, qui se réunissent autour de Basile d'Ancyre. Des Nicéens ils se distinguent, sur le point qui nous intéresse, par une simple nuance de mots. Ils rejettent obstinément pour caractériser les rapports de nature du Père et du Fils l'expression sabellienne d'ὁμοούσιος et lui substituent celle d'ὁμοιούσιος, qui, tout en maintenant l'unité spécifique du Père du Fils et de l'Esprit Saint, ne risque pas de compromettre leur distinction personnelle. Abusés par les calomnies répandues sur Athanase, ils lui sont nettement hostiles. A ce parti appartient la grande masse des fidèles d'Asie.

Un troisième groupe, ayant des intelligences dans l'un et

1) Cf. surtout : Épiph., *Haer*, LXXVI, 11 ; Socrate, *H. E*, V, 10; l'*Apologétique* d'Eunomius, P. G., t. XXX, 835.
2) Épiph., *Haer*, LXXIII : ἡμιάρειοι.

l'autre camp, moins doctrinal que politique, est celui des Acaciens ou Homéens, disciples d'Acace le Borgne, successeur d'Eusèbe sur le siège épiscopal de Césarée. Ils se séparent des Nicéens par le rejet du terme ὁμοούσιος, des Semi-Ariens par celui
du terme ὁμοιούσιος, des Anoméens par celui du terme ἀνόμοιος.
Ils s'en tiennent au terme ὅμοιος, semblable, d'où leur surnom
d'Homéens. Il enseignent le Fils semblable au Père par la
volonté et par les œuvres, non par la substance. Sur les autres
points contestés, ils se tiennent dans un agnosticisme prudent.

La première occasion de division des Eunoméens et des Eusébiens fut la profession de foi connue sous le nom de *deuxième
formule de Sirmium*, rédigée par une assemblée d'évêques
exclusivement occidentaux et arianisants, pendant le séjour de
Constance à Sirmium, devenue la véritable capitale de l'empire en 357. On y prohibe les termes d'ὁμοούσιος et δ'ὁμοιούσιος
qui ne sont pas scripturaires, et on y proclame la subordination
du Fils au Père : « Comme les termes οὐσία, ὁμοούσιος et ὁμοιούσιος
troublent certains et même beaucoup de fidèles, il ne faut plus
en faire mention, et personne ne devra plus les enseigner,
parce qu'ils ne sont pas dans les écritures et que le mode dont
se fait la génération du Fils dépasse l'intelligence humaine...
Il est hors de doute que le Père est plus grand ; il surpasse le
Fils en honneur, en dignité, en gloire, en majesté, et par son
nom même de Père ; c'est l'exprès témoignage du Fils dans
Saint-Jean XIV, 28 : « celui qui m'a envoyé est plus grand que
moi »[1].

Aussitôt les protestations surgirent. Sur la proposition de
l'un d'entre eux, Georges de Laodicée, et sous la présidence de
Basile d'Ancyre, les Semi-Ariens se réunirent à Ancyre en 358.
Ils s'y prononcèrent contre les Anoméens, en affirmant que le
rapport du Père et du Fils est un rapport d'essence et non une
ressemblance indéterminée ; contre les Sabelliens et les Nicéens
confondus, en repoussant l'homoousie interprétée dans le sens
d'une identité personnelle du Père et du Fils ; enfin, ils se pro-
clamèrent eux-mêmes Homoïousiastes :

[1] Hilaire, *De Syn.*, 11.

« Quiconque appelle ἀνέμοιος le Verbe unique de Dieu..., quiconque dit que le Fils est dissemblable d'avec le Père, quant à la substance οὐσία..., quiconque dit que le Fils est une créature κτίσμα..., quiconque ne reconnaît de ressemblance entre le Père et le Fils que sous le rapport de l'activité et non sous celui de la substance..., quiconque dit que le Fils est né seulement de la volonté ἐξουσία, et non pas également de la volonté et de la substance du Père, καὶ μὴ ἐξουσίᾳ ὁμοῦ καὶ οὐσίᾳ Πατρός ..., quiconque appelle le Fils ὁμοούσιον ἢ ταυτοούσιον : qu'il soit anathème[1]. »

Le dernier anathème ne fut pas maintenu dans les copies ultérieures des décisions synodales. Le concile envoya en outre une délégation à l'empereur, toujours en résidence à Sirmium, pour obtenir de lui la convocation d'un nouveau concile dans cette ville.

L'assemblée eut lieu dans l'été de 358 : la *troisième formule de Sirmium* y fut promulguée. Elle reproduisait : 1° le décret du concile d'Antioche qui avait proscrit le terme ὁμοούσιος employé par Paul de Samosate et condamné celui-ci; 2° le deuxième symbole de la Dédicace de 341 ; 3° la première formule de Sirmium comprenant elle-même le quatrième symbole de la Dédicace et vingt-sept anathématismes contre Photin.

Soixante-dix Anoméens, parmi lesquels *Aétius* et *Eunomius* furent exilés.

La victoire de Marcel d'Ancyre semblait complète ; mais les Anoméens présents à la cour impériale, avant de quitter la capitale, suggérèrent à Constance de réunir deux nouveaux conciles, l'un à Rimini pour l'Occident l'autre à Séleucie pour l'Orient, afin de se mettre d'accord sur un texte transactionnel qu'un des leurs, Marc d'Aréthuse, avait rédigé dans la nuit du 21-22 mai 359 et que l'on nomme : la *quatrième formule de Syrmium* ou *Credo daté*.

« Nous croyons, disait ce texte, en un seul vrai Dieu, Père
« tout-puissant, créateur et démiurge de toutes choses, et un
« Fils unique de Dieu, engendré du Père d'une manière impas-

---

1) Hilaire, *De Syn.*, 90.

« sible, avant quoi que ce soit qu'on puisse concevoir, siècles,
« commencement, temps..., seul né du Père seul, Dieu de
« Dieu, *semblable* au Père qui l'a engendré, suivant les Écri-
« tures... Quant au mot οὐσία employé ingénument par les
« Pères, comme il a été mal compris des fidèles et qu'il les a
« scandalisés, et que d'un autre côté, il ne se trouve pas dans
« les Écritures, il a été décidé qu'on le mettrait de côté, et qu'à
« l'avenir il ne serait plus question d'οὐσία à propos de Dieu..,
« mais nous disons le Fils *en tout semblable* au Père ὅμοιον κατὰ
« πάντα, comme les Saintes Écritures le disent et l'enseignent[1] ».

Le 22 mai tous les évêques présents à Sirmium signèrent
cette formule, non sans incidents. Valens en la souscrivant
tenta de biffer κατὰ πάντα; Basile d'Ancyre, au contraire, insista
fortement sur cette expression. Il expliqua qu'elle signifiait
que le Fils est semblable au Père, non seulement en volonté
mais en hypostase, en subsistance et en être, κατὰ τὴν ὑπόστασιν,
καὶ κατὰ τὴν ὕπαρξιν, et déclara en dehors de la communion de
l'Église quiconque soutient, comme les Acaciens, que le Fils est
semblable au Père seulement en quelque chose, κατά τι[2].

La formule ainsi souscrite fut portée par Valens à Rimini,
où quatre cents évêques étaient déjà réunis dont quatre-vingt
environ antinicéens. La majorité rejeta la formule présentée
par Valens, déclara le symbole de Nicée suffisant, maintint
l'usage du mot οὐσία, et dépêcha, comme il était convenu une
ambassade de dix des leurs à Constance pour lui faire part de
leurs décisions. Il furent prévenus auprès de l'empereur par les
délégués des dissidents, qui s'étaient retirés et avaient tenu
assemblée à part. Constance impatienté contraignit les dix députés de la majorité à signer à Niké, en Thrace, un symbole
qui reproduisait à peu près la troisième formule de Sirmium,
mais d'où les mots κατὰ πάντα avaient disparu et où l'on pros-
crivait les expressions nicéennes μία ὑπόστασις, οὐσιά, appliquées
à la Trinité[3]. Ainsi l'empereur, soucieux avant tout de paix,

1) Athanase, *De Syn.*, 8.
2) Épiph., *Haer.*, LXXIII. 12-22.
3) Athanase, *De Syn.*, 30; Théodoret, *H. E.*, II, 21,

cherchait à supprimer toutes causes de conflit par des moyens un peu simplistes.

A Séleucie, les Semi-Ariens se trouvaient en forte majorité. A eux s'était joint Hilaire alors en exil. Acace de Césarée proposa d'adopter la formule homéenne suivante :

« Comme les mots ὁμοούσιος et ὁμοιούσιος ont causé beaucoup de trouble et que quelques-uns ont récemment innové en appelant le Fils dissemblable au Père ἀνόμοιος, nous rejetons les mots ὁμοούσιος, ὁμοιούσιος comme n'étant pas dans la sainte Écriture et nous anathématisons celui d'ἀνόμοιος; nous professons que le Fils est *semblable* au Père ὅμοιος, conformément à ce que dit l'Apôtre qui l'appelle une *image* du Dieu invisible[1]. »

Quarante évêques seulement acceptèrent cette formule; les autres souscrivirent au symbole de la Dédicace de 341. Sur ce, le concile fut déclaré dissous par le questeur. Dix évêques furent députés à Constance. A la suite de discussions et d'intrigues de tout genre, ils finirent par signer la formule de Niké. Voulant obtenir coûte que coûte l'unité religieuse, l'empereur finissait par imposer la formule doctrinale qui, par la suppression de tous les termes contestés et par l'absence de toute précision dogmatique, semblait la plus accommodante pour tous les partis. Le triomphe des Acaciens semblait complet. Un synode tenu à Constantinople le consacrait en déposant les chefs Semi-Ariens, Basile d'Ancyre, Cyrille d'Alexandrie, Eusthate de Sébaste et beaucoup d'autres. Mais il en fut comme de toutes les cotes mal taillées : le compromis acacien ne satisfaisant personne, irrita tout le monde.

IV. — LA SOLUTION DES ÉQUIVOQUES SUR L'HOMOOUSIE.

Après le triomphe des Acaciens, les chefs nicéens et semi-ariens se trouvaient également en exil. Les uns représentaient l'orthodoxie occidentale, les autres l'orthodoxie orientale. Ils n'étaient divisés sur la question de dogme que par une question

1) Hilaire, *Cont. Constant*, 14.

de mots. Les Semi-Ariens proscrivaient intraitablement l'expression sabellienne d'ὁμοούσιος où les Nicéens voyaient la profession de la foi catholique.

Les Semi-Ariens s'étaient avancés dans la voie des concessions en adoptant l'expression même de Nicée οὐσία ἢ ὑπόστασις dans le quatrième symbole de la Dédicace, réédité au concile de Philippopolis, dans la première, la troisième et la quatrième formules de Sirmium; en choisissant un terme aussi proche que possible ὃ'ὁμοούσιος; en se débarrassant de toutes traces d'origénisme subordinatien; en cessant de se solidariser avec les Ariens impénitents et les Acaciens. Les Nicéens s'étaient montrés au contraire souvent rigides et intransigeants, comme dans la rédaction de la Feuille de Sardique. N'était-ce pas dès lors à eux de faire un nouveau pas dans la voie des concessions mutuelles. Il s'agissait en somme, pour que la paix fut faite, d'admettre que l'on pût dire ὁμοιούσιος à la place d'ὁμοούσιος.

Déjà en 359, du fond de leur exil, indépendamment l'un de l'autre, mais comme résultat des mêmes recherches sur l'histoire des synodes, Athanase et Hilaire avaient proféré des paroles de conciliation et pressenti l'équivoque de langage qui faisait s'entredéchirer la catholicité. Des déserts de la Haute Égypte, Athanase écrivait : « Ceux qui acceptent tout ce qui a été dit à Nicée, tout en conservant des scrupules sur l'ὁμοούσιος ne doivent pas être traités en ennemis... Je discute avec eux comme un frère avec des frères »[1]; et de sa solitude de Phrygie, Hilaire, évêque de Poitiers, faisait écho au patriarche d'Alexandrie : « Le mot consubstantialis (ὁμοούσιος) ne doit être ni légèrement omis ni enseigné sans explication. On peut le dire avec piété, il n'y a pas non plus d'impiété à l'omettre quand on ne le comprend pas. »[1]

Après la mort de Constance survenue le 3 novembre 361, lorsque Julien l'Apostat eut rendu la liberté à toutes les sectes religieuses et rappelé d'exil, dans les premiers mois de 362, les

---

1) Athanase, *De Syn.*, 41, P. G., t. XXVI, col. 766.
2) Hilaire, *De Syn.*, 80, P. L., t. X, col. 540-541.

évêques bannis de toute opinion, le terrain était prêt pour une réconciliation doctrinale entre orthodoxes d'Occident et d'Orient. Deux écrits apologétiques y contribuèrent, rédigés par Hilaire et par Athanase, l'un en latin et l'autre en grec, nommés communément *De Synodis*, qui se répandent dans les communautés chrétiennes à partir de 359 et dont sont extraits les deux passages précédents.

Hilaire écrit son ouvrage *De Synodis* pour montrer que la doctrine semi-arienne de l'homoïousie équivaut adéquatement à la doctrine nicéenne de l'homoousie. Si les Nicéens ont repoussé l'expression ὁμοιούσιος, c'est qu'elle leur semble signifier une simple ressemblance d'accidents s'appliquant à des substances distinctes, telle que la ressemblance, sous le rapport de l'éclat, de l'argent à l'étain. Mais les Homoïousiastes appliquent ce terme, non seulement aux accidents, mais aux substances. Dès lors, comme la similitude de substance ne peut signifier que l'égalité de nature, l'égalité de nature que l'unité d'essence spécifique, ὁμοιούσιος a le même sens qu'ὁμοούσιος. L'argumentation de Hilaire se résume dans le système d'identités suivant[1] :

ὁμοιούσιος = *unius substantiæ* (c. LXXVII),

ὁμοούσιος = *similis substantiæ* (ibid.) *vel essentiæ* (c. LXXXII) *vel naturæ,*

Similis natura = *æqualis natura* (c. LXXII, sq.),

Æqualis natura = *una natura* (c. LXXVI),

substantia, natura, essentia étant pris comme équivalents. Cette égalité de nature ne désigne pas du reste une unité numérique de personne, comme les Homoïousiastes croient que l'entendent les Nicéens, mais une simple unité de nature spécifique qu'Hilaire appelle générique : *Æqualitas autem naturæ non potest esse nisi una sit : una vero non personæ, sed generis*[2]; c'est ainsi que « tout Fils est égal à son père par sa naissance, puisqu'il lui est semblable en nature, *omnis itaque filius, secun-*

---

1) Cf. G. Rasneur, *L'Homoiousianisme dans ses rapports avec l'orthodoxie,* Rev. d'hist. eccl., IV, 1903, p. 428.

2) Hilaire, *De Syn.,* LXXXI.

*dum naturalem nativitatem, æqualis patris est, quia est et simi-
litudo naturæ. »*

Sitôt revenu en Gaule, dès 359, Hilaire met sa doctrine en
pratique. S'il fait déposer les Ariens notoires, les négateurs de
la divinité de Jésus, il accueille avec bonté le troupeau des
évêques qui se sont embrouillés dans les formules dogmatiques.
Au concile national de Paris en 360, tout en se prononçant pour
l'homoousie, il ne réprouve pas l'homoïousie, susceptible d'une
interprétation orthodoxe[1]. Le pape Libère l'approuve, lui qui
en avait donné l'exemple. En retour d'exil, il avait signé la
troisième formule de Sirmium de 358, sur l'instance de Marcel
d'Ancyre et d'Eusthate de Sébaste[2], et sous cette réserve que
soit déclaré exclu de l'Église quiconque n'accorde pas que le
Fils est, quant à la substance et en tout, semblable au Père, κατ'
οὐσίαν καὶ κατὰ πάντα ὁμοίου[3]. Sitôt rétabli sur le siège de Saint-
Pierre, il conseille aux évêques d'Italie de suivre l'exemple
d'Hilaire, ce qu'Eusèbe de Vercueil avait déjà fait pour son
compte.

De son côté Athanase, dans sa lettre *de Synodis*, ne considère
plus les Eusébiens comme des adversaires mais comme des
frères avec lesquels il est d'accord pour la doctrine et ne diffère
que sur la lettre. Admettre selon lui que le Fils est ὁμοιούσιος au
Père et issu de sa propre substance, ἐκ τῆς οὐσίας, c'est soutenir
l'équivalent exact de l'homoousie[4]. En affirmant l'homoousie,
qu'ont voulu en effet professer les Nicéens? Que le Verbe n'est
pas créé du néant, mais procède de tout temps de Dieu lui-même
et, par suite, de sa propre substance : « Parlant ainsi, ils ont
clairement montré que les mots ἐκ τῆς οὐσίας et ὁμοούσιος détruisent
les vocables de l'impiété : à savoir *créature, œuvre, produit,
changeant* , et *il n'était pas avant d'être engendré*[5]. Ce qu'il y a

1) Hilaire, *Fragments*, P. L., t. X, col. 678-681.
2) Athanase, *Hist. arien.*, 41 ; *Apol. cont. Ar.*, 89 ; Hilaire, *Cont. Constant,*
11 ; Jérôme, *Chronique*, 380-385 ; Duschesne, *Liber pontificalis*, I, p. 209.
3) Sazomène, *H. E.*, IX, 15.
4) Athanase, *De Syn.*, 41.
5) Athanase, *De Syn.*, 20.

d'insuffisant dans le mot ὁμοιούσιος employé seul, c'est qu'il qualifie non des substances, mais les accidents qui les affectent. Deux objets de nature différente peuvent être dits ὁμοιούσιοι s'ils possèdent un attribut semblable : ainsi l'étain et l'argent, le loup et le chien, le cuivre doré et l'or véritable, à ne considérer que leur aspect extérieur[1]. Pour les substances, il n'y a pas de similitude sans identité. Cette identité de nature n'exprime pas une identité de personnes, mais une simple communauté de nature spécifique : « Pour les substances, il n'y a pas similitude mais identité. L'homme est dit ὁμοιούσιος à l'homme, non pas selon la substance, mais selon son attitude et son caractère, car, par la substance, les hommes sont de même nature, et ce qui est de même nature est ὁμοούσιος, ce qui est de nature différente comme l'homme et le chien étant d'une autre substance[2]. » Ainsi, οὐσία désigne la nature commune à tous les individus de la même espèce, l'essence spécifique dernière ou spécialissime qu'Aristote appelait τὸ εἰδικώτατον εἶδος; ὁμοούσιος désigne l'identité de nature de deux individus de la même espèce. C'est la même conception que l'on retrouve dans les deux écrits anonymes que nous avons cités plus haut et dont l'un fut apocryphement attribué à Athanase : « Ὁμοούσιος, dit l'un, s'entend de ce qui comporte la même définition de l'essence. Ainsi l'homme en tant qu'homme ne diffère en rien d'un autre homme et l'ange comme tel ne diffère en rien d'un autre ange »[3]. — « Ὁμοούσιοι s'entend, déclare l'autre, des êtres qui ont la même essence spécifique, mais qui témoignent de quelques différences individuelles. Ainsi tous les hommes sont d'une même et seule essence bien que comportant plus d'une différence, l'un étant grand, l'autre petit, celui-ci puissant, celui là faible[4]. » Ces définitions seront reprises par les trois docteurs Cappadociens.

Grâce aux efforts d'Hilaire en Occident et d'Athanase en Orient, la question de l'homoousie est désormais doctrinale-

---

1) Athanase, *De Syn.*, 41, 63.
2) Athanase, *De Syn.*, 53.
3) P. G., t. XXVIII, col. 1158.
4) P. G., t. XXVIII, col. 545.

ment réglée. La reprise de la suprématie des Acaciens, lors de l'avènement de Valens, n'y fera rien. Il demeure définitivement acquis qu'on peut entendre l'homoousie dans un sens qui n'est pas sabellien, et l'homoïousie dans un sens qui n'a rien que de très orthodoxe. En 363, les Homéens réunis à Antioche adhèrent au concile de Nicée, en donnant de l'homoousie une explication qui est à la lettre celle d'Athanase :

« Nous acceptons et gardons fermement la foi du saint concile jadis assemblé à Nicée. Car le mot ὁμοούσιος, qui déplaît à quelques-uns, a été expliqué et interprété comme il faut par les Pères eux-mêmes; il signifie que le Fils a été engendré de la substance du Père, et qu'il lui est semblable suivant la substance, ἐκ τῆς οὐσίας τοῦ πατρὸς καὶ ὅμοιος κατ' οὐσίαν...; [par là] on veut renverser ce que l'impie Arius a osé dire du Christ, à savoir qu'il a été tiré du néant : ce que les Eunoméens, qui se sont révélés depuis peu , répètent avec plus d'insolence encore pour détruire la concorde de l'Église[1]. »

L'œuvre de pacification réalisée dans les Gaules par Hilaire, en Orient par Athanase, se poursuit en Italie grâce à l'activité d'Eusèbe de Verceil, et malgré l'intransigeance des Lucifériens. A Rome, en particulier, quatre Conciles tenus sous Damase, en 369, 376, 377, 380, renouvellent les décisions de Nicée, définissent la divinité et la consubstantialité du Saint-Esprit et condamnent Sabelliens, Ariens et Macédoniens. En Pannonie, Valens persiste dans son erreur, mais Germinius de Sirmium souscrit, en 366, à l'ὅμοιος κατὰ πάντα[2]. En Asie-Mineure, des Semi-Ariens, réunis à Lampsaque en 364, condamnent la formule de Nicée et reviennent à l'ὅμοιος κατ' οὐσίαν. Mais déçus dans leur espérance d'être approuvés de l'empereur Valens, ils vont trouver le pape Libère qui les reçoit sur l'assurance que ὁμοιούσιος équivaut pour eux à l'homoousie des orthodoxes : leurs délégués souscrivent alors le symbole de Nicée avec cette mention qu'ils considèrent l'expression ὁμοούσιος comme choisie ἁγίως καὶ εὐσεβῶς

---

1) Socrate, *H. E.*, III, 25; Sazomène, *H. E.*, IV, 4.
2) Hilaire, *Fragments*, XIII-XV.

pour traduire la foi de l'Église[1]. A Constantinople, les Ariens restent les maîtres jusqu'à l'avènement de Théodose en 379, et à l'arrivée de Grégoire de Nazianze comme évêque métropolitain.

IV. — LA QUERELLE DES TROIS HYPOSTASES ET LE SCHISME D'ANTIOCHE.

La controverse terminologique entre orthodoxes sur l'homoousie venait à peine d'être réglée, qu'une autre se déclarait, connue dans l'histoire ecclésiastique sous le nom de « querelle des trois hypostases » ou « schisme d'Antioche ». Elle repose, elle aussi, sur une différence de vocabulaire qui laisse croire à une divergence de foi; elle est exploitée, elle aussi, par les Ariens, et met aux prises, elle aussi, de rigoureux orthodoxes. Ayant son foyer permanent à Antioche, cette métropole de l'Hellénisme, elle rayonne à Alexandrie où Athanase à son retour d'exil la trouvera, et, dans une conflagration générale, elle risque d'embraser toute l'Asie. Elle dresse, l'un vis-à-vis de l'autre, Basile de Césarée et le pape Damase, et fait courir à la chrétienté le risque d'un nouveau schisme entre l'Orient et l'Occident. Il faudra toute la prudence, l'autorité et l'éloquence de Grégoire de Nazianze pour pacifier les deux camps adverses et faire admettre, comme pour l'homoousie, la légitimité égale de deux terminologies rivales. Enfin, comme pour la querelle de l'homoousie, elle mêle aux polémiques doctrinales des rivalités de personnes et des questions de droit canon.

Les origines du schisme d'Antioche sont les suivantes. Au Concile de Nicée, Eusthate, évêque d'Antioche, avait joué un rôle prépondérant. Aussi, dès 330, la vengeance arienne l'exila et le siège épiscopal de l'Église métropolitaine de Syrie fut occupé par une série d'évêques ariens, Leur influence pendant trente ans sur une ville de mœurs faciles avait eu pour résultat de faire rentrer la masse de la population dans la communion arienne. Un petit groupe d'orthodoxes irréductibles se refusa

1) Socrate, *H. E.*, IV, 12.

11

cependant à reconnaître l'autorité des intrus, et continua l'exercice du culte orthodoxe dans des demeures particulières. On les nomma les *Eusthatiens.*

En 360, l'évêque arien Eudoxe ayant échangé son siège contre celui de Constantinople, un prélat eusébien de mœurs douces et de vie tranquille, Mélèce, évêque de Sébaste, qu'on supposait indifférent aux querelles dogmatiques, fut nommé à sa place. Mais, le jour même de son intronisation, dans son premier discours, Mélèce proclama la consubstantialité du Verbe, en évitant, toutefois, d'employer le terme ὁμοούσιος[1]. C'était l'heure du triomphe des Acaciens. Cette profession de foi sur un sujet particulièrement dangereux irrita Constance qui, voulant la paix à tout prix, exila le trop zélé évêque moins de trente jours après sa nomination. Il fut remplacé par un arien, Euzolïus.

La ville fut alors divisée en trois sectes. La première suivait Euzolïus, la seconde restait attachée à Mélèce. Mais les Eusthatiens, représentant l'intransigeance nicéenne, se défièrent d'un évêque eusébien, mis en avant par la faveur arienne. Ils lui tinrent rigueur de certaines expressions qui demeuraient équivoques. Ils ne reconnurent donc ni Euzolïus, ni Mélèce. Ils gardèrent leur nom et, dès lors sans évêque, furent administrés par un prêtre pieux, Paulin.

L'opposition des Eusthatiens et des Méléciens n'était qu'un cas particulier de celle des Nicéens et des Eusébiens ; ils professaient les uns les autres sensiblement la même foi, mais ne se servaient pas des mêmes mots. Mélèce, dans son discours d'intronisation, avait évité l'emploi du terme si contesté d'ὁμοούσιος, bien qu'il dût souscrire par la suite, au concile d'Antioche de 363, le symbole de Nicée, une fois qu'Athanase eût enseigné le sens orthodoxe d'ὁμοούσιος ; et bien qu'en 379, dans un grand concile de cent cinquante-trois évêques, il signa une adhésion pure et simple aux formules de Rome. Mais surtout Mélèce se servait, pour désigner les trois termes de la Trinité, de l'expression τρεῖς ὑποστάσεις. Paulin et les Eusthatiens professaient, au contraire,

1) Épiph., *Haer.*, LXXIII, 29.

l'homoousie et une seule hypostase, identifiant, comme les
Nicéens, ὑπόστασις et οὐσία. C'est ce que déclare une lettre d'Acace,
évêque de Béra, à Cyrille d'Alexandrie : « Le bienheureux Paulin refusait de dire verbalement trois hypostases..., suivant en
cela les saints évêques d'Occident qui, par suite de la pénurie
de la langue romaine, ne peuvent traduire notre phrase grecque ni dire trois hypostases »[1]. Sans doute, Paulin se servait-
il de l'expression τρία πρόσωπα pour désigner les trois termes de
la Trinité. La question de l'homoousie ayant perdu sa viru-
lence après les écrits d'Athanase et d'Hilaire, les deux formules τρεῖς ὑποστάσεις et τρία πρόσωπα devinrent les mots d'ordre
qui rallièrent l'une contre l'autre les deux factions orthodoxes
d'Antioche. Les partisans de la première formule accusaient
Paulin et ses fidèles de sabellianisme, au point qu'Épiphane
faillit un instant ranger Paulin parmi les hérétiques[2], tandis
que les partisans de Paulin accusaient les Méléciens d'arianisme. La première formule était la mieux entendue dans
l'Orient cultivé et elle allait recevoir une consécration presque
officielle des Cappadociens; la seconde formule, bien que com-
promise par les Sabelliens qui l'avaient employée dans son sens
rigoureusement propre, étant, par ailleurs, la transcription
grecque littérale de la formule latine *tres personæ*, était préférée
des Latins.

D'Antioche la querelle gagna l'Égypte. Lorsqu'Athanase, au
lendemain de l'édit de Julien, reprit triomphalement possession
du siège métropolitain d'Alexandrie, le 21 février 362, il trouva
les orthodoxes divisés en deux partis. Les uns, identifiant
ὑπόστασις et οὐσία, professaient une seule hypostase, pensant
rejeter ainsi le trithéisme ou l'arianisme, et se servaient, pour
désigner les termes de la Trinité, de l'expression τρία πρόσωπα.
Les autres, distinguant ὑπόστασις et οὐσία, donnaient au terme
πρόσωπον le sens sabellien de masque, personnage, et à celui
d'ὑπόστασις le sens concret, défini par Basile dès 359[3], d'individu

1) Cyrille, *Épist.*, 15, P. G., t. LXXVII, col. 100.
2) Épiph., *Haer.*, XXII, 20.
3) Dans une dissertation que nous a conservée Épiphane, *Haer.*, LXXIII,

raisonnable; ils professaient, par conséquent, trois hypostases,
estimant éviter ainsi le modalisme. Les premiers étaient les Nicéens, les seconds correspondaient aux Eusébiens. Il ne suffisait
pas pour manifester leur orthodoxie respective, dissimulée sous
la variété des formules, d'avoir dissipé entre eux le malentendu
de l'homoousie; il fallait résoudre l'équivoque de l'hypostase,
en montrant l'ambiguïté de ce terme, pris par les uns dans un
sens, par les autres dans un autre. Certes, les Eusébiens, dans
un esprit de conciliation, avaient déjà fait aux Nicéens grecs et
latins des concessions momentanées de langage. Ne les avait-
on pas vus dans le quatrième symbole de la Dédicace, reproduit
si souvent par la suite, adopter le langage de Nicée; dans la
profession appelée *macrostiche* remplacer l'expression τρεῖς
ὑποστάσεις, maintenue dans la troisième formule de Sirmium,
par celle de τρία πράγματα καὶ τρία πρόσωπα. Ne revenait-il pas, dès
lors, aux Nicéens de faire un nouveau pas. C'est ce que comprit
Athanase.

Sitôt rentré à Alexandrie, son souci le plus pressant fut de
réunir d'urgence un concile. L'assemblée se tint dans la première moitié de l'année 362, probablement au printemps. Elle
ne compta que vingt et un évêques, mais si considérables par
leurs exils et leurs vertus, qu'on appela ce concile « le concile
des confesseurs ». Le concile régla les conditions d'admission
dans l'Église des Ariens convertis, condamna l'erreur des
Pneumatomaques qui niaient la divinité du Saint-Esprit, mais
surtout s'efforça de mettre fin à la querelle des trois hypostases
et au schisme d'Antioche. Grégoire de Nazianze, dans son
Panégyrique de saint Athanase, nous fait le récit suivant de la
manière dont Athanase s'y prit pour amener à composition les
parties adverses. Après avoir préalablement déclaré qu'il s'agit
seulement d'une dispute qui porte « sur des mots exprimant
d'une manière différente une même pensée », Grégoire en expose la donnée ainsi : « Donc nous, Grecs, nous disions reli-

12-22 : « Que personne ne s'effraye de l'emploi du mot hypostase : les Orientaux
l'emploient pour désigner les particularités subsistantes des personnes, τὰς
διότητας τῶν προσώπων ὑφεστώσας καὶ ὑπαρχούσας ».

gieusement une ousie et trois *hypostases*, le premier mot manifestant la nature de la divinité et le second la triplicité des
caractères individuants. Les Italiens pensaient de même; mais,
par suite de l'étroitesse de leur langue et de la pénurie des
mots, ils ne pouvaient distinguer l'hypostase de l'ousie, et
employaient le mot *personæ* pour ne pas paraître supposer trois
ousies. Qu'en est-il advenu? Une chose qui serait bien risible,
si elle n'était si lamentable. On a cru à une différence de foi là
où il n'y avait qu'une chicane sur un son. On a voulu voir le
sabellianisme dans les trois personnes, l'arianisme dans les
trois hypostases : pures fictions engendrées par l'esprit de chicane. Et voyez : l'aigreur s'en mêlant, car l'esprit de dispute
engendre toujours l'aigreur, peu s'en fallut qu'en déchirant les
syllabes, on ne déchirât le monde en deux.

« Le Bienheureux Athanase voyait et entendait tout cela ; et,
comme il était vraiment un homme de Dieu et un directeur des
âmes..., ayant convoqué les deux partis avec bonté et douceur,
il examina avec soin la doctrine qu'ils exprimaient par leurs
formules. Les ayant trouvés en parfaite conformité de foi, il
leur laissa leurs mots en les unissant par les choses [1]. »

Athanase, dans le *Tomus ad Antiochenos* rapporte de son
côté son œuvre de conciliation dans ces termes : « Quelques-uns
étaient accusés d'employer l'expression τρεῖς ὑποστάσεις, suspecte
parce que non scripturaire... Nous leur avons demandé s'ils entendaient par là, avec les Ariens, des hypostases complètement
différentes, étrangères et de nature diverse comme l'or, l'argent, le cuivre; ou si, avec d'autres hérétiques, ils entendaient
parler de trois principes ou de trois dieux. Ils affirmèrent
énergiquement qu'ils n'avaient jamais dit ni pensé rien de
semblable. Nous les avons alors interrogés : pourquoi ce langage et l'emploi de telles expressions ? — C'est parce que nous
croyons à la sainte Trinité, nous ont-ils répondu, Trinité non
pas seulement de nom mais réelle et subsistante ; le Père est
véritablement existant et subsistant, ὑφεστῶς, le Fils est subsis-

1) Greg. de Naz., *In laudem Athanasii*, orat., XXI, § 35.

tant, le Saint-Esprit est subsistant; nous ne parlons ni de trois dieux, ni de trois principes et ne tolérons point ceux qui parlent ou pensent ainsi. Nous reconnaissons la Sainte Trinité; l'unique divinité, l'unique principe, le Fils ὁμοούσιος au Père, l'Esprit-Saint ni créé, ni étranger, mais indivisible de l'essence du Fils et du Père.

« Nous avons accepté cette interprétation et ce plaidoyer. Puis nous avons examiné ceux auxquels ils reprochaient de dire une seule hypostase, pour voir si c'était dans le sens de Sabellius, pour supprimer le Fils et le Saint-Esprit ou nier que le Fils ne fût substantiel et le Saint-Esprit réellement subsistant. A leur tour, ils affirmèrent énergiquement qu'ils n'avaient jamais rien dit ou pensé de semblable : Nous parlons d'une seule hypostase, parce que dire hypostase ou ousie, c'est pour nous dire exactement la même chose; nous disons une hypostase parce que le Fils est de l'essence du Père, par suite de l'identité de leur nature. Nous croyons à l'unique divinité et à son unique nature et n'admettons pas une essence différente pour le Père, à qui serait étrangère celle du Fils et celle de l'Esprit-Saint.

« Ceux qu'on avait accusé de parler de trois hypostases acquiescèrent à ces explications ; de même que ceux qui n'admettaient qu'une seule hypostase acceptèrent les déclarations des premiers, et les deux partis anathématisèrent également Arius le christomaque, Sabellius, Paul de Samosate, Valentin, Basilide et Manichée. Tous par la grâce de Dieu, après ces explications, s'accordent à regarder comme meilleure et plus précise que ces expressions la foi admise par les Pères à Nicée, à y recourir de préférence et à s'en contenter [1]. »

Après ces lumineuses explications, il semble que la querelle des trois hypostases fût définitivement vidée. La lettre synodale, rédigée par Athanase, fut dédiée aux Antiochiens et leur fut portée par Eusèbe de Vercueil et Aster d'Amassée. Malheureusement, lorsque tout est sur le point de s'arranger, tout va être compromis par l'initiative et le zèle malheureux d'un Nicéen énergumène, Lucifer de Cagliari.

1) *Tomus ad Antiochenos*, 5-6.

Lucifer de Cagliari avait un' passé d'orthodoxe fougueux.
Lors du concile de Sardique, en 343, il avait insisté pour qu'une
nouvelle profession de foi (*la Feuille de Sardique*) fut rédigée,
qui, en face des concessions de langage des Eusébiens, mainte-
nait avec intransigeance la terminologie de Nicée. Au concile
de Milan (355), lors de la persécution de Constance dans les
Gaules, il avait eu fière contenance et, pour sa foi, subi l'exil.
Dans un écrit de 360, *De regibus apostaticis*, c'est l'empereur
même qu'il brave, lui prédisant le sort des rois impies et
idolâtres d'Israël. Rien n'avait pu faire fléchir cet homme de
fer. dans son acharnement contre l'arianisme, ni ses exils successifs en Cappadoce, en Comagène, en Coelésyrie, en Palestine et en Égypte, ni les emprisonnements et voies de fait.
Entier et emporté comme il l'était, la modération d'Hilaire et
d'Athanase lui paraissait une faiblesse.

Dès que l'édit de Julien lui eut permis de revenir de son désert de Thébaïde, l'impétueux Lucifer de Cagliari brûla les
étapes. Évitant de répondre à l'invitation du concile d'Alexandrie, il n'eut de cesse qu'il n'eût pris les devants et ne se fût
rendu à Antioche pour entrer en lutte avec les partis avancés.
Avant qu'Eusèbe de Vercueil ne fut arrivé avec son message, il
fit répandre la *Feui'le de Sardique*, dont l'intransigeance ris-
quait de ruiner tout espoir d'entente au sujet de la question
terminologique qui divisait la ville; puis il ordonna évêque le
prêtre Paulin, repoussant ainsi de la communion catholique les
Méléciens, et joignant à une équivoque de langage une rivalité de personnes et une difficulté de droit canon.

Lorsque Eusèbe et Astère d'Amasée arrivèrent à Antioche,
l'irréparable était fait et toute conciliation devenue impossible.
Le mal ne pouvait que s'aggraver. Le *Tomus ad Antiochenos*,
adressé à ceux qui se rangent autour de Paulien, τοῖς περὶ Παυλῖνον,
leur enjoignait de recevoir pacifiquement ceux qui reviennent
de l'arianisme « et surtout ceux qui se réunissent dans l'*Ancienne*, ἐν τῇ Παλαιᾷ » nom que l'on donnait à l'édifice où priait
la communauté de Mélèce. Il mettait de plus en garde contre
l'intransigeance des formules de la *Feuille de Sardique*, col-

portée par Lucifer : « Au sujet de la *Feuille* [*de Sardique*], πιττάκιον, colportée par plusieurs comme une exposition de foi édictée par le concile de Sardique, empêchez absolument qu'on ne la lise ou qu'on ne la produise, car le concile n'a rien défini de semblable. A la vérité, quelques-uns voulaient qu'on écrivît sur la foi, comme si le symbole de Nicée était insuffisant ; ils poussaient indiscrètement à cela. Mais le concile de Sardique s'en est indigné : il a décrété qu'il ne fallait plus écrire de nouveau sur la foi, qu'il suffisait que l'on confessât le symbole rédigé par les Pères de Nicée, parce que rien n'y manque et qu'il contient le dogme »[1]. C'en était trop pour Lucifer. Indigné du désaveu complet que lui infligeait Eusèbe, il rompit avec Athanase et ses amis, avec l'évêque Paulin lui-même qui venait de souscrire les décisions de la lettre synodale, et fonda une nouvelle secte schismatique, celle des Lucifériens. Cependant Eusèbe, comprenant que la présence de deux évêques rendait la pacification impossible, quittait Antioche et retournait en Occident.

Peu après Mélèce, de retour d'exil, rentra à Antioche. La population l'accueillit avec enthousiasme, comme il convenait à un confesseur de la foi, et ce fut sans coup férir qu'il prit possession des églises catholiques de la ville. Pourtant, entre les deux partis extrêmes, les Ariens et les Lucifériens, il trouvait devant lui Paulin et ses fidèles. L'histoire du schisme d'Antioche devient dès lors l'histoire de la rivalité de Mélèce et de Paulin, dont l'un parle la langue de l'Orient, l'autre la langue de Rome, dont l'un va être soutenu par le plus grand des docteurs cappadociens, Basile de Césarée, l'autre par Athanase et par le Pape[2].

Ce qui met aux prises Mélèce et Paulin à Antioche, puis, bientôt, Occidentaux et Orientaux, est une double question. La première est une question disciplinaire. Rome veut l'hégémonie, or Paulin, sacré par un Latin grand confesseur de la foi, ayant

1) *Tomus ad Antiochenos*, 5.
2) Sur toute cette question, cf. Th. de Regnon, *Études de théologie positive sur la Sainte-Trinité*, t. I, p. 167-213.

l'appui du pape qu'il sollicite, est favorisé par le Saint-Siège ;
mais l'Orient défend son autonomie : il ne tolère pas que Mélèce,
légalement ordonné, soit déposé par Paulin. Ces prétentions
contraires expliquent le caractère protocolaire du duel ecclésiastique que se livrent, au sujet de Mélèce et de Paulin, de 372
à 379, Basile de Césarée et le pape Damase. La seconde question, la plus profonde parce qu'elle intéresse la foi, est la question des deux terminologies rivales : Mélèce parle le langage le
plus accessible aux Orientaux ; mais Paulin parle la langue la
plus intelligible pour Rome.

Un des effets des hérésies d'Arius, d'Aetius et d'Eunomius
fut la nécessité pour les orthodoxes d'Orient de préciser leur
langage théologique. A cette tâche s'attachèrent surtout les
trois docteurs cappadociens dont, en matière de conclusion,
nous étudierons la doctrine. Ils élucidèrent le sens des mots
οὐσία et ὑπόστασις, en les distinguant radicalement : οὐσία garda
pour eux, comme pour les Nicéens, la signification abstraite
d'essence spécifique ; ὑπόστασις prit le sens concret de personne,
d'individu subsistant formé par l'adjonction, à partir des caractères spécifiques qui constituent la nature commune, de caractères individuants qui particularisent et distinguent les différents individus de la même espèce. Ce langage, parfaitement
défini, était le mieux en accord avec l'usage et les traditions
philosophiques de l'Orient. Il était prôné par dessus tout par
Basile de Césarée et c'est celui que parlait Mélèce. Le langage
de Paulin, au contraire, transcription exacte de la langue
théologique de Rome, s'il était plus accessible aux Latins était
compromis auprès des Orientaux par les Sabelliens et les
Ariens. C'est ce dont s'explique Basile, en une lettre de 375
adressée aux notables de Néocésarée, ville où sous la formule
τρία πρόσωπα la vieille hérésie sabellienne commençait depuis un
an à se réveiller.

« Il ne suffit pas de compter les personnes différentes, il faut
encore confesser que chaque personne existe dans une véritable
hypostase, ἀλλὰ χρὴ ἕκαστον πρόσωπον ἐν ὑποστάσει ἀληθινῇ ὑπάρχον
ὁμολογεῖν. Sabellius ne nie pas un déguisement accidentel sui-

vant divers personnages τὸν ἀνυπόστατον τῶν προσώπων ἀναπλασμὸν, lorsqu'il affirme que Dieu est comme un suppôt, mais qu'il s'est transformé, suivant ses besoins successifs, pour parler tantôt comme Père, tantôt comme Fils, tantôt comme Saint-Esprit. Voilà l'ancienne erreur qui était éteinte, mais que ressuscitent les auteurs cachés de la nouvelle hérésie, ceux qui rejettent les hypostases et qui renient le nom du Fils de Dieu [1] ».

Non seulement l'expression τρία πρόσωπα fait le jeu des Sabelliens, mais il fait aussi celui des Ariens. C'est ce que Basile montre la même année dans une lettre au comte Térence, nommé gouverneur impérial d'Antioche, au moment où la persécution de Valens et les intrigues ariennes ont exilé Mélèce. Il n'y avait plus comme évêque catholique résidant à Antioche que Paulin : en cette qualité il venait de recevoir une lettre flatteuse du pape Damase l'investissant d'une sorte de commission pour informer sur la doctrine d'un homme dissimulé, le prêtre Vital et « des autres ». Les Pauliniens exultaient et, forts de la confiance papale, proposaient aux Méléciens de communier avec eux. Basile met aussitôt en garde Térence, homme de grande piété, contre l'invitation de Paulin et les conséquences qui ne manqueraient pas de résulter de l'adoption de son langage.

« Songez-y, mon illustre ami : les corrupteurs de la vérité, je parle de ceux qui cherchent à faire pénétrer l'arianisme dans la foi saine, n'ont d'autre prétexte pour repousser le symbole des Pères que le mot ὁμοούσιος qu'ils interprètent d'une manière calomnieuse, en nous faisant dire que le Fils est consubstantiel au Père en hypostase, τὸν Υἱὸν κατὰ τὴν ὑπόστασιν ὁμοούσιον. Si nous prêtons le flanc, en nous laissant emporter par ceux qui, soit simplicité, soit méchanceté, disent cela ou une chose approchante, inévitablement nous fournissons des armes contre nous, et nous fortifions l'hérésie en ceux dont l'unique soin est moins de démontrer leur doctrine que de calomnier la nôtre. Or, quelle calomnie serait plus dangereuse et plus capable de

____

1) Basile, *epist*. CCX, 5.

troubler les masses que si quelques-uns des nôtres étaient pris
à dire une seule hypostase en parlant du Père, du Fils et du
Saint-Esprit ? Il ne suffît pas d'ajouter qu'on distingue les personnes, puisque Sabellius admettait cette distinction. Il professait que Dieu est réellement un en hypostase, ἕνα μέν εἶναι τῇ
ὑποστάσει τὸν Θεὸν, mais qu'il avait voulu dans l'Écriture prendre
différents masques. προσωποπεῖσθαι διαφόρας ... : tantôt parlant
comme Père, tantôt comme Fils...[1], enfin prenant le rôle du
Saint-Esprit, τοῦ Πνεύματος προσωπεῖον, parce qu'il y a utilité à
jouer ce rôle, ἀπὸ τοῦ τοιούτου προσώπου. Si donc parmi nous, il en
est qui disent que le Père, le Fils, le Saint-Esprit sont comme
un suppôt unique, ἐν τῷ ὑποκειμένῳ, et se contentent de confesser
trois personnes parfaites, τρία πρόσωπα τέλεια, ne sembleront ils
pas fournir une irréfragable preuve à l'appui de la calomnie
arienne ?[1] »

Ainsi Basile de Césarée, se rendant compte de l'état des
esprits en Orient, soutient Mélèce contre Paulin, malgré Athanase et malgré Rome, parce que Mélèce détient la priorité des
droits à l'épiscopat, parce qu'il a courageusement confessé l'orthodoxie, mais surtout parce que, lui Basile, croit la foi inté-
ressée au maintien du langage de Mélèce. Dès lors, il multiplie
les démarches. Voyant d'abord dans le schisme d'Antioche une
question purement locale, qui ressort uniquement aux tribu-
naux ecclésiastiques de l'Orient, il écrit en 371, deux lettres à
Athanase, le priant d'intervenir personnellement pour réunir à
la nombreuse église mélécienne la petite église de Paulin.
Athanase répond que l'affaire est engagée près du Saint-Siège
(sur les démarches de Paulin) et qu'il faut recourir au pape.
Basile s'y résigne, en priant toutefois Athanase de veiller à ce
que les Occidentaux ne viennent pas tout brouiller et causer
des schismes sous prétexte de mots, περὶ τὰ πρόσωπα σχιζομένην[2].
Mais, en vain écrit-il conciliairement pour demander d'une manière générale que l'Occident secoure l'Orient ; en vain écrit-il

1) Basile, *Ad Terentium*, epist. CCXIV.
2) Basile, *Ad Athan.*, epist. LXIX, 2.

personnellement au pape Damase : tant de démarches en faveur de Mélèce ne font qu'indisposer Rome contre lui. Basile se plaint de la hauteur du « sourcil romain »[1] ; Damase ne correspond plus avec lui que par l'intermédiaire d'Alexandrie.

Ces déconvenues ne découragent pas le zèle de Basile pour la cause de son ami, parce qu'elle est liée à la cause des « trois hypostases ». En 376, Épiphane s'étant rendu à Antioche pour faire une enquête sur les deux partis, s'en revint découragé, inclinant pourtant vers le prétendant favorisé par le Saint-Siège. Il écrit donc à l'évêque de Césarée vers l'an 377, l'engageant à envoyer à Paulin des lettres de communion. Basile lui répond, en termes pleins de déférence et de charité, qu'il désire la paix plus que personne, mais qu'on ne peut forcer Mélèce d'entrer en communion avec son compétiteur; puis il ajoute, trahissant sa véritable préoccupation :

« Ce qui m'a particulièrement consolé, c'est l'exactitude avec laquelle ... vous déclarez qu'il est nécessaire de confesser au nombre de trois les hypostases, τὸ τρεῖς ἀναγκαῖον εἶναι τὰς ὑποστάσεις ὁμολογεῖν. Que les frères d'Antioche apprennent cela de vous ! Mais certainement, ils l'ont déjà appris ; car, sans doute, n'avez vous pas communiqué avec eux, avant que de vous être assuré d'abord et spécialement sur ce point[2] ».

Cependant, le 1er janvier 379, Basile mourait. Pour Mélèce, les choses allaient de mal en pis. Le prêtre Evagrius, d'une famille noble d'Antioche, grand ami de Basile et partisan de Mélèce, à la suite d'un voyage à Rome s'était mis à soutenir Paulin. Pierre, le successeur d'Athanase sur le siège épiscopal d'Alexandrie, ne se contentait pas d'être sympathique à Paulin ; il était ouvertement hostile à Mélèce. Surtout, Evagrius avait ramené de Rome à Antioche une petite colonie de Latins, qui venaient en Orient s'abandonner à la vie monastique. Parmi eux figurait Jérôme. A peine celui-ci s'était-il retiré dans le désert de Chalcis que les querelles suscitées par le schisme d'An-

---

1) Basile, *Ad Eusebium Samosat.*, epist. CXXXVIII, 2.
2) Basile, *Ad Epiphanium*, epist. CCLVIII, 3.

tioche viennent troubler sa solitude. Des moines l'accusent de sabellianisme, parce que, employant la terminologie trinitaire latine, il dit « trois personnes » au lieu de « trois hypostases ». On veut également l'obliger à se prononcer sur le légitime pasteur d'Antioche, Mélèce ou Paulin. L'accusation d'hérésie fait s'indigner Jérôme : « On m'appelle hérétique, moi qui confesse l'ὁμοούσιος de la Trinité ! On me taxe de sabellianisme, moi qui confesse à haute voix trois personnes subsistantes, vraies, complètes, parfaites ! Si mes accusateurs sont ariens, à la bonne heure ! S'ils sont orthodoxes, ils cessent de l'être, par le fait même qu'ils m'accusent. Mais à leur aise ! qu'ils me condamnent comme hérétique avec l'Occident, comme hérétique avec l'Égypte, je veux dire avec Damase, avec Pierre[1] ». Il en réfère alors au pape Damase, invoquant ses droits de citoyen romain, dans une lettre qui est un véritable réquisitoire contre les Méléciens :

« Quoi ! aujourd'hui après la foi de Nicée, en dépit du concile d'Alexandrie auquel s'est rallié tout l'Orient, un mot nouveau « trois hypostases » est exigé de moi, homme romain, par des campagnards issus des Ariens ! Quels sont donc, je vous prie, les Apôtres qui ont apporté ces nouveautés ? Quel Paul les a enseignées aux nations ? Nous leur demandons ce qu'ils entendent par trois hypostases ; ils nous répondent : Trois personnes subsistantes. Nous répliquons que telle est notre foi, mais le sens ne suffit pas, on exige de nous la formule qui recèle évidemment quelque venin caché... Parce que je rejette la formule qu'on me propose, je suis traité d'hérétique. Pourtant, dès que l'on prend le mot hypostase pour synonyme du mot ousie, on doit confesser une seule hypostase dans trois personnes, sous peine d'être séparé du Christ, et pour cette confession, qui est la vôtre, je suis traité de Sabellien.

« Décidez qu'il y a trois hypostases, et je m'inclinerai : Promulguez un nouveau symbole en face du symbole de Nicée, et nous autres orthodoxes nous conformerons notre langage à

----

1) Jérôme, *Ad Marcum*, epist. XVII.

celui des Ariens. Toutefois, l'école des lettres séculières n'a
jamais, sous le nom d'ὑπόστασις, reconnu autre chose que l'οὐσία.
Et quelle bouche sera assez sacrilège, je vous le demande, pour
proclamer trois ousies ? C'est la même divinité qui subsiste en
trois personnes : Divinité qui est vraiment une seule nature.
Parler de trois hypostases ou de trois essences, c'est, tout en
gardant le masque de la foi, distinguer trois natures. S'il en est
ainsi, pourquoi nous tenons-nous séparés d'Arius dont nous
partageons l'impiété? Votre Béatitude doit composer avec
Ursin, Ambroise avec Auxence! Mais que Dieu en préserve la
foi romaine..., qu'il nous suffise de dire une substance, trois
personnes subsistantes, parfaites, égales, coéternelles. Que l'on
supprime les trois hypostases, s'il vous semble bon, et qu'on
n'en garde qu'une seule, *taceantur tres hypostases, si placet, et
una teneatur*. Ce n'est pas un bon signe d'exprimer le même
sens sous des mots différents. Que la foi nous suffise, telle qu'on
nous l'a apprise.

« Cependant si vous jugez bon que nous disions trois hypostases avec les interprétations qu'ils en donnent, nous ne nous
y refuserons pas. Mais, croyez-moi, il y a du venin sous ce miel...
Ils interprètent l'hypostase dans un sens juste et cependant
lorsque j'affirme admettre leur façon de penser, ils me traitent
d'hérétique ! Pourquoi s'entêter ainsi à un seul mot? Que ca-
chent-ils sous un terme ambigu? Si leur foi est conforme à leur
interprétation, je ne condamne pas leur usage. Si ma foi est la
même, comme ils feignent de le penser, qu'ils me permettent
aussi d'avoir mes mots pour exprimer un sens qu'ils admettent... [Mais] ces campagnards, joints aux hérétiques de Tarse,
n'ont qu'un désir : s'appuyer sur l'autorité de votre communion pour affirmer trois hypostases suivant l'ancien sens[1]. »

Comme cette longue lettre exprime bien les tribulations de la
conscience d'un orthodoxe de langue latine! Les raisons, plai-
dées si excellement par Basile, pour s'en tenir en Orient à l'expression τρεῖς ὑποστάσεις échappent complètement à Jérôme. Il

____

1) Jérôme, *Ad Damascum*, epist. XV.

n'en voit pas les avantages ; mais, à son point de vue d'Occidental, il en pressent tous les inconvénients. Dans la littérature
latine profane les deux mots ὑπόστασις et οὐσία sont toujours tenus
pour équivalents : confesser, dès lors, trois hypostases, n'est-ce
pas confesser trois natures différentes, ce qui est le propre de
l'arianisme. Si donc les Orientaux confessent la même foi que
les Latins, pourquoi s'obstiner dans leurs formules ; pourquoi.
exiger, surtout de ceux qu'ils savent pertinemment être orthodoxes, qu'ils s'expriment au moyen de ces mêmes formules
singulières ? Cela est suspect à Jérôme. Il ne sait pas que *persona* et πρόσωπον ne sont pas termes équivalents en grec et en
latin. Il ne sait pas combien en Orient le sabellianisme est
prompt à renaître, et, plus prompts encore les Ariens à accuser de Sabelliens les orthodoxes. Alors le terrible polémiste y va
de son hypothèse. Si les Orientaux insistent à ce point, c'est
qu'ils veulent, à la faveur de leurs explications trompeuses,
arracher de Rome l'assentiment de l'expression τρεῖς ὑποστάσεις,.
en laissant croire qu'ils l'entendront toujours dans le nouveau,
sens orthodoxe qu'ils viennent de définir, mais au fond en
escomptant bien qu'elle sera prise par les fidèles suivant l'ancien sens, celui de Nicée, qui identifie hypostase et ousie. Et
ainsi, sous les auspices de Rome, en toute tranquillité et avec.
prestige, ils prêcheront sournoisement l'arianisme.

Ainsi s'oppose, dans un saisissant contraste, deux saints
docteurs également préoccupés des questions de langage qui
divisent les orthodoxes et des avantages qu'en peut retirer
l'arianisme. L'un, le vieil évêque grec, qui n'entretient avec le
pape que des relations officielles, se plaint à juste titre, dans sa
lettre confidentielle à Térence, de ce que l'Occident ne comprend
pas la question orientale et que les Pauliniens abusent de la
protection de Rome. L'autre, le jeune prêtre latin, qui s'adresse
librement au pape comme un ami respectueux, s'indigne qu'en
Orient on méprise son titre de catholique romain, et, cédant à
sa fougue, presse Damase de trancher la question à coup d'anathèmes en faveur de ceux d'Antioche qui latinisent. L'un et
l'autre s'en remettent à la chaire de saint Pierre, mais préco-

nisent des remèdes diamétralement opposés. Cette divergence
nous aide à mieux comprendre comment, en toute bonne foi,
Nicéens et Eusébiens ont pu pendant de longues années s'ana-
thématiser, se déposer et se combattre, bien que professant les
mêmes croyances. La question en jeu est une question de dogme,
mais c'est aussi celle de la suprématie de Rome en matière de
langue, de doctrine, de juridiction administrative et disciplinaire. Rome réclame l'hégémonie du monde chrétien en vertu
du privilège de Pierre, mais l'Orient lui dispute son automonie
parce qu'il est le berceau de l'Église. Dans cette lutte longtemps
incertaine, qui met aux prises l'Orient et l'Occident, Rome
l'emportera ; mais il appert aux yeux de l'historien non prévenu
que bien des malentendus, des rivalités, des conflits eussent été
évités, si les Latins avaient mieux su pénétrer la question
orientale, s'ils n'avaient pas pris pour des divergences de
doctrines ce qui n'était que des divergences d'expressions,
s'ils avaient mieux su apprécier l'opportunisme d'un langage
très technique qui n'était certes pas la traduction littérale
du langage romain, mais qui en était la transposition adéquate. Dans cette lutte, qui faillit dégénérer en schisme irré-
ductible, l'esprit de conciliation et le bon sens sont plus souvent du côté des Orientaux que des Latins, des Eusébiens que
des Nicéens, de Basile que de Jérôme, bien que tous soient
également orthodoxes zélés et furieux adversaires de l'arianisme. Il faudra l'exil d'Athanase en Gaule, d'Hilaire en Asie,
le long séjour de saint Jérôme en Orient, les multiples relations du grec Épiphane avec l'Occident pour que la fusion
entre les esprits peu à peu se réalise.

Au demeurant, le pape Damase qui va recueillir les bénéfices
de la longue lutte, souvent indécise mais finalement victo-
rieuse, que Rome conduit contre l'Orient, soucieux de ne point
compromettre son autorité, ne se hâte point de répondre
aux ambassades de Basile ou aux sollicitations pressantes de
Jérôme. A une question de terminologie, l'imprudent Lucifer
avait greffé une question de droit canon, et Basile se servait
des droits de priorité de Mélèce pour défendre sa terminologie ;

tandis que Jérôme invoquait précisément le danger de cette terminologie pour passer outre sur ces droits. Condamner les trois hypostases, c'était désavouer Basile de Césarée, la gloire la plus pure de l'Asie, le soutien le plus ferme de l'orthodoxie en Orient, mais condamner l'unique hypostase, c'était désavouer le langage de Nicée. Rome temporise et Jérôme renouvèle ses demandes et presse le pape de lui dire avec qui il doit communiquer :

« L'Église est divisée en trois partis. On cherche à m'attirer... et je ne cesse de crier : Si quelqu'un des prétendants est uni à la chaire de Rome, je suis à lui, mais Mélèce, Vital et Paulin déclarent qu'ils sont en communion avec vous. Si un seul le disait, je pourrais le croire. Mais certainement deux au moins mentent, et peut-être tous les trois[1]. »

En vérité, des trois un seul mentait, c'était Vital.

En réponse à la première requête de Basile, le pape Damase s'était borné à lui faire parvenir par un diacre latin la lettre synodale qu'avait rédigée le concile de Rome tenu en 369 contre l'arien Auxence[2]. Il y était recommandé de s'en tenir à la foi de Nicée. Dans une seconde réponse à Basile en 374, Damase dit sa satisfaction d'apprendre l'accord de l'Orient et de l'Occident sur le mot οὐσία; il proclame l'orthodoxie du mot latin *persona*, en le dégageant de tout sens sabellien; mais il ne dit rien au sujet d'ὑπόστασις sur lequel porte justement le litige[3]. En 375, Damase affirme sa communion avec Paulin en lui donnant une véritable commission pour informer sur Vital. En 380, le Pape adresse encore à Paulin les mémorables anathèmes fulminés par un nouveau concile romain contre les hérésies persistantes de l'époque[4]. On y révèle, au canon 21, l'emploi et la définition officiellement et définitivement orthodoxes de *persona* pour désigner les trois termes de la Trinité : « Si quis non tres personas non dixerit veras Patris et Filii et Spiritus

1) Jérôme, *Ad Damascum*, epist. XVI.
2) *P. L.*, t. XIII, col. 134.
3) Opp. Damasi, *epist.* 2, *fragmentum 1um*, P. L., t. XIII, col. 350.
4) Opp. Damasi, *epist.* 4, *Confessio fidei catholicae*, P. L., t. XIII, col. 358.

sancti, aequales..., anathema sit. » C'est précisément et iden‑
tiquement dans le même sens que Basile et les orthodoxes
orientaux employaient ὑπόστασις. Mais πρόσωπον, traduction littérale de *persona*, garde les secrètes préférences de Rome. Ainsi
le pape Damase n'intervient pas et atermoie. Les longues disputes au sujet de l'homoousie l'ont averti d'être prudent. Il veut
sauvegarder le magistère de l'Église romaine, et n'en point
compromettre le prestige en prenant malencontreusement par‑
tie dans une question mal étudiée. Il laisse faire la force des
choses Elle va procurer la solution la plus simple : la juxtaposition des deux formules, également consacrées par l'usage et
qui s'imposent, par suite de leur longue prescription, comme
également légitimes.

Les artisans de cette solution sont, avant tout, Mélèce et Grégoire de Naziance. Mélèce, à son retour d'exil en 379, fit reconnaître à Rome son orthodoxie et l'importance de son parti par
une lettre synodale couverte de signatures [1]. Il y souscrivait
au passage du concile romain de 374, où trois personnes sont
affirmées. Il entre en composition avec Paulin, avec qui il
convient qu'à la mort d'un des deux évêques, le survivant
serait reconnu par toute l'Église d'Antioche.

Grégoire de Naziance, théologien d'une clarté et d'une précision merveilleuses, admettait pleinement le bien fondé de la
terminologie de Basile, qu'il avait concouru pour sa part à établir et à imposer. Mais à cette heure où la querelle d'Antioche
avait envahi tout l'Orient, il avait plus encore à cœur le souci
de la paix. Appelé du monastère de Sainte-Thècle par le clergé et
les fidèles de Constantinople qui, longtemps opprimés par les
Ariens, à l'avènement de Théodose voyaient luire l'espérance
de jours meilleurs, il intitule les premiers discours qu'il tient
dans la métropole *Orationes de Pace*, titre qu'il devait ainsi
commenter un jour : « Mes enfants, savez-vous ce qu'il y a de
meilleur au monde? Examinons ensemble... Moi je vous dirai
que c'est la paix... Il y avait chez les Hébreux une loi qui défen-

1) P. L., t. XIII, col. 353.

dait la lecture de certains livres aux âmes mal assurées. Il faudrait qu'on défendît chez nous, à n'importe quelle personne, de disputer à tout heure sur la foi[1]. » Déjà, dans son premier discours, il prêche la prudence et la modération[2]. Dans le second, il en vient au sujet brûlant[3]. Les uns disent que le mot « hypostase » a une odeur arienne, les autres que le mot « personne » a une saveur sabellienne : il suffit de confesser la Trinité parfaite de Trois Parfaits, Τριάδα τελείαν ἐκ τελείων τριῶν, sans plus. s'inquiéter d'autre chose. Telle sera désormais sa manière : il évite les expressions d'hypostases et de personnes, ou bien il les juxtapose. Lors du concile de Constantinople en 381, où, malgré ses efforts pour faire respecter le pacte conclu entre Mélèce et Paulin, la majorité des évêques, composée de Méléciens ardents, ravive le schisme d'Antioche en consacrant Flavien du vivant de Paulin ; quand, découragé, il renonce à son siège de Constantinople, pour fuir dans sa chère solitude ; en son discours d'ultime adieu, il revient sur cette terrible question de terminologie et s'écrie : « Une seule nature dans Trois, c'est Dieu... Laissons toutes ces déviations et ces fluctuations rivales de langage. Ne soyons pas Sabelliens, en défendant le « un » contre le « trois » par une confusion qui supprime la distinction. Ne soyons pas Ariens, en soutenant le « trois » contre le « un » par une division qui détruise l'unité... Le *Un*, nous le reconnaissons dans l'ousie et dans l'inséparabilité de l'adoration. Les *Trois*, nous les confessons dans les hypostases, ou les personnes, comme certains préfèrent dire, τὰ δὲ τρία ταῖς ὑποστάσεσιν, εἴτ' οὖν προσώποις, ὅ τισι φίλον. Car il faut en finir avec cette querelle ridicule, élevée entre frères, comme si notre religion consistait dans les mots et non dans les choses »[4] !

La parole du merveilleux orateur porta ses fruits. L'année suivante, les mêmes évêques qui avaient renouvelé le schisme d'Antioche un an auparavant, se réunirent de nouveau (382).

1) Grég. de Nazianze, *Orat.* XXXII.
2) Grég. de Nazianze, *De pace*, II, *orat.* XXII.
3) Grég. de Nazianze, *De pace*, III, *orat.* XXIII.
4) Grég. de Nazianze, *In supremum vale*, orat. XLII, 16.

Ils offrirent leur communion aux Pauliniens et dans la confession de foi qu'ils envoyèrent au pape Damase, ils déclarèrent : « Nous croyons que la divinité, la puissance, l'ousie, est unique dans le Père, le Fils et le Saint-Esprit : égale gloire et coéternelle domination dans les trois parfaites *hypostases*, ou trois parfaites *personnes*, ἐν τρισὶ τελείαις ὑποστάσεσιν, ἤγουν τρισὶ τελείοις προσώποις[1]. »

Cette formule fut admise à Rome, et, par la suite, adoptée dans les correspondances dogmatiques de l'Orient et de l'Occident. Les deux terminologies étaient tenues officiellement pour équivalentes. Si le mot latin s'était imposé à l'Orient, le mot grec persistait, et la Feuille de Sardique, symbole de l'intransigeance nicéenne, était définitivement déchirée.

Que si nous jetons un coup d'œil rétrospectif sur toute cette histoire, les conclusions qui résultent de l'étude des faits découlent d'elles-mêmes. Les controverses trinitaires entre orthodoxes de langue latine et de langue grecque qui se déchaînent après Nicée jusqu'à la fin du ive siècle, peuvent, durant leur phase la plus aiguë, se répartir en deux périodes : du concile de Nicée au concile d'Alexandrie, c'est la dispute sur l'homoousie ; du concile d'Alexandrie jusqu'au concile de Constantinople, c'est la querelle des hypostases. L'une comme l'autre est une simple chicane de mots où les parties adverses croient reconnaître, à tort, une controverse dogmatique. L'un et l'autre parti sont également orthodoxes et le parti pris des historiens ecclésiastiques d'aujourd'hui est singulier, qui traitent les Eusébiens de Semi-Ariens, comme si composaient avec l'hérésie abhorrée ceux qui, dans leurs décisions synodales, l'ont toujours formellement condamnée; comme si Basile d'Ancyre pouvait être dit moins orthodoxe qu'Athanase, ou Basile de Césarée que le pape Damase, alors qu'ils le sont assurément plus que les deux Nicéens, Marcel d'Ancyre et Lucifer de Cagliari. Singulier aussi est le minutieux procès e gagé sur le pape Libère, accusé de « chute » pour avoir signé,

[1] Théodoret, *H. E.*, V, 11.

avec quelle surenchère de réserves, la troisième formule de Sirmium, comme si cette formule n'était pas orthodoxe et comme si le pape Libère ne préludait pas ainsi à l'œuvre bénie de conciliation qu'allaient entreprendre, en Gaule et en Italie, Hilaire et Eusèbe de Vercueil. Comme si, enfin, parce que les historiens de l'antiquité, cause et partie dans ces disputes, ont pu s'y méprendre, parce que Tillemont, Fleury ou Bossuet ne les ont pas relevés, la critique moderne n'avait pas le devoir d'atteindre à une conception des faits au moins aussi objective que celle à laquelle étaient parvenus, après doctes études, informations et confrontations sur place, saint Hilaire et saint Athanase. Bien plus, à chercher lequel des deux partis fut le plus souvent conciliant, il est difficile de ne pas reconnaître que ce fut le parti eusébien. Incessamment il fait des avances que repoussent les Nicéens, et si ce sont deux Nicéens, Athanase et Hilaire, qui résolvent le premier conflit, l'un à la suite de son exil en Gaule, l'autre à la suite de son exil en Orient, c'est un eusébien au fond, un partisan des hypostases, qui résoud pratiquement le second : Grégoire de Nazianze.

Est-il plus juste de dire, par ailleurs, que des deux partis rivaux l'un a fini par l'emporter ? Faut-il confesser, par exemple, avec M. Loofs[1] que la première controverse est le triomphe de l'homoïousiasme ?—De l'homoïousiasme pas plus que de l'homoousiasme, répondrons-nous, de Damase pas plus que de Basile, puisque les deux théories opposées, à être confrontées, se révélèrent comme identiquement orthodoxes et que leurs deux terminologies rivales furent, dès lors, acceptées ou tolérées de part et d'autre.

Par contre, ces controverses entre orthodoxes font le jeu des Ariens notoires. L'Arianisme, en ce tumultueux quatrième siècle, représente un retour offensif de l'esprit hellénique, esprit éminemment critique, qui, avec Lucien d'Antioche, Arius, Ætius et Eumonius, applique aux textes saints les méthodes de l'exégèse moderne et aux discussions dogma-

1) Cf. surtout : *Real Encyclop. f. protest. Theol. u. Kirche*, t. II, p. 1897, art. *Arianianus*, von Loofs, p. 166.

tiques la rigueur de la dialectique du lycée. C'est Antioche, la métropole de l'esprit grec, où survit le prestige du souvenir des Séleucides, qui est le centre de cette école rationaliste : après l'arianisme, elle lancera le nestorianisme, contestant l'identité de Jésus et du Verbe, et ramenant la rédemption à la notion et à l'imitation du progrès moral de Jésus. On peut imaginer le parti que tirèrent ces esprits cultivés, rompus à toutes les finesses de la langue, ayant médité les *Topiques* et la *Réfutation des sophismes* d'Aristote, des dissensions maladroites entre orthodoxes, esprits lents sinon de bonne volonté qui s'embarrassaient des moindres amphibologies de langage, que le passage d'une langue à l'autre déroutait, et qui, dans l'obsession de voir partout se glisser l'hérésie, se suspectaient, se dénonçaient et s'anathématisaient mutuellement. Combien il leur fut aisé, en montrant les orthodoxes s'accuser ainsi de sabellianisme ou d'arianisme pour un *iota*, de circonvenir l'empereur et les fidèles en les persuadant qu'ils représentaient, contre l'esprit de chicane, le parti de l'ordre, de la raison et de la paix. Combien souvent le futur empereur apostat, Julien, au fait de ces disputes et de ses arguties, dut subtilement sourire en se disant que pour précipiter la ruine du christianisme, et ramener sur la terre attristée la triomphante beauté et la sérénité joyeuse des dieux du paganisme, il lui suffirait de rendre la liberté à toutes les sectes, de rappeler d'exil les évêques proscrits. pour les voir aussitôt s'entredéchirer[1]. Et ainsi, au lieu de s'unir contre l'ennemi commun, Nicéens et Eusébiens, pour un *iota*, perdent un temps précieux et fournissent des armes à leurs plus mortels adversaires, quand ils ne font pas bloc avec eux, *O miseras hominum mentes!*

Quelle est donc la raison cachée de leurs dissensions intestines. mise à part l'équivoque créée par le langage? La mort de Constantin nous fait assister à la séparation de l'Occident et de l'Orient en deux empires séparés par la langue, les mœurs, l'esprit, les traditions, qui tendent à une sorte d'autonomie

1) Ammien Marcellin, XXII, 5.

politique, économique, littéraire, et même religieuse. Rome
supporte impatiemment la liberté que prennent les Églises
d'Asie. Détenant le magistère de l'Église, Mère de toutes les
Églises, elle est responsable et se réserve d'intervenir dans
tous conflits doctrinaux et judiciaires, dogmatiques et de droit
canon, de décider en dernier ressort des dépositions et des no-
minations d'évêques comme de la justesse de la terminologie
qu'ils emploient. L'Orient, jaloux de ses privilèges, se dérobe
et discute : si les Latins veulent se mêler de ses affaires, à eux
d'apprendre leur langue, pour ne pas venir tout troubler par
de misérables querelles de mots ; à eux de venir enquêter sur
place ; d'être au fait de la question orientale. Mais Rome répond
qu'elle parle *Urbi* et *Orbi*. En parlant *Urbi*, elle parle latin :
c'est au monde, *Orbi*, d'apprendre sa langue, d'en comprendre
les termes et de parler comme elle. Et ainsi, au milieu de ces
luttes incertaines entre orthodoxes, comme la raison secrète
qui les entretient et les explique en partie, s'agite la question
romaine, la question de la primauté du siège de Pierre que le
pape Damase arrive à faire prévaloir.

V. — La doctrine trinitaire des Cappadociens.

Un des résultats de l'arianisme et des controverses qu'il
suscita parmi les orthodoxes, fut de faire progresser le dogme
trinitaire et d'en fixer la terminologie. Les orthodoxes ne
purent parvenir à s'entendre qu'en définissant le sens des mots
qu'ils employaient, et, d'autre part, les orthodoxes ne pouvaient
soutenir sans impatience le contraste avec les Ariens, dont la
langue était remarquablement précise, au point que Théodoret
dit de l'un d'eux, Eunomius : sous sa plume, la théologie devient
de la technologie[1].

La doctrine trinitaire des Nicéens était aussi pauvre que leur
terminologie était confuse. En proclamant le Fils ὁμοούσιος au
Père, ἐκ τῆς οὐσίας τοῦ Πατρός, que voulaient-ils au juste signifier ?

1) Théodoret, *Fabr. Haer.*, IV, 3, P. G., t. LXXXIII, col. 420.

Athanase et Epiphane se sont chargés de nous l'apprendre[1] :
ils entendaient, contre l'arianisme, que le Fils n'est pas créé du
néant ni d'un acte libre de la volonté du Père, mais que sa
génération est nécessaire; contre les Apologètes du ii⁰ siècle,
que sa progression à partir du Père n'est pas temporaire, mais
éternelle ; contre tous les systèmes subordinatiens, que le titre
à la divinité du Fils est égal à celui du Père, qu'ils participent
l'un comme l'autre de la même excellence divine, ceci étant aussi
vrai du Saint-Esprit. Mais en quoi consistait au juste ce qu'il y
a d'identique entre les trois termes de la Trinité et ce qu'il y a
de différent : voilà ce à quoi les plus grands parmi les Nicéens,
Hilaire et Athanase, ne répondent que confusément ou ne
répondent pas du tout. On est à peu près d'accord sur les formules *una substantia, tres personæ*, en Occident, μία οὐσία, τρεῖς
ὑποστασεῖς ou τρία πρόσωπα, en Orient. Restait à définir très précisément ces différents termes. C'est ce que vont faire trois saints
docteurs, Basile, Grégoire de Nazianze et Grégoire de Nysse,
dont les noms étincellent au ciel de l'Église de Cappadoce, en
cet extrême iv⁰ siècle, comme autant d'étoiles vénérées. Lettrés
fins, formés aux écoles polies de la docte Athènes, ils étaient
tout naturellement disposés à faire servir les ressources de la
philosophie profane à la justification rationnelle d'un dogme
où Eunomius enfermait une contradiction[2] et qui était proposé
à l'esprit des fidèles comme une pierre d'achoppement et un
scandale logique.

Dans sa XXXVIII⁰ lettre à son frère Grégoire de Nysse[3], sur
la différence d'οὐσία et d'ὑπόστασις, Basile commence par dénoncer
l'erreur de ceux qui, jugeant qu'οὐσία et ὑπόστασις ne diffèrent en
rien, soutiennent au sujet de la Trinité, tantôt qu'il n'y a
qu'une essence et qu'une hypostase, tantôt qu'il y a trois
hypostases et trois essences : « Beaucoup ne distinguent pas

---

1) Athanase, *De Decretis Nicaenae Synodi*; Épiphane, *Adv. Haer.*, 76, 7,
P. G., t. XLII, col. 528.

2) Les théories d'Eumonius étaient exposées dans son livre intitulé l'*Apolo-
gétiquè*, P. G., t. XXIX, col. 697-773.

3) *P. G.*, t. XXXII, col. 325-328.

dans le dogme entre la communauté de l'essence et la raison
des hypostases. Ils s'en font une même idée, et ils pensent
qu'on peut dire indifféremment essence et hypostase. De là
vient qu'à plusieurs qui se décident sans examen sur ces choses,
il semble bon d'affirmer en Dieu une seule hypostase, de même
qu'on affirme une seule essence. D'autres, au contraire, qui
admettent trois hypostases, pensent, en raison de cette confusion, qu'il faut distinguer un même nombre d'essences. » Pour
éviter de tels errements, il faut définir les termes d'essence et
d'hypostase : « Parmi les noms, écrit-il, il en est qui se disent
de choses multiples et numériquement différentes les unes des
autres ; ils ont, en quelque sorte, une signification universelle : tel est le nom d'*homme*. Celui qui prononce ce mot,
désigne, par là, une nature commune, κοινή φύσις : il ne désigne
aucun homme en particulier. Pierre, en effet, n'est pas davantage homme qu'André, Jean ou Jacques. Comme la signification d'un tel nom est générale, qu'elle s'étend identiquement à
tous les êtres subsumés sous ce nom, elle a besoin d'être parti-
cularisée afin de nous faire connaître, non plus l'homme en
général, τὸν καθόλου ἄνθρωπον, mais Pierre ou Jean. Aussi certains noms ont-ils une signification particulière qui ne nous
conduit plus à considérer, dans ce qu'ils désignent, la communauté de nature, ἡ κοινότης τῆς φύσεως, mais l'individualisation
d'un certain sujet, ἡ πράγματός τινος περιγραφή ; ce sujet n'a plus
rien de commun avec un autre sujet de même espèce, en tant
qu'il est individualisé : tels sont les noms de Paul ou de Timothée. »

Les noms de cette première espèce, qui portent sur la nature
commune à tous les individus d'une même espèce, désignent
une οὐσία.

« Si donc on considère, en deux ou plusieurs choses, ce
qu'elles ont de commun, κατὰ τὸ αὐτὸ ὄντων ; si, par exemple,
considérant Paul, Sylvain et Timothée, on cherche la définition
(λόγος) de l'οὐσία de l'homme, ou ne pourra fournir, à propos de
Paul, une définition de cette οὐσία, une autre à propos de Sylvain,
une autre encore à propos de Timothée ; les termes qui auront

servi à définir l'οὐσία de Paul s'appliqueront adéquatement à la définition de l'οὐσία des autres ; et tous les êtres qui sont définis par un même énoncé de l'οὐσία sont ὁμοούσιοι. »

Ainsi l'οὐσία désigne l'essence spécifique, la nature commune à tous les individus d'une même espèce, qui sont dits, pour cela même, ὁμοούσιοι. En tant que membres de cette espèce, ils ont une seule et même définition. Pierre tout comme Paul, Socrate comme Platon, en tant qu'ils font partie de l'espèce humaine, seront également définis : un animal raisonnable. Cette définition de οὐσία est conforme à celle que donnait Aristote des δεύτεραι οὐσίαι, et, plus particulièrement de l'espèce spécialissime, τὸ εἰδικώτατον εἶδος, qui n'a plus sous elle que les individus. La définition d'ὁμοούσιος s'accorde, d'autre part, avec la conception que s'en faisaient les principaux Nicéens. Nous avons vu Hilaire déclarer que par ὁμοούσιος il entend une égalité de nature qui implique une unité de nature, « unité non pas de personne, mais de genre [1] » ; Athanase avoue que « les hommes, par l'essence, sont de même nature, [et que] ce qui est de même nature est ὁμοούσιος »[2]. Plus précise encore est la définition qui se trouve dans l'anonyme qui lui fut attribué : « Ὁμοούσιος se dit de ce qui comporte la même définition de l'essence. Ainsi, l'homme en tant qu'homme ne diffère en rien d'un autre homme »[3] ; pareillement dans le *Liber de definitionibus* on lit : « Ὁμοούσιοι s'entend des êtres qui ont la même essence, mais qui témoignent de quelques différences : ainsi tous les hommes sont d'une seule et même espèce bien que comportant plus d'une différence »[4]. Enfin, le témoignage de Jean de Damascène est formel : « Les saints Pères donnent à l'espèce spécialissime, le nom d'essence, de nature, de forme (τὸ τῆς οὐσίας. καὶ φύσεως καὶ μορφῆς ὄνομα), et disent que l'essence, la nature, la forme et l'espèce spécialissime sont la même chose. [Ils ajoutent] que les individus contenus dans la même espèce spécialissime sont de même nature, de

1) *P. G.*, t. XXVIII, col. 1158.
2) *P. G.*, t. XXVIII, col. 545.
3) *P. G*, t. XXVIII, col. 1158.
4) *P. G.*, t. XXVIII, col. 545,

même essence (ὁμοούσιοι), de même genre et de même forme »[1].

Il reste à définir le sens d'ὑπόστασις : « Nous disons maintenant, continue Basile : qu'un nom employé d'une manière particulière sert à désigner l'hypostase. Celui qui dit : l'homme, par le sens indéterminé du nom qu'il fait résonner à nos oreilles n'engendre qu'une connaissance confuse, car ce nom, tout en signifiant une certaine nature, ne désigne pas un sujet subsistant et individuel, τὸ δὲ ὑφεστὼς καὶ δηλούμενον ἰδίως πρᾶγμα. Celui, au contraire. qui dit « Paul », désigne une nature subsistant (ὑφεστῶσα φύσις) dans le sujet indiqué par ce nom. L'hypostase ne répond donc pas à la notion indéterminée de l'essence, notion qui reste flottante par suite de sa généralité, mais à ce qui particularise et circonscrit l'essence commune et indéterminée dans un certain sujet par l'adjonction de caractères propres et individuants.

C'est ainsi que l'Écriture sainte en use dans beaucoup de cas, en particulier dans l'histoire de Job. Voulant parler de lui, elle se sert tout d'abord d'un mot commun « homme », mais aussitôt elle restreint cette généralité par un mot qui l'individualise « un certain, τίς »... Elle s'attache à bien faire connaître ce certain homme (τὸν τινά) par des notions qui lui soient propres, par son pays, par sa nationalité, et par tout un ensemble extrinsèque qui le sépare et le distingue des autres hommes. »

Ainsi l'hypostase désigne l'*individu subsistant* qui se distingue des autres individus de la même espèce par tout un ensemble extrinsèque de caractères individuants. Ces caractères portent les noms de : ἰδιότητες, ἰδιώματα, ἰδιαζόντα, σημεῖα, ἴδια γνωρίσματα, χαρακτῆρες, μορφαί, etc.[2]. Ajoutés aux caractères essentiels ou spécifiques, communs à tous les individus d'une même espèce, ce sont eux qui particularisent et distinguent les différents individus de cette espèce et qui permettent à l'essence spécifique, qui n'a pas d'existence séparée. de se réaliser dans ces individus qui lui servent de suppôts : « l'individu, écrira Damascène,

---

1) Jean Damascène, *Dial.*, 41, P. G., t XCIV, col. 608-609.
2) Basile, *Ep.* XXXVIII, 3, 4; *C. Eun.*, II, 28.

porte justement le nom d'hypostase, parce que c'est dans l'hypostase que subsiste l'ousie associée aux accidents »[1]. L'hypostase s'oppose donc à l'essence comme le particulier à l'universel, le propre au commun : « S'il faut dire en quelques mots ma pensée, je soutiens que la distinction logique entre l'οὐσία et l'ὑπόστασις est la même qu'entre le commun (τὸ κοινὸν) et le propre (τὸ μερικὸν) : car chacun de nous participe à la communauté de l'essence, et est tel ou tel par ses caractères propres. »[2]

Cette conception de l'hypostase est conforme à celle que se faisaient les Péripatéticiens de l'individu, désigné sous le nom voisin d'ὑποκείμενον ou sous celui d'ἄτομον : « le nom d'individus (ἄτομα), lisons-nous dans Porphyre commentant Aristote[3], provient de ce que chacun est constitué par des propriétés dont l'ensemble ne peut se rencontrer identiquement le même dans un autre individu »; et Ammonius, disciple de Porphyre, interprète ce texte comme suit : « Venons-en à l'individu, à Socrate par exemple. Ses propriétés sont d'être philosophe, chauve, gros, fils de Sophronisque, Athénien, etc. Chacune de ces propriétés peut se rencontrer dans d'autres individus, car il y a d'autres hommes chauves, d'autres camus, d'autres philosophes, d'autres Athéniens, et, peut-être, d'autres fils de Sophronisque. Mais l'ensemble de ces caractères : être à la fois philosophe, camus, gros, vivre à telle époque, cela n'existe que dans le seul Socrate, et ne se rencontre dans aucun autre »[4]. C'est exactement la conception que Basile se fait de l'hypostase. Il ne semble pas même avoir été le premier à appliquer le terme ὑπόστασις, en le distinguant de οὐσία, à la notion d'individu, en vue d'un usage théologique. Au dire de Socrate[5], il aurait été précédé dans cette voie par Osius de Cordoue, le « père des conciles ». Celui-ci, chargé en 324 par Constantin d'apaiser le différend qui venait de surgir entre Arius et son évêque, se

1) Damascène, *Dial.*, XIII.
2) Basile, *Ad Terentium*, ep. CCIV, 4.
3) Porphyre, *Instit.*, II.
4) Ammonius, *In Porphyrium*.
5) Socrate, *H. E.*, III, 7, P. G., t. LXVII, col. 393-394.

serait avisé de distinguer οὐσία et ὑπόστασις, pour la même raison que Basile, afin de réfuter plus facilement l'hérésie trinitaire de Sabellius. Un an plus tard, au concile de Nicée, en dépit de la présence et de la grande influence d'Osius, « on ne dit pas un mot »[1] de cette distinction. Quoi qu'il en soit, elle fut définitivement admise, après les Cappadociens, dans la terminologie de l'Église grecque. On en trouve le témoignage dans les *Dialogues théologiques* de Théodoret. L'hérétique demandant s'il existe une différence entre οὐσία et ὑπόστασις, l'orthodoxe répond : « suivant la philosophie profane, il n'y en a aucune. Mais suivant la doctrine des Pères, il y a entre l'essence et l'hypostase la même différence qu'entre le commun et le propre, c'est-à-dire qu'entre le genre ou l'espèce et l'individu »[2]. Pareillement, Cyrille d'Alexandrie explique comme Basile la différence entre l'essence et l'hypostase[3]. Le philosophe saint Maxime, élucidant plus tard les formules de la théologie grecque, déclare : « L'essence signifie l'espèce et la nature considérées en soi. Quant à l'hypostase, elle désigne quelqu'un de l'essence, οὐσία μὲν αὐτὸ τὸ εἶδος καὶ τὴν φύσιν, ὅπερ ἐστὶ καθ' ἑαυτὴν, δηλοῖ, ὑπόστασις δὲ τόν τινα τῆς οὐσίας ἐμφαίνει[4]. » Enfin, Jean de Damascène résume toute cette terminologie dans le passage suivant : « Les Pères ont appelé ce qu'il y a de commun à plusieurs, τὸ μὲν κοινὸν, c'est-à dire l'espèce spécialissime : essence, ou nature ou forme, οὐσίαν καὶ φύσιν καὶ μορφήν... Quant au propre, τὸ δὲ μερικὸν, les Pères l'ont appelé individu, ou personne, ou hypostase, ἄτομον καὶ πρόσωπον καὶ ὑπόστασιν, par exemple Pierre, Paul »[5].

Ayant défini οὐσία comme *nature spécifique* et ὑπόστασις comme *individu subsistant*, Basile invite Grégoire de Nysse à appliquer ces concepts au dogme de la Trinité : « Si tu appliques maintenant aux dogmes divins la différence que nous avons admise dans les choses finies entre l'essence et l'existence, tu n'erreras pas ».

---

1) Socrate, *H. E.*, III, 7, P. G., t. LXVII, col. 393-394.
2) Théodoret, *Dialog. I. Immutabilis*, P. G., t. LXXXIII, col. 33.
3) Cyrille, *De Trinitate*, dial. I, P. G., t. LXXV, col. 700.
4) Maxime, *Opuscula theol.*, P. G., t. XCI, col. 260.
5) Damascène, *Dialectiques*, XXX, P. G., t. XCIV, col. 608-609.

Dans la Trinité, il y a trois hypostases, distinctes entre elles par des caractères personnels, et une nature commune identique chez elles trois : « En Dieu se trouvent à la fois une distinction et une unité ineffable; la distinction des personnes n'ôte rien à l'unité de la nature, et la communauté de la nature n'exclut pas la distinction des propriétés personnelles ». La nature commune est proprement ce qui mérite le nom de Dieu; les trois personnes, ce qui mérite le nom de Père, de Fils et de Saint-Esprit. La formule : un seul Dieu en trois personnes s'explique en entendant par le nom de « Dieu », non plus la première personne comme c'était l'usage jusqu'ici, mais la nature commune aux trois personnes, l'essence spécifique participée également par elles trois. Il y a monothéisme de nature et trithéisme de personnes : « Quoiqu'ils soient deux par le nombre (le Père et le Fils), ils ne sont cependant pas séparés en nature, et parler de leur dualité, ce n'est pas affirmer leur séparation. Il n'y a qu'un Dieu, lequel est Père, un Dieu lequel est Fils : il n'y a pas deux dieux puisque le Fils possède avec le Père une nature identique. Je ne vois pas, en effet, une divinité dans le Père, une divinité dans le Fils, ni une nature différente dans l'un et dans l'autre. Pour vous représenter nettement l'individualité des personnes, comptez à part le Père, à part le Fils; mais pour ne pas donner dans le polythéisme, confessez en ces deux personnes une seule et même ousie, μίαν ὁμολόγει ἐπ' ἀμφοῖν τὴν οὐσίαν »[1]. Puisque Dieu désigne proprement la nature commune aux trois personnes, il faut mieux se servir du terme divinité (Θεότης); le dogme de la Trinité devient alors l'affirmation d'une seule et même divinité en trois personnes : « Si, comme c'est l'opinion du plus grand nombre, le mot « divinité » désigne la nature : comme, par rapport à elle, il n'y a aucune différence [entre les termes de la Trinité], nous affirmerons avec justice que la sainte Trinité est d'une seule divinité, μιᾶς Θεότητος τὴν ἁγίαν τριάδα διορίζόμεθα. »[2]

1) Basile, *Hom.*, XXIV, 3, P.-G., t. XXXI, col. 604-605.
2) Basile, *Ep.* CLXXXIX, 8.

Que cette théorie soit également celle de Grégoire de Nazianze et de Grégoire de Nysse, c'est ce qu'il est aisé de constater. « Une seule divinité, s'écrie Grégoire de Nazianze, en trois personnes unies [par leur nature commune] et distinctes [par leurs caractères personnels], une seule divinité, sans différence d'essence ou de nature, que n'augmente aucune addition, qu'aucune soustraction n'amoindrit; absolument égale et absolument la même... ; union infinie de trois infinis »[1]; et ailleurs : « Une seule nature en trois individualités, parfaites, subsistantes en soi, numériquement distinctes, bien que ne l'étant pas par la divinité. — Μίαν φύσιν ἐν τρισὶν ἰδιότησι, νοερχῖς, τελείαις, καθ' ἑαυτὰς ὑφεστώσαις, ἀριθμῷ διαιρεταῖς καὶ οὐ διαιρεταῖς θεότητι »[2].

Grégoire de Nysse, dans son *De fida orthodoxa*, reprend la distinction d'οὐσία et ὑπόστασις : l'essence ne s'entend que de ce qui est commun et général, l'hypostase de ce qui est particulier, numériquement distinct et individuel. Les hypostases d'une même espèce ne diffèrent pas entre elles quant à l'essence, mais suivant les accidents qui les caractérisent proprement. L'hypostase existe en soi, tandis que les essences ne subsistent que dans les hypostases, ἡ οὐσία δὲ, καθ' ἑαυτὴν οὐχ ὑφίσταται. ἀλλ' ἐν ταῖς ὑποστάσεσι θεωρεῖται. Appliquant ces définitions au problème trinitaire, Grégoire de Nysse déclare qu'il y a trois hypostases, chacune subsistant en soi, douées d'une individualité propre, mais identiques sous le rapport de l'essence et des déterminations spécifiques, « de sorte qu'au sujet de la divinité, il faut confesser en vérité une seule nature et trois hypostases »[3].

Quels sont les caractères individuants qui s'ajoutent à l'essence divine pour constituer les trois hypostases ? Les Cappadociens ont les premiers le mérite de répondre : ce sont les relations d'origine que Grégoire de Nazianze énumère ainsi : ἀγεννησία, γεννησία ou γέννησις et l'ἐκπόρευσις ou ἔκπεμψις[4], c'est-à-dire l'innascibilité ou paternité, la génération ou filiation, la

---

1) Grég. de Nazianze, *Orat.* XL, 4; P. G., t. XXXI, col. 604-605.
2) Grég. de Nazianze, *Orat.* XXXIII, 16.
3) Grég. de Nysse, *De file orthodoxa*, P. G., t. XLIV, col. 999 1000.
4) Grég. de Nazianze, *Orat.* XXV, 16; XXIX, 2; XXXI, 29.

procession ou spiration. Le premier, il enseigne que la distinction des personnes résulte de l'opposition de leurs relations
mutuelles : « Τὸ τῆς πρὸς ἄλληλα σχέσεως διάφορον, διάφορον αὖτων
καὶ τὴν κλῆσιν πεποίηκε »[1]. Du même coup, il pressent le parti
qu'en tirera saint Thomas contre l'objection eunoméenne :
les trois personnes ne sont pas égales, car, par exemple, s'il ne
manque rien au Fils pour être le Père que n'est-il le Père ? ; et
s'il lui manque quelque chose, il y a donc une perfection que
le Père possède et non le Fils, d'où l'infériorité de celui-ci. La
réponse consistera à invoquer les caractères propres de la catégorie de la relation que Boèce résume ainsi : « Une relation
n'introduit aucune détermination nouvelle dans le sujet qu'elle
affecte ; elle y ajoute seulement une donnée extrinsèque, *extrin-
secum accessum* »[2]. Dès lors, la paternité ou la filiation n'enri-
chit ou n'appauvrit d'aucune perfection la nature identique du
Père ou du Fils. « Au Fils, déclare Grégoire de Nazianze, il
ne manque rien pour être le Père ; car la propriété de Fils
n'est pas un manque, et cependant il n'est pas Père. De même,
il ne manque rien au Père pour être Fils, et cependant ce Père
n'est pas Fils. Dans ces choses, il ne s'agit ni de manque, ni
de diminution de nature »[3].

Il y a, par suite, dans les personnes divines, deux sortes d'attributs : les attributs d'ordre absolu, positifs ou négatifs, tels
que la bonté, la puissance, l'éternité, l'infinité qui caractérisent la nature divine ; des attributs d'ordre relatif, tels que
la paternité, la filiation, qui constituent les hypostases. Les personnes de la Trinité, identiques en nature, possèdent à un
degré égal, c'est-à-dire infini, les mêmes attributs d'ordre absolu. Elles ne diffèrent que par leurs attributs d'ordre relatif
qui sont de simples déterminations extrinsèques, incapables
d'enrichir ou de diminuer en rien la compréhension de leur
nature commune. C'est ce que Boèce résumera en disant :

1) Grég. de Nazianze, *Orat.* V, 9.
2) Boèce, *De Trinitate*, V.
3) Grég. de Nazianze, *Orat.* XXXI, 9.

« L'essence contient l'unité, la relation multiplie la trinité, *substantia continet unitatem, relatio multiplicat trinitatem* » [1].

Ainsi, il est une seule divinité et trois hypostases, de même qu'il y a une seule humanité et une pluralité d'humains. Comment se fait-il, dès lors, que l'on ne puisse parler de trois dieux, tout comme on parle de trois hommes? Si ce qu'il y a d'Un dans la Trinité se réduit à la nature commune, à l'essence spécifique, la doctrine trinitaire des Nicéens et des Cappadociens n'est qu'un trithéisme déguisé, différant du polythéisme païen, en ce que les trois dieux sont conçus comme égaux en puissance et en dignité. Les Cappadociens n'ont pas les ressources théologiques suffisantes pour résoudre ce problème qu'ils en viennent tout naturellement à se poser. Ils sont réduits à des faux-fuyants ou à des solutions désespérées.

La première réponse qu'ils mettent en œuvre est la théorie de l'unité d'action des trois hypostases divines, qu'expriment excellemment ces lignes de Grégoire de Nysse : « Chez les hommes, parmi ceux qui ont la même occupation, l'activité d'un chacun s'exerce séparément, et chacun demeure dans sa sphère d'action particulière, distincte de celle des autres par sa modalité propre. Au contraire, en ce qui concerne la nature divine, on ne dit pas également que le Père fasse pour son compte quelque chose où le Fils ne prenne aucune part, ni que le Fils agisse à lui seul sans l'Esprit-Saint; mais toute opération de Dieu sur la créature procède du Père, se continue par le Fils et s'achève dans le Saint-Esprit : c'est pourquoi l'opération ne se divise pas entre plusieurs agents, comme si le soin de chacun d'eux pour la même chose était individuel et séparé. Mais, tout ce qui arrive, soit pour notre providence, soit pour le gouvernement de l'univers, est l'œuvre des Trois, sans être triple pour cela » [2].

Dans le même traité où Grégoire de Nysse développe cette

---

1) Boèce, *De Trinitate*, V.

2) Grég. de Nysse, *Quod non sint tres dii*, P. G., t. XLV, col. 125; cf. P. G., t. XLIV, col. 1160.

13

théorie qui lui est commune avec Basile[1], il en expose une
autre qui lui est particulière et ne s'entend que dans la philosophie néo-platonicienne. Il commence par poser nettement la
difficulté telle que la lui a présentée Ablablius :

« Vous m'objectez : Pierre, Jacques et Jean ont une même
humanité, et cependant on dit trois hommes. Il n'est donc
pas absurde, si plusieurs possèdent une même nature, de leur
donner au pluriel le nom de cette nature. Pourquoi, dès lors,
nous qui confessons trois hypostases et ne concevons aucune
différence entre elles sous le rapport de la nature, pourquoi
allons-nous contre notre propre profession de foi affirmer, d'une
part, que la divinité du Père, du Fils et du Saint-Esprit est une,
et, d'autre part, proscrire l'expression de trois dieux? »

Après avoir déclaré que la réponse est difficile, qu'il faut
s'en tenir à la tradition de l'Église qui a condamné la formule
« trois dieux », pour éloigner les fidèles du polythéisme, Grégoire de Nysse tente cependant une explication qui lui est personnelle :

« C'est un véritable abus de langage de désigner, avec le nom
même de la nature au pluriel, ceux qui, par nature, ne sont pas
distincts ; de parler de « plusieurs hommes », ce qui équivaut
à dire « plusieurs natures humaines ». Et voici la preuve de ce
que j'avance : lorsque nous appelons quelqu'un, nous le dési-
gnons par son nom propre, de peur que [l'appelant par son
nom de nature] la communauté de nom n'engendre l'erreur :
chacun de ceux qui entendent pouvant se croire appelé dans
ce cas, puisqu'alors l'appel ne comporte aucune dénomination
individuelle, étant fait par le nom commun de la nature. C'est
la raison de l'hypostase qui, en découvrant les propriétés indi-
viduantes de chacun, introduit le nombre en fondant la distinction des personnes. Quant à la nature elle est une..., absolument indivisible et unique, n'augmentant pas par addition, ne
diminuant pas par soustraction, demeurant toujours indivise

1) Basile, *Ad Eusthat. arch.*, ep. CLXXXIX, 6-7 ; *Cont. Eun.*, II, P. G.,
t. XXIX, col. 617.

bien qu'elle se manifeste dans la pluralité... *Il n'y a donc au fond qu'un seul homme,* parce que, comme nous l'avons dit, le terme *homme,* loin de s'appliquer aux individus, désigne la nature commune du genre humain... *Pierre, Paul, Barnabé, en tant qu'hommes, sont un seul et même homme,* et ne sauraient être plusieurs ; c'est par catachrèse et non selon la propriété des termes qu'on parle de plusieurs hommes ». Pour la même raison, les trois personnes de la Trinité sont un seul Dieu, tout en persistant à rester distinctes : « Nous ne disons pas que Pierre, Paul, Barnabé forment trois essences, mais une seule : ainsi, en affirmant une seule essence divine à laquelle participent le Père, le Fils et le Saint-Esprit, nous disons logiquement qu'il n'y a qu'un seul Dieu [1]. »

On peut entendre ce texte de Grégoire de Nysse à la manière des Néo-platoniciens, en disant que l'essence ou quiddité de l'homme, l'*humanité,* n'est autre chose que l'Homme espèce, l'Homme en soi, l'Homme Exemplaire, qui a une existence séparée dans le monde intelligible des idées, et que tous les hommes individuellement réalisés dans le monde sensible n'existent que par participation à lui. Cette interprétation, qui a permis de voir dans le docteur grec un précurseur des réalistes latins du moyen âge, d'un Gilbert de la Porrée par exemple, semble exclue par l'étrange résultat auquel elle conduit appliquée au dogme de la Trinité : le Père, le Fils et l'Esprit-Saint n'existeraient que par participation au Dieu en soi, au Dieu Exemplaire, qui jouit dans un monde transcendant d'une existence séparée : il y aurait un Dieu suprême participé et trois dieux subalternes participants. L'interprétation de Grégoire de Nysse doit donc se prendre littéralement : c'est une solution du problème purement verbale, qui légitime l'accusation de trithéisme, puisqu'elle nous empêche de considérer comme une explication analogique et impropre la transposition aux choses infinies de la distinction d'essence et d'hypostase, valable seulement pour les choses finies. Les raisons qui nous permet-

---

1) Grég. de Nysse, *Quod non sint tres dii,* P. G., t. XLV, col. 117-129.

tent de parler d' « une seule humanité » sont, dès lors, adéquatement les mêmes que celles qui nous autorisent à confesser
« un seul Dieu » ; le mystère de la Trinité cesse d'en être un,
puisqu'il n'est pas plus difficile de comprendre l'existence d'une
seule divinité en trois personnes que celle d'une seule humanité en un nombre indéfini de spécimens singuliers.

Ce qui a manqué aux Cappadociens pour poser dans ses véritables termes le problème trinitaire, c'est d'être en possession
du principe nettement affirmé par saint Augustin et Boèce,
puis par tous les théologiens scolastiques : *en Dieu, l'essence
et l'existence sont identiques*. En vertu de ce principe, il n'y a
en Dieu ni genre, ni espèce et la considération de l'οὐσία, prise
au sens de nature spécifique, est inopportune : l'unité d'essence
des trois personnes emporte nécessairement l'unité numérique
de leur existence. Le problème trinitaire, dès lors, n'est pas de
comprendre comment, ayant posées trois hypostases distinctes
douées chacune de leur acte propre d'exister, l'unité de Dieu
peut être maintenue ; c'est de comprendre comment, au sein
d'une substance unique et simple dont l'essence et l'existence
sont identiques, la distinction réelle de trois personnes peut
être sauvegardée. Les Latins parlent d'une substance unique,
subsistante par soi sans avoir besoin d'être réalisée dans un
sujet concret, et ils cherchent ensuite comment on peut concevoir trois personnes en cette substance qui est Dieu : pour cela,
ils réduisent la notion des hypostases à celle de relations opposées, réelles et subsistantes au sein de la substance divine ; les
Grecs posent préalablement l'existence séparée de trois hypostases, et ils cherchent ensuite comment on peut concevoir un
seul Dieu en ces trois personnes : pour cela, ils réduisent la
notion de Dieu à celle de leur nature commune, de leur essence
spécifique qui ne subsiste que par elles et dans elles, de même
que les universaux ne subsistent que dans des individus singuliers. On peut résumer cette différence par l'opposition suivante
de formules : le Latin dit : « Trois personnes en un seul Dieu »,
le Grec dit : « Un seul Dieu en trois personnes »[1]; pour le Latin,

1) Jean Damascène, le dernier grand docteur de l'âge patristique, se sert

Dieu est le concept concret d'une substance singulière subsistante, pour le Grec, Dieu est le concept abstrait d'une nature spécifique commune; le Latin proclame le monothéisme qui résulte d'une substance unique et absolument simple, le Grec confesse involontairement le trithéisme qui résulte de l'affirmation de trois personnes subsistantes dont la seule unité est d'être de même espèce.

Si les Latins sont parvenus, plus aisément que les Grecs, à formuler le véritable problème trinitaire, c'est peut-être qu'ils n'ont eu qu'un seul mot *substantia* pour rendre deux concepts distincts chez les créatures, mais identiques chez le Créateur : celui d'essence spécifique et celui d'existence individuelle, οὐσία et ὑπόστασις; au lieu que les Grecs, ayant distingué de fort bonne heure ces deux notions, les ont transportées, sans plus de précaution, des choses finies aux choses infinies, suivant le conseil de Basile à son frère. Une question de terminologie a déterminé, là encore, la direction et le tour des spéculations théologiques de l'Orient et de l'Occident. Peut-être alors aussi n'avaient-ils pas tout à fait tort, en un sens, les orthodoxes latins qui, durant les controverses trinitaires post-nicéennes, accusaient de trithéisme déguisé les orthodoxes grecs, pas plus qu'apparemment ne semble absolument injustifié le reproche, qu'adressaient en retour ceux-ci à ceux-là, d'incliner vers le sabellianisme.

LOUIS ROUGIER.

encore, le plus fréquemment, de l'expression des Cappadociens : ἐν τρισὶν ὑποστάσεσι μία Θεότης; Cf. P. G., t. XCIV, col. 777, 824, etc.

LA VIERGE DE MISÉRICORDE

La Société auxiliaire du Musée de Genève a récemment acquis le bas-relief en bois polychromé que reproduit la figure 1. Au dire du vendeur, il proviendrait des environs d'Annecy. Rien n'autorise à mettre en doute cette assertion : la sculpture assez grossière, exécutée assurément par une main indigène, la lourdeur des traits de la Vierge et des priants, sont bien dans les traditions de l'art savoyard. L'œuvre n'est pas antérieure au xvi⁰ siècle.

Ce n'est donc pas sa haute valeur esthétique qui en a décidé l'acquisition, mais bien plus son origine régionale, et surtout l'intérêt iconographique qu'elle présente pour l'histoire de l'art genevois, comme pour l'histoire de l'art religieux en général, dont elle répète un des thèmes les plus suggestifs, touchant évocateur de la foi médiévale. Car « les images, destinées à instruire le peuple — *picturæ quasi librum laïcorum* — nous font, parfois, connaître mieux que les traités des docteurs et que les textes de la liturgie, les croyances, les aspirations religieuses des masses populaires »[1].

** **

La Vierge, de taille surhumaine, comme il convient aux dieux[2], écarte des deux mains son manteau pour abriter toute

---

[1] Perdrizet, *La Vierge de miséricorde*, p. 204.

[2] *Ibid.*, p. 199. Sur ce procédé, dont tous les arts offrent des exemples, cf. mon article *La monstruosité de puissance*, Rev. des ét. grecques, 1915, p. 290 sq.

Fig. 1. — La Vierge de Miséricorde
(Musée de Genève).

la chrétienté, qui est divisée en deux groupes de priants, agenouillés humblement à sa droite et à sa gauche. La droite, place d'honneur, est occupée par les membres du clergé, répartis suivant leur rang hiérarchique : en tête le pape, reconnaissable à sa tiare, puis le cardinal, l'évêque mitré, le moine tonsuré, et d'autres religieux. La gauche comprend les représentants du monde laïque, ayant à leur tête l'empereur à la haute couronne, le roi, la reine, et d'autres seigneurs ou gens du commun[1]. Tous, mains jointes, et s'efforçant de toucher la robe divine, implorent la protection de la *Vierge de Miséricorde*[2].

*
* *

Ce thème iconographique, aimé du moyen âge, a été étudié avec soin par M. Perdrizet[3], qui, rassemblant tous les exemplaires à lui connus[4], a recherché comment il s'était formé et quelles en ont été les vicissitudes[5]. Renvoyant pour plus de détails à ce livre si documenté, je me bornerai ici à quelques brèves indications.

Le type de la Vierge, dont le manteau protecteur est le symbole de sa miséricorde infinie, inconnu, dit-on, de l'art chré-

1) Sur cette répartition en deux mondes, religieux et laïque, qui n'apparaît qu'au xv⁰ siècle, Perdrizet, *op. l.*, p. 152.

2) La polychromie de cette sculpture, qui semble avoir été restaurée à plusieurs reprises, est la suivante : Vierge, robe rouge, manteau vert-bleu, chemise jaune apparaissant sous la robe, sur la gorge; la ceinture noire est une adjonction plus récente. Pape, empereur, à manteaux vert-bleu; cardinal et autres personnages, à manteaux brun-noir; tiare, couronne, cheveux, brunnoir; visages, mains, couleur chair; yeux bruns. Haut. 0,75, larg. max. 0,53.

3) *La Vierge de Miséricorde, étude d'un thème iconographique*, Paris, 1908.

4) Il convient d'ajouter à ses listes, pour la Suisse, les Vierges de Miséricorde suivantes : celle qui a été récemment acquise par la Société auxiliaire du Musée de Genève, sujet de cette étude ; celles de Saint-Gervais et de Plainpalais, à Genève, qui vont être mentionnées; celle de l'église de S. Marta, à Carona, au pied S. du Monte Salvatore, en Suisse italienne (deuxième moitié du xv⁰ siècle), abritant sous son manteau les membres de l' « arci-confraternità degonfanone maggiore di S. Marta in Roma », aussi dite « compagnia della morta ». (Rahn, *Die mittelalterlichen Wandgemälde in der italienischen Schweiz*, Mit theil. Antiq. Gesell. Zurich, XXI, 1881, p. 51-2, fig. 2).

5) Travaux antérieurs, *op. l.*, p. 2 sq.

tien d'Orient[1], naît dans un couvent de Citeaux, où, vers 1200, un moine a une vision. « Un moine de notre Ordre, qui avait une dévotion particulière pour Notre-Dame, fut, il y a quelques années, ravi en esprit, et admis à contempler le ciel de gloire. Ayant vu les divers ordres de l'Église triomphante, les Anges, les Patriarches, les Prophètes, les Apôtres, les Martyrs, les Confesseurs, et, répartis selon leurs insignes, les Chanoines réguliers, les Prémontrés, les Clunisiens, il s'inquiéta de son ordre à lui. Et il regardait de tous côtés, et ne découvrait aucun des siens dans le royaume de gloire. Alors, se tournant vers la bienheureuse Mère de Dieu, il gémit et lui dit : « Pourquoi « donc, Dame très sainte, ne vois-je ici personne de Citeaux ? « Pourquoi les plus dévoués de vos serviteurs sont-ils exclus de « ces béatitudes » ? Et la reine du ciel lui répondit : « Ceux de « Citeaux me sont au contraire si chers et si familiers que je les « réchauffe sous mes bras ». Et ouvrant le manteau qui la couvrait, et qui était d'une largeur merveilleuse, elle lui montra une multitude innombrable de moines, de frères convers et de nonnes. Lui, plein d'une grande joie, rendit grâces, et son esprit ayant réintégré son corps, il raconta à son abbé ce qu'il avait vu et entendu. Et l'abbé, ayant rapporté la chose aux abbés de l'Ordre assemblés en chapitre, les remplit de joie et d'une ardeur plus grande à aimer la sainte Mère de Dieu [2] ».

L'iconographie cistercienne, traduit immdiatement en art ce thème, mais ne peut en garder la propriété, car, adopté dès le milieu du xiiie siècle par les Dominicains, il devient bientôt un motif courant de la littérature et de l'art monastiques, chaque ordre aimant à abriter les siens sous le manteau protecteur de la Vierge[3]. Les Confréries, associations de laïques fondées pour pratiquer certaines œuvres de dévotion et de

1) Toutefois, au xe siècle, la Mère de Dieu avait étendu son voile au-dessus des fidèles de l'Église des Blachernes à Constantinople, cf. *Rev. arch.*, 1908, XI, p. 186, référ.

2) Césaire d'Heisterbach, *Dialogus Miraculorum*, entre 1220 et 1230; cf. Perdrizet, *op. l.*, p. 18 sq.

3) *Ibid.*, p. 30 sq., Les autres ordres empruntent aux Cisterciens le thème du manteau protecteur.

charité, s'en emparent[1]. Enfin le thème s'élargit au point d'admettre, vers le milieu du xive siècle, la chrétienté entière sous le manteau de la Vierge, donnant ainsi le type de la *Mater omnium*[2] qui est celui de la sculpture d'Annecy. Mais il y a des variantes : la Vierge peut abriter sous son manteau les représentants d'une ville, d'une famille privilégiée[3], ou encore les Vierges saintes, les Sept Vertus[4] ; enfin elle cède son manteau protecteur à certains saints, comme saint Sébastien[5], sainte Ursule, etc.[6].

*
* *

Le motif de la Vierge au manteau n'est pas inconnu dans la Genève antérieure à la Réforme. En 1504, Jean Nergaz, administrateur de l'Hôpital des Pestiférés situé à Plainpalais, commence à bâtir un oratoire dans lequel se trouvait — fresque ou tableau? — une Vierge de Miséricorde, dont Bonivard nous a conservé la mention dans ses chroniques[7] :

« 1504. Le vingt de Mars fut commencé en Plainpalais, au milieu, un oratoire par Jehan Nergaz, procureur de l'hôpital pestilentiel et de toutes âmes, où était peinte une belle Notre-Dame à laquelle deux anges tenaient élargi son manteau, chacun d'eux en tenant un bout, l'un de çà, l'autre de là, et

1) *Ibid.*, p. 59 sq., La Vierge au manteau et les confréries ; p. 89 sq., La Vierge de Miséricorde et les confréries du Rosaire.

2) *Ibid.*, p. 150 sq., La Mater Omnium ; p. 160 sq., liste des répliques.

3) *Ibid.*, p. 158.

4) *Ibid.*, p. 205 sq., De quelques représentations singulières de la Vierge de Miséricorde.

5) *Ibid.*, p. 113.

6) *Ibid.*, p. 220 sq., Les saints et saintes empruntent à la Vierge le manteau de protection ; Saint-Colomban, *ibid.*, p. 24.

7) *Chroniques*, ed. Dunant, II, p. 153-9 ; *Mém. soc. d'hist. et d'arch. de Genève*, III, 1844, p. 310-1, 315 ; IV, 1845, p. 46 ; V, 1847, p. 3 ; VII, 1849, p. 58, note 1, 175-6 ; Blavignac, *Études sur Genève* (2), I, 1872, p. 290 ; Doumergue, *La Genève calviniste*, p. 36 ; Archinard, *Les édifices religieux de la vieille Genève*, 1864, p. 1 sq. ; *Nos Anciens et leurs œuvres*, 1907, p. 4 ; 1915, p. 64 ; E. Couteau, *Histoire de Plainpalais* (manuscrit appartenant à la Société de Lecture de Genève), 1848, p. 35 sq. ; Gaudy-Lefort, *Promenades historiques*, Genève, 2e éd., 1849, I, p. 79-80.

au-dessous du manteau étaient Papes, Empereurs, Rois, Ducs, Évêques, Abbés, Chanoines, Moines, gentilhommes, marchands, laboureurs, et généralement de tous états, tant hommes que femmes, qui se tenaient là à l'ombrage, et principalement y étaient pourtraits au vif le dit hospitalier et aucun de ses amis[1]. Et avait dessous un écriteau en rimes, que l'on dut illec donner pour Dieu aux pauvres frappés de peste, et on y allait aux pardons en mettant de l'argent au tronc[2] ».

Il ne reste malheureusement rien de cette peinture. En revanche, nous possédons dans la fresque qui décore la chapelle de la Vierge à l'église de Saint-Gervais, un bel exemple de ce motif[3]. C'est l'œuvre d'un peintre savoyard de la seconde moitié du xve siècle, très apparentée aux fresques du cloître d'Abondance[4], où l'on retrouve les mêmes bordures ornées de la croix de Savoie.

Blavignac a donné de cette peinture une interprétation, qui, bien qu'erronée, est généralement admise par les historiens genevois[5]. Il reconnaît deux papes dans les personnages placés

---

1) Une variante du manuscrit porte : « plusieurs des principaux bourgeois y estoient pourtraits au vif d'un cousté, leurs femmes de l'aultre ».

2) Orthographe modernisée.

3) Cf. spécialement G. de Beaumont, *Les fresques de la chapelle de la Vierge au temple de Saint-Gervais*, Nos Anciens et leurs œuvres, 1907, p. 3 sq. (bonnes reproductions); Blavignac, *Etudes sur Genève* (2), I, 1872, p. 288-9. Autres références données par *Nos Anciens*, 1915, p. 64. Ajouter : *Mém. Soc. d'Hist. de Genève*, IV, 1845, 1re partie, p. 104, note; VII, 1849, p. 176; *Indicateur d'antiquités suisses*, VII, 1905-6, p. 254-5. Élisée Couteau, dans son *Histoire de Plainpalais*, 1848 (manuscrite), p. 35 sq., donne de cette fresque un dessin qui, copié sur l'original, ne présente toutefois avec celui-ci que de très lointains rapports. Il n'est pas inutile de constater cette divergence : si les fresques de Saint-Gervais étaient perdues, et qu'on n'en eût point de fidèles images, ne serait-on pas obligé de se fier à un tel document, qui induirait en complète erreur les historiens d'art?

4) Sur les peintures du cloître d'Abondance, et sur la peinture de Savoie, *Nos Anciens*, 1915, p. 64, référ.; ajouter : Dufour et Rabut, *Peintres et peintures de Savoie du XIIIe au XVe siècle*, Mém. et documents Soc. savoisienne d'hist. et d'arch., XII, 1870; de Mandach, *Conrad Witz et le retable de Genève*, Gazette des Beaux-Arts, 1907, II, p. 353 sq.

5) Ex. de Beaumont, Doumergue (*La Genève des Genevois*, p. 23), etc.

au premier plan à droite et à gauche de la Vierge. Celui de
droite « porte dans sa tiare la couronne à pointe, symbole de
la puissance active, c'est le pontife régnant », Nicolas V. L'autre,
montrant dans la bordure de son vêtement des croix que Blavignac identifie aux croix de Savoie, est donc un pape savoyard,
et ne peut être qu'Amédée VIII, qui occupa le trône pontifical
de 1440 à 1449 sous le nom de Félix V. L'absence d'évêque
dans le tableau confirmerait cette dénomination, puisque
Amédée VIII redevint administrateur de l'évêché de Genève
après son abdication. Les autres princes, placés derrière
Nicolas V, seraient le duc Louis de Savoie, et son épouse Anne
de Chypre. Le tableau aurait été peint à l'occasion du grand
jubilé célébré pontificalement à Rome et à Genève en 1449,
entre l'abdication de Félix V (1449) et sa mort survenue en
1451 [1].

Merveilleuse précision! hélas, elle ne repose que sur des
contresens et des erreurs!

Nous savons en effet que les Vierges de Miséricorde répètent
un type schématique qui peut comporter des variantes dans le
nombre et la qualité des personnages, dans les détails de leur
groupement, mais qui sépare toujours très nettement les deux
mondes religieux et laïque : à la place d'honneur, soit à la
droite de la Vierge, ce sont toujours les religieux; à sa gauche,
ce sont les laïques, et l'on ne saurait citer un exemple où le
monde laïque ait à sa tête un pape, ce qui serait un contresens
et même une hérésie, un exemple où l'on ait deux papes ensemble. Tel serait cependant le cas, au dire de Blavignac, dans
la fresque de Saint-Gervais, puisque le dit Nicolas V serait à
la tête des princes et seigneurs! Mais, erreur bien plus mani-

1) Jubilé de 1449, célébré dans la cathédrale Saint-Pierre de Genève, *Saint-
Pierre, ancienne cathédrale de Genève*, 1er fasc. 1891, p. 63-4 (Guillot). Sur
Amédée VIII et ses relations avec Genève, *Mém. Soc. d'Hist. de Genève*, V,
1847, 2e partie, p. 171 sq. (Mallet).

feste encore, Félix V, qui avait abdiqué, puisque son successeur Nicolas V figure en même temps que lui, se trouverait à la tête de l'Église, alors que le pape en fonction en serait exclu!

En réalité, conformément au type traditionnel, le dit Nicolas V est l'empereur[1], portant la couronne impériale que Blavignac a prise pour une variante nouvelle de la tiare papale[2]; il est vêtu du grand manteau impérial, et non de la dalmatique papale comme celui qui lui fait face de l'autre côté de la Vierge.

Comment prétendre qu'il n'y a point d'évêque, puisqu'on l'aperçoit très distinctement, portant la mitre, au dessus du cardinal?

Mais le pape, unique comme de juste, est-il Amédée VIII? Les portraits que nous possédons de ce prince ne ressemblent guère à ce visage[3]. Il n'y aurait, en faveur de cette identification, que la présence des croix dans la bordure du vêtement. Toutefois, on est trop enclin à identifier toute croix équilatérale avec l'emblème de Savoie, sans se rappeler que ce motif, qui dans nos contrées remonte au très lointain paganisme[4], n'a souvent d'autre lien avec la croix de Savoie qu'une origine commune. La dalmatique, vêtement officiel du souverain pontife, montre divers ornements dans les deux bandes descendant

1) L'erreur de Blavignac a déjà été réfutée par M. de Mandach, *Gazette des Beaux-Arts*, 1907, II, p. 370, note 1.

2) Quelques variantes de la tiare papale dans les Vierges de Miséricorde, Perdrizet, *op. l.*, p. 160-1, n° 1, 7; sur l'histoire de la tiare, Muntz, *La tiare pontificale du VIII° au XVI° siècle*, Mém. Acad. Inscr. et Belles-Lettres, 1898, 36, p. 235 sq.

3) Ex. miniature d'un manuscrit dédié à Amédée VIII. Bibliothèque royale de Bruxelles, *Soc. sav. d'Histoire*, XLVII; Plaisance, *Histoire des Savoyens*, II, 1910, pl. XI, p. 344. — Blavignac, Un portrait de Félix V dans la chapelle de Colombier, près Morges, et un autre portrait du même peint à fresque dans l'église de Saint-Gervais à Genève, *Communication Société d'Hist. de Genève*, 1849; *Mémorial de la Société d'Hist.*, 1889, p. 74; *Mém. Soc. d'Hist de Genève*, VII, 1849, p. 57. Le tombeau d'Amédée VIII, à Ripaille, fut brisé par les Bernois en 1536; la statue couchée, fut transportée à Lausanne, où on la voit encore dans la cathédrale. Blavignac, *Études sur Genève* (2), I, 1872, p. 288.

4) Cf. mon article, *Le soleil dans les armoiries de Genève*, Rev. de l'Histoire des religions, 1915, p. 39 sq.

de chaque côté de la poitrine. Déjà, sur un vase en verre à fond d'or du christianisme primitif, elle offre sur les épaules des motifs renfermant une petite croix[1], et il serait facile de citer d'autres exemples à diverses époques. Nous admettrons donc que cette croix, sur la fresque de Genève, où elle alterne avec un autre motif fréquent, le quadrilobe[2], et où elle n'occupe du reste pas le champ d'un écusson, a la valeur d'un ornement religieux, et non d'un emblème héraldique.

Si l'on veut cependant, coûte que coûte, mettre ces croix en relation avec celles de Savoie, on peut penser que le peintre, en traçant l'ornement religieux sur le vêtement papal, a songé à l'emblème héraldique qui lui était familier, et qu'il l'a placé aussi dans la bordure encadrant les fresques; les deux motifs ayant le même aspect, ont pu s'identifier dans son esprit. Peut-être même que cette assimilation a été voulue, le peintre se souvenant de lui-même, ou par ordre, qu'un prince de la maison de Savoie, pour laquelle il exécutait vraisemblablement ce travail, était monté, il y avait peu d'années de celà, sur le trône pontifical[3].

Quoi qu'il en soit, on ne saurait songer à un véritable portrait d'Amédée VIII. Ce fut en effet une erreur fréquente, combattue par M. Perdrizet[4], que de vouloir reconnaître des personnages historiques dans les papes, les empereurs, les rois et les princes qui se pressent autour de la Vierge de Miséricorde; tous ne sont que des figures stéréotypées et anonymes. En revanche, parmi la foule plus humble des laïques qui se glissaient à leur suite sous le manteau protecteur, il y eut parfois les images des donateurs et de quelques privilégiés, ainsi qu'en témoigne,

1) Martigny, *Dict. des antiquités chrétiennes*, s. v. Dalmatique, p. 199; *Dict. des antiquités* (Saglio-Pottier), s. v. Segmentum.

2) Sur le quadrilobe, et sa relation avec la croix, cf. *Le soleil dans les armoiries de Genève*, Rev. de l'hist. des religions, 1915, p. 100.

3) C'est aussi l'opinion de M. de Mandach : « Aussi bien, un peintre genevois composant durant la seconde moitié du xvᵉ siècle un ensemble dont un fragment allait être marqué de la croix de Savoie, pouvait-il avoir l'idée de personnifier la dignité pontificale par un portrait de Félix V ». *Gazette des Beaux-Arts*, 1913, II, p. 126.

4) Perdrizet, *op. l.*, p. 153; 187, nᵈ 94, 96; 192, n° 117; familles particu-

pour notre ville même, la peinture de Plainpalais, où apparaissaient Jean Nergaz et ses amis.

La Vierge de Miséricorde de Saint-Gervais ne s'écarte donc pas du type habituel. D'un côté, le pape, le cardinal, l'évêque, facilement reconnaissables, et, derrière eux, les représentants des divers ordres monastiques, hommes et femmes. Peut-on identifier ces derniers?[1] Derrière le cardinal, trois ecclésiastiques vêtus de blanc, couleur virginale chère à Marie, seraient les Camaldules, les Chartreux, les Cisterciens. Plus en arrière, un vieillard à longs cheveux et à longue barbe blanche, tenant un bâton cruciforme, est un ermite, représentant l'ordre des Ermites de Saint-Augustin. Derrière lui, c'est encore une moniale, au voile blanc...

Du côté laïque, à la gauche de la Vierge, ce sont l'empereur[2], le roi[3], la reine[4], les seigneurs, le marchand, le paysan à la blouse et au chapeau plat, en un mot tous ceux que reconnaissait Bonivard sur la peinture de Plainpalais, « généralement de tous états, tant hommes que femmes ». Y a-t-il dans cette foule anonyme, l'image de quelque donateur? C'est ce qu'il est impossible de dire.

On ne peut donc plus admettre l'exactitude de la date jadis proposée par Blavignac, et affirmer que la peinture fut exécutée entre 1449 et 1451[5].

Toutefois le style de ces fresques, comme les détails des cos-

---

lières, p. 189, n° 105, 109; p. 191, n° 115; p. 193, n° 121, 122, 124, etc. Ci-dessus, p. 77 (Bonivard).

1) Cf. en particulier l'identification des ordres sur le tableau du Puy, *ibid.*, p. 156 sq.

2) Le dit Nicolas V.

3) Le dit duc Louis de Savoie.

4) La dite Anne de Chypre.

5) Certains sont encore plus précis, on ne sait trop pour quelle raison, et fixent l'exécution de ces fresques en 1450. Doumergue, *La Genève des Genevois*, p. 23 : « La fresque pourrait être de 1450 ».

tumes[1], nous obligent à les rapporter à la seconde moitié du xvᵉ siècle. M. de Mandach a signalé, après d'autres[2], les analogies des fresques de Saint-Gervais avec celles du cloître d'Abondance[3] en Haute-Savoie; dans ces dernières, la présence des croix de Savoie dans les bordures, tout comme à Saint-Gervais[4], permet de supposer qu'elles ont été exécutées entre 1480 et 1490, époque pendant laquelle deux membres de la maison de Savoie furent abbés du monastère[5]. Peut-être l'ont-elles été sur l'ordre de Jean-Louis de Savoie, qui prit possession du monastère en 1480 et le garda jusqu'à sa mort en 1482[6], et par un artiste que M. de Mandach aimerait à identifier avec Nicolas Robert, dont font mention les comptes de Savoie de 1465 à 1508[7].

Il y a quelques années, M. de Mandach acceptait pour la Vierge de Saint-Gervais la date proposée par Blavignac; il la reculait même davantage, la faisant peindre, non pas immédiatement après l'abdication de Félix V, mais encore sous son pontificat. Cette hypothèse résultait sans doute d'une mauvaise compréhension du texte de Blavignac.

Après avoir remarqué avec raison que le personnage placé à la gauche de la Vierge n'est point un pape, mais un empereur, M. de Mandach prétend que Blavignac l'identifie avec le prédécesseur d'Amédée VIII, Martin V[8]. En réalité Blavignac

1) Le chapeau aux ailes relevées que porte un personnage de la fresque de Saint-Gervais, coiffe aussi un des assistants de la Noce de Cana, à Abondance, *Gazette des Beaux-Arts*, 1913, II, p. 116, 124.

2) G. de Beaumont, *Nos Anciens*, l. c.

3) *Gazette des Beaux-Arts*, 1913, II, p. 110, 125-6, etc.

4) La croix dans les bordures des fresques n'est cependant pas exclusivement savoyarde. Ex. fresques du xivᵉ siècle, église de Kulm, Aargau, *Indicateur d'antiquités suisses*, III, 1901, p. 271, fig. 146.

5) *Ibid.*, p. 109, 125.

6) *Ibid.*, p. 125.

7) *Ibid.*, p. 126, 129.

8) *Gazette des Beaux-Arts*, 1907, II, p. 370, note 1 : « ce qui le porte, dit M. de Mandach en parlant de Blavignac, à assigner à l'œuvre une date postérieure à l'abdication de Félix V, auquel il a prêté l'idée de s'être fait représenter en face de son précédent rival ». — Sur le pape Martin V à Genève, *Mém. Soc. d'Hist. de Genève*, II, 1843, 1ʳᵉ partie, p. 161.

a songé à Nicolas V, successeur de Félix V, et a supposé, on l'a dit plus haut, que l'œuvre a été exécutée entre l'abdication de Félix V (1449) et sa mort (1451), soit sous le pontificat de Nicolas V. Pour M. de Mandach « cette fresque date du pontificat de Félix V (1439-1449), ou plus précisément de 1447 »[1].

Toutefois après avoir étudié les fresques d'Abondance, M. de Mandach renonce à cette première hypothèse. Les fresques de Saint-Gervais, qui paraissent contemporaines de celles d'Abondance, sont, pense-t-il, postérieures à la mort d'Amédée VIII, soit à l'année 1451[2].

C'est ce que nous allons pouvoir confirmer d'une autre façon.

La Vierge de Miséricorde étend son manteau protecteur sur les fidèles, pour détourner d'eux les maux en général et les prendre en sa sainte garde. Mais c'est spécialement contre les flèches de la colère divine qu'elle les défend[3], contre les trois flèches lancées par Dieu, qui sont la Pestilence, la Guerre, la Famine, trois fléaux qui ont désolé le moyen âge[4]. Des trois, le plus redouté était la peste, dont les épidémies firent tant de ravages dans la chrétienté, et contre laquelle la médecine rudimentaire d'alors se sentait impuissante[5]. Elle a hanté les esprits ; bien plus, elle a exercé une influence sur l'art, en y introduisant dès la fin du xive siècle les thèmes de la douleur et de la mort, le pathétique que l'art serein du xiiie siècle écartait encore[6]. C'est en Dieu, dans la Vierge et dans les saints, que l'on avait

1) *Gazette des Beaux-Arts*, 1907, II, p. 370, note 1 ; 1913, II, p. 125.

2) *Ibid.*, p. 126.

3) Perdrizet, *op. l.*, p. 107 sq. Les flèches de la colère divine.

4) *Ibid.*, p. 128 sq. Le thème des trois flèches.

5) Benoît Textor, De la manière de préserver de la pestilence, et d'en guérir, selon les bons auteurs. Lyon, 1551 (L'auteur a habité Genève, *Mém. Soc. d'Hist. et d'Arch. de Genève*, XXIII, 1888-94, p. 428 sq.) ; ouvrage du médecin François Chappuis (1543, perdu ; réimpression de 1548 ; Cartier, *ibid.*, p. 412-3) ; Reber, *L'habit des médecins pendant la peste*, Revue médicale de la Suisse romande, 1898, n° 12, p. 730-33 ; *id.*, Janus, I, 1897, p. 297-300.

6) *Ibid.*, p. 111.

le secours le plus assuré; et ces demandes de protection expliquent l'abondance de certains types iconographiques considérés comme « antipesteux ». Saint Christophe avait pour spécialité de protéger de la male mort; les flèches de saint Sébastien détournaient celles de la peste; comme le faisait aussi saint Roch. Mais c'était surtout la Vierge de Miséricorde que l'on invoquait en pareille détresse, et beaucoup de représentations de la « *Mater omnium* » sont des ex-voto dédiés en temps de peste. Parfois on associait toutes ces divinités secourables, en cas d'épidémie, et l'on peut voir ensemble la Vierge au Manteau, saint Sébastien et saint Roch, ou la Vierge avec saint Sébastien et saint Christophe [1].

Saint Christophe était l'objet d'une grande vénération de la part des Genevois. Une chapelle de la cathédrale de Saint-Pierre [2], une chapelle de l'église de la Madeleine [3], une porte [4], une rue de la ville [5], lui étaient consacrés. En 1506, on joua

1) *Ibid.*, p. 142. Les fresques de la chapelle de Waltalingen, près de Zurich (Perdrizet, *op. l.*, p. 189, n° 108), montrent côte à côte, sur la même paroi, la Vierge de Miséricorde, saint Christophe et saint Antoine (*Mittheil. antiquar. Gesell. Zurich.*, XXIV, 1898, p. 242-3, pl. III).

2) Martin, *Saint-Pierre, ancienne cathédrale de Genève*, p. 27.

3) Archinard, *Les édifices religieux de la vieille Genève*, p. 192, note 1.

4) Galiffe, *Genève historique et archéologique*, p. 131, 290: id., *Matériaux pour l'histoire de Genève*, I, 1289, p. 96; *Mém. Soc. d'Hist.*, VIII, 1852, p. 296, note 3; Rivoire, *Registres des Conseils*, I, p. 44 (1412).

5) *Mém. Soc. d'Hist. de Genève*, VIII, 1852, p. 296; A. de Candolle, *Du nom de rue Saint-Christophe donné encore dans un acte de la fin du XVIII° siècle à la rue des Belles-Filles*, communication Soc. d'hist. de Genève, 1863; *Mémorial de la Société d'Hist. de Genève*, 1889, p. 133; *Du nom de la rue des Belles-Filles*, Journal de Genève, 15 avril 1871; Courrier de Genève, 11 mai 1871; Mallet, *Description de Genève ancienne et moderne*, 1807, p. 109; Perrin, *Vieux quartiers de Genève*, 1904, p. 58-9. La rue Saint-Christophe, puis rue des Belles-Filles, ainsi nommée des prostituées qui y demeuraient, est aujourd'hui la rue Étienne-Dumont.

l'histoire de la vie du saint[1], dont l'image était peinte sur un mur du couvent des Cordeliers de Rive[2].

Faut-il rappeler à ce propos l'informe statue de bois[3] qui a été trouvée en 1898, dans les fondations de l'ancien grenier à blé de Rive, construit au xviiie siècle sur l'emplacement du couvent des Cordeliers ?[4]. M. J. Mayor, qui l'a étudiée, suppose que, puisqu'elle n'a pas été détruite à la Réformation comme toutes les autres images genevoises de culte, elle ne peut avoir un caractère religieux; il reconnaît en elle un de ces « Roland » qu'aima l'art germanique. Il est toutefois amené à la rapprocher des images de saint Christophe, dont il méconnaît le sens, puisqu'il ne veut voir en elles que des figures de sauvegarde « uniquement à l'usage, semble-t-il, des biens ecclésiastiques »[5]. C'est là une erreur. La dévotion à saint Christophe, qui développa ses images surtout à partir du milieu du xive siècle[6], sous l'influence de la peste, pense M. Perdrizet[7], était au contraire toute populaire. Si l'on plaçait à la façade des églises ou contre un des premiers piliers de la nef

1) Grenus, *Fragments historiques sur Genève avant la Réformation*, 1823, p. 89; cf. Fontaine-Borgel, *Histoire de Lancy*, 1882, p. 24-5.

2) *Mém. Soc. d'Hist. de Genève*, IV, 1845, p. 45; Archinard, *Les édifices religieux de la vieille Genève*, p. 88; Fontaine-Borgel, op. l., p. 24. Les registres du Conseil mentionnent en 1429, derrière la maison de Jo. de Nanto, la tour sur laquelle est peint saint Christophe, Rivoire, *Registres du Conseil*, I, p. 106.

3) J. Mayor, *A propos d'une figure de bois taillé*, Indicateur d'antiquités suisses, 1913, p. 117 sq. La statue est conservée au Musée de Genève.

4) Sur le grenier à blé, *Nos anciens et leurs œuvres*, 1915, p. 100-101, référ.

5) *Indicateur d'antiquités suisses*, 1913, p. 127.

6) Mâle, *L'art religieux du XIIIe siècle*, p. 310 (2e éd.). Quelques images de saint Christophe, en Suisse : fresque de l'église de Rossura, Tessin, une des plus anciennes représentations du saint en Suisse, qui remonterait au début du xiiie siècle, Rahn, *Christophorusbild an der Kirche von Rossura* (Tessin), Indicateur d'antiquités suisses, 1887, p. 397, pl. XXV; église de S. Maria di Torello, à Lugano, époque romane, Rahn, *Mittheil. Antiquar. Gesell. Zurich*, XXI, 1881, pl. III, 1; S. Christophe de Biasca, époque romane, *ibid.*, p. 14, pl. III, 2; fresque de S. Biago, près de Bellinzone, fin xive ou xve siècle. Vulliéty, *La Suisse à travers les âges*, p. 118, fig. 271; fresque du couvent de Saint-Georges, Stein am Rhein, *ibid.*, p. 244, fig. 503; 208, fig. 445.

7) *Op. l.*, p. 142.

l'image du saint, c'était afin que chacun pût le voir, et être préservé pour la journée de la mort subite. On ne le réservait du reste pas aux églises, on en décorait aussi les édifices profanes[1]. « Les Bâlois avaient fait mieux encore : ils avaient mis saint Christophe sur une des tours de leur ville : nul qui ne le vît dans la journée[2]. » Aussi l'hypothèse de M. Mayor, que le Saint-Christophe de Berne, détruit en 1864, ne peut être ce saint, parce qu'il était adossé à une tour formant l'une des entrées principales de la ville, mais est plutôt un Roland[3], n'a pas de consistance. Et, quant à la grossière statue de Genève, je préfère l'interprétation que rejette M. Mayor, et j'y verrais volontiers un Saint-Christophe, protecteur contre la peste, qui ornait soit la façade du couvent de Rive, soit l'intérieur[4], et qui, lors de la Réforme, a pu être mutilé — le triste état de cette œuvre ne permet-il pas de le supposer? — et jeté au rebut dans l'édifice désaffecté.

Genève vénérait encore d'autres saints antipesteux. Saint Antoine avait un autel et des reliques[5] dans la cathédrale de Saint-Pierre, où il était associé à saint Sébastien[6] ; il patronait des chapelles et des hôpitaux, et il a laissé son nom à un quartier de la ville. Saint Sébastien possédait peut-être un autel

---

1) Ex. Rahn, *Mittheil. Antiquar. Gesell. Zurich*, XXI, 1881, p. 56, note; p. 12 sq.

2) Perdrizet, *op. l.*, p. 141.

3) *Indicateur*, 1913, p. 126 sq.

4) *Ibid.*, p. 129 : « Pour en revenir au personnage de Genève, je m'étais demandé, en renversant les termes de mon hypothèse, si la figure de Genève ne pouvait pas être celle d'un saint Christophe. On supposerait en ce cas qu'elle ornait la façade de la chapelle du monastère de Rive. Mais les raisons qui m'ont fait penser que le Christophe de Berne n'en était pas un, et qui gardent mes préférences, ne permettent pas de s'arrêter à cette identification pour le personnage de Genève. Au reste si la statue avait eu un caractère religieux, n'aurait-elle pas été détruite à la Réformation, avec toutes les images taillées de Genève? »

5) Bras de saint Antoine, qui à la Réforme se trouva être un bois de cerf. Froment, *Actes et gestes merveilleux de la cité de Genève*, chap. 33; Archinard[,] *Les édifices religieux de la vieille Genève*, p. 214, note 1, 301.

6) Martin, *Saint-Pierre, ancienne cathédrale de Genève*, p. 26, 30; saint Antoine, patron des pestiférés, Galiffe, *Matériaux pour l'histoire de Genève*, I, 1829, p. 361.

distinct dans la cathédrale, qui en gardait les reliques sur l'autel de la Sainte-Croix [1]. Il en avait un en tout cas dans la chapelle des Macchabées [2], où l'on conservait son crâne dans un reliquaire en argent doré [3].

L'hôpital des Pestiférés et sa chapelle, située en Plainpalais, étaient dédiés à Notre-Dame de Miséricorde, à saint Roch, à saint Antoine et à saint Sébastien [4] ; on décréta d'y transférer les reliques de saint Sébastien que possédait l'hôpital du Pont du Rhône [5]. La chapelle avait donné son nom à l'hôpital, dit Hôpital de Notre-Dame de Miséricorde [6], titre qui apparaît dès les actes de fondation. Assurément, elle devait posséder les images ou les statues de ses patrons. L'inventaire des biens fait par Jean Nergaz en 1500 [7], ne mentionne que les objets liturgiques, mais aucune des images de culte. Il est toutefois plausible qu'il y avait, dès la fondation, une image de Notre-Dame de Miséricorde, étendant son manteau sur les fidèles et les protégeant de la peste.

Quelques années plus tard, en 1504, quand Jean Nergaz,

1) Martin, *op. l.*, p. 30.

2) *Ibil.*, p. 30 ; Archinard, *Les édifices religieux de la vieille Genève*, p. 225.

3) Archinard, *op. l.*, p. 295, inventaire de 1766.

4) *Mém. Soc. d'Hist.*, III, 1844, p. 290, bulle papale de 1484 : « Nos chers fils les syndics et citoyens de la dite cité, voulant pourvoir à un si grand fléau (la peste)... ont commencé à élever un hôpital... à ériger une chapelle sous l'invocation de la Vierge Marie de Miséricorde, des saints Pierre et Paul, de Sébastien, martyr, et d'Antoine le confesseur ». Outre les autels de la Vierge et des saints, il y avait dans la chapelle un autel de saint Roch, *ibid.*, p. 302 ; cf. Gautier, *ibid.*, XXX, 1906, p. 112-3.

5) *Ibid.*, p. 293, 301. Saint Sébastien et saint Antoine étaient aussi patrons d'un autre hôpital de la ville, l'hôpital de la Magdelaine, de Saint-Antoine et de Saint-Sébastien, *ibid.*, p. 264.

6) Bulle d'Innocent VIII en faveur de l'hôpital des pestiférés, 1484 : « una capella sub invocatione beate Marie de misericordia ac sanctorum Petri et Pauli apostolorum et Sebastiani martyris ac Antonii confessoris », *ibid.*, p. 446 ; exemption de cent jours de pénitence accordée à ceux qui visiteront la chapelle, 1486 : « capella sub vocabulo beate Marie de misericordia nuncupata... », *ibid.*, p. 449 ; règlement de la fin du XV : « loppital de notre dame de misericorde et de mons. sainct Sebastien », *ibid.*, p. 451 ; inventaire de 1500 : « inventarium Domine nostre de misericordia... », *ib d.*, p. 455.

7) *Ibid.*, p. 302, 455, n° XX.

procureur de l'hôpital des pestiférés, construisit à Plainpalais
son oratoire où il fit peindre la « Mater omnium », il ne faisait
sans doute que répéter le type iconographique que l'on pouvait
voir antérieurement déjà dans la chapelle de cet hôpital ;
l'écriteau placé au-dessous de la Vierge indiquait clairement
son rôle : « Et avait dessous un écriteau en rimes, que
l'on dût illec donner pour Dieu aux pauvres frappés de peste ».
Mais pourquoi Jean Nergaz choisit-il cette année 1504 de préférence à tout autre ? C'est que Genève subissait une forte épidémie de peste de 1502 à 1505, spécialement grave en 1504[1],
et c'était pour implorer la clémence de Marie qu'il avait dédié
cet ex-voto.

*
* *

Pas plus qu'une autre ville du moyen âge, Genève ne fut à
l'abri du fléau[2]. Depuis l'épidémie de 1349, on ne trouve point
de mention de la peste pour la dernière moitié du xive siècle,
ni pour la première moitié du xve[3] ; en 1454, la maladie
reparaît pour désoler Genève à des intervalles plus ou moins
rapprochés, jusqu'en 1640[4]. Ce sont les épidémies de 1454,
1473, 1490, 1494, 1497, 1502-5, etc.[5], souvent si fortes qu'en
1619 le Conseil lève la séance « propter furiam pestis »[6]. C'est

1) *Mém. Soc. d'Hist.*, III, 1844, p. 303, 305, 310; Gautier, *ibid.*, XXX, 1906,
p. 108.

2) Sur la peste à Genève, cf. Chaponnière-Sordet, *Des hôpitaux de Genève
avant la Réformation*, Mém. Soc. d'Hist., III, 1844, p. 276 sq. L'hôpital des
Pestiférés ; surtout L. Gautier, *La médecine à Genève jusqu'à la fin du
XVIIIe siècle*, ibid.,XXX, 1906, p. 103 sq., La peste à Genève, où l'on trouvera
l'indication de quelques autres travaux ; Gautier, *Les semeurs de peste à Genève
en 1530 et 1544*, communication Soc. d'Hist., 1902, Bullet. Soc. d'Hist. de
Genève, 1898-1904, I, p. 316-7; *Calvin a-t-il eu peur de la peste?* Archinard,
Les édifices religieux de la vieille Genève, p. 338 sq., IX, etc. Signalons au
Musée de Genève le tableau de Lesueur, Les Pestiférés implorant saint Charles
Borromée, Doumergue, *La Genève des Genevois*, p. 265.

3) *Mém. Soc. d'Hist.*, III, 1844, p. 277; XXIII, 1888-1894, p. 3-4.

4) *Ibid.*, XXX, 1906, p. 103. Il ne se passait guère dix années sans cas isolés de peste, ni quinze ans sans épidémies.

5) *Mém. Soc. d'Hist.*, XXX, 1906, p. 108 sq., liste des épidémies.

6) *Ibid.*, p. 109.

dans cette triste fin du xve siècle que l'on fonde l'hôpital des
pestiférés dont il a été question. On en parle dès 1469, puis, la
peste recommençant en 1473, on reprend le projet abandonné et
l'on installe provisoirement les pestiférés dans une grange de
Plainpalais jusqu'à l'achèvement en 1487 du nouvel édifice,
commencé en 1482[1]. Toutefois, étant données les tristes conditions hygiéniques, et l'inefficacité des remèdes humains[2], les
syndics et le peuple recourent à la protection divine. C'est
Dieu irrité, qui envoye la pestilence; en 1502, pendant la
peste, la chaleur ayant fait fondre le vermillon dont on avait
peint les plaies d'un grand crucifix placé devant le couvent
des Cordeliers de Rive, ceux-ci répètent partout que c'est
le sang de Dieu qui coule, en colère contre les Genevois.
Partout ce sont des processions, des messes, pour le fléchir.
En 1469 les syndics réalisent un vœu ancien, et décident une
procession le vendredi des Quatre-Temps, en l'honneur de
Dieu, de saint Sébastien, de saint Antoine, pour les prier de
délivrer la ville de la peste, procession à laquelle doivent participer les syndics, les chanoines et le clergé, tout le peuple,
en un mot tous ceux qu'on a vus humblement agenouillés sous
le manteau de Marie[3].

On a donc suffisamment de motifs pour croire que la Vierge
de Miséricorde de Saint-Gervais, tout comme celle de Plainpalais, a été exécutée pendant une des épidémies de peste qui
régnaient à Genève dans la seconde moitié du xve siècle, ce
qui concorde bien avec le style de ces peintures. On ne les
datera pas avant 1454, puisque c'est à ce moment que la peste,
qui s'était éloignée pendant plus d'un siècle, recommence
ses ravages, et guère après l'épidémie de 1505. Ce n'est évidemment pas à l'occasion de quelques cas isolés de peste que
l'on a placé tous ces humains, qui symbolisaient le peuple

---

1) Chaponnière-Sordet, *l. c.*; Gautier, *Mém. Soc. d'Hist.*, XXX, 1906, p. 108 sq.;
Blavignac, *Études sur Genève* (2), I, 1872, p. 296.
2) Cf. ces prescriptions hygiéniques, *Mém. Soc. d'Hist.*, p. 121 sq.
3) *Mém. Soc. d'Hist.*, III, 1844, p. 279.

genevois, sous le manteau protecteur, mais au moment où le fléau décimait le peuple entier.

* *

Connaît-on le nom du donateur ? Était-ce quelque particulier ignoré ? Était-ce un fonctionnaire que ses occupations journalières obsédaient de la vision de la peste, tels Hugonin du Pont, administrateur de l'hôpital des pestiférés pendant de longues années[1], ou Jean Nergaz, son successeur[2] ? Les syndics auraient-ils ordonné d'exécuter ces fresques, tout comme ils ordonnaient dans la même intention préservatrice des processions ? Les croix dans la bordure des fresques étant celles de Savoie, on pourra supposer que le donateur appartenait à la maison de Savoie, qu'il dépendait de l'évêché[3] ou de la cour ducale[4]. On pourrait même songer à Louis de Savoie, qui cède en 1452 aux procureurs de la Boîte de Toutes Ames le droit de patronage sur l'hôpital Saint-Jacques du Pont du Rhône[5], ou à Charles de Savoie qui, en 1508, donne à la ville une pièce de terre, en considération des charges supportées par l'hôpital des pestiférés. Ce sont, a-t-on remarqué, les deux seuls princes de la maison de Savoie qui aient témoigné quelque intérêt aux établissements de charité genevois[6], et rien n'empêcherait de croire que l'un d'eux ordonna de décorer la chapelle de Saint-Gervais, en y peignant la Vierge de Miséricorde, protectrice

1) De 1482 à 1499, Galiffe, *Matériaux*, I, p. 552-8 ; id., *Notices*, I, p. 515 ; *Mém. Soc. d'Hist. de Genève*, III, p. 288, 291, 292, 296-301, 340, 449 ; *Obituaire de saint Pierre*, p. 70, note 4.

2) *Mém. Soc. d'Hist. de Genève*, III, 1844, p. 301. Ci-dessus, p. 76.

3) Les fils du duc Louis de Savoie, et petit-fils d'Amédée VIII : Pierre de Savoie, mineur, évêque de Genève de 1449 à 1460, sous l'administration d'un gentilhomme dévoué à la cour ducale ; Jean-Louis de Savoie, évêque de 1460 à 1482.

4) A Amédée VIII succède sur le trône ducal Louis de Savoie, de 1440 à 1465.

5) *Mém. Soc. d'Hist. de Genève*, III, 1844, p. 221, 348, 393.

6) *Ibid.*, p. 313-4 : « C'est le seul don que les comtes et les ducs de Savoie aient, à notre connaissance, fait à nos établissements de charité, outre le droit de patronat de l'hôpital Saint-Jacques que nous avons mentionné plus haut ».

des habitants contre la peste. Il semble toutefois que ces hypothèses ne sont pas fondées, et qu'on peut obtenir plus de précision.

Puisque les fresques de Saint-Gervais offrent tant d'analogies avec celles d'Abondance, on sera tenté de les dater à peu près de même, et de les rapprocher de 1480-1490, époque à laquelle M. de Mandach attribue ces dernières. Et on songera, étant données les relations qui unissent cet ex-voto à la peste, aux épidémies qui ont sévi en 1490, 1492, 1493, 1494[1]. L'année 1495 est à noter dans les annales de la peste à Genève : c'est celle où on lit en Conseil les ordonnances préparées pour le règlement intérieur de l'hôpital des pestiférés[2]. Cette même année, noble Thomas Blondel, maître de la monnaie à Grenoble et à Genève[3], fonde dans l'église de Saint-Gervais une chapelle sous le vocable de Notre-Dame de la Pitié[4]. Blavignac, qui a cité cette fondation, pense toutefois qu' « il s'agit probablement d'une simple chapelle, car la peinture que nous venons de décrire est évidemment antérieure à cette date »[5]. Mais la date de Blavignac n'étant plus acceptable, rien n'empêche de supposer au contraire que cette chapelle est celle qui contient la Vierge de Miséricorde, dite aussi de Pitié.

On connaîtrait ainsi le nom du donateur, la date de la peinture et les circonstances qui en déterminèrent l'exécution.

M. Perdrizet n'a point recherché les origines de ce thème en dehors du moyen âge. Et pourtant l'on peut se demander s'il

---

1) *Mém. Soc. d'Hist.*, III, 1844, p. 293, 295 sq.; Gautier, *ibid.*, XXX, 1906, p. 108.

2) *Ibid.*, III, 1844, p. 300.

3) Galiffe, *Matériaux pour l'histoire de Genève*, I, 1829, p. 402; Grenus, *Fragments historiques sur Genève avant la Réformation*, 1823, p. 41, note *a* (grosses du chapitre de Genève).

4) Cf. rouleau I de la chapelle de Notre-Dame-de-Pitié à Saint-Gervais (Archives de Genève).

5) *Armorial genevois*, p. 257, note 1.

n'a pas quelque filiation avec des prototypes plus anciens, puisque l'on voit, sur des médaillons d'Hadrien[1], Jupiter, de taille surhumaine, écartant son manteau et protégeant le prince qui lève vers lui le bras en signe d'adoration. L'antiquité semble donc avoir connu ce motif, ce qui n'a rien d'étonnant, puisque les idées dont il est l'expression sont très simples et universelles.

*
* *

La Vierge étend ses bras pour entourer les fidèles. Ainsi Dieu le Père embrasse son Fils en croix, ou Marie que couronne Jésus[2]; ainsi sainte Anne protège le groupe de la Vierge et de l'Enfant[3]; ainsi, au Jugement dernier de Bourges, l'ange qui tient d'une main la balance, entoure de son bras gauche la petite âme humaine qu'il vient de juger[4]; ainsi les saints présentent les donateurs agenouillés à leurs côtés, sur lesquels ils posent la main[5]. Mais déjà dans l'art antique, sur les monnaies de Matidie, une femme de haute taille, la Piété, est accostée à droite et à gauche de deux petits personnages sur la tête desquels elle pose la main et qui lèvent le bras pour toucher son vêtement[6].

Juno Pronuba pose une main sur les épaules des époux qu'elle unit[7]. Jupiter Pluvius, sur la colonne de Marc Aurèle, étend ses grands bras sur les soldats romains, et verse sur eux la pluie bienfaisante[8]. Et les bras des trophées semblent s'étendre dominateurs sur les barbares humiliés[9].

1) Saglio-Pottier, *Dict.. des ant.*, s. v. Jupiter, p. 712, fig. 4238; Roscher, *Lexikon*, s. v. Juppiter, p. 760, fig.

2) S. Reinach, *Répert. de peintures*, II, p. 523, 1 (Rome, S. Pietro in Montorio, attribué à Baldassare Peruzzi).

3) *Ibid.*, I, p. 330.

4) L. Pillion, *Les sculpteurs français du XIII* siècle, p. 192, pl.

5) *Répert. de peint.*, II, p. 354; III, p. 536.

6) Roscher, *Lexikon*, s. v. Pietas, p. 2504, fig. 4.

7) S. Reinach, *Répert. de reliefs*, III, p. 122, 3; 123, 2.

8) Strong, *Roman Sculpture*, p. 280, pl. LXXXVII.

9) Ex. Reinach, *Répert. de reliefs*, II, p. 135, 3; I, p. 289, trophées du Capi-

*
* *

Mais le geste protecteur des bras est renforcé par la présence du manteau qui les recouvre[1]. Idée bien naturelle que de faire, de la draperie tendue, un bouclier contre l'adversaire ! Le bouclier ne fut-il pas lui-même à l'origine la partie du vêtement en peau de bête que le bras présentait en avant du corps pour le protéger[2], et dont l'égide d'Athéna a conservé le souvenir ? Ainsi se défendent les guerriers sur les vases grecs[3], les prétendants contre les traits d'Ulysse[4], le jeune Niobide contre les flèches d'Apollon et d'Artémis[5].

Ce geste, d'égoïste qu'il est encore, peut devenir altruiste, quand le manteau sert à défendre, non plus à celui qui le porte, mais celui qui se réfugie sous son abri. C'est même un rite que l'on retrouve chez divers peuples : les Kabyles, pour sauver un ennemi, le couvrent de leur burnous[6], et le manteau des rois et seigneurs, dans l'ancienne Allemagne, était un symbole de protection.

La Vierge abrite ainsi ses fidèles, comme ailleurs elle entoure son enfant divin d'un geste maternel[8]. Au Jugement dernier

tole; remarquer les deux génies ailés qui paraissent appuyer leurs longs boucliers sur les épaules de la femme enchaînée (geste de protection, de domination?)

1) Cf. gestes d'apparence analogue, mais de sens différent : l'éphèbe qui se dévoile devant le pédotribe, Reinach, *Répert. de vases*, II, p. 140, 5; la Niké de Paeonios de Mendé et les Néréides de Xanthos, étendant leur draperie au vent, Bulle, *Der Schöne Mensch*, pl. 103, 104; la draperie servant de repoussoir au corps, comme dans la métope du Parthénon, Collignon, *Sculpture grecque*, II, p. 15, fig. 4.

2) Cf. A. Reinach, *Itanos et l'Inventio scuti*, Rev. hist. des religions, 1909, 60, p. 161 sq.

3) Ex. Reinach, *Répert. de vases*, I, p. 460, 2: 382, 1; II, p. 284, 1.

4) *Ibid.*, I, p. 217, 7; *Répert. de reliefs*, I, p. 446, 2; Bulle, *op. l.*, pl. 132.

5) Niobides de Florence, Roscher, *Lexikon*, s. v. Niobiden, p. 413, fig. 10; Collignon, *op. l.*, II, p. 540.

6) Hanoteau et Letourneux, *Kabylie*, III, p. 79; *Rev. Ethnograph. et Sociologie*, 1913, p. 225, note 8.

7) Perdrizet, *op. l.*, p. 23.

8) Vierge entourant l'enfant Jésus de son manteau. Reinach, *Répert. de peintures*, I, p. 134, 1; 185, 193, 219, 231.

d'Autun, les petites âmes, pour échapper au diable, se cachent sous la robe de l'archange[1], et Abraham reçoit les élus dans son sein[2].

Qu'on regarde maintenant l'antique groupe des Tyranoctones, commémorant le meurtre d'Hipparque par Harmodios et Aristogeiton! Arme en main, ils s'avancent vers leur victime, « poussés par le même élan, intimement unis de cœur et de volonté », et le plus âgé, Aristogeiton, « de son bras gauche tendu, de la draperie qu'il porte sur le bras, et du fourreau qu'il tient dans la main, semble protéger son jeune ami Harmodios »[3].

Voici la triste Niobé, la mère éplorée qui, étendant son vêtement sur sa plus jeune fille réfugiée dans son sein, espère la soustraire aux flèches d'Apollon[4], tout comme la Vierge de Miséricorde soustrait ses fidèles aux flèches de la colère divine[5]. Nephélé, le nuage personnifié, veut ainsi dérober Phryxos et Hellé à leurs poursuivants[6], et Dionysos couvre de sa nébride la panthère sa compagne[7].

1) Perdrizet, *op. l.*, p. 19.

2) *Ibid.*, p. 19; Pillion, *Les sculpteurs français du XIII° siècle*, p. 96, pl., cathédrale de Reims.

3) Lechat, *Sculpture attique*, p. 448-9. « Le grand geste par lequel il fait de sa draperie un bouclier protecteur pour Harmodios ».

4) Niobé de Florence, Roscher, *Lexikon*, s. v. Niobiden, p. 411, fig. 8; Collignon, *op. l.*, II, p. 537.

5) Le rapprochement est d'autant plus fondé que les flèches d'Apollon, comme celle de Dieu (ci-dessus, p. 200) sont parfois celles de la peste qu'il déchaîne à son gré. Weinreich, *Antike Heilungswunder*, p. 151 sq.; Perdrizet, *op. l.*, p. 107.

6) Reinach, *Répert. de vases*, I, p. 498, 2; Roscher, *Lexikon*, s. v. Phryxos, p. 2467, fig. 7.

7) Reinach, *Répert. de reliefs*, III, p. 85, 1.

Puisque nous avons rapproché du bouclier le manteau protecteur (p. 92, note 9; p. 94, note 3), rappelons les monuments où les Curètes entrechoquent leurs boucliers en formant comme une voûte protectrice au-dessus de Zeus enfant. Roscher, *Lexikon*, s. v. Kureten; *Répert. de reliefs*, II, p. 280, 3, 4, etc· On sait que le choc de leurs boucliers symbolise les grondements du tonnerre. A. Reinach, *Rev. hist. des religions*, 1910, 62, p. 229; la voûte qu'ils forment est la voûte céleste. Or nous verrons que le manteau protecteur la symbolise aussi. Sur les Curètes, cf. encore Harrison, *Kouretes and Zeus Kouros*, Annual British School at Athens, 1908-9, XV, p. 308 sq.; id., *Themis*, p. 1 sq., 50 sq.; A. Reinach, *l. c.*, p. 227 sq.

On a cité, à propos de la Vierge de Miséricorde, les textes bibliques où Jahveh est comparé à un oiseau couvrant ses poussins de ses ailes, comparaison qui a été appliquée à la Vierge et à saint François [1], et l'on a fait observer qu'ils rappellent sans doute le temps primitif où Jahveh était un cheroub ailé. En effet, le dieu-oiseau étend ses ailes sur l'humain qu'il protège, et en Égypte, le vautour sacré les abaisse sur la tête de Pharaon [2].

*
* *

Groupés sous le manteau protecteur de la Vierge, les fidèles ne se sentent pas seulement à l'abri, ils sont en intime communion avec elle, et semblent ne former avec elle qu'un tout. Le manteau qui les enveloppe tous ensemble, Vierge et mortels, est souvent un symbole d'union, et sert à exprimer le lien, physique ou moral, qui unit divers personnages entre eux [3].

Ce sont parfois, sur les vases grecs du vi[e] siècle, deux femmes qui se font face, enveloppées dans le même manteau. En représentant ainsi les deux filles de Pandaros, sur un couvercle de pyxis, le peintre n'a-t-il pas voulu faire comprendre la parenté qui les unit [4]? Mais l'exemple le plus caractéristique que je connaisse est fourni par un vase de l'ancienne collection Sabouroff [5] : sur l'une des faces, sept, sur l'autre neuf femmes, placées de profil les unes à côté des autres et se dirigeant toutes

1) Le Blant, *De quelques sujets représentés sur les lampes en terre cuite de l'époque chrétienne*, Mél. d'arch. et d'hist. de Rome, 1886; Perdrizet, *op. l.* p. 19-20.

2) Fechheimer, *Die Plastik der Aegypter*, 1914, pl. 24 (statue de Chefren, vers 2800 avant J.-C.).
La vache divine abrite sous sa tête le Pharaon, Maspéro, *Égypte*, p. 172-3, fig. 316-7; le serpent divin se dresse au-dessus de lui, *ibid.*, p. 164, fig. 301. Cf. Nut, la vache céleste, la voûte du ciel, abritant les dieux et les humains sous son corps replié comme une voûte. Della Seta, *Religione e arte figurata*, fig. 14.

3) Cf. mes indications, *Rev. arch.*, 1914, I, p. 523-.

4) *Bulletin de Corresp. hellén.*, 1898, p. 586, fig. 1. Cf. Ménades, Reinach, *Répert. de vases*, II, p 160, 6.

5) *Collection Sabouroff*, I, 2, pl. LI.

dans le même sens, sont enveloppées dans un immense manteau. Furtwaengler pense que le peintre aura jugé inutile de répéter le manteau autant de fois qu'il y avait de personnes, et plus simple de n'en étendre qu'un seul sur toute la surface du groupe : ce ne serait donc qu'une simplification conventionnelle. Toutefois l'artiste archaïque ne craint pas d'ordinaire de répéter sans aucun changement les mêmes personnages, avec toute la minutie de leur costume, et l'on connaît ces processions de femmes, toutes semblables les unes aux autres, qui s'avancent raides et gauches sur les vases du vi[e] siècle[1], ou encore ces files de guerriers dont chacun déborde sur le précédent et possède son bouclier particulier, alors qu'il eût été facile de les grouper aussi sous un large bouclier commun[2]. Il semble donc qu'ici encore le manteau a une valeur symbolique d'union. Mais quel est le lien qui unit ces sept et neuf femmes, dont la première tend à un jeune homme la couronne, prix de la victoire? Ne serait-ce pas le chœur des Muses, qui est fixé à neuf dès les poèmes hésiodiques, mais que certains monuments réduisent parfois à sept[3]?

Sur le vase François, les trois Horai s'enveloppent aussi du même manteau[4]. C'est d'une façon analogue que bien des siècles plus tard on représentera parfois la Trinité chrétienne : un manteau unique en recouvrira les trois personnages, et, pour figurer l'unité divine, la chape de Dieu s'étendra sur le Fils et sur le Saint-Esprit[5]. C'est pourquoi, dans le rite védique, pour transmettre une maladie à autrui, on couvre le malade et l'homme sain du même manteau, et ils mangent ensemble la même bouillie[6]; ils ne forment plus qu'un seul être, et la

---

1) Reinach, *Répert. de vases*, II, p. 119.

2) Perrot, *Hist. de l'Art*, 9, p. 548, fig. 273.

3) Hydrie de Vulci, Saglio-Pottier, s. v. *Musae*, p. 2064, fig. 5207; Roscher, s. v. *Musen*, p. 3246, fig. 2.

4) S. Reinach, *op. l.*, I, p. 134; Walters, *Hist. of ancient Pottery*, I, pl. XXVIII.

5) Didron, *Histoire de Dieu*, p. 578, 586, fig.; 589, note 1.

6) Henry, *La magie dans l'Inde antique*, p. 209. Boire au même vase est un autre symbole de communion connu.

maladie peut aisément passer de l'un à l'autre. De même, pour guérir un enfant, la sorcière se couvre entièrement de la même couverture que lui, et demeure ainsi quelque temps [1].

Dans certains rites de mariage, chez divers peuples de l'antiquité et des temps modernes, l'usage du manteau qui recouvre les deux époux ou un seul des conjoints, exprime à la fois des notions de protection et d'union. On le rencontre chez les anciens Hébreux et chez les Juifs actuels [2] : « Veuille étendre le pan de ton manteau sur ta servante », dit Ruth à Booz, quand elle invoque leur parenté pour qu'il l'épouse [3]. Certaines parties de l'Allemagne, de la Russie [4], le connaissent. En Inde, on tend un voile sur le couple nouvellement marié [5]; chez les Todas, un autre que l'époux se couche à côté de la jeune fille, et étend son manteau de manière à les couvrir tous deux [6]. Chez les Arabes du Sinaï, un parent du futur voile la jeune fille d'une étoffe et s'écrie : « Nul autre (et il nomme le futur) ne te couvrira » [7]. Il en était de même dans le mariage chrétien primitif, chez les catholiques, les arméniens, les coptes, où un voile était étendu sur les époux [8], et antérieurement déjà, dans les religions étrusque et romaine. Sur une urne étrusque

1) Boguet, *Discours exécrables des sorciers*, 1603, Rouen, p. 137.

2) Wellhausen, *Deux rites juridiques chez les Hébreux*, Archiv. f. Religions-wiss., VII, 1904.

3) Perdrizet, *op. l.*, p. 23; rappelle aussi un passage analogue d'Ézéchiel.

4) *Ibid.*, p. 23.

5) E. Reclus, *Les primitifs*, p. 332; Rev. d'Anthropologie, 1875, 4, p. 284; on peut ailleurs coudre ensemble les vêtements des époux, autre symbole d'union.

6) Van Gennep, *Rites de passages*, p. 100.

7) *Ibid.*, p. 178.

8) Reinach, *Cultes, mythes et religions*, I, p. 310-1; Chénon, *Recherches historiques sur quelques rites nuptiaux*, Nouvelle revue historique de droit français et étranger, 1912, n° 5 (étudie les survivances de ces rites); *Archives sociologiques Solvay*, 1913, n° 26, p. 763; *L'Anthropologie*, 1891, II, p. 556, note 3, référ.; *Rev. arch.*, 1914, I, p. 50.

du musée de Chiusi, qui n'est pas postérieure au v⁰ siècle avant J.-C., et qui illustre les cérémonies du mariage, deux personnages cachent sous un voile tendu les têtes de trois autres, qui sont la femme assise de face, et, à ses côtés le père et l'époux, qui la saisissent par les vêtements. Le voile étendu sur la tête des époux, suivant un rite que mentionnent les textes, paraît être le symbole du « connubium », du lien qui désormais doit unir le mari et la femme[1]. Aussi, sur maint sarcophage romain, un voile est tendu derrière les deux époux[2].

***

Le manteau a le même rôle dans les rites d'adoption. Dans l'Allemagne, la France, l'Angleterre du moyen âge. celui qui adoptait ou légitimait un enfant le couvrait solennellement de son manteau[3]. Les belles fresques où Giotto raconte la vie de saint François d'Assise transcrivent en art ce rite : saint François, sur la place d'Assise, se dépouille de ses vêtements, pour indiquer qu'il renonce aux biens paternels, et derrière lui, l'évêque l'entoure de son manteau, non tant pour cacher sa nudité, que pour l'adopter[4]. Sous une forme plus réaliste, on pouvait, pour adopter un enfant, le faire passer par sa robe, simulant ainsi une nouvelle naissance : ainsi fait Héra pour reconnaître Héraklès comme son fils[5].

***

Protection des chrétiens par la Vierge, et leur union en elle, ce ne sont pas les seules idées que révèle la présence du

1) *Dict. des ant.*, s. v. Matrimonium, p. 1650, 1655, 1657; s. v. Velamen, p. 671; *Rev. arch.*, 1914, I, p. 50; Eisler, *Weltenmantel und Himmelszelt*, II, p. 596 sq.

2) Reinach, *Répert. de reliefs*, III, p. 3, n⁰ 2-3; p. 122, 1-2.

3) Perdrizet, *op. l.*, p. 23; Ferrero, *Les lois psychologiques du symbolisme*, p. 62. Ces enfants étaient appelés « Mantelkinder ».

4) Bayet, *Giotto*, p. 25, pl. (fresque d'Assise); p. 128, pl. (fresque de Santa Croce, Florence).

5) Cf. Harrison, *Thémis*, p. 372.

manteau sous lequel ils s'abritent. Regardons la Vierge de Saint-Gervais : sous l'immense draperie dont deux anges aident la Vierge à soutenjr les pans, c'est toute la chrétienté qui est humblement réunie ; mais derrière elle, ce sont les anges, et deux d'entre eux, bras croisés, semblent, par dessus cette barrière, contempler le monde mortel dont ils sont séparés. A la même place, sur le tableau du Puy, c'est l'assemblée des saints[1], ou, sur celui d'Orvieto par Lippo Memmi, celle des anges[2]. D'un côté, ceux qui sont sur terre, de l'autre, ceux qui demeurent dans le ciel.

En effet, le voile, le manteau, expriment cette idée de séparation des deux mondes. Les divers rites antiques, qui ont laissé des survivances dans les temps modernes, où l'on se voile la tête ou tout autre partie du corps, celui du sacrifice et de la « devotio » romaine, répondent à cette notion de consécration à la divinité, de communion avec elle, d'isolement du monde extérieur, comme l'a montré M. S. Reinach dans son étude sur « le voile de l'oblation »[3]. Le prêtre romain, en se voilant le haut de la tête et la nuque, « était alors retranché de ce monde, et placé dans le monde divin »[4]. Il en était de même dans certains rites grecs, et sur les peintures de vases, on aperçoit Jason, tête voilée pénétrant dans la gueule du monstre infernal[5].

1) Perdrizet, *op. l.*, p. 156, pl. XXI, 1 ; p. 175.

2) Reinach, *Recueil de peintures*, II, p. 536.

3) *Cultes, mythes et religions*, I, p. 299 sq. ; cf. *Rev, Ethnogr. et Sociologie* 1913, p. 214, note 2.

4) Dussaud, *Introduction à l'histoire des religions*, p. 144 (dit avec raison que les objections formulées par J. Toutain, *Dict. des ant.*, s. v. Sacrificium, p. 977, contre la théorie de Reinach, sont sans valeur) ; van Gennep, *Rites de passage*, p. 240 — 1 : « pour se séparer du profane... et pour ne plus vivre que dans le monde sacré » ; *Dict. des ant.*, s. v. Velamen, p. 671, note 7 : « le voile met à part pour les dieux, isole du monde » (sacrifice voilé, p. 670 sq.) ; Hubert-Mauss, *Essai sur la nature et la fonction du sacrifice*, Mélanges d'Hist. des religions, 1909, p. 25, 28 (dans le sacrifice védique).

5) Reinach, *Répert. de vases*, I, p. 137, 3.

Se voiler le visage, comme symbole de tristesse, de douleur : « Le geste de se voiler le visage, pour les femmes comme pour les hommes, n'était que l'expression instinctive, mais indirecte, de la souffrance de l'âme, ou plutôt de

De nos jours encore, la prise de voile des religieuses est un symbole de renonciation à ce monde, en même temps que d'union mystique avec l'époux divin.

L'art antique fournit des exemples où la draperie séparatrice peut être rapprochée du manteau de la Vierge jouant le même rôle. Sur divers sarcophages romains, le sculpteur a raconté la légende d'Oreste : le meurtrier vient d'égorger Egisthe et Clytemnestre ; et voici, derrière la draperie qui les situe dans l'au-delà, comme derrière un nuage[1], les Erynnies vengeresses qui, invisibles à ses yeux, mais présentes à son esprit, le poursuivront dès lors sans relâche[2].

Dans maintes scènes antiques, la présence d'une draperie

cette espèce de pudeur qui est naturelle aux larmes » Heuzey, *Recherches sur les figures de femmes voilées*, Monuments grecs, I, n° 3, 1874, p. 16 sq. ; Pottier-Reinach, *Nécropole de Myrina*, p. 422 (voile sur la bouche); Laurent, *Achille voilé dans les peintures de vases grecs*, Rev. arch., 1898, II, p. 153 sq. Ce n'est pas tant par pudeur de sa propre souffrance, mais pour s'isoler, que l'on se voile dans le deuil, et l'on retrouve ici la même notion, quoique moins élevée, que dans le voile du sacrifice.

Les mains sont voilées pour toucher aux objets sacrés, en signe de respect, pour les isoler, car elles sont impures. Reinach, *Cultes*, I, p. 308 ; *Monuments Piot*, 19, 1911, p. 67, note 2, référ. ; Cahier, *Caractéristiques des Saints*, II, p. 505 ; *Mém. Acad. Inscr. et Belles-Lettres*, 30, 1843, p. 318, 305 ; *Rev. arch.*, 1911, I, p. 411-2 ; Dieterich (Second Congrès international d'Histoire des Religions, à Bâle, cf. *Rev. hist. rel.*, 50, 1904, p, 254, référ.).

Sens prophylactique du voile, pour isoler des mauvaises influences celui qui le porte. Tertullien recommande le voile de tête aux vierges contre la fascination. *Mélusine*, VIII, p. 255 ; Delrio, *Les controverses et recherches magiques*, trad. Du Chesne, 1611, Paris, p. 378. Ou au contraire pour empêcher le fascinateur d'agir : en Esthonie, les sorciers condamnés à mort avaient les yeux bandés afin que leur regard ne pût fasciner, *Mélusine*, IX, 1898, p. 82-3 autres ex.).

Sur le voile de visage, Mehringer, *Einige primäre Gefühle des Menschen, Das Verhullen der Braut*, Wörter und Sachen, 1913, p. 167 sq.

Sur cet usage oriental : Snouck-Hurgronje, *Le voile des musulmanes*, Bydragen voor de taal-land en volkenkunde von Ned. Indie, La Haye (cf. *L'Anthropologie*, 1894, V, p. 618); apparaît en Égypte au viii° siècle avec les Arabes, cf. Capart, *Les débuts de l'art en Égypte*, p. 47, référ. ; en Grèce, Bertholon-Chantre, *Recherches anthropologiques dans la Berbérie orientale*, I, p. 459.

1) Cf. le nuage, Néphélé, tendant son vêtement pour cacher Phryxos et Hellé, ci-dessus, p. 94.

2) Ex. Reinach, *Répert. de reliefs*, III, p. 259, 1 ; 387,2 ; 388, 1 , II, p. 192, 1.

dans le fond¹ sert de repoussoir à la figure qui se détache sur elle², et indique, tout comme une colonne isolée, que la scène se passe dans un intérieur, temple, enceinte sacrée, maison³. Parfois, cependant, elle a une signification symbolique, et veut faire comprendre que les personnages derrière lesquels elle est tendue appartiennent encore à ce monde, ou au contraire en sont déjà enlevés, en un mot, veut les différencier de leur entourage. Sur un sarcophage romain, Laodamie offre un sacrifice à un hermès de Dionysos; devant elle, l'ombre de Protésilas, accompagnée de dieux psychopompes, Orcus, Hermès, sort de l'Enfer. Effrayée, elle s'évanouit entre les bras de ses suivantes. Mais, pour bien séparer le monde vivant du monde infernal, une draperie est tendue derrière Laodamie et ses servantes seules, les isolant ainsi du reste de la scène⁴.

Je donnerai le même sens symbolique à la draperie de fond qu'on voit derrière les dits poètes de certains reliefs grecs et romains⁵, où j'ai reconnu des scènes funéraires⁶ : elle les sépare du monde vivant et les place dans l'au-delà.

On sait que les divers motifs dionysiaques qui ornent les sarcophages romains évoquent les félicités dont les élus jouiront dans le paradis bacchique; assimilés à Dionysos et à ses sui-

---

1) Ce motif apparaît fréquemment dans l'art à partir du iv⁰ siècle av. J.-C., mais surtout sur les reliefs hellénistiques et sur les sarcophages romains. Frise de Télèphe, Collignon, *Pergame*, p. 97, fig. ; stèles funéraires hellénistiques, *Jahrbuch*, 1905, p. 123 sq. ; banquet funèbre, *Ath. Mitt.*, XXV, p. 186, n° 70 ; relief de Sérapis, *Röm. Mitt.*, 1901, p. 260, fig. 3 ; sacrifice sur un autel, *Journal of hellénic Studies*, 1903, p. 297, fig. 5 ; Schreiber, *op. l.*, pl. LXX ; sarcophages, Michaelis, *Ancient Marbles*, p. 252, fig. ; *Journal of hellenic Studies*, 1903, p. 297, fig. 5 ; Reinach, *Répert. de reliefs*, passim.

2) Petersen, *Jahrbuch*, l. c.

3) Cf. déjà les draperies tendues au mur sur les coupes grecques, en particulier dans les scènes de banquets, ex. Hartwig, *Meisterschalen*, pl. XXVII, etc. ; *Dict. des ant.*, s. v. Velum, p. 671 sq. ; Forum de Nerva, Reinach, *Répert. de reliefs*, I, p. 371-2 ; anciens monuments chrétiens et art byzantin, *Monuments Piot*, VI, 1899, p. 178, 186 sq. ; etc.

4) *Répert. de reliefs*, III, p. 82, 1.

5) Ex. relief d'Athènes du iv⁰ siècle, *Ath. Mitt.*, 1901, pl. VI, p. 126 sq., et autres ex. ; *Jahrbuch*, 1905, p. 125 ; *Mélanges Nicole*, pl. p. 461, etc.

6) Cf. mon article *Éros jouant avec un masque de Silène*, Rev. arch., 1916, I, p. 76 sq.

vants, ils participeront à toutes les joies de l'enivrement mystique[1]. Or, souvent ces épisodes mythologiques s'enlèvent sur un rideau de fond. Il n'indique pas que l'action se déroule dans un intérieur; il n'est pas seulement décoratif; mais il veut faire comprendre que ce sont des visions de l'au-delà, séparées par lui du monde mortel[2].

Le défunt lui-même, et non plus seulement sa transposition mythologique, apparaît encadré du voile de ségrégation. Sur la partie gauche d'un sarcophage, des enfants vendangent Dionysos-raisin, et le pressent; à droite, le buste de la morte, Materna, se détache sur une draperie que tiennent deux Éros portant dans l'autre main une corne d'abondance[3].

Sur les reliefs aux banquets funèbres, le rideau derrière le lit du mort héroïsé ne veut pas dire que la scène se passe dans un intérieur, mais que le mort, de taille gigantesque comme il convient à un être d'essence surhumaine, jouit de la félicité dans l'au-delà[4].

Voici les reliefs qui décorent le tombeau des Haterii[5], où le sculpteur a raconté tous les rites de l'ensevelissement. La morte est exposée sur son lit de parade, entourée des parents et des pleureuses. Puis la procession funéraire s'engage dans la Voie sacrée de Rome, dont on voit les divers monuments. Elle arrive au tombeau, à la construction duquel sont encore occupés des

1) Perdrizet, *Cultes et mythes du Pangée*; cf mon article *Éros jouant avec un masque de Silène*, Rev. arch., 1916, I, p. 79.

2) Ex. Sarcophage d'enfant, soins donnés à Dionysos enfant : le petit mort et assimilé à l'enfant Dionysos; cf. enfant mort, assimilé à un petit Satyre, épitaphe de Doxato, Perdrizet, *Cultes et mythes du Pangée*, p. 95, n° 7; Reinach, *Répert. de reliefs*, II, p. 74, 3 ; Muses et Sirènes, à gauche, Zeus et Athéna, *ibid.*, p. 207, 1 (sur le rôle funéraire des Muses, cf. mon article *Éros jouant avec un masque de Silène*, Rev arch., 1916, I, p. 77; Satyres, Pan et Éros, *ibid.*, p. 443, 2-3; satyres et nymphes banquetant, *ibid.*, III, p. 423, 5 ; draperie derrière Méléagre et Artémis, *ibid.*, III, p. 232, 2 ; derrière le groupe des trois Grâces, *ibid.*, p. 295, 1; derrière Adonis et Aphrodite, *ibid.*, p. 272, 1.

3) Reinach, *Répert. de reliefs*, III, p. 209, 1 ; cf. aussi buste palmyrénien, Rev. arch., 1886, II, p. 15, 19.

4) *Répert. de reliefs*, III, p. 266, 1.

5) *Ibid.*, p. 285-6 ; Helbig-Toutain, *Guide dans les Musées d'archéologie classique de Rome*, I, p. 503.

ouvriers, temple corinthien dont le fronton porte le buste de la défunte, et dont l'un des côtés est orné de trois médaillons renfermant les bustes de jeunes enfants, sans doute trois Haterii morts en bas-âge. Au-dessus du temple-tombeau, on voit de nouveau la morte, couchée sur son lit, mais non plus inerte : elle s'est assise, et, accoudée, tient un oiseau dans la main [1]. Au pied du lit jouent trois jeunes enfants, et une servante s'approche d'un thymiaterion pour y jeter de l'encens, tandis qu'un grand candélabre brûle à gauche. On a donné de cette scène une explication erronée. On a pensé que cette femme couchée est une Hateria, dont le corps repose dans la chambre funéraire, mais que le sculpteur, ne pouvant la figurer dans l'intérieur du tombeau, l'a transportée sur le toit de l'édifice. Je crois plutôt que c'est la même morte qui était tout à l'heure étendue rigide sur son lit de funérailles; maintenant, alors que son corps repose dans le tombeau, elle goûte dans les Champs-Élysées au festin immortel, en contemplant à ses pieds ses trois enfants morts avant elle, qu'elle a retrouvés, et qui s'amusent aux jeux de leur âge, ceux dont les bustes décorent la paroi du temple [2]. Aussi, pour montrer que la scène n'est point de ce monde, mais est une vision de la vie bienheureuse que mène désormais la morte, le sculpteur a tendu derrière le lit le voile symbolique, alors qu'il l'a naturellement omis derrière le lit réel des funérailles [3].

1) L'oiseau, symbole funéraire, apparaît fréquemment dans l'art romain : le defunt le tient dans sa main ; il est perché sur le lit (ex. relief du Musée de Genève, *Nos Anciens et leurs œuvres*, 1909, p. 28, fig. 27); il est l'objet de la dispute entre deux enfants (groupe de Vienne, *Rev. arch.*, 1913, I, p. 301 sq.) ; la Silène funèbre le tient devant le Sphinx (cf. mon article *Éros jouant avec un masque de Silène, Rev. arch.*, 1916, I, p. 79, note 4).

2) Les trois masques placés sur une sorte d'édicule à droite du lit, doivent être mis en relation avec les bustes des trois enfants Haterii. On les rapprochera des trois masques qui ornent souvent les sarcophages (Reinach, *Répert. de reliefs*, passim), placés parfois sous le médaillon contenant le portrait du défunt (*ibid.*, III, p. 210, 3 ; 211, 2). J'ai indiqué ailleurs le sens symbolique de ces masques funèbres (*Éros jouant avec un masque de Silène*, Rev. arch., 1916, I, p. 76 sq.).

3) On aperçoit, sur les sarcophages, des Éros tenant une grosse guirlande, ntre les courbures de laquelle sont figurées de petites scènes le plus souvent

Un sarcophage d'enfant, de Patras, montre des génies funèbres tenant des attributs bacchiques. Deux d'entre eux, disposés à droite et à gauche du groupe central, tendent leur draperie pour encadrer un troisième qui, torche renversée pour indiquer que la vie est éteinte, soutient du bras gauche un petit camarade chancelant sous l'effet de l'ivresse divine[1] : ce dernier est le petit mort, qui a pénétré dans le paradis, et participe dès lors aux joies supraterrestres. Ici encore les draperies servent à l'isoler, et témoignent que son rôle n'est désormais plus de ce monde[2]. Un sujet analogue décore un sarcophage d'enfant provenant d'Athènes[3] : parmi les mêmes enfants funèbres, le petit mort ivre tient une grappe de raisin au-dessus d'une corbeille de fruits, soutenu par son compagnon, dont la draperie qui s'avance l'entoure fraternellement de sa protection, et le sépare du monde vivant.

On vient de voir que le buste du défunt peut se détacher sur une draperie tenue symétriquement par deux Éros. On rapprochera ce motif de celui, très fréquent sur les sarcophages romains, où deux Éros funèbres tiennent de même un médaillon dans lequel apparaît le buste du mort[4] : il dérive du thème ancien où le dieu anthropomorphe est inscrit dans le disque même du soleil[5]; ici, le défunt est devenu le soleil lui-même

mythologiques (ex. *Répert. de reliefs*, III, p. 40, 1 ; p. 158, 1, etc. Je serais tenté de voir aussi dans ces dernières comme des aperçus sur la vie de l'au-delà.

1) On sait que le motif de l'enfant ivre est très fréquent sur les sarcophages romains, et qu'il n'a pas le sens trivial qu'on serait tenté de lui attribuer : il symbolise l'ivresse divine qui s'empare du mort dans l'au-delà dionysiaque, *Rev. arch.*, 1916, I, p. 79.

2) *Répert. de reliefs*, II, p. 404, 4.

3) *Ibid.*, p. 405, 1.

4) *Ibid.*, III, p. 210, 3, etc.

5) Cf. Ixion, sur la roue enflammée, entre deux personnages féminins ailés ; le buste de Némésis apparaît au-dessous du damné. Roscher, *Lexikon*, s. v. Ixion, p. 770, fig. On sait que le mythe d'Ixion dérive du thème oriental du disque solaire anthropomorphe.

avec lequel, conformément à l'eschatologie de la fin du paganisme, son âme est allée se confondre. C'est pourquoi le
médaillon au buste, ayant pour tenants des Éros, peut encore
être supporté par l'aigle solaire[1], qui emporte au ciel cette âme,
comme il emporte ailleurs le buste même de Sol[2]. Rapprocher
la draperie du médaillon solaire n'est pas hasardé : nous consta-
terons bientôt en effet le sens céleste de nombre de ces draperies.

Mais cette nouvelle naissance à un monde meilleur peut
encore être traduite d'une autre façon. Le buste de la morte
occupe l'intérieur d'une coquille que tiennent deux centaures
marins[3]. Ici la morte est assimilée à la déesse Aphrodite, naissant de la coquille, dans un cadre tout semblable[4].

L'idée qui inspire ces divers motifs funéraires, Eros tendant
une draperie derrière le défunt, buste du mort dans un médaillon ou dans une coquille tenue par des Éros ou des Centaures,
est la même. Il ne sera donc pas sans intérêt de remarquer que
des Eros tiennent le même voile derrière l'Aphrodite sortant
de la coquille marine[5], thème que les coroplastes hellénistiques
en particulier ont aimé[6], et qui remonte au ve siècle, peut-être
au bas-relief du trône de Zeus à Olympie, où Phidias avait
montré Aphrodite surgissant des flots, reçue par Éros et cou-
ronnée par Peitho. On se souvient immédiatement du beau
relief du trône Ludovisi où les Heures tendent un voile devant
la jeune déesse issant de l'onde, et l'hydrie de Gênes où la déesse
est accueillie par Éros et Peitho, qui lui présentent un voile
carré[7]. Dans cette scène, ce voile a fort intrigué les archéolo-

---

1) *Ibid.*, p. 525, 3.

2) Cf. saint Louis et saint Bernardin tenant l'écusson de Christ, soit le
disque à rayons flammés et JHS au centre. Reinach, *Répert. de peintures*,
III, p. 635, 1. Inutile de rappeler qu'on a rattaché ce motif, Jésus comparé à
un soleil, à des prototypes païens, à la roue solaire, qui a laissé tant de survivances dans l'iconographie chrétienne; cf. mon article *Le soleil dans les armoiries de Genève*, Rev. de l'hist. des religions, 1915, p. 52.

3) *Ibid.*, p. 258, 2 ; cf. III, p. 173, 3 ; 212, 1 ; 234, 1 ; IV, p. 410.

4) *Ibid.*, 273, 1.

5) Pottier, *Diphilos*, pl. XVII, n° 285, 291 ; etc.

6) Jamot, *Vénus à la coquille*, Mon. Piot, II, 1895, p. 171 sq.

7) Joubin, *Sculpture grecque*, p. 205, fig. 73.

gues; ils y ont vu généralement la draperie dont les divinités se préparent à couvrir Aphrodite[1].

Mais d'autres motifs le montrent encore. Sur un vase de l'Italie méridionale, deux Eros tendent le voile derrière la tête féminine issant d'une collerette de feuillage[2] : on a expliqué ailleurs le sens funéraire et l'idée de renaissance, d'immortalité qui s'attache à ce thème[3] devenu banal dans l'art gréco-romain. Un personnage ailé dans lequel on a voulu reconnaître la Nuit ou le Sommeil, le tient encore derrière Ariane endormie, sur les reliefs et les fresques[4], ou derrière Phèdre[5]. On reconnaîtra dans tous ces motifs, non pas un ornement sans portée, un voile destiné à la parure, mais le voile symbolique dont on va signaler le sens céleste.

.*.

On a remarqué que dans l'art byzantin, « pour figurer la Conception, deux jeunes filles tiennent un rideau suspendu derrière Marie assise, ayant l'Enfant sur le sein, ou que deux anges tiennent le même rideau derrière l'allégorie de la Terre, pour marquer qu'elle aussi est fécondée par la puissance du Très-Haut »[6]. Est-ce bien le sens qu'il faut lui accorder? Il rappellerait alors le rôle du manteau dans les cérémonies nuptiales[7]. Mais cette draperie que tendent les anges, et qui est étroitement apparentée à celle que tiennent les Éros dans l'art antique, apparaît fréquemment dans une quantité de peintures du moyen âge et de la Renaissance : derrière la Vierge à l'enfant, seule ou

---

1) *Röm. Mitt.*, 1899, p. 155-6 ; 1906, p. 312 ; cf. la draperie que la jeune femme de droite présente à Aphrodite, sortant de la mer sur sa coquille, dans le tableau bien connu de Botticelli, Reinach, *Répert. de peintures*, I, p. 641, 1.

2) Reinach, *Répert. de vases*, I, p. 267, 6 ; cf. I, p. 47, 6.

3) Cf. mon étude, *Rev. hist. des religions*, 1914, 70, p. 50.

4) *Dict. des ant.*, s. v. Ariane, p. 421 ; *Répert. de reliefs*, II, p. 139, 2, etc.

5) *Répert. de reliefs*, III, p. 256.

6) Milliet, *Rev. arch.*, 1908, I, p. 184-5.

7) P. 97.

avec des saints[1], ou accostée de donateurs agenouillés[2]; derrière le groupe formé par sainte Anne, la Vierge et l'Enfant[3], derrière celui de Jésus couronnant la Vierge[4], ou derrière celui de saint Sébastien et de l'empereur Constantin[5]. Tout comme la dite Nuit tendant son voile céleste derrière Ariane endormie, la Vierge s'approche de Jésus qui sommeille dans son berceau, et, tenant à deux mains le voile, en abrite la tête de l'enfant[6].

Comme dans l'art antique encore, la draperie peut n'être pas tenue par des Anges, les Éros des prototypes païens, mais simplement tendue derrière la Vierge à l'Enfant[7], Jésus[8], la Charité[9], le groupe nuptial des noces de Cana[10].

Le motif où des anges tendent le voile derrière la Vierge à l'Enfant, alors que des fidèles sont agenouillés à ses pieds, à droite et à gauche[11], ressemble déjà beaucoup à celui de la Vierge de Miséricorde, à ceci près que la draperie est indépendante de la Vierge dans le premier cas, tandis qu'elle constitue son manteau dans le second. Celui-ci, dans certaines Vierges de Miséricorde, devient une toile emportée par le vent, qui ne couvre plus les priants[12]; est-ce une variante rationaliste du vieux motif du manteau protecteur, comme le pense M. Perdrizet, ou n'est-ce pas contamination avec le voile isolé dont il a été question dans tant de cas?

Quant au manteau qu'écartent les anges, il apparaît dans

1) Ex. Reinach, *Répert. de peintures*, I, p. 196, 315, 356; III, p. 266; 282; 295; 320; 355; 365; 399, 1; II, p. 223, 1; p. 296 (drap étoilé).

2) *Ibid.*, I, p. 262; 333; III, p. 351 (remarquer la multitude des tout petits fidèles agenouillés aux pieds de la Vierge); II, p. 333.

3) *Ibid.*, II, p. 244, 1; 262.

4) *Ibid.*, III, p. 499, 1; 502, 1.

5) *Ibid.*, III, p. 672.

6) *Ibid.*, III, p. 416, 1.

7) *Ibid.*, III, p. 292; 328; 347; 352; 392; I, p. 93; 105; 146, 213.

8) *Ibid.*, III, p. 251, 2.

9) *Ibid.*, I, p. 628.

10) *Ibid.*, III, p. 139, 1 (entre des colonnes).

11) Ex. ci-dessus, note 2.

12) *La Vierge de Miséricorde*, p. 164, n° 17, p. 200-1; Reinach, *Répert. de peintures*, I, p. 488 (Lucques, Fra Bartolomeo).

d'autres thèmes encore, mais sans le rôle protecteur qu'il a dans celui de la Vierge de Miséricorde. Voici la Vierge, montant au ciel, les pieds posés sur un croissant lunaire que tiennent deux anges, alors que d'autres écartent les plis de son manteau[1]; voici un angelot soulevant le manteau de l'ange dans l'Annonciation[2]; voici des anges tenant les pans du manteau de Dieu ayant dans ses bras son fils[3].

Un autre motif apparenté : des anges écartent les rideaux d'une tente, à l'intérieur de laquelle on voit la Vierge, seule[4], avec l'Enfant, des anges[5] ou des saints[6].

*
* *

Mais quel est donc le sens de cette draperie qui, dans l'art antique comme dans l'iconographie chrétienne, est tendue derrière certains personnages, tenue ou non par des Éros ou des Anges? Quel est le sens du manteau protecteur de la Vierge de Miséricorde, ou de la tente dans laquelle elle apparaît? A lui seul déjà, le manteau est un emblème divin, symbole du dieu qui est censé le porter, et il couvre le trône des dieux, d'où ceux-ci sont absents[7].

On s'excuse de renvoyer à un ouvrage, où s'étale toute la lourdeur et la confusion de la science germanique, mais où l'on rencontre des vues ingénieuses et des rapprochements sug-

---

1) *Répert de peintures*, II, p. 518, 1. Cf. une variante de la Vierge de Miséricorde : « la Vierge descend du ciel, son vaste manteau flotte dans les airs ; le peintre nous laisse entendre que les gens agenouillés en bas du tableau, sur la terre, trouveront un abri sous le manteau virginal », Perdrizet, *op. l.*, p. 200. Comparer avec les divinités de l'art grec, comme la Niké de Paeonios, qui descendent lentement sur la terre, le vent de leur vol gonflant encore les plis de leur manteau.

2) *Répert. de peintures*, II, p. 54.

3) *Ibid.*, III, p. 8.

4) *Ibid.*, III, p. 511.

5) *Ibid.*, II, p. 236, 1 ; p. 237 ; 238 ; 273 ; 320 : 325.

6) *Ibid.*, III, p. 331.

7) *Dict. des ant.*, s. v. Velum, p. 675 ; *Répert. de reliefs*, III, p. 127, 2.

gestifs, à celui que M. Eisler a consacré il y a quelques années
au manteau et à la tente, considérés comme symboles du monde
et de la voûte céleste[1]. Dès l'antiquité reculée, en effet, la draperie, le manteau, sont des images de la voûte céleste. « Que les
cieux se replient comme on plie une étoffe » dit un texte de la
vie de Schnoudi, le moine copte[2]. On ne s'attardera pas à prouver ce sens, dont on trouvera maints exemples convaincants
dans l'ouvrage cité; on rappellera seulement que le manteau
dont on couvrait les époux dans les rites nuptiaux, le voile qui
dans les rites de sacrifice et de dévotion séparait du monde
profane le mortel et le consacrait au monde divin, n'est autre
que le manteau céleste.

La draperie tendue derrière le mort sur les reliefs antiques,
a été signalée plus haut. Voici sur un relief d'Amiternum[3], le
cortège funèbre d'un magistrat du temps d'Auguste. On porte
sur un brancard le lit où repose le mort, et celui-ci se détache
sur un tapis rectangulaire parsemé d'étoiles et d'un croissant :
c'est l'image du ciel où s'est envolée l'âme du défunt[4].

C'est à ce voile du monde que M. Eisler a rattaché avec raison le manteau étoilé des empereurs, la robe et le manteau
couverts d'étoiles de la Vierge, la draperie tenue par des anges
dont on a vu tant d'exemples[5]. Sur elle se détache saint Antoine de Padoue, ayant à ses pieds deux petits donateurs agenouillés : toute sa surface est semée d'étoiles[6]. Mais voyez surtout la Vierge de Miséricorde de Lippo Memmi, à Orvieto[7] :
sa robe tout entière est couverte d'étoiles, et le manteau que
tiennent les anges et sous lequel s'abritent les fidèles, montre
lui aussi sur les épaules deux grosses étoiles. C'est la Reine du

1) Eisler, *Weltenmantel und Himmelszelt*, 2 vol.; cf. Rev. hist. rel., 1918,
p. 55 sq.

2) Amélineau, *Vie de Schnoudi*, p. 237.

3) *Répert. de reliefs*, III, p. 2, 4; *Dict. des ant.*, s. v. Funus, p. 3361.

4) Cf. le tapis suspendu au-dessus du lit du mort, sur un vase du Dipylon,
ex. Della Seta, *Religione e arte figurata*, p. 159, fig. 107.

5) Eisler. *op. l.*, I, p. 85 sq. (c', table, s. v. Mantel).

6) *Répert. de peintures*, II, p. 586. Rome, Bennozo Gozzoli.

7) *Ibid.*, II, p. 536.

Ciel, qui couvre de la voûte céleste la chrétienté, et la sépare du concert des anges situé au-delà d'elle.

Après un long détour, on est revenu au thème dont le relief récemment acquis pour le Musée de Genève a permis l'étude. On a voulu déterminer les idées dont il est l'expression : sous le manteau protecteur de la Vierge s'est groupée la chrétienté, cherchant un refuge assuré contre les dangers de ce monde, en particulier contre les tristes épidémies de peste ; elle ne forme plus qu'un tout avec Marie, mais elle est quand même séparée du monde divin, du concert des anges et des bienheureux par le manteau, qui, parfois couvert d'étoiles, symbolise la voûte céleste au-dessous de laquelle vivent les humains, au-dessus de laquelle vivent les saints et les élus.

W. Deonna.

REVUE DES LIVRES

ANALYSES ET COMPTES-RENDUS

Hutton Webster. **Rest Days, a study in early Law and Morality.** 1 vol. de 325 pages. New-York Macmillan, 1916.

M. Webster, professeur d'anthropologie sociale à l'Université du Nebraska, avantageusement connu par un ouvrage sur les sociétés secrètes et les initiations chez les peuples primitifs (*Primitive secret Societies*, New-York, 1908), vient de réunir en un volume les renseignements accessibles sur l'existence de jours de repos obligatoire dans les régions les plus diverses. On ne conteste plus guère les antécédents chaldéens du sabbat juif, devenu notre Dimanche sous l'influence hellénistique, ni les rapports originaires de cette institution avec les subdivisions du mois lunaire. Mais reste à déterminer pourquoi les phases de la lune ont suggéré aux populations de la Mésopotamie l'établissement d'un repos forcé. Il ne servirait à rien de transposer dans ce passé plusieurs fois millénaire nos considérations d'hygiène sociale ou de politique syndicale. On a allégué le désir de se conformer à l'exemple du Créateur qui se serait reposé le septième jour. Mais cette interprétation est évidemment postérieure à l'institution. Une observation analogue s'applique à la théorie qui attribue la sanctification du septième jour à la valeur mystique du nombre sept.

C'est l'ethnographie comparée qui a fourni la solution du problème. En réalité, comme l'a compris l'auteur, la question est double ou plutôt la réponse comporte l'application de deux méthodes, et si la première relève exclusivement des sciences historiques, — quand il s'agit de reconstituer la propagation et l'évolution du système chaldéen qui partageait le mois lunaire en quatre périodes égales, avec une importance particulière attachée au dernier jour de chaque hebdomade, — la seconde relève des sciences anthropologiques, en tant qu'il s'agit de rechercher si la « sanctification » de certains jours n'est pas un fait naturel, logique, *humain*, devant nécessairement se produire dans le cours du développement social. Les anthropologues et les folk-loristes les plus récents, Marillier, Frazer, Maret, van Gennep, etc., après avoir constaté l'existence à peu près générale de repos forcés, placés sous la sanction de la religion ou de la coutume, n'ont pas hésité a en placer l'origine dans les *tabous* qui se rencontrent chez tous les non civilisés et qui ont laissé des vestiges si nombreux dans les diverses civilisations. Sont *taboués*, c'est-à-dire soumis à des restrictions et à des abstinences, les jours dans lesquels sont déchaînées des influences sur-naturelles, susceptibles non seulement de saboter les manifestations de l'activité humaine, mais encore d'infecter les travailleurs, et, par eux leurs proches, leurs voisins, voire la communauté entière. Quant aux circonstances qui déclanchent ou engendrent ces agents de corruption et de malheur, ce sont tous les faits mystérieux ou simplement impor-tants qui frappent un peu fortement les imaginations rudimentaires. Tantôt des catastrophes naturelles : les inondations, les éclipses, les tremblements de terre, la mort d'un parent ou d'un chef ; tantôt certains événements périodiques : la tenue d'un marché, les changements de saison, le cours annuel du soleil, tout particulièrement les phases de la lune.

Ainsi qu'on pouvait s'y attendre, ce sont surtout, parmi les moments de chaque lunaison, la nouvelle et la pleine lune qui ont surexcité l'imagination des primitifs et engendré des conséquences à la fois rituelles et sociales. Nombre de peuples n'ont connu d'abord que deux subdivisions du mois, la période de la lune croissante et celle de la lune décroissante. Tel a été le cas chez les anciens Égyptiens, les Polynésiens et les Australiens, les ancêtres des Hindous, des Perses et en général de tous les Indo-européens. Le mérite de l'astrologie chaldéenne est d'avoir trouvé pour la mesure du temps un moyen plus rationnel et plus commode de subdiviser la lunaison. L'auteur fait bien ressortir la for-tune de cette combinaison qui a prévalu graduellement dans toutes les parties du monde et qui forme encore aujourd'hui la base de notre com-putation civile autant que religieuse. Mais n'est-ce pas une exageration de conclure qu'on doit exclusivement aux Hébreux l'émancipation de la sémaine à l'égard des mois lunaires ; son utilisation comme unité chro-nologique dans le calendrier solaire ; enfin la consécration de son septième jour à des exercices religieux? L'auteur lui-même se charge de réfuter ce que ces assertions ont de trop absolu. En effet, il fait honneur aux Babyloniens (p. 226) d'avoir imaginé, par l'intercalation d'un mois supplémentaire, la possibilité de concilier les calendriers solaire et lunaire à l'aide de la combinaison qui sert encore aujourd'hui de base à nos subdivisions de l'année (p. 226). Il reconnaît que le septième jour de l'hebdomade était utilisé en Mésopotamie dans un but religieux autant que civil (p. 232). Enfin il admet que les prescriptions du sabbat chez les Juifs présentaient, comme le sabbat des Chaldéens, les éléments de véritables tabous (p. 251). — On doit se rendre compte que chez les primitifs, et c'est encore une des constatations dues aux recherches ethnographiques, les notions de souillure et de sainteté se différencient assez mal. Ils ont à cœur d'éviter autant que de vénérer les interventions du surnaturel qui, plus tard, se préciseront dans les deux conceptions antagonistiques de dieu et de démon.

Nous pourrions encore relever une certaine contradiction dans les termes des jugements que l'auteur porte sur la valeur sociale des jours de repos obligatoire. Tantôt il écrit qu'ils figurent parmi les superstitions qui, en entravant la continuité et la productivité du travail, ont retardé le progrès de l'humanité (pp. 302 ss.) ; tantôt il en parle (p. 246) comme d'une coutume « qui dans son ensemble a contribué dans le passé aux progrès de l'humanité et lui promet pour tous les temps à venir des avantages plus considérables encore » (p. 246). Mais l'opposition n'est qu'apparente, car les mêmes appréciations peuvent s'appliquer simultanément à bien des institutions sociales et religieuses, comme il le formule lui-même dans sa conclusion : « Pour celui qui étudie la religion et la sociologie primitive, rien de plus intéressant que la contemplation du procédé inconscient et néanmoins bienfaisant qui a transformé des institutions partiellement ou entièrement fondées sur une croyance à l'imaginaire et au surnaturel en des institutions fondées en raison et favorables au bien-être de l'humanité. »

GOBLET D'ALVIELLA.

LANOË-VILLÈNE. **Principes généraux de la Symbolique des Religions**, 1 vol. de 293 pages. Paris, Fischbacher, 1916 [1].

Quoiqu'on en ait dit, l'école de Creuzer n'est pas morte. Mais les productions qui s'en inspirent, quels que soient leurs efforts pour se

[1] La *Revue* a déjà annoncé (t. LXXIII, p. 345), d'une façon très brève et dès son apparition, cet ouvrage. Le présent compte-rendu, dû à la plume de notre éminent collaborateur, ne fera pas double emploi avec la *notice* ci-dessus mentionnée. (N. D. L. R.)

tenir au courant des progrès de la philologie et de l'archéologie
présentent un aspect vieillot 'et irréel qui détonne en notre époque de
méthodes rigoureuses. Le choix même du titre « Symbolique des
Religions » a quelque chose de suranné, en ce qu'il implique, non
pas simplement l'ensemble des images, signes, gestes ou objets qui
constituent le matériel de chaque culte, mais tout ce qui, représentations figurées, traditions, rites et mythes, est censé recouvrir une
même doctrine métaphysique, due aux spéculations de quelques vieux
sages et graduellement altérée dans sa transmission, bien qu'encore
reconnaissable sous les dogmes et les pratiques de la plupart des religions positives.

M. Lanoë-Villène, marchant sur les brisées de Guigniaut et d'E. Burnouf, s'évertue à restituer cette doctrine, c'est-à-dire « la religion primitive et universelle » dont, écrit-il, on retrouve dans les Védas des vestiges nombreux, mais qu'on ne saurait reconstituer pourtant sans l'aide
d'Homère, car c'est dans les poèmes homériques que ses restes sont
encore les plus beaux et les mieux conservés ». Le principe fondamental
sur lequel elle repose ne serait autre que la subdivision de l'univers
en trois zones superposées : le monde de la terre, comprenant l'écorce
terrestre et l'abîme souterrain ; le monde atmosphérique où circulent
les planètes, le soleil, la lune ; le monde du firmament ou ciel des
étoiles fixes (parfois aussi assigné au soleil). Ces trois zones sont régies
chacune par un ordre spécial de divinités, le plus souvent sous un dieu
supérieur comme souverain. Les puissances qui exercent la fonction
créatrice résident dans la zone supérieure; leur couleur symbolique est
la blanc ou le jaune clair, parfois le rouge. Celles qui conservent
habitent l'espace intermédiaire; leur couleur est le vert. Celles qui
détruisent sont reléguées dans la zone inférieure; leur couleur est le
noir ou le bleu foncé. Les trois divinités qui sont respectivement à leur
tête constituent ensemble une Trinité ou *Trimourti* qui est comme la
synthèse de l'Univers. « Il est certain que primitivement les dieux tri-
mourtiques emblématisèrent tout uniment les forces matérielles de la
nature, mais les peuples les adorèrent bientôt à l'égal de Dieu, du
Saint-Esprit et du Verbe incarné ».

A première vue on ne saisit pas bien comment cette triade naturiste
prit la forme métaphysique de la Trimourti. Mais ses trois personnages
sont invariablement reliés entre eux de telle façon que le plus élevé (le
Père) est représenté comme pénétrant dans le second sous forme d'esprit
(l'Esprit Saint) pour engendrer le troisième (le Fils), ce dernier incar-

nant alors non plus les forces destructives et malfaisantes du monde
souterrain, mais les forces bienfaisantes de la nature, soit l'humanité
elle-même. (A la suite de Burnouf, l'auteur croit trouver le symbole de
cette opération daus le fonctionnement de l'arani, c'est-à-dire l'instrument originairement employé par les Indo-Européens pour produire le
feu par la friction de deux bois). — D'ailleurs d'autres combinaisons ont
pu se produire, mais toujours fondées, à entendre l'auteur, sur la mise
en relation des trois grandes personnifications divines. Il ajoute que
cette Trimourti est symbolisée dans les diverses mythologies par l'arc-
en-ciel, « dont on sait qu'il est fait mention dans la Bible et dans la
plupart des anciennes traditions du monde ».

M. Lanoë-Villène découvre sa Trimourti tour à tour chez les Hindous,
les Égyptiens, les Chinois, les Romains, les Aztecs, les Grecs, les Juifs
et les Chrétiens (je cite dans l'ordre de ses chapitres). Conformément à
ses prémisses, c'est surtout à la religion grecque qu'il s'en prend pour
établir le bien fondé de ses conclusions ; il lui consacre 157 pages sur
292. A la vérité, il nous prévient que « la plupart des Grecs n'ont à
peu près rien compris à l'ésotérisme de leur religion ». Mais ceci ne
l'empêche pas de recourir sans cesse aux commentaires de leurs mythographes et aux traditions de leurs temples, acceptant leurs interprétations même les plus hasardées, quand elles semblent confirmer sa
thèse et les rejetant dans le cas contraire.

Il eût été étrange que, torturée sans relâche par les symbolistes de toute
école depuis les exégètes d'Alexandrie jusqu'aux théologiens de notre
époque, la Bible échappât au trimourtisme du dernier bateau. M. Lanoë-
Villène s'élève contre l'assertion de Thomas d'Aquin qu'il y a plusieurs
sens dans les Écritures, le sens historique ou littéral, et le sens spirituel
qui se divise lui-même en trois autres : allégorique, moral, anagogique.
« Comment, s'écrie-t-il, des histoires aussi développées que celles des
Patriarches Abraham, Isaac et Jacob, pourraient-elles avoir trois sens,
du commencement à la fin? « Cependant lui-même ne s'en prive guère,
quand il explique que les enfants de Jacob « ont servi à l'établissement
d'un ésotérisme certain ». Voici, du reste, un passage qu'il me suffira
de reproduire pour que le lecteur averti me dispense d'en dire davantage : « Il est fait mention plusieurs fois de la Trimourti dans les
Écritures ; même les commandements de Dieu la citent très nettement :
Tu ne feras point d'images taillées, dit Jehovah, ni aucune ressemblance des choses qui sont là-haut dans les cieux (notre ciel atmosphérique, 1ʳᵉ zone), ni ici-bas sur la terre (la terre couverte de verdure,

2me zone), ni dans les eaux sous la terre (monde plutonien ou 3me zone).
Mais elle est aussi très bien indiquée dans la Genèse où Jacob mori-
bond, bénissant son fils, lui prédit que le Tout-Puissant le comblera
des bénédictions des cieux ,en haut (1er monde), des bénédictions de
l'abîme en bas (monde infernal) et des bénédictions du lait des mamelles
et de la matrice (2me monde ou zone verte et centrale de la Trimourti)...
La religion de Moïse est la même que celle de Delphes (*sic*), mais prati-
quée par un peuple maintenu dans un culte sans images par des lois
rigoureuses et sévères. Les symboles d'ailleurs sont les mêmes dans
les deux religions » (pp. 268-269).

L'auteur se plaindra peut-être que je critique ses conclusions sans
rencontrer ses arguments. Mais il y aurait à relever chaque page,
chaque paragraphe, presque chaque phrase, et l'espace me manque,
sans parler de la patience. Son argumentation est ingénieuse, si pas
convaincante ; elle dénote de la lecture et de l'érudition ; elle renferme
des observations de détail qui méritent peut-être de retenir l'attention,
par exemple certains points de ses dissertations sur le symbolisme des
couleurs; mais, dans l'ensemble, le volume est une œuvre d'imagination
qui n'ajoute rien à ce que nous connaissons des religions historiques et
ce que nous entrevoyons des religions préhistoriques.

GOBLET D'ALVIELLA.

ARNO POEBEL. — **Historical Texts**. *University of Pennsylvania.
The University Museum. Publications of the babylonian section*,
vol. IV, n° 1. Philadelphie, 1914, in-4°, 242 pages. — **Historical
and Grammatical Texts**. Même collection, vol. V, 85 planches
autographiées + 40 planches en phototypie. — **Grammatical
Texts**. Même collection, vol. VI, n° 1, 122 pages.

Le cinquième volume des publications babyloniennes de l'Université
de Pennsylvanie est un recueil autographié de 158 textes provenant des
fouilles de Niffer. Les premiers appartiennent au groupe des documents
historiques; quelques-uns sont de simples dates relevées sur des
tablettes ; d'autres sont de première valeur, soit qu'on y lise le récit du
Déluge ou qu'on y déchiffre les listes des rois depuis le cataclysme
jusqu'à la fin du troisième millénaire, quelque article du code de
Hammourabi ou une inscription de Samsou-ilouna. Les autres docu-

16

ments sont importants pour l'étude de la grammaire sumérienne : listes de signes, tablettes d'exercices, phrases répétées, vocabulaires bilingues rédigés vers l'an 2000 avant notre ère. L'éditeur, revenu en Europe au printemps de 1914, a été empêché par les événements de corriger les épreuves de son ouvrage ; c'est peut-être pour cela que le volume ne comporte pas, comme les autres de la même collection, des tables de références au catalogue du musée.

*
* *

Le tome IV doit présenter au lecteur la transcription, la traduction et le commentaire des principaux textes historiques ; le tome VI sera consacré tout entier à la mise en valeur des documents grammaticaux. De chacun des volumes il est publié seulement la première partie.

*
* *

Six études historiques sont achevées ; elles concernent : 1° un nouveau texte relatif au Déluge ; 2° les listes des anciennes dynasties de Sumer et d'Akkad qui ont été déjà présentées aux lecteurs de la *Revue* (t. LXXII, p. 183) ; 3° l'histoire du *Toummal* de la déesse Ninlil à Nippour ; 4° la reconstitution d'une inscription du roi de Sumer Enshakoush-anna ; 5° la chronologie des événements du règne d'Eannadou ; ishakkou de Lagash ; et, enfin, 6° les inscriptions des rois d'Agadé dans le temple d'Enlil à Nippour.

Le premier document forme le tiers environ d'une tablette (n° 10 673) qui paraît avoir été brisée soit au moment de l'exhumation soit depuis cette époque et dont, par conséquent, on peut espérer recouvrer les fragments disparus. Le texte s'étend sur six colonnes dont il reste de 12 à 15 lignes ; c'est un poème sumérien sur le Déluge, écrit en une langue qui présente des signes évidents de décadence ou tout au moins de divergence par rapport à celle des inscriptions royales ; dans sa rédaction dernière il est postérieur au temps de Goudéa, car dans l'ordre des grands dieux il place Enki au troisième rang, avant Ninharsag, ce qui ne se remarque pas dans les textes plus anciens. L'écriture n'est pas antérieure à l'époque de la dynastie d'Isin et elle est identique à celle de la liste n° 5 où, après les rois d'Isin, peuvent avoir été encore inscrits quelques noms ; ces deux documents sont donc approximativement de la seconde moitié de la première dynastie babylonienne (xxiᵉ-xxᵉ siècles).

Le texte est trop fragmentaire pour permettre de déterminer si l'auteur a eu l'intention de raconter la Création et l'âge d'or ou si le poème était exclusivement consacré au Déluge. Quoi qu'il en soit, selon lui, l'homme a été créé, avant les diverses espèces animales, par la coopération des quatre plus grands dieux : Anou, dieu du ciel ; Enlil, dieu du monde terrestre ; Enki, dieu de l'abîme ; et Ninharsag ou Nintou, souveraine des dieux. Dans le plan divin l'humanité doit construire des villes et y élever des temples, d'après les commandements et les préceptes de Ninharsag. Mais ce n'est pas la déesse qui a établi la royauté sur la terre. La tradition babylonienne suivie par Bérose, attribue à Babylone même l'honneur d'avoir été la plus ancienne ville du monde et la résidence d'Aloros le premier roi ; elle s'est formée à l'époque où Mardouk par des spéculations théologiques avait conquis le premier rang dans les cieux comme sur la terre, parce que Babylone, dont il était le dieu-patron, était devenue la capitale d'un grand empire, mais elle a gardé pour le nom du prince l'ancienne forme sumérienne, et certainement, en Sumer, au troisième millénaire, Anou puis Enlil eurent successivement l'honneur d'avoir fondé la première cité, Ourouk ou Nippour, et d'avoir donné l'investiture au premier roi. L'éditeur du texte attire l'attention sur le nom d'Aloros donné par Bérose ; il y voit une forme abrégée et corrompue de Lal-our-alimma, nom d'un ancien roi de Nippour (page 42, note) qu'il n'est pas possible de classer après le Déluge et qui pourrait bien être le premier des rois antédiluviens. La royauté établie et ses devoirs fixés, cinq villes furent construites en des lieux convenables et consacrées au culte de cinq divinités ; ce sont Eridou, Bàd-NAGAR + DISH, Larak, Sippar et Shourouppak.

A la troisième colonne commence le récit du Déluge. Dans leur assemblée les dieux ont décidé la ruine de l'humanité et voilà qu'ils se lamentent, en particulier les déesses Nintou (= Ninharsag) et Ishtar. Enki, dieu de la sagesse, projette de sauver Zioud*giddou*, le roi pieux. Il lui annonce le cataclysme et certainement lui donne ensuite l'ordre de construire un grand vaisseau pour y abriter sa famille et y recueillir les diverses espèces d'animaux. Le Déluge dure sept jours et sept nuits, pendant lesquels la pluie ne cesse de tomber. Ce temps passé, le roi perfore la paroi du bateau ; un rayon de soleil pénètre à l'intérieur et le pieux monarque s'empresse de se prosterner devant le dieu du jour, de lui sacrifier un bœuf et une brebis. Plus tard, l'immortalité lui est attribuée et les dieux le font habiter la « montagne de Dilmoun », le paradis terrestre.

Depuis la publication de ce volume Langdon, dans la même collection (tome X, 1) a édité un autre texte (C B S. 4611) où le nom du héros du Déluge se lit Zi-oud-soud-dou et non Zi-oud-gid-dou. Comme d'une part les signes GID et SOUD diffèrent l'un de l'autre dans l'écriture de cette époque simplement par la présence ou l'absence d'un clou vertical, comme d'autre part on a l'équivalence Zi-soud-da = Out-napish-te que les deux éditeurs signalent, nous avons dans Zi-oud-soud-dou la forme sumérienne pleine du nom apocopé sémitique Outanapishtim qui se rencontre dans le récit akkadien du Déluge au XI° chant de la geste de Gilgamesh et ce nom sémitique est par conséquent une abréviation de Outa-napishtim-arik « Long-est-le-souffle-de-vie », appellation qui convient excellemment à un homme devenu immortel (cf. Langdon, tome X, p. 90, note 1, et p. 15).

Dans le commentaire de ce poème sur le Déluge, Poebel consacre une étude spéciale à la déesse Ninharsag, souveraine des dieux, l'une des quatre grandes divinités de Sumer, connue aussi sous le nom de Nintou en tant que Dame de l'enfantement, dont les principaux sanctuaires s'élevaient à Kesh et à Adab. Une autre étude concerne les dieux Anou, Enlil et Enki, en tant que créateurs.

Nous ne nous arrêtons pas à l'examen des listes des anciennes dynasties, dans lesquelles se sont introduits de nombreux éléments mytbiques, puisque les lecteurs de la *Revue* les connaissent déjà.

L'histoire du *Toummal* de Ninlil, à Nippour, forme le sujet du texte n° 6. C'était une construction sacrée dont nous savons seulement qu'elle dépendait du temple d'Enlil et était la résidence de la déesse. Diverses restaurations par le fils de Gilgamesh, par Lou-Nanna roi de la seconde dynastie d'Our, par Doungi et par Bour-Sin, sont liées à des travaux exécutés auparavant, dans l'enceinte consacrée au dieu, par Gilgamesb, Annani père de Lou-Nanna et Our-engour.

L'inscription d'un petit fragment de vase (n° 29) permet de reconstituer avec des éléments connus antérieurement un texte historique d'après lequel En-shakoush-anna, roi de Sumer, dévasta Kish et fit prisonnier Enbi-Ishtar, son roi, dont les dépouilles furent vouées au dieu Enlil. Cet événement est antérieur à l'époque d'Agadé de plus de deux siècles.

La cinquième étude ne se rapporte pas aux textes publiés dans le tome V. Elle concerne la suite des événements du règne d'Eannadou, ishakkou de Lagash. D'après notre auteur ils sont classés dans les inscriptions de ce prince strictement selon leur succession historique. _

Le n° 34 est un recueil des inscriptions de Lougal-zaggisi, roi d'Ourouk, de Sargon d'Agadé et de ses premiers successeurs, Ouroumoush
et Manishtousou, gravées sur des monuments érigés dans le temple
d'Enlil à Nippour. Ce qu'étaient les œuvres originales, on peut s'en faire
une idée par les courtes références qui accompagnent les textes.
C'étaient des statues et des stèles comme celles dont plus tard Goudéa
orna l'E-ninnou de Lagash ; en nous restituant le premier document
original de Sargon les fouilles françaises de Suse nous ont fait connaître
un fragment sculpté d'un monument tout semblable. Peut-être trou-
vera-t-on un jour dans les tells de Niffer les bas-reliefs sur lesquels les
princes d'Elam défilent devant leur vainqueur, au milieu des dépouilles
de leurs cités, ou bien cet autre qui représente le roi d'Our et les
ishakkê vaincus par Ouroumoush.

La puissance de Lougal-zaggisi, qui avait régné vingt-cinq ans à
Ourouk et avait présidé aux destinées de tous les peuples depuis la Méditerranée jusqu'au golfe persique, fut anéantie par Sargon. La capitale
tomba entre ses mains, probablement par surprise et sans avoir pu
résister. Dans une bataille rangée les Ouroukiens sont défaits. Leur roi
rassemble à la hâte des troupes ; cinquante ishakkê, ses vassaux,
viennent à son secours ; c'est en vain ; la lutte lui est défavorable. Sargon le fait prisonnier, le charge de fers et l'emmène captif au temple de
Nippour, pour consacrer sa victoire, faire reconnaître par Enlil, véritable souverain de Sumer, la déchéance du roi d'Ourouk, et se faire
attribuer à lui-même le titre de « grand ishakkou d'Enlil » qui l'inves-
tira de l'autorité suprême.

Une seconde campagne est nécessaire pour soumettre la partie méridionale du pays. Sargon attaque d'abord les gens d'Our, les défait, ruine
leur ville et en détruit les remparts. Continuant sa marche vers l'Est, il
anéantit les défenses de l'E-ninmar, dont le territoire s'étend de Lagash
jusqu'à la mer, dans laquelle il trempe ses armes suivant les rites tra-
ditionnels. Reste Oumma, la cité qui avait donné naissance à Lougal-
zaggisi ; elle se trouve isolée et sa ruine est bientôt consommée.

Le roi d'Ourouk avait étendu sa domination vers l'Occident, à tout le
moins s'était-il assuré de cordiales relations avec les principautés rive-
raines de l'Euphrate, pour pouvoir librement commercer avec les pays
de la côte méditerranéenne. La Basse-Mésopotamie, terrain d'alluvions,
ne peut fournir à ses habitants ni pierre, ni bois, ni métaux précieux.
En remontant la route fluviale de l'Euphrate, on atteignait une « forêt
de cèdres », qui paraît être le Liban ou l'Anti-liban, et une région

montagneuse où s'exploitaient des mines d'argent, très certainement le
Taurus. C'étaient là deux objectifs de première importance et pour les
atteindre Sargon parcourut, sans résistance sérieuse, de vastes territoires qu'il divise en trois principautés : Mari, Jarmouti et Ibla.

La ville de Mari était un centre politique dont le roi, jadis, s'était
ligué avec ceux de Kish et d'Opis contre Eannadou de Lagash ; quelques
siècles plus tard elle devait donner naissance au fondateur de la dynastie
d'Isin (tablette inédite de Nippour, à laquelle se réfère Poebel). Jarmouti, plus au nord, est d'après l'auteur, le territoire limité par la
boucle de l'Euphrate et par la Méditerranée, entre l'Amanus et le Liban :
c'est le Jarimouta des *Lettres d'El-Amarna* qu'il identifie à la plaine
d'Antioche, contrairement à une ancienne opinion suivant laquelle
c'eût été le Delta du Nil. Enfin Ibla, région montagneuse d'où Goudéa
tirera des arbres de diverses· essences, comprendrait dans son extension les dernières pentes méridionales du Taurus et s'étendrait à l'est
jusqu'au fleuve.

Au retour de ces expéditions, Sargon peut se glorifier de sa puissance : 5.400 hommes chaque jour prennent leur nourriture devant lui
et les princes étrangers se déclarent ses humbles vassaux. Non content
d'avoir restauré la ville de Kish et d'avoir rétabli à son profit la royauté
sur Akkad comme MASHKIM-GI de la déesse Innana ; non content
d'être devenu, après la conquête de Sumer, pashish d'Anou, roi du pays
et grand ishakkou d'Enlil, il crée un nouveau titre. Non loin de Kish,
il fonde une ville, Agadé, qui devient le siège de sa royauté ; c'est elle
qui occupe la première place dans le protocole royal, mais pour ce titre
le prince ne se déclare le vicaire d'aucune divinité, car la cité n'est pas
le lieu de culte de l'un des grands dieux.

A toutes les époques de l'histoire ancienne les habitants de la Basse-
Mésopotamie ont été en lutte avec ceux des montagnes qui s'élèvent à
l'est du Tigre. Sargon bataille contre l'Elam et Barahsé, contre Anshan
et Shirihoum. Il doit faire au moins deux campagnes dans ces régions
et ne peut y asseoir sa domination.

Les documents nouveaux sont muets sur la révolte qui, vers la fin de
la vie du fondateur de la dynastie d'Agadé, souleva contre lui tous les
peuples. Mais le fait lui-même, connu par une chronique néo-babylo-
nienne, est corrobé par les événements qui suivirent. Ouroumoush et
Manishtousou ne semblent pas avoir jamais porté le titre de roi d'Agadé ;
ils ne s'attribuent pas davantage le titre de « roi du Pays » ; ils en gardent
un seul, celui du roi de Kish. Ouroumoush, dans sa lutte contre l'Elam

et Barahsé, déjà connue par une copie au Musée du Louvre (cf. Thureau-Dangin, *Notes assyriologiques* dans la *Revue d'Assyriologie*, tome VIII, où se trouve aussi une reproduction du texte qui mentionne la statue du roi, en plomb, érigée dans le temple d'Enlil), se mesure avec les mêmes adversaires que son prédécesseur. Our et Oumma se sont relevées de leur ruine ; il les attaque, abat 8.040 ennemis, fait prisonniers le roi d'Our, ses ishakké et 5.460 hommes. Au retour de cette expédition il brûle Kazallou qui s'était révoltée : 12.650 hommes sont tués et 5.864 tombent vivants aux mains du vainqueur. Un autre texte indique 8.900 morts et 3.540 prisonniers au cours d'une campagne contre Oumma et Dêr.

De Manishtousou le copiste akkadien a relevé trois inscriptions. La plus importante commémore une expédition maritime. Après avoir frappé Anshan et Sirihoum, le roi de Kish traverse la mer et va livrer bataille à trente-deux roitelets de la côte arabique ; il les défait, brûle leurs villes et ruine tout sur son passage. Son but est évidemment d'atteindre des mines d'argent en pleine exploitation et d'extraire dans la montagne d'énormes blocs de pierre qui, sculptés à sa propre image, seront dédiés aux grands dieux. L'inscription a été copiée sur la statue vouée à Enlil dans l'E-kour ; un petit fragment de l'original (n° 35) a été retrouvé ; il est en diorite, tout comme les fragments du monument analogue érigé à Sippar en l'honneur du dieu-soleil (Musée britannique ; cf. Jensen, Z. A. 15, p. 248, note 1) et le fragment d'une troisième statue découvert à Suse (Louvre ; cf. Scheil, *Textes élamites-sémitiques*, V, pl. II B). Ce document est de grande valeur pour la géographie de l'antiquité. Ansban et Shirihoum sont deux contrées voisines ; la première est certainement à l'orient de la plaine mésopotamienne ; Poebel l'identifie à l'ancienne province de Perse ; pour Sirihoum, il n'hésite pas à y reconnaître la partie sud de la Carmanie, celle qui borde le golfe Persique. Il appartient aux géologues de déterminer où se trouvent les mines d'argent et les montagnes de diorite que Manishtousou voulait exploiter, d'où il tira des statues et le grand obélisque découvert à Suse.

Le n° 36 est, comme le n° 34, un recueil d'inscriptions royales ; nous en avons seulement un fragment qui porte des textes d'Ouroumoush et de Naram-Sin. Un détail est intéressant pour l'histoire des religions, la liste des grands dieux invoqués par Naram-Sin dans les imprécations qui terminent l'une de ses inscriptions (col. 4 ; cf. tome IV, p. 214).

*
* *

Le premier fascicule du tome VI contient trois études de grammaire.

L'une concerne la syntaxe du substantif. L'auteur y dissèque les complexes formés d'un nom et d'éléments par lesquels est modifiée l'idée que ce nom exprime. Ces complexes suivent une règle simple. L'élément principal, le substantif qui donne l'idée primitive, se trouve toujours au commencement du groupe. Vient ensuite soit l'adjectif qualificatif, soit le génitif ou la phrase relative qui en tient lieu. L'adjectif possessif ou le génitif possessif, s'il en existe, occupe le troisième rang, avant l'élément démonstratif, interrogatif ou indéfini. Le signe qui marque le pluriel défini ou indéfini, se place en dernier lieu, avant les termes purement grammaticaux. L'expression « le palais du roi d'Our » se dit : « *Egal-lugal-urim-ak-a(k)* », c'est-à-dire : « palais-roi-Our-de-de ». « Un quelconque de ses héritiers » est la traduction de : « *Ibila-ni a-na-me-a-bi* », « héritier-sien quelconque ».

Le rapprochement des mots qui forment un complexe nominal, en leur donnant une cohésion plus grande, peut entraîner à modifier la prononciation suivant le génie propre à la langue. Poebel a distingué deux lois suivant lesquelles se font les changements morphologiques ; ils affectent tantôt la fin d'un des éléments du complexe, et tantôt le début de l'élément suivant.

1° Lorsqu'un mot est terminé par l'une des consonnes *d, t, g, k, m* (*w*), *n, r,* cette consonne peut disparaître quand le mot est isolé ou qu'il précède dans un complexe un mot commençant par une consonne. Il y a des exceptions pour t et k, pour n et r, qui parfois se maintiennent. Si la consonne finale n'est pas l'une de ces sept consonnes amovibles, fréquemment elle se redouble devant un élément qui commence par une voyelle.

2° La seconde règle concerne l'hiatus. *E*, sujet ou première syllabe de l'élément pluriel défini *ene*, est absorbé par la voyelle précédente, et par opposition *e* démonstratif se maintient. *A* locatif se contracte avec *a* qui le précède, mais non pas avec *i* ou avec *u*. Cependant si l'élément précédent est un des adjectifs possessifs *mu* (mien), *zu* (sien), c'est la voyelle de l'adjectif qui disparaît ; si c'est (*a*)*ni* (son), ou *bi* (son, ce), la voyelle de l'adjectif peut tomber ou se maintenir. La première voyelle du possessif de la troisième personne (*a*)*ni*, (son), (*a*)*nene* (leur), tombe également après un mot terminé par une voyelle ; celle de la préposition *ak* (de), suit la même règle sauf, comme on vient de le remarquer, après les adjectifs possessifs, et le mot *ak* lui-même peut disparaître entièrement s'il termine le complexe ou s'il est suivi d'un autre élément commençant par une consonne.

La seconde étude s'appuie plus directement sur les nouveaux documents publiés dans le tome V ; elle a pour objet le pronom personnel. Le texte n° 152 qui donne les formes des pronoms démonstratifs et de certains pronoms personnels est transcrit et traduit en entier, et sert de base à un tableau de paradigmes. L'auteur constate que le sumérien a développé plusieurs systèmes d'éléments caractéristiques de la personne, suivant que le pronom est absolu, suffixe, infixe ou enclitique possessif, mais ces développements ne sont pas absolument indépendants les uns des autres. En outre les pronoms, comme les autres mots, subissent des modifications morphologiques sous l'influence des termes avec lesquels ils entrent en composition ; outre les règles déjà notées ci-dessus pour les adjectifs possessifs, l'auteur en établit deux nouvelles : 1° les pronoms *menden* ou *menzen* (nominatif simple indépendant des deux premières personnes du pluriel), changent leur second *e* en *a* s'ils sont suivis d'un élément commençant par *a* ; 2° l'*e* initial des pronoms enclitiques se contꞏacte avec une voyelle qui le précède immédiatement. Le schème suivant, comparé au tableau dressé par Langdon à la page 109 de sa *Grammaire sumérienne*, montre combien grand est le progrès réalisé dans la connaissance de ce chapitre.

```
                      ┌ Indépendant ┤ Forme simple.
                      │             └ Forme composée.
                      │                            ┌ Après un ┤ Présent-futur.
         ┌ Nominatif ─┤             ┌ Forme simple ┤ verbe    └ Permansif intransitif.
         │            │ Enclitique ─┤              └ Après le substantif.
Pronom   │            │             └ Forme composée ┤ Avec un verbe.
personnel┤            │                               └ Avec un substantif.
         │            └ Infixe      Avec un verbe au présent ou au permansif actif.
         │ Génitif    ┤ Absolu.
         │            └ Enclitique (adjectif possessif).
         │ Locatif      Absolu.
         └ Datif       ┤ Indépendant.
                       └ Infixe.
```

La troisième étude du tome VI est consacrée au verbe sumérien. L'auteur établit les paradigmes de trois conjugaisons actives et de trois conjugaisons intransitives.

Le verbe actif, à la troisième personne singulier du présent-futur de l'indicatif, prend l'une des formes (n)i-LAL-e, ab-LAL-e. an-LAL-e, dans lesquelles on distingue un préfixe, la racine verbale et le pronom personnel nominatif enclitique. Les compléments pronominaux, s'il en existe, se placent après le préfixe et avant la racine verbale.

La conjugaison simple est (n)i-LAL e, où (n)i est préfixé auxiliaire, car il disparaît devant un autre préfixe caractéristique : *nu* au présent-futur négatif ; *he* au précatif positif ; *na*, au précatif négatif ; *ga*, *he* au cohortatif. Il disparaît également à l'impératif-infinitif caractérisé par un *a* postposé.

Les deux autres conjugaisons marquent en général le sens causatif ; elles diffèrent de la conjugaison simple par l'introduction avant la racine (à la fin du mot à l'impératif-infinitif), d'un *b* ou d'un *n* devant lequel le préfixe auxiliaire (n)i ne se maintient pas.

Le préterit et le permansif transitifs se distinguent du présent-futur en ce que le sujet, au lieu d'être suffixe, devient infixe et se place immédiatement avant la racine. Nous n'avons pas d'exemple pour les première et deuxième personnes du pluriel, mais à la troisième personne le signe caractéristique du nombre se trouve rejeté après la racine. On distingue le préterit simple, sans suffixe ; le préterit emphatique, avec *he* ; le temps historique simple, en *mu*, ou emphatique en *hu-mu*, et le préterit négatif en *nu* ou *bara*. Comme au présent-futur les compléments pronominaux se placent après le préfixe, par conséquent avant le sujet pronominal. L'auteur constate l'influence du parfait sumérien sur la formation du parfait akkadien qui place, comme lui, le sujet pronominal d'une façon inusitée dans les autres langues sémitiques. Le permansif transitif ne prend pas de préfixe ; s'il est négatif, il a *nu* ; au précatif positif, *ga* ou *he*, et *na* au précatif négatif.

Le parfait et le permansif intransitifs sont formés d'un préfixe (n)i, *al* ou *ba*, de la racine verbale, et d'un pronom personnel enclitique, sauf pour la troisième personne qui n'est pas marquée au singulier et est représentée au pluriel par le seul signe du nombre. Cette conjugaison ressemble à celle du permansif akkadien, du parfait des autres langues sémitiques.

Al et (n)i ne sont pas, à proprement parler, des éléments formatifs, car ils disparaissent aux formes négatives et précatives ; tout au contraire *ba* se maintient partout. La distinction du sens de ces trois préfixes est donnée par la traduction akkadienne. (*N*)i-LAL s'emploie pour une expression intransitive qui au même moment présuppose une action de la part du sujet. *Al*-LAL est en général traduit par le permansif ; cette forme marque une action achevée dont le résultat continue soit dans le passé, soit dans le présent ; très souvent la racine est redoublée, et la traduction est un permansif piel. *Ba*-LAL, forme moyenne des formes simples (*n*)*i*-LAL et *al*-LAL, exprime l'idée purement passive et se traduit en général par une conjugaison en *t*; la racine est assez rarement redoublée.

L. DELAPORTE.

Paul GAUCKLER. — **Nécropoles puniques de Carthage.** Études diverses. 2 vol. in-8 de XLIII + 621 pages et 311 planches. — Paris, Aug. Picard, 1915.

Cette publication n'est pas seulement un hommage rendu au savant disparu dont elle réunit les études et les relevés de fouilles en terre punique, elle fournit une documentation abondante et précise sur une civilisation encore mal connue. Dans l'introduction, M. D. Anziani a groupé les renseignements les plus typiques sur les nécropoles puniques, les industries qu'elles nous révèlent et les rites funéraires. Nous avons là un fil conducteur fort utile.

Les plus anciens tombeaux remontent au viii° siècle; ils ne sont donc pas très postérieurs à la fondation de Carthage. Ils consistent en de simples fosses sans murs, sans dalles de recouvrement, sans puits d'accès. La céramique qu'ils ont livrée est de fabrication locale : jarres à fond conique dites en forme d'obus, lourdes œnochoés en terre grise, lampes protopuniques en forme d'écuelle dont les bords sont à peine froncés pour retenir les mèches. Cette céramique indigène se maintiendra avec des variantes pendant quatre siècles; mais, dans la suite, des vases d'importation s'y mêleront. Parmi les amulettes, la série la plus curieuse est constituée par des masques grimaçants « destinés apparemment, dit M. Anziani, à épouvanter les violateurs », mais aussi, faut-il ajouter, à écarter les mauvais esprits.

Les fosses à dalles et les tombeaux construits datent du vii° siècle, ce que montrent les céramiques grecque et étrusque qui se mêlent à la céramique locale. Les masques grimaçants sont toujours en usage; on relève encore des disques d'œufs d'autruche, de petites perles en or ou argent d'un métal très pur, des perles en cornaline, des bagues, anneaux, boucles d'oreilles avec pendant en forme de croix ansée. Le bronze est représenté par des miroirs et quelques rasoirs carthaginois au type de la hachette. Enfin, on signale des coffrets en bois, incrustés de pastilles d'ivoire, avec anses de bronze.

Les tombeaux construits sont des sépultures riches, contemporaines des fosses à dalles. Ils portent un toit à double pente et sont généralement aménagés pour contenir deux cadavres, le mari et la femme. Les bijoux sont plus nombreux et plus variés ; c'est là qu'on trouve les cylindres en or ou argent, à tête d'animal, dans lesquels sont enroulées de minces feuilles de métal gravées. Les tombeaux construits disparaissent assez rapidement avec la fin du viie siècle.

Dès le viie siècle apparaît un modèle nouveau constitué par une chambre funéraire à laquelle on accède par un puits à section rectangulaire. Le même puits peut donner accès à deux chambres superposées. A partir du dernier quart de ce siècle, précisément au moment où les tombeaux construits se font plus rares, les fosses à puits se meublent de sarcophages, monolithes ou non, fermés par deux ou trois dalles.

Des constatations intéressantes ont été faites dans la nécropole de Carthage touchant les rites funéraires. Sur une des dalles fermant le sarcophage se dresse un petit autel carré, dit brûle-parfum, qui marque l'emplacement de la tête du mort. Devant l'autel, sur les dalles, est disposé un mobilier rituel qui se compose d'une manière constante d'une lampe sur sa patère, de deux jarres ou amphores, de deux œnochoés, plus des amulettes. Dans le sarcophage, sur le corps ou à côté, on recueille des bijoux, des amulettes, des coffrets. Une conclusion nous paraît s'imposer, à savoir que cette disposition correspond à la croyance à deux âmes, l'une, sorte de double corporel, reste à demeure dans le sarcophage, l'autre, esprit moins stable, est lié à l'autel par les rites. Nous avons proposé de reconnaître ces deux âmes dans la *néphesch* et la *rouah*[1]. Le rapprochement avec la tombe tunisienne moderne esquissé par Gauckler (p. 440 et suiv.) n'est pas tout à fait en situation parce qu'il conclut à une survivance locale. On pourrait peut-être retrouver des notions analogues aux précédentes à l'origine des deux stèles de la tombe tunisienne, mais il n'y a pas filiation directe, car les deux stèles en question sont une coutume musulmane et figurent les deux anges qui, suivant la croyance islamique, veillent sur l'individu.

Au vie siècle les tombes se caractérisent par le mobilier, notamment par la disparition des clochettes en bronze, fréquentes au viie siècle. Nous manquons de renseignements précis sur la disposition de ces clochettes dans la tombe. En tout cas on peut leur attribuer une valeur

---

1) Cf. notre *Introduction à l'histoire des religions*, p. 46-47.

apotropaïque. On sait que la robe du grand-prêtre de Jérusalem portait des clochettes d'or dont le son devait le garantir contre la mort quand il pénétrait dans le lieu saint devant Yahwé ou en sortait[1]. Ici, on peut supposer que les clochettes protégeaient le mort contre les mauvais esprits et les divinités infernales.

Avec les clochettes disparaissent aussi la céramique étrusque et la céramique corinthienne, tandis qu'apparaissent les œnochoés à long goulot sur la panse, dites *bazzoulas*, que le rasoir de bronze carthaginois devient fréquent et que les amulettes égyptiennes se substituent aux colliers de pendeloques. On signale encore quelques menus objets en fer. Ces particularités du mobilier funéraire au vi° siècle se maintiennent au v°, sauf que la céramique d'importation reparaît alors, mais elle est presque exclusivement corinthienne.

On ne trouve pas de monnaie carthaginoise dans les tombes antérieures au iv° siècle. Mais aux iv° et iii° siècles, toutes les tombes puniques contiennent une, deux ou plusieurs pièces de bronze enveloppées dans de petits sachets de toile. Le tombeau punique garde la forme d'un caveau rectangulaire auquel on accède par un puits. La jarre en obus est remplacée par la jarre à queue dont la panse est plus renflée. La lampe dite bicorne, à deux mèches, figure à côté de la lampe protopunique dès le v° siècle; elle domine dans la tombe du iv° siècle. A cette dernière époque apparaît la lampe rhodienne épaisse, à bec unique et gros, vernissée de noir, qui se fabrique à Carthage. Alors se rencontrent les *unguentaria*, petites fioles au corps bombé et au col allongé. Avec le iii° siècle s'introduit l'incinération qui ne supplante jamais complètement l'inhumation.

Nous n'ajouterons qu'une observation de détail. Gauckler a reconnu qu'un médaillon circulaire en argent et figurant la tête de Jupiter Ammon avait été trouvé en même temps que le frontal des environs de Batna qui a fourni à M. Ph. Berger le sujet de son mémoire sur *La Triade carthaginoise*. D'autre part, on trouvera, pl. CCXXXV, la reproduction d'un bandeau punique presque identique découvert, en 1903, à Aïn Khamouda encore en place sur le front d'une femme. Nous ne sommes pas en état de rechercher si ce bijou rituel a fait ailleurs l'objet d'une étude. Nous ne le connaissions pas quand nous avons proposé[2] d'interpréter les serpents figurés de part et d'autre des bustes

1) *Exode*, XXVIII, 35.
2) *Journal des savants*, janvier 1907, p. 46.

divins sur le bandeau de Batna comme des attributs de ces dieux et non comme représentant une troisième personne divine, Eschmoun. De la comparaison avec le bandeau d'Aïn Khamouda on peut encore conclure que les serpents du bandeau de Batna ne s'enroulaient pas autour de bâtons, mais autour des colonnes du sanctuaire. La vérification est devenue impossible puisque le bandeau de Batna est perdu ; mais il est à présumer que le graveur de la planche qui nous en conserve l'image a mal interprété ce détail. En effet, sur le bandeau d'Aïn Khamouda, les serpents ont disparu, preuve qu'ils n'étaient qu'un accessoire, et l'on voit nettement que les bustes divins sont séparés des attributs ou symboles par des colonnes.

En somme, sur l'un et l'autre bandeau, les deux divinités puniques — et deux seulement — sont représentées en buste dans leur sanctuaire. Bien que ces monuments soient de basse époque, ils militent fort en faveur de l'identité réelle de Ba'al Ḥammon avec Jupiter Ammon comme Gesenius l'a proposé le premier. Nous inclinons également à reconnaître à Tanit une origine africaine. Les représentations figurées sur les bandeaux paraissent toutes se rapporter à la déesse et attestent qu'elle fut identifiée à Vénus sous ses aspects les plus divers. Quant à la protection que le bandeau assurait au mort, elle est comparable à celle du bandeau d'or pur que le grand-prêtre de Jérusalem portait sur la tiare quand il officiait[1]. Ce bandeau n'était pas orné d'une image divine ; mais le nom divin, dans la formule : *qodesch le-Yahwé*, y était gravé.

René Dussaud.

1) *Exode*, XXVIII, 36-38.

NOTICES BIBLIOGRAPHIQUES

A. Souter. — **A pocket Lexicon to the Greek New Testament.**
Oxford, Clarendon Press 1916. 1 vol. in-12, 290 p., 3 sch. — M. A. Souter est
bien connu de tous ceux qui s'occupent des origines chrétiennes par son édition
du Nouveau Testament grec publiée à Oxford en 1910 (réimprimée en 1913).
Le texte y est accompagné d'un choix de variantes parmi lesquelles celles qui
sont empruntées aux versions anciennes et aux Pères, ont une importance particulière. Elles constituent un répertoire, incomplet sans doute (il ne pouvait
être autrement), mais qui est unique en son genre.

Le nouveau volume de M. Souter n'a pas la même portée, il ne s'adresse qu'au
public anglais, en particulier aux débutants. C'est un petit lexique grec-anglais.
Pour concilier les nécessités d'une composition typographique élégante et claire
avec le désir de laisser au volume des dimensions qui en fassent un livre de
poche, l'auteur a dû s'imposer des limites de rédaction assez étroites. Dans la
majorité des cas le sens des mots est indiqué sans exemples ni références ni
renvois aux divers passages. Ce n'est que dans des cas très rares et pour des
mots d'un emploi particulièrement fréquent, que l'indication des différents sens
du mot est accompagnée de renvois aux passages où on les rencontre.

Tel qu'il est, ce petit volume — qui ne songe pas à rivaliser avec les grands
dictionnaires — rendra des services au public auquel il est destiné.

Maurice Goguel.

A. Plummer M. A. D. D. — **The Gospel according to St Mark with
Maps Notes and introduction (Cambridge Bible for Schools and
Colleges).** Cambridge, University Press, 1915. 1 vol. in-12, xlviii-211 p. 1 pl.
et 2 cartes. Prix : 2 sch. — Dans la collection « *Cambridge Bible for Schools
and Colleges* » publiée pour le Nouveau Testament sous la direction du Rev.
St. John Parry, fellow of Trinity College, le révérend A. Plummer, fellow et
tutor au même collège, publie le volume consacré à l'évangile de Marc. La traduction de l'évangile est accompagnée de notes et précédée d'une introduction.
Un plan (le temple de Jérusalem) et deux cartes (Galilée, Palestine), facilitent
l'intelligence du texte.

La collection, dans laquelle est inséré le travail de M. Plummer, répond à
des préoccupations particulières ; elle a un but défini, étant destinée aux élèves
de l'enseignement secondaire. Les ouvrages qui en font partie doivent donc

apporter un exposé des idées généralement reçues et des théories moyennes plutôt que des systèmes nouveaux et des vues personnelles. L'ouvrage de M. Plummer nous donne dans l'introduction une mise au point des résultats généraux de la critique. Cette introduction révèle une connaissance étendue de a littérature du sujet et un jugement prudent. On aurait peine à citer des cas où M. P. formule des thèses quelque peu aventureuses. En voici cependant un : Du passage *II Tim. 4, 11,* où il est dit que Marc est εὔχρηστος εἰς διαχονίαν, M. P. conclut que c'est peut-être à la suite des services qu'il lui avait rendus pour la distribution des secours apportés à Jérusalem de la part de l'église d'Antioche, que Barnabas emmena Marc à Antioche et en fit son collaborateur. Mais les théories hasardées sont rares chez M. P. On signalerait plus facilement chez lui des cas où il fait preuve de quelque timidité ou du moins d'une prudence qui paraîtra à beaucoup quelque peu exagérée. C'est ainsi qu'après avoir noté la vraisemblance de la thèse de l'utilisation des Logia par Marc, il admet cependant que les points de contact entre Marc et les Logia tiennent à ce que Pierre et la tradition des Logia ont recueilli parallèlement le souvenir des mêmes paroles de Jésus. On voit immédiatement l'intérêt apologétique que présente cette théorie qui relève singulièrement la valeur et surtout la fidélité de la tradition, malheureusement elle se heurte à des difficultés dont M. Plummer ne paraît pas avoir aperçu nettement toute la gravité.

Donnons seulement encore un exemple de la critique prudente de M. P. Il établit par les raisons péremptoires que l'on sait l'inauthenticité de la conclusion *16, 9-20,* mais cependant n'écarte pas ce fragment du texte authentique en s'autorisant d'une théorie quelque peu subtile sur une distinction qu'il faudrait établir entre les notions d'authenticité et d'autorité !

Les notes qui accompagnent la traduction, si elles n'apportent pas une interprétation brillante et nouvelle et si elles ne pénètrent pas très profondément l'esprit du texte, en élucident cependant les principales difficultés matérielles; elles apportent les renseignements historiques, archéologiques et géographiques nécessaires et indiquent un grand nombre de rapprochements suggestifs.

Maurice Goguel.

Rev. H. P. V. Nunn. — **Key to the elements of New Testament Greek**. Cambridge, Univ. Press, 1915. 1 vol. in-12 rel., 28 p. Prix : 2 sh. — L'auteur de la présente plaquette a déjà publié deux petits livres destinés à guider les commençants dans l'étude du grec du Nouveau Testament (*A Short syntax of New Testament Greek. The Elements of New Testament Greek,* Cambridge University Press). Il complète son œuvre par un recueil d'exercices élémentaires qui doivent mettre en œuvre les connaissances acquises par l'étude de la grammaire.

Maurice Goguel.

Le Gérant : Ernest Leroux.

LA GRANDE QUESTION D'OCCIDENT

LE RHIN DANS L'HISTOIRE

Par **Ernest BABELON**, de l'Institut

Tome I. — L'ANTIQUITÉ. GAULOIS ET GERMAINS

Un vol. in-8 de 480 pages, accompagné d'une carte . . . . . 7 fr. 50

Sous presse

Tome II. — MOYEN-AGE ET TEMPS MODERNES
FRANÇAIS ET ALLEMANDS

Un volume in-8, avec une carte. . . . . 7 fr. 50

ANNALES DU MUSEE GUIMET

REVUE
DE
L'HISTOIRE DES RELIGIONS

PUBLIÉE SOUS LA DIRECTION DE

MM. RENÉ DUSSAUD ET PAUL ALPHANDÉRY

AVEC LE CONCOURS DE

MM. R. BASSET, A. BOUCHÉ-LECLERCQ, J.-B. CHABOT, E. CHAVANNES, Fr. CUMONT,
E. DE FAYE, G. FOUCART, A. FOUCHER, Comte GOBLET D'ALVIELLA, Maurice
GOGUEL, H. HUBERT, G. HUET, L. LÉGER, Israel LEVI, Sylvain LEVI,
Ad. LODS, Fr. MACLER, M. MAUSS, A. MEILLET, P. MONCEAUX, Ed. MONTET,
A. MORET, P. OLTRAMARE, F. PICAVET, C. PIEPENBRING, A. REBELLIAU,
Ad. REINACH, M. REVON, J. TOUTAIN A. VAN GENNEP, ETC.

TOME LXXIV, N° 3. — NOVEMBRE-DÉCEMBRE

PARIS
ERNEST LEROUX, ÉDITEUR
28, RUE BONAPARTE (VI°)

1916

La REVUE DE L'HISTOIRE DES RELIGIONS paraît tous les deux mois, par
fascicules in-8° raisin, de 8 à 10 feuilles d'impression.

Prix de l'abonnement annuel : Paris . . . . 25 fr. »
    —   —   —   Départements . . . . . . 27 fr. 50
    —   —   —   Etranger, ... 30 fr. »
Un numéro pris au Bureau . . . . 5 fr. »

La Revue est purement historique ; elle exclut tout travail
présentant un caractère polémique ou dogmatique.

Prière d'adresser tous les ouvrages destinés à la Revue à la *Direction de la
Revue de l'Histoire des Religions*, chez M. Ernest Leroux, éditeur, 28, rue Bonaparte,
Paris (VI°).

UN MIRACLE DE MARIE-MADELEINE

ET LE ROMAN D'*APOLLONIUS DE TYR*

Un des faits les plus singuliers de l'histoire littéraire est le
succès, non momentané, mais durable, persistant à travers les
siècles, d'œuvres qui nous semblent médiocres ou insipides.
L'exemple le plus frappant de ce phénomène est certainement
le roman d'*Apollonius de Tyr*, œuvre de la basse antiquité
latine, peut-être imitée du grec, qui nous est parvenue dans un
remaniement chrétien et qui a joui, à travers tout le moyen
âge et jusqu'à la Renaissance, d'un succès absolument dispro-
portionné à sa valeur réelle. Pour ne citer que deux faits
extrêmes : au viiie siècle, époque mal notée dans l'histoire des
études classiques, on lisait *Apollonius de Tyr*; à la fin du xvie ou
au début du xviie siècle, lors du développement le plus brillant
du théâtre anglais, *Apollonius* fut transformé en drame sous le
nom de *Périclès*, et il est certain qu'une partie au moins de
cette œuvre singulière est de la main de Shakespeare. Dans
l'intervalle, le roman avait été traduit dans presque toutes les
langues européennes et imité sous les formes les plus diverses[1].
On peut dire qu'il n'a manqué au héros du livre qu'une seule
consécration : il n'a pas réussi à conquérir une place dans
l'hagiographie; Apollonius, dont l'histoire a été insérée dans
le recueil dévot des *Gesta Romanorum*, n'est pas devenu un
saint.

Mais si le vieux « prince de Tyr » n'a pas pris place dans le
calendrier sous son propre nom, une partie de ses aventures

---

1) Voir sur les origines du roman d'*Apollonius* et sur son succès, la mono-
graphie d'E. Klebs, *Die Erzählung von Apollonius aus Tyrus*, Berlin, 1899,
in-8° et aussi Albert H. Smyth, *Shakespeare's Pericles and Apollonius of Tyr*,
Philadelphie, 1898, in-8.

17

est devenue, ainsi qu'on va essayer de le montrer dans les pages suivantes, un miracle d'une des saintes les plus célèbres de l'Église, Marie-Madeleine.

La *Vie* de cette sainte insérée dans la *Légende Dorée* et qui est certainement de date récente, contient[1] le récit suivant : Marie-Madeleine, débarquée à Marseille avec Marthe, Lazare, etc·, y prêche le christianisme; elle le prêche aussi au *princeps provinciae*, Peregrinus, et à sa femme. Avant de se convertir, le couple demande une preuve de la puissance de la nouvelle foi : la naissance d'un fils (ils n'en ont pas). La sainte prie et la femme conçoit. Mais le mari [avant de se convertir] désire se rendre à Rome, pour y vérifier si les récits de la Madeleine sur la prédication du Christ étaient véridiques. Le couple part par mer, après avoir laissé ce qu'il possède sous la garde de la sainte. Durant le voyage, le navire est assailli d'une tempête, pendant laquelle la matrone accouche; elle expire au moment où elle met son fils au monde. L'enfant naît viable; le père se lamente. Mais l'équipage exige qu'on jette le corps de la mère à la mer : c'est le seul moyen d'apaiser la tempête. Une côte est en vue : on y débarque la mère et l'enfant; après avoir vainement tenté de creuser un tombeau, on dépose le corps près d'une partie abritée d'une colline (*in secretiore parte collis*), en le recouvrant d'un manteau et on place l'enfant près du sein de la mère (*puerulum mammis eius apponens*). Le père part en

---

1) *Jacobi de Voragine Legenda aurea*, éd. Graesse, Dresdae, 1846, p. 409. Le récit manque dans la *Vie* attribuée par supercherie à Raban et imprimée dans [Faillon] *Monuments inédits sur l'apostolat de s. Marie-Madeleine* (P. 1848) II, col. 457. En revanche, il se trouve, selon Mgr Duchesne (*Annales du Midi*, V [1893], p. 17) dans des manuscrits d'une *Vie* de sainte Marthe, imprimée dans le recueil de Mombritius (édit. de Milan, vers 1480, t. II, fol. 127) bien que le texte de celui-ci ne le donne pas. — Vincent de Beauvais donne (*Speculum historiale*, l. IX, c. 96-98, édit. de Douai, 1624, p.357) notre miracle, dans un ensemble de récits, empruntés tantôt à la vie de s. Marie-Madeleine, tantôt à celle de s. Marthe; le récit spécial qui nous intéresse est pris (Vincent indique toujours ses sources) *ex gestis Mariae Magd.* Cette rédaction est beaucoup plus longue et plus verbeuse que celle de la *Légende Dorée*, mais n'ajoute rien d'essentiel à celle-ci. Nous la citerons cependant une ou deux fois, dans la suite de ce travail.

invoquant Marie-Madeleine, la priant d'avoir pitié de l'âme de
la mère et de protéger l'enfant (*si potens es, memor sis animae
matris et prece tua misereatur ne pereat natus*). Arrivé à Rome,
il y est accueilli par saint Pierre; il part pour Jérusalem, avec
l'apôtre, qui lui montre les endroits où le Christ a fait ses
miracles. — Retournant à Marseille, Peregrinus passe devant
la côte où il avait laissé la femme et l'enfant : il obtient que le
navire s'y arrête. Il y trouve l'enfant que la Madeleine avait
protégé, assis, jouant avec les cailloux et le sable du rivage. En
voyant le père qui saute hors de la chaloupe, le petit, effrayé,
se réfugie près du sein de la mère, sous le manteau qui la
recouvrait (*expavit et ad solita matris recurrens ubera occulte sub
chlamyde latitabat*). Peregrinus découvre l'enfant, tétant le sein
de la mère; il dit : « Marie-Madeleine ! Que je serais heureux si
la mère aussi était encore en vie ! Je sais et je crois que toi,
qui as nourri l'enfant, peux la rétablir dans sa première santé ».
A ces paroles, la mère se réveille comme d'un songe, remer-
ciant la sainte, qui lui avait servi d'*obstetrix*. Elle déclare
ensuite à son mari qu'elle avait fait en même temps que lui le
voyage de la Terre Sainte, conduite par Marie-Madeleine (*cum
beata Maria Magdalena duce et comite*), comme lui l'avait été
par l'apôtre Pierre; et elle récita les noms des lieux illustrés
par les miracles et la Passion du Christ avec une exactitude
surprenante (*adeo plene explicavit ut nec in aliquo deviaret*).
— Puis le couple retourne à Marseille, y retrouve la sainte
et s'y fait baptiser.

Depuis longtemps on est fixé sur la valeur historique des
soi-disant biographies de Marie-Madeleine; mais ce récit, en
particulier, est tellement extraordinaire qu'on se demande
comment il a pu être imaginé. Il s'éclaircit quand on le rapproche de l'épisode suivant d'*Apollonius de Tyr* :

Apollonius[1] s'embarque à Cyrène, pour se rendre à Antioche,
il emmène avec lui sa jeune femme (enceinte). la nourrice
Lycoris et une sage-femme. Pendant quelques jours, le navire

1) *Historia Apollonii regis Tyrii*, éd. Riese (Leipzig, Teubner, 1871) c. 25-
26, p. 27-32.

est retenu par des vents contraires (*variis ventorum flatibus*) ; sur ces entrefaites, la jeune femme accouche d'une fille, mais s'évanouit et présente tout l'aspect d'une morte. Apollonius, croyant qu'elle a réellement cessé de vivre, se lamente ; le capitaine vient lui dire que la présence d'un corps sera fatale au navire (*navis mortuum non feret*) ; il doit ordonner qu'on jette le corps à la mer. Apollonius proteste d'abord ; puis il fait faire un cercueil, fermé hermétiquement, dans lequel il fait déposer le corps, avec une somme d'argent et un écrit dans lequel il est dit que celui qui trouvera le corps et l'enterrera, pourra garder pour lui la moitié de l'argent, après avoir dépensé l'autre moitié pour les funérailles ; puis il abandonne le tout aux flots. Quant à la fillette, il la fait élever avec le plus grand soin.

Le cercueil est porté par les flots sur la côte, près d'Ephèse, non loin de la propriété d'un médecin, Chérémon, qui trouve sur le corps l'argent et la lettre. Il fait dresser un bûcher ; mais un élève, plus habile que le maître, découvre, en voulant verser de l'onguent sur le corps, qu'il n'est pas vraiment mort ; il trouve moyen de liquéfier par la chaleur le sang coagulé, et rappelle ainsi la femme à la vie. Le médecin donne l'argent à son élève et fait admettre la jeune femme parmi les prêtresses du temple de Diane à Éphèse.

De son côté, Apollonius, arrivé à Tarse, confie sa fille à un citoyen de la ville qu'il connaît déjà et à la femme de celui-ci, pour qu'ils l'élèvent ; lui-même, affligé par la mort de sa femme, mène pendant longtemps la vie d'un navigateur errant. La suite du roman raconte après quelles aventures étranges la fille est retrouvée par le père à Mytilène et comment le père et la fille retrouvent ensuite la mère dans le temple d'Éphèse.

Il est évident que l'auteur qui imagina le miracle de Marie-Madeleine a eu ce récit présent à l'esprit. Le point de départ de l'aventure est le même : l'accouchement d'une femme en mer, pendant une tempête (nous revenons sur ce dernier détail) et sa mort apparente, à la suite de cet accouchement[1]. Mais,

1) Il est vrai que l'auteur de la légende de Marie-Madeleine dit nettement que la femme *exspiravit*, mais plus loin il raconte qu'elle « se réveilla comme d'un

en empruntant ce récit à *Apollonius*, l'hagiographe l'a modifié :
la suite des événements, dans le roman latin, bien qu'extraordinaire, n'offrait rien de miraculeux; pour avoir un miracle
particulièrement éclatant, notre auteur imagina que le père,
au lieu de garder le nouveau-né près de lui, ainsi que le fait raisonnablement et naturellement Apollonius, l'expose sur une
côte déserte, à côté du corps (cru mort) de la mère, en mettant
le malheureux petit, par une prière, sous la protection de
Marie-Madeleine. Pendant le voyage de retour, le père peut
ensuite, comme Apollonius, retrouver son enfant et sa femme,
mais d'une façon bien plus merveilleuse, grâce à l'intercession
de la sainte. Comme si tous ces *deliramenta apocrypha* (ainsi
que l'eussent dit les savants du XVII siècle) n'étaient pas suffi-
sants, il est ajouté que la mère, pendant qu'elle gisait en apparence inanimée sur une côte déserte, faisait (en pensée, il faut
le croire) un voyage en Terre Sainte, toujours sous la protection de la Madeleine, en même temps que son mari faisait le
même voyage, accompagné de saint Pierre.

Avant de conclure, nous devons signaler un petit détail, mais
qui peut avoir son importance pour l'étude comparative des
différentes formes de l'histoire d'Apollonius. Nous avons dit
plus haut, analysant le récit de la *Légende Dorée*, que l'accouchement de la femme de Peregrinus coïncide avec *une tempête*.
Il est difficile, en effet, d'attacher un autre sens aux paroles du
texte latin (p. 411, éd. Graesse) : *Coepit nimium mare intu-
mescere, ventus flare... matrona gravida et debilis tam saeva
inundatione fluctuum...* [1] Il n'est pas question de tempête dans
la vulgate du texte latin d'*Apollonius* où il est seulement parlé
de vents contraires, qui retardent la marche du navire[2]; mais

songe » et elle garde la faculté de nourrir son enfant. Elle n'était donc pas
réellement morte. Ou bien l'auteur veut-il dire que la Madeleine la rappela à
une sorte de vie latente? Dans le récit reproduit par Vincent de Beauvais,
il est dit (p. 357 col. *b*) que le mari retrouvant le corps de sa femme *consideravit
ita coloratum corpus matronae, sicut fuerat cum vegetaretur spiraculo vitae.*

1) De même dans la rédaction du miracle chez Vincent de Beauvais (p. 357,
col. *a*) *Orta vero in mare tempestate...*

2) « *Qui dum per aliquot dies variis ventorum flatibus detinentur...* » se lit

la tempête se retrouve nettement indiquée dans le remaniement
de l'histoire d'*Apollonius* qui fait partie des *Gesta Romanorum*
(édit. Oesterley, p. 519 : *Surrexit tempestas magna*) ; dans la
rédaction versifiée de Godefroi de Viterbe, dans son *Pantheon*
(pars XI, col. 286, Basileae, 1559, in-fol) :

> Sed maris in medio, *male tempestate minante*,
> Parturiens mater mortua visa iacet.

et dans les rédactions en langues modernes qui dépendent de
ces deux versions[1]. L'idée de transformer les vents contraires
en une véritable tempête est-elle venue à plusieurs rédacteurs
indépendants l'un de l'autre, ou bien la leçon des *Gesta*, de
Godefroi de Viterbe et du miracle de Marie-Madeleine est-elle
en rapport avec une classe spéciale de manuscrits? C'est ce
qu'il est difficile de décider dans l'état actuel de la critique du
texte de l'*Historia*, critique très difficile à cause de l'état flottant
de ce texte et du grand nombre de manuscrits. Nous nous bor-
nons donc à signaler ici ce petit problème.

Quoi qu'il en soit du texte spécial que peut avoir suivi
l'auteur du miracle de Marie-Madeleine, l'utilisation du roman
d'*Apollonius* dans l'épisode cité n'est pas douteuse. Le fait nous
paraît intéressant à signaler. Depuis longtemps on sait jusqu'à
quel point les gens qui fabriquaient des vies de saints, au moyen
âge, mettaient à contribution des écrits antérieurs du même

dans la première édition de Riese (je n'ai pas la seconde sous la main); dans
celle de Mich. Ring (Posonii, 1888) qui suit surtout le manuscrit de Paris, Bibl.
Nat. latin 4955, on lit (p. 27) « *Qui dum per aliquantos dies totidemque noctes
austeris ventorum flatibus [pie] pelago detin[er]entur* ». L'édition de M. Welser
(Augsbourg 1595, d'après un manuscrit perdu) a la même leçon (fol. c. 3 *a*),
avec la variante *Austris flatibus* pour *austeris ventorum flatibus*.

1) La tempête se retrouve, par exemple, dans le vieux livre populaire néer-
landais, qui n'est que la reproduction à part du chapitre de l'ancienne traduction néerlandaise des *Gesta* consacré à *Apollonius* (le livre populaire se trouve
réimprime chez G. Penon, *Bijdragen*, Groningue 1881, I, 148), puis dans le
récit de John Gower, *Confessio Amantis*, lib. VIII, v. 1039 et suiv.; dans
L. Twine, *The Patterne of painefull adventures*, réimprimé chez J. Paine
Collier, *Shakespeare's library* (London 1843) II, 209 et finalement dans la
scene puissante de *Périclès* (acte III, scène I) où l'on reconnait aisément la
main de Shakespeare.

genre : ils empruntaient des miracles, des récits entiers aux
légendes hagiographiques déjà existantes. La légende même
de Marie-Madeleine nous offre un èxemple de ces transferts,
puisque l'histoire de sa pénitence dans un désert est un emprunt
à l'histoire d'une autre pécheresse, Marie l'Égyptienne [1]. Mais il
est piquant de voir qu'on a pris en outre un épisode dans un
vieux roman, quelque peu christianisé, il est vrai, dans la
rédaction qui nous est parvenue, mais qui était primitivement
l'œuvre d'un païen.

G. Huet.

1) Voir le travail cité de Mgr Duchesne, p. 19.

LE BOUDDHISME AU JAPON

Deuxième article [1].

Conçu par Sakia muni comme une société de mendiants [2] vivant pauvrement et seulement d'aumônes, détachés des biens de ce monde et ne cherchant qu'à délivrer leur âme des joies et des douleurs de la vie, le Bouddhisme prit cependant bien vite la forme d'une religion dogmatique et ritualiste ; et, déjà du vivant de Sakia, l'ordre mendiant avait des temples et possédait des domaines et des revenus. Les moines ne possédaient, il est vrai, rien personnellement, mais l'ordre était riche.

Quand le bouddhisme franchit les frontières de l'Inde, pays d'où il devait totalement disparaître vaincu par la vieille religion brahmanique, plus attachante par ses cérémonies, plus à la portée des esprits simplistes (le Bouddha Sakia avait, d'ailleurs, prévu cette impossibilité où serait la grande majorité des hommes de saisir le sens de son enseignement [3]), il se répandit au Thibet, en Mongolie, en Chine, en Corée et au Japon, et il adopta, dans son passage à travers ces diverses contrées, les formules religieuses et les dieux déjà existants dans ces pays ; il fit siens, les uns et les autres et c'est ainsi que l'on constate une aussi grande différence entre le bouddhisme japonais et celui de l'Asie continentale.

Il est aussi fort possible que le bouddhisme japonais ait, comme le bouddhisme de Chine, subi l'influence du christianisme par l'intermédiaire des Nestoriens, installés à Si ngan fou et dans l'ouest de la Chine au vie siècle (505 ap. J.-C.). Il a

---

1) Voir la *Revue*, t. LXXIV, p. 121.
2) Bikkhu, en pâli.
3) Mahâvagga, cité par Mme A. David dans le modernisme bouddhiste.

même conservé, semble-t-il, par suite, sans doute de son isolement insulaire, des rites chrétiens plus purs que ceux que l'on retrouve en Chine, ce dernier pays se trouvant en contact permanent avec des centres bouddhiques qui ont constamment influé sur ses doctrines et ses rites.

M. Saeki, professeur à l'Université de Waseda à Tokio vient de publier un livre[1] sur la fameuse stèle nestorienne de Si ngan fou, où il émet l'opinion, assez osée, mais, peut-être, après tout, vraisemblable, de la civilisation du Japon directement par l'Europe à travers la Chine.

En ce qui concerne le bouddhisme, du moins, il y a de fortes présomptions pour qu'il ait, au Japon, adopté un certain nombre de rites chrétiens apportés en Chine par les Nestoriens. J'ai déjà cité le baptême, Kwanchô, qui n'a jamais eu rien de bouddhique et qu'on ne trouve mentionné nulle part dans les sectes bouddhiques du Sud, à Ceylan, en Birmanie, ou Siam, qui sont réputées pour être les plus rapprochées de la doctrine du maître. Je noterai encore comme similitudes : l'autel, qui, dans les temples, est, en tous points, semblable à un autel catholique; il est orné de chandeliers, de fleurs ; une statue de Sakia se trouve au centre, à la place ou nous mettons un crucifix. De chaque côté de l'autel les chœurs de bonzes se tiennent exactement dans la même situation que nos chantres pendant l'office, et récitent les sutra en les lisant sur des rouleaux qu'ils dévident au fur et à mesure.

Un porte-cierges, tout à fait semblable à celui que l'on voit dans nos églises, se trouve soit à l'entrée du temple, soit sur un côté du chœur, près de l'autel ; et les fidèles, comme chez nous, viennent y planter des cierges allumés.

Le bonze, se rendant à l'autel, ressemble d'une manière frappante, au prêtre catholique ; comme lui il a la chasuble, l'étole, le manipule; il se sert de l'encensoir, bénit les fidèles prosternés à la fin de la cérémonie.

1) *The nestorian monument in China*, by P. Y. Saeki, Waseda University Tokio.

Les fidèles récitent le chapelet, jeûnent, font des processions, des retraites spirituelles, se livrent à la pénitence et aux macérations. Enfin le matin, à midi et le soir, la cloche de la pagode sonne une sorte d'angelus.

Il est bien évident que tout cela n'a rien de commun avec le bouddhisme primitif; et que le bouddhisme japonais a été en contact avec d'autres rites qu'il a adoptés de même qu'il avait adopté les dogmes du bouddhisme indien à travers le bouddhisme chinois. Ce qu'il y a de plus intéressant à noter c'est que c'est surtout la secte de Nichiren ou Hokkeshu, fondée en 1253, c'est-à-dire la plus récente, qui se rapproche le plus du christianisme. Celui qui, non prévenu, assisterait à un office de cette secte dans le temple de Hon Koku ji à Kioto croirait assister à une sorte d'office catholique.

Si l'on n'admet pas *a priori* et sans preuves suffisantes la thèse de M. le Professeur Saeki suivant laquelle le Japon aurait reçu directement la civilisation de l'Europe à travers la Chine, civilisation à laquelle auraient nécessairement contribué les chrétiens nestoriens venus en Chine en 505 et y ayant laissé un souvenir dans l'inscription du monument de Si ngan fou, en caractères syriaques et chinois, monument découvert en 1625, du moins peut-on admettre que le bouddhisme japonais ait empruntés certains de ses rites au catholicisme par l'intermédiaire de la Chine où, en 1246-47 arriva la mission de Jean du Plan Carpin, successeur des Nestoriens arrivés en 505, et où, également d'autres missions se succédèrent, notamment celle de Corvino près de Koubilaï Khan en 1288, lequel autorisa la construction d'une église à Khanbalik (Péking).

Dans ces conditions, il n'y a rien d'étonnant à ce que des rites chrétiens se soient mélangés aux rites bouddhiques, et que les sectes japonaises bouddhiques aient emprunté des Nestoriens et des autres missionnaires chrétiens certaines de leurs formules ritualistes.

Ainsi s'expliquerait la grande différence qui existe entre le bouddhisme japonais et le bouddhisme des pays asiatiques qui ont conservé purs de tous mélanges la doctrine et les rites institués par Sakia.

Si, d'ailleurs, le bouddhisme japonais en général et le Hokkeshu en particulier, ont, dans leurs formes extérieures et dans leur ritualisme une ressemblance quelquefois frappante avec les formes et le rituel chrétien catholique, il faut reconnaître que l'emprunt qu'il a fait se borne exclusivement à ces formes extérieures. Les dogmes et les préceptes de Sakia se sont conservés, à peu de différence près, tels qu'il les a enseignés lui-même à Bénarès dans le Dhamek ou parc aux daims, tels qu'il les avait conçus à l'ombre du pîpoul le fameux ficus religiosa, sur les rives de la Nairanjara, après une méditation d'un jour et d'une nuit.

Ces préceptes, pour le bouddhisme japonais peuvent se résumer dans les dix commandements cités et expliqués par le *Sha mi ju Kai hô narabini i gi*, œuvre d'un moine bouddhiste chinois, traduit en japonais pour les novices du Dai Nippon. Le titre peut se rendre ainsi en français : Les dix commandements de Sakia accompagnés d'instructions pour les novices qui désirent adopter et pratiquer les règles de Sakia [1].

I. Tout novice ne doit jamais blesser, mutiler, tuer, aucun homme ni animal. Traite bien tous les hommes, tu t'en trouveras bien toi-même et tu procureras la délivrance de tes parents. N'aie de haine pour personne, n'incrimine personne de peur que le trait que tu auras lancé ne se retourne contre toi. Épargne aussi les animaux, même les plus petits, les vers et les insectes qui rampent, volent ou grouillent. Sois bon pour eux, fais leur du bien, rends-les contents. Songe que Môshi (Mencius, disciple de Confucius) a dit que le sage ne mange pas des

---

1) Sakia, Sakia muni, le sage de la tribu des Sakia. C'est ainsi que le bouddha est connu en Chine et au Japon. Dans les pays Sud, on le connaît sous le nom de Gautáma ou Gotama en Birmanie. Somanakodom au Siam. Dans l'Inde il était connu et dénommé le Sage, le Bouddha par excellence, d'où les Européens lui ont maintenu le nom de Bouddha en en faisant en quelque sorte un nom propre.

animaux qu'il a vu tuer, dont il a entendu les cris ; de ceux qui ont été mis à mort à cause de lui pour le nourrir. Quand tu verras, par hasard, tuer un animal, aie compassion de lui. Garde-toi aussi de blesser ou de détruire sans nécessité les végétaux, herbes et arbres.

II. Tout novice ne doit jamais commettre un acte de vol ou de brigandage. Ne faire subir aucun tort à autrui, fût-ce le plus minime. Tenir de tout son cœur à la justice et ne jamais mettre sa bouche au service de l'iniquité. Ne jamais acheter ni louer des esclaves, des enfants de service ; ne pas les accepter en don s'ils étaient offerts. Ne jamais porter d'habits précieux, de perles, de bibelots rares. Ne jamais se servir d'un siège élevé orné de tentures. Que les habits couvrent la nudité mais soient dépourvus d'enjolivures. Que les aliments conservent la vie mais ne flattent pas le goût. Défense d'amasser des gains, surtout l'argent qui ne mérite que le mépris. Si quelqu'un en offre il ne faut pas l'accepter. Si on l'a accepté il faut de suite le distribuer aux pauvres. Ne rien convoiter est le fondement de toute vertu. Il faut donc se couper la main plutôt que de s'approprier ce qui ne convient pas.

III. Il est défendu à tout novice, pour la vie, de se marier, d'engendrer et d'élever des enfants. Les femmes doivent être évitées de loin. Les passions doivent être énergiquement bridées. Ne fixe jamais tes yeux sur un joli visage, que ton cœur ne pense pas à des choses impures, que ta bouche ne prononce pas des paroles lascives. Que les fleurs, les parfums, les cosmétiques, les fards n'approchent jamais de ton corps. Ne regarde jamais ces femmes impudiques à la belle voix. Laisse-toi briser les os plutôt que de consentir à des sollicitations impudiques. Mieux vaut mourir pur que vivre souillé.

IV. La véracité, la sincérité doivent être pratiquées par dessus tout. Ne profère pas d'injures, de propos astucieux, ne parle pas à la légère, ne flatte pas. N'accuse pas, ne fais pas de médisances ni de calomnies, veille sur tes paroles.

V. Ne goûte ni vin, ni liqueur enivrante ; n'en fais pas boire à un autre ; n'en prend même pas comme médicament. Le vin

est un liquide vénéneux, il est cause de beaucoup de ruines. Il
a dégradé des sages et corrompu des saints. Son usage éloigne
tous les biens et amène tous les maux. Il cause les consomp-
tions, les maladies de langueur, tous les péchés et tous les
crimes.

VI. Le novice ne doit jamais manier ni arme, ni bâton, ni
aucun instrument tranchant. Il ne doit pas élever d'animaux
domestiques ni tenir d'oiseaux en cage. Il ne doit aller ni à
cheval, ni en chaise à porteur, ni chasser, ni pêcher.

VII. Le novice ne doit ni jouer aux échecs, aux dés ou autres
jeux semblables, ni lutter, ni danser ou prendre part·à des
comédies. Il ne doit jouer d'aucun instrument de musique. Il ne
doit ni cultiver la terre, ni planter des vergers. Il ne doit avoir
ni bateaux ni chars ; défense lui est faite de vendre ou d'acheter.

VIII. Il est interdit à tout novice de s'adonner à la divination, à la médecine, à la magie. Périodes et jours fastes et
néfastes, écaille de tortue et brins d'achillée, calculs sidéraux,
spéculation sur le plein et sur le vide, éclipses du soleil et de la
lune, météores et phénomènes qui apparaissent dans les con-
stellations, écroulements de montagnes, tremblements de terre,
tempêtes et averses, sécheresse et inondations, tout cela les
novices doivent l'ignorer. Les vrais disciples de Sakia ne
doivent aucunement s'occuper de ces choses. Il leur est interdit
aussi de s'occuper du gouvernement, des impôts, de la guerre,
des expéditions.

IX. Il est expressément interdit aux novices masculins et aux
novices féminins d'habiter sous le même toit. Ils ne doivent
jamais se rechercher. Ils ne doivent pas monter dans la même
barque ou le même char ; car cela les ferait accuser infaillible-
ment d'inconduite. Défense de se voir de près : de communiquer par lettres ; défense de se visiter sous prétexte d'emprunter,
de faire tailler ou laver des habits. Si à un novice qui mendie
une novice donnait un vêtement en aumône, il ne pourrait
pas l'accepter. Quand il faut absolument se voir, un vieillard
doit surveiller l'entrevue. Défense de s'asseoir, de s'attarder, de
passer la nuit ensemble.

X. Il est interdit à tout novice de contracter amitié avec un homme peu vertueux, de reconnaître pour son maître quelqu'un qui ne soit pas un sage. Défense d'avoir aucune relation avec les bouchers, les chasseurs, les voleurs, les buveurs, les libertins, ceux qui s'adonnent à une profession périlleuse ; car ces professions impures éteignent le sens moral. Le novice doit porter sur lui et en bon ordre les vêtements et les accessoires prescrits. Il ne doit pas manger en dehors du temps fixé. Il ne doit pas parler sans raison ; il ne doit pas parler quand il mange ni quand il est couché. Que le novice soit toujours occupé à méditer ou à étudier, à pénétrer le sens de ce qui lui a été enseigné.

Ceux qui suivront ces dix préceptes, voilà les vrais disciples de Sakia Bouddha.

Le recrutement du clergé bouddhiste au Japon se fait actuellement très difficilement, car la foi n'est plus très grande, et, à peu près seuls les gens du peuple pratiquent fidèlement, sans toutefois donner volontiers leurs enfants à la religion. Les novices, aujourd'hui, sont généralement des orphelins recueillis et élevés par les bonzes, ou bien de jeunes enfants dont les parents se débarrassent faute de pouvoir les nourrir. Il en résulte que les moines bouddhistes et les desservants des temples sont plutôt méprisés par la société japonaise.

Quelques esprits éclairés, ayant fait des études de philosophie moderne se sont, dans ces dernières années, occupés à relever au Japon l'enseignement de Sakia. Le premier et le principal est M. Bunyu Nanjô qui alla étudier à Ceylan le bouddhisme du Hinayana ou petit véhicule considéré comme le plus pur. M. Midzutani et M. Imadate l'ont aidé pour la publication et la traduction en japonais des sutra. M. Akamatsu et M. Kasawara ont également publié des catéchismes et des paraphrases en japonais de la doctrine cinghalaise. Ces savants désiraient et cherchaient à créer une renaissance bouddhique plus pure et plus saine en allant étudier la doctrine à sa source.

D'autres, après eux, ont fondé des écoles de bouddhisme

moderne à Tokio et à Kioto ; mais jusqu'à présent, les résultats sont négatifs. Le peuple continue à se rendre à ses vieux temples, et les gens des hautes classes deviennent, au Japon, de plus en plus areligieux et se contentent de suivre les rites shintoïstes pratiqués en l'honneur des ancêtres impériaux.

JOSEPH DAUTREMER.

MASPERO ET LA RELIGION ÉGYPTIENNE[1]

C'est dans la *Revue de l'histoire des Religions* que Maspero a fait paraître les plus importantes et les plus originales de ses recherches sur la religion égyptienne. Aussi ai-je considéré comme un devoir de dégager, pour les lecteurs de cette *Revue,* ce que ces études ont apporté de nouveau et de fécond.

L'Égypte avait attiré Maspero par son histoire grandiloquente, sa civilisation nuancée, son art prestigieux, bien plus que par sa religion. Avec sa masse énorme de *Livres des Morts,* de rituels du culte funéraire et divin, de temples, de tombeaux et de statues, celle-ci présentait, vue à travers les travaux de Lepsius, E. de Rougé, Mariette et Chabas, un mélange si complexe : mythes étranges, théories métaphysiques confuses, conceptions morales élevées, rites barbares, superstitions absurdes ou dégradantes, que Maspero s'arrêtait, hésitant et soupçonneux au seuil de cette « terra incognita ». A son esprit réaliste et averti, les spéculations mystiques où se plaisaient tels de ses maîtres, ou de ses collègues, n'offraient que des solutions obscures, hasardeuses, sans critique ni méthode, pour lesquelles il n'éprouvait que doute et répugnance. Aussi ce fut la philologie, et non la philosophie, qui l'amena à ses premières études de textes religieux.

1) La *Revue de l'histoire des religions* a déjà été fort éprouvée au cours de la guerre et la mort est venue frapper à la porte de plusieurs de ses collaborateurs. Les uns, jeunes encore, sont tombés au champ d'honneur, et la *Revue* rappellera leur mémoire lorsque le moment en sera venu. — D'autres, plus âgés, nous ont également quittés. Notre illustre collaborateur, M. Auguste Barth, est mort le 15 avril 1916. Les lecteurs de la Revue n'ont pas oublié les revues de tous les travaux sur la religion de l'Inde qu'il leur donnait et qui, par leur ampleur et la richesse des vues, étaient en réalité des travaux profondément originaux. M. Sylvain Lévi consacrera une notice étendue à l'un des collaborateurs dont les articles ont été l'honneur de cette *Revue.* — M. A. Moret a bien voulu rédiger, sur notre demande, la notice qu'on va lire et qui est consacrée à l'un de nos illustres collaborateurs, Maspero, mort le 30 juin 1916.

N. D. L. R.

Dans son *Mémoire sur quelques papyrus du Louvre,* lu à l'Académie
des Inscriptions en mai 1871, Maspero ne livre qu'une faible partie
d'un grand travail entrepris sur les papyrus d'époque saïte conservés au
Louvre. La plupart de ces papyrus sont des *Livres des Morts*; Maspero
cherchait moins à reprendre, après Lepsius, De Rougé et Devéria
l'interprétation religieuse du texte qu'à appliquer « à la critique des
manuscrits du Louvre les mêmes procédés qu'on a appliqués à celle des
manuscrits grecs ; on arrive à les grouper par familles, dérivées chacune d'un seul manuscrit plus ancien... La plus grande partie des
Livres des Morts, d'époque saïte et d'origine thébaine, ont été copiés sur
quatre ou cinq exemplaires types conservés dans les archives des corpo-
rations chargées de l'embaumement et de l'équipement des momies ».
L'identité serait donc le résultat d'un accident matériel et non l'œuvre
d'une commission de savants, analogue aux Septante, qui aurait, sous
les Psammétiques, codifié les formules funéraires : « l'histoire de la
prétendue recension saïte ne serait plus qu'une histoire analogue à
celle de la plupart des textes classiques de l'antiquité grecque et latine »
(I, 385-387) [1]. C'est à l'École normale que Maspero avait appris ces
règles de philologie classique, aussi a-t-il dédié ses *Papyrus du Louvre*
à son ancien maître, Émile Egger, qui avait aussi encouragé sa vocation
égyptologique. — Voilà pour la forme. Quant au fond, Maspero se
garde bien d'en tirer, comme on le faisait trop souvent à cette époque,
un système religieux reconstruit et soutenu au moyen de matériaux
appartenant à toutes les époques. Il déclare modestement : « les allu-
sions contenues au *Rituel de l'embaumement* et au *Livre de la Maison
royale* sont trop souvent obscures et trop incomplètes pour qu'il soit
aisé d'en soutenir le sens. Je me bornerai à faire, pour ces deux
ouvrages, l'inventaire aussi complet que possible des notions mythologiques qu'ils renferment. J'ai rangé par ordre alphabétique les
noms divins que j'y ai rencontrés et j'ai consigné pour chacun d'eux
les indications ou les faits nouveaux que nous a donnés l'étude des
deux manuscrits. C'est un travail ingrat, mais dont on ne saurait
contester l'utilité. ». (*Pap. Louvre*, p. 73.) Rien de plus juste ; mais
c'était à ce moment une nouveauté que le parti-pris très scientifique de
limiter l'inventaire des résultats obtenus aux textes étudiés, et d'ana-

---

1) Les textes cités sans autre indication que la tomaison et la page proviennent
des *Études de mythologie et d'archéologie* (dans la *Bibliothèque égyptologique,*
Leroux, éditeur).

lyser minutieusement les textes religieux avant de prétendre à en faire une synthèse. Vingt ans plus tard, Maspero rappellera qu'il eut la première idée de sa méthode analytique, opposée aux généralisations préma-turées, en compilant l'index de son *Rituel de l'embaumement* (I, 391).

Devenu professeur à l'École des Hautes-Études (1869), et au Collège de France (1874) après la mort de E. de Rougé, Maspero se vit forcé d'associer aux études historiques, qui cependant restaient ses sujets préférés, les questions de mythologie. « Je ne me suis pas adonné par goût aux études religieuses, — écrit-il dans la préface de ses *Études de Mythologie et d'Archéologie* — les circonstances m'ont obligé à m'y livrer. En premier lieu, mes cours, quelque soin que je prisse de les faire porter au principal sur des matières d'histoire et de grammaire, touchaient souvent au dogme et à la mythologie de l'Égypte. Il fallait expliquer les épithètes et le rôle des dieux cités presque à chaque instant, et le sens de maint idiotisme égyptien, où entre un nom divin, dépend tellement de la signification qu'on attache à ce nom, qu'une demi-ligne de texte courant m'a contraint plus d'une fois à faire deux ou trois leçons de théologie... »

I. — LA THÉORIE MAGIQUE DE LA TOMBE.

L'étude des documents purement historiques (I, 140) amena donc Maspero aux recherches religieuses. La *théorie magique de la tombe* fut sa première grande découverte. Il y arriva en progressant sur le terrain solide des faits, en traduisant les inscriptions funéraires, en interprétant les tableaux des tombes, en associant étroitement le témoi-gnage des textes et des figures.

C'est au Congrès des Orientalistes tenu à Lyon en 1878, à la séance du 3 septembre, que Maspero révéla le résultat de ses recherches. Les formules des stèles funéraires, les tables d'offrandes, les tableaux d'of-frandes, s'adressent non pas au défunt, propriétaire de la tombe, mais « à une seule partie du défunt, le *ka* ». Qu'est-ce que le *ka*? « La personne humaine nous apparaît comme un composé de nombreux éléments, le corps, l'âme (*bi*), l'ombre, le lumineux (*khou*), le *ka*, le nom... Le *ka* était quelque chose d'intermédiaire entre le corps et l'âme. Le *ka* humain est, étymologiquement, la *substance* humaine, mais une substance plus subtile que celle dont est pétrie le corps ».

Quand les Égyptiens représentent le *ka* sur les monuments, ils lui donnent « l'apparence d'un personnage identique au personnage qu'il accompagne : enfant, si le personnage est un enfant, homme, si le personnage est un homme. N'allez pas en conclure que les Égyptiens voyaient l'homme double à l'ordinaire de la vie. Ils le voyaient simple comme nous faisons, et si le double [1] qu'ils sculptaient parfois sur leurs monuments pouvait devenir visible ou, tangible, c'était seulement par aventure, comme les fantômes de nos superstitions populaires. Le *ka* était comme une projection dans l'espace de la figure humaine, projection vivante et colorée... Pendant la vie il s'appuyait sur le corps et s'identifiait tellement à lui que, dans l'usage commun, son nom avait fini par devenir une sorte de thème pronominal [2]; on disait : « je donne des louanges à ton *ka* », comme on aurait dit : « Je *te* donne des louanges ». Après la mort, le *ka*, séparé du corps, se retirait dans le tombeau : il pouvait entrer et sortir, se reposer sous les sycomores qui entouraient le monument ou goûter le frais à l'ombre de l'hypogée ; il recevait, aux jours fixés par la loi religieuse, les hommages de ses descendants et le culte que lui rendaient ses prêtres. Le corps momifié servait de support inerte, mais comme le corps aurait pu se détruire, et le *ka* perdre son appui, les riches déposaient dans une chambre spéciale (*serdab*) dix, quinze, vingt statues, ou plus, qui les représentaient aussi fidèlement que possible. Ces statues étaient le soutien du *ka* des humains, de même que les statues des dieux étaient le soutien du *ka* des dieux : plus elles étaient nombreuses, plus le *ka* avait des chances de durer. » (I, 6-8).

Telle est la fameuse théorie du *ka*, que Maspero a développée dans de nombreux mémoires de 1878 à 1880, qu'il n'a cessé de fortifier et de défendre jusqu'à ses dernières publications (*Memnon*, t. VI, fasc. 2-3, 1912 ; *Guide au Musée du Caire* [IV], 1915; *Revue critique*, 7 août 1915). Le *ka* explique pour lui la destination de tous les éléments de la tombe. Ce sont : 1° le tombeau, qui en totalité, ou en partie (la chambre des statues, *serdab*) s'appelle *Hat-ka* « maison du double » (I, 48); 2° les statues, qui servant de corps au double, sont animées d'une vie magique (I, 50) ; 3° la stèle funéraire, en réalité une porte par où le double peut sortir de la chambre aux statues et y rentrer. Sur la stèle deux éléments essentiels : une formule qui procure des offrandes au

----

1) Le mot *double* a été employé pour la première fois, à ce sujet, par Nestor L'Hôte, *Lettres*, p. 5-7.

2) E. de Rougé, *Chrestomathie*, II, p. 61.

double, et un tableau où l'on voit le défunt assis devant un guéridon, recevant des offrandes ; ce guéridon sert d'appareil récepteur des offrandes ; l'appareil expéditeur c'est : 4° la table d'offrandes, table oblongue placée en avant de la stèle. « On y sert le repas du mort, solides et liquides, en récitant sur chacun d'eux une formule qui les rendait susceptibles d'être saisis par le mort, soit que celui-ci sortît de sa chambre afin de s'emparer d'eux, soit que l'objet mourût à notre monde et que son *double* passât dans le caveau pour y être utilisé par le *double* humain. Ainsi à la voix du prêtre, l'objet placé sur la table d'offrandes *sortait* sur le guéridon. » (*Guide* IV, 43-45).

Tous ces faits étaient fournis à Maspero par l'analyse scrupuleuse des textes, des tableaux et des objets funéraires ; l'explication qu'il en donnait constituait sa part d'invention. « Comment, se demandait-il, les objets parviennent-ils au *ka* dans l'autre monde ? » On peut s'en faire une idée d'après ce que les textes (*Livre des Morts*, ch. VI) disent des statuettes funéraires déposées dans le tombeau ; ces figurines inertes « s'animent pour servir le mort par la vertu des formules gravées sur elles. » Il en est de même, conclut Maspero, pour les offrandes, le mobilier funéraire, les objets de toute sorte qu'on enterrait avec le mort ; et, pour appuyer son argumentation, il innove judicieusement en faisant usage de la méthode comparative. « Beaucoup de peuples, même civilisés, attribuent une âme aux objets : il semble que les Égyptiens leur aient attribué un *ka*, un double — en tout cas ils donnaient à chaque objet un nom qui le distinguait des objets de même espèce : une canne, un outil, une palette, un sabre, recevaient chacun leur nom[1]. » (I, 11 et suiv.). Ces objets déposés dans le tombeau, on les retrouve souvent brisés ; on les a traités ainsi pendant les funérailles pour que « leur corps matériel étant tué, leur *double* allât servir dans l'autre monde celui de leur ancien maître. » (*Guide* IV, 373, 378). « Ainsi le fantôme de l'être humain vivait, ou se servait, du fantôme des objets qu'on lui offrait aux jours de fête ou qu'on avait déposés une fois pour toutes dans son tombeau. (On trouvera dans Tylor, *La civilisation primitive*, t. I, p. 543 et suiv. de l'édit. fr., un résumé des croyances relatives à l'âme des animaux et des objets ; au tome II du même ouvrage, la théorie de la transmission de l'*âme* du sacrifice au dieu qui reçoit le sacrifice) ». — (I, 11).

Ainsi la transmission du *double* des objets funéraires au *double* du

---

1) Le nom, pour les Égyptiens, est une sorte d'âme.

mort est une conception familière aux peuples primitifs. Mais par quel
procédé s'opérait-elle? Maspero trouve une explication[1] très plausible par
l'analyse d'un mot et d'une formule essentielles des stèles funéraires, le
per-khrôou, litt. « ce qui sort à la voix » ou la « sortie de voix », expression qui désigne à la fois l'offrande funéraire sous ses formes les plus
variées, et l'opération qui la fait parvenir au mort. Les formules de
stèles nous apprennent, que le mort « sort à la voix quand on l'appelle »,
et que l'offrande (et tous les objets) sortent aussi à cette voix sur la
table d'offrandes et sur le guéridon du défunt, pour y être saisis par le
double[2]. « C'est la vertu de la voix, conclut Maspero, qui transportait
les provisions de notre monde dans l'autre et les mettait à la disposition
des dieux et des mânes auxquels on les destinait » (I, 113).

Ceci encore demande explication. Point n'est besoin, dit Maspero, de
considérations métaphysiques trop ingénieuses; il suffit de rappeler le
rôle que la magie a joué en Orient et l'importance de la voix pour les
opérations magiques. « La magie ancienne était le fonds même de la
religion. » Pour obtenir quelque faveur d'un dieu il fallait mettre la
main sur ce dieu, « et la mainmise ne s'opérait qu'au moyen d'un certain nombre de rites, sacrifices, prières, chants, que le dieu lui-même
avait révélés et qui l'obligeaient à faire ce qu'on demandait de lui. Or la
voix, surtout la voix humaine, est l'instrument par excellence du prêtre
et de l'incantateur. C'est elle qui va chercher au loin les Invisibles » et
les force à obéir, à condition que la formule soit dite avec ses termes
exacts et sur le ton approprié. « Je n'ai pas besoin de rappeler ici quelle
importance le *carmen* avait dans la religion et le droit[3] de l'ancienne
Rome; il était tout puissant en Égypte et le sorcier, le prêtre, l'individu qui s'adressait à un dieu, devait avoir *la voix juste* s'il voulait
obtenir ce qu'il demandait; il devait être *mâ-khrôou, juste de voix.* »
Les vivants doivent être « justes de voix » pour réciter les formules
d'une voix juste, les morts pour prévaloir contre les ennemis d'outre
tombe et se justifier devant le tribunal d'Osiris. — Ce qui fait la valeur

1) La transmission se fait aussi par le sacrifice; bien que Maspero n'y insiste
pas, cela résulte de la citation du *Guide* (p. 373) donnée plus haut.

2) L'explication de Maspero, sous sa première forme, était un peu erronée;
je reproduis ici les termes définitifs dont il use au *Guide*, p. 24.

3) Maspero a développé ce passage et bien montré le sens juridique de l'expression *mâ-khrôou*, dans un de ses derniers articles de la *Revue critique*
(7 août 1915). La *loi* était, dans toute l'antiquité, un *carmen* qu'il fallait réciter
sans en altérer les mots, le ton, ni le rythme, en un mot, d'une *voix juste.*

de cette argumentation, c'est le sens exact donné au mot *khróou*. Jusqu'alors, De Rougé, Devéria, Grébaut, Pierret traduisaient *khróou* par « parole » ; *má-khróou* équivalait à « vrai de parole » ; on y trouvait une invocation à la *vérité*, interprétée comme l'ordre, la loi qui régit le monde moral et physique (I, 102). Maspero, revenant de la théorie aux faits, commence par établir que *khróou* ne signifie point « parole » mais « voix » et « voix inarticulée », celle des animaux. « Du moment que *khróou* veut dire *voix*, le sens de *má-khróou* se modifie singulièrement. Toutes les idées mystiques sur la vérité, la règle, le bien, admissibles quand il s'agissait de discours ou de formules, ne le sont plus du moment qu'il s'agissait de la simple voix. La voix ne saurait être vraie moralement : elle n'est vraie que physiquement, ou, pour employer l'impression consacrée, elle est *juste*. *Má-khróou* désigne l'homme qui n'a pas la voix fausse, l'homme qui a la voix juste. » (I, 105)[1].

La révélation de l'importance réelle de la statue, de la stèle, de la table d'offrandes, et l'explication correcte des formules employées (*per khróou, má-khróou*) permet à Maspero d'expliquer toute la décoration de la tombe. Les Égyptiens gravent sur les murs de leurs tombeaux, outre les formules et tableaux des rites funèbres, des représentations très développées de la vie courante : scènes domestiques, industrielles, agricoles. Les inscriptions très brèves qui les commentent, se bornent à dire que le propriétaire du tombeau « voit les travaux des champs, les métiers, la chasse, la pêche, les danses, les jeux, etc. » Jusqu'à Maspero on n'avait vu dans ces tableaux qu'une décoration artistique ; aujourd'hui encore quelques savants, spécialement de l'école berlinoise, refusent d'interpréter tableaux ou statues autrement que comme un moyen « de mettre plus d'art dans le tombeau et de le rendre plus gai » (Erman, *Religion égyptienne*, tr. franç., p. 172). Maspero démontre, au contraire, 1° que beaucoup de ces tableaux (scènes agricoles et industrielles) décrivent la préparation minutieusement détaillée des offrandes animales, végétales, ou fabriquées par l'industrie, destinées au double[2], et

---

1) J'ajoute que ceci a été brillamment confirmé par un texte de la pyramide de Pepi II (l. 1232) où il est dit du roi défunt qu'il est comme ces dieux « dont la voix n'a pas été faussée » (*ttm tw ḫb n ḫrw-śn*), alors que ses adversaires ne possèdent pas, contre lui, la voix juste *n maa‘ ḫrw ḫft-f rf*).

2) Ce décor du tombeau est exécuté selon un plan déterminé à l'avance pour répondre à des besoins impérieux. Si, par exemple, l'on a retracé sur la muraille toute la culture du blé (depuis le labourage jusqu'à la rentrée des grains), la vie entière du bétail (depuis la saillie de la vache jusqu'au dépeçage

se rattachent donc étroitement aux idées qui ont amené la création de la statue, de la stèle et de la table d'offrandes ; 2° que ces scènes, et les autres qui ne se rapportent pas directement à l'offrande, ont une intention magique. Les unes agissent donc par *action sympathique* : la représentation d'une scène sur les murs de la tombe provoquera la réalisation matérielle de cette scène. Les autres (inscriptions biographiques, tableaux historiques), doivent apprendre aux dieux comme aux hommes quelle place le défunt avait conquis dans ce monde, quelle place il avait droit à occuper dans l'autre monde (*Revue critique*, 7 août 1915).

Conclusion : « chaque tombe était ainsi une enceinte magique où tout ce qui était visible au mur se réalisait perpétuellement pour le maître. Les images, substituées aux personnes, s'imprégnaient d'on ne sait quelle vie latente par la vertu des prières qu'on récitait sur elles au moment où l'on consacrait le tombeau, et cette vie se manifestait par des gestes répétés aussi souvent que le maître le souhaitait. Le principe de la substitution était poussé si loin qu'on l'appliquait non seulement aux esclaves, mais à la femme et aux enfants du mort. La vie sexuelle continuait en effet après la mort, et la statue isolée ou l'image de la femme dans l'hypogée de son mari, ainsi que la statue ou l'image du mari dans le tombeau de la femme, étaient là pour satisfaire à ses besoins. » (*Guide* IV, p. 40). Cette substitution magique, d'après laquelle ce n'était point le corps d'une personne ou d'une offrande, mais son double qui rejoignait le double du maître, avait une dernière conséquence, non la moins importante : la présentation réelle des offrandes n'était pas indispensable[1]. Grâce à la magie, il suffisait « de lire la formule d'offrandes générale pour en déduire autant de profit que si l'on eût offert au même instant le sacrifice complet » (*Guide* IV, p. 24-25). Ainsi le mort égyptien se croyait-il à l'abri de l'abandon qui pouvait résulter de l'extinction ou de l'oubli soit de la famille, soit des prêtres, qui lui devaient les offrandes. A la rigueur « le mort ne demande aucune offrande réelle »[2]; il conjure seulement les âmes dévotes, que le hasard aménera

du taureau), c'est que ces opérations constituaient les préliminaires obligatoires du sacrifice. Il en était de même des autres scènes... elles contribuaient chacune pour sa part à l'entretien du mort et à son amusement. (Cf. *Guide* IV, 24; *Histoire*, I, p. 256; *Études égyptiennes*, I, 2, p. 193.)

1) D'où l'usage d'offrandes en bois, terre cuite, et du mobilier fictif déposé dans les tombes (*Guide* IV, 318, 331, 335, 352, 382.)

2) Maspero citait, à l'appui, une formule funéraire, en usage depuis la

devant sa syringe ou devant sa stèle, de rappeler son nom et de réciter en sa faveur le proscynème » (I, 13). Au pis aller, des modèles en pierre d'aliments divers, suffisaient au service des offrandes. Tandis que les objets réels périssaient promptement, les simulacres restaient et assuraient éternellement la nourriture du mort (*Guide* IV, p. 318).

Cette théorie, conçue avec toutes ses conséquences dès sa première rédaction de 1878, donne la mesure de ce qu'on pouvait attendre de la documentation scrupuleuse de Maspero, de sa finesse d'observation et de déduction, et de son intuition géniale ; elle a renouvelé l'étude du culte égyptien, ou plutôt, elle a révélé la méthode à suivre pour son interprétation. A vrai dire, une partie de l'école aujourd'hui encore conteste cette méthode ; en particulier Erman et ses élèves « refusent de chercher ailleurs que dans l'Égypte même l'explication de concepts et de rites qui se révèlent à vingt endroits différents dans l'humanité, et si les inscriptions ne la leur offrent pas en termes explicites, ils les tiennent pour incompréhensibles ou pour interprétées à faux » (*Revue critique,* 7 août 1915). Nous sommes pleinement d'accord avec Maspero pour s'étonner qu' « on demeure aveugle pour les preuves qui abondent dans les tombes, lorsqu'on les étudie à la lumière des faits et des idées courantes chez plus d'un des peuples étrangers à l'Égypte : ce ne sera jamais un procédé favorable, pour bien voir, que de commencer par se mettre des œillères au moment d'aborder l'examen ». D'ailleurs, même dans l'école berlinoise, on accepte actuellement les résultats principaux acquis par Maspero, sinon en bloc, du moins en détail : l'usage de la magie par le mort (Erman, *Religion égyptienne*, p. 141), la *substitution,* réalisée par les statuettes des « répondants » [1] (p. 201), des femmes (p. 165, 206), des offrandes fictives (p. 176), la *venue du mort à la voix* (*per khróou*), quand on l'appelle (2ᵉ édit. allemande, p. 132-133) et l'expression « *sortie de voix* ou *à la voix* » pour désigner l'offrande. Accepter ces interprétations, c'est reconnaître l'essentiel de la théorie de Maspero.

VIᵉ dynastie, où le défunt s'adresse aux « vivants » qui visitent la tombe et les adjure de répéter le proscynème. Depuis on a retrouvé une formule encore plus explicite qui dit expressément aux visiteurs : « Lisez seulement à haute voix la formule; cela ne vous coûtera rien. » (Spiegelberg, *Aeg. Zeitschrift*, XLV, p. 70. Cf. Sottas, *Préservation de la propriété funéraire*, p. 77.)

1) Borchardt, Gardiner et Spiegelberg ont démontré que les statuettes funéraires sont bien des substituts du maître ou de ses esclaves (*Aeg. Zeitschrift*, 32, p. 116; 43, p. 58; 49, p. 127).

Sur certains points, il est vrai, on a proposé des modifications : par exemple le sens de *má-khróou* est plus complexe et désigne peut-être aussi le pouvoir de « créer par la voix [1] » et de triompher ainsi de toute chose ou de tout être [2]; mais l'interprétation de Maspero n'en reste pas moins un des éléments du sens vrai. De toute la théorie, le terme le plus discuté est l'interprétation du mot *ka* = double. Avec plusieurs, je tiens pour certain que le *serdab* n'est pas spécialement la « maison du *ka* »; que ce n'est point le *ka* qu'il habite les statues [3], qui visite la tombe et s'en va dans les paradis [4] : tout cela appartient, non au *ka*, mais à l'âme *bi*. Et cette notion du *ka* nous apparaît aujourd'hui plus complexe; il faut revenir pour le sens premier, à celui indiqué par Maspero lui-même (voir *supra*, p. 266 *ka* = « la substance », et voir dans le *ka* personnifié une sorte de tuteur ou de génie protecteur de la race et de la nature [5], qui entretient par la nourriture (*kaou*) la vie des hommes et des dieux. Ainsi, la théorie de Maspero serait à modifier dans sa base même, la théorie du *ka*; mais les conclusions qu'il en a déduites par un emploi, très original pour l'époque, de la méthode comparative, nous semblent solidement acquises. Il importe assez peu, en somme, que ce soit le *ka* ou le *bi* qui anime tombe et statue. pourvu que l'idée essentielle, celle de la *vie magique* dans la tombe, avec toutes ses conséquences, qui s'étendent à la religion, à l'art et à toute la civilisation, nous apparaisse véridique et démontrée.

Maspero considérait les diverses études que j'ai résumées comme les pierres d'attente d'un grand ouvrage sur *les Rites funèbres de l'ancien Empire* [6]; il y travaillait depuis longtemps, écrivait-il en 1878, et l'ouvrage aura t dû paraître vers 1883. Sa nomination au poste de Directeur du Service des Antiquités de l'Égypte, après la mort de Mariette (janvier 1881), arrêta la rédaction de cet ouvrage. Mais, cette même année 1881 apporta à Maspero la découverte des textes des

1) Ph. Virey, *Rekhmará*, p. 101. A. Moret, *Rituel du culte divin*, p. 152-165; *Mystères égyptiens*, p. 136.

2 Ed. Naville, *La religion des anciens Egyptiens*, p. 141.

3) Voir les textes cités dans ma conférence « Les statues d'Égypte images vivantes » au tome XLI de la *Bibliothèque de Vulgarisation* du Musée Guimet (1916.

4 C'est ce que pense aussi Erman, *Religion eg.*, p. 124.

5) Voir l'exposé de la question dans mes *Mystères égyptiens*, p. 199 et suiv.

6) I, 74; VI, 180, 192; en 1897 il parle encore de ce livre « auquel je travaille depuis vingt ans et que j'ai annoncé à plusieurs reprises ».

pyramides de Saqqarah qui allait lui ouvrir un domaine inexploré
d'études religieuses.

II. — Les inscriptions des pyramides de Saqqarah.

J'ai dit ailleurs (*R. de Paris*, 1er août 1916) comment ces textes se
révélèrent à Maspero[1]. La publication, qui se poursuivit sans arrêt de
1882 à 1894 lui demanda un travail considérable mais extrêmement
fructueux. Alors que les textes religieux de l'ancien Empire ne
consistaient jusque là qu'en courts *proscynèmes* où il n'y avait de
divin que le nom même des dieux, les pyramides de la Ve et de la
VIe dynastie livraient d'un seul coup plus de 4.000 lignes. Tout autre
égyptologue se fut contenté de publier, sans traduire ; Maspero aborda
hardiment l'interprétation de ce matériel énorme où rituels, formules
magiques, mythes, cosmogonies, systèmes théologiques, se recoupant,
s'opposant ou se confondant pêle-mêle, composaient une sorte de chaos
primordial. « Je désire seulement, — écrit-il à la fin de l'œuvre — que
le lecteur en parcourant ces pages où j'ai mis tant de ma vie sache bien
que ce qu'il voit ne représente pas la centième partie de mon labeur.
Je le prie de vouloir bien ne pas oublier que rien n'était fait pour
l'étude de la langue archaïque au moment où j'ai abordé cette masse
formidable de matériaux : j'ai dû tout ne demander qu'à moi-même,
grammaire, vocabulaire, mythes, particularités du système graphique ».
Et ailleurs : « Il me fallut bientôt (après ses recherches sur la tombe
magique) copier, publier, comprendre les 4.000 lignes d'inscriptions
qui couvrent encore les Pyramides, et je ne pouvais y parvenir qu'à la
condition de connaître par le détail les autres textes religieux de genre
analogue. Je n'ai jamais songé à ennuyer le public de tant de labeur
préliminaire que j'ai dû accomplir avant d'arriver au point où j'en suis.
Les dix-neuf vingtièmes de ce travail me restent entre les mains et je
n'ai le plus souvent publié que les résultats, sans indiquer les procédés
employés pour les obtenir » (I, vi).

a) *Vue générale sur les textes des pyramides.* — Maspero donna au *Bulletin de l'Institut égyptien* dès 1885, un rapport (résumé dans *R H R.*,

1) Le cliché de la p. 275 a été gracieusement prêté par la librairie Hachette.

MASPERO, DANS LA PYRAMIDE D'OUNAS

XII, p. 123-139) qui montre quelle claire vision il avait déjà de sa tâche. Tandis que les *mastabas* abondent en scènes figurées mais ne livrent que de courtes formules de proscynèmes, dans les caveaux des pyramides, il n'y a que des textes. Maspero démontra plus tard que chaque pyramide portait, sur sa face orientée vers l'Est, une chapelle dont la décoration correspondait aux salles décorées des mastabas ; le caveau des pyramides correspond, lui, à la chambre sépulcrale des tombeaux ; c'est la demeure de l'âme *bi*. Les textes qu'on y retrouve se rapportent aux destinées du *ka* et du *bi* (I, 152) ; ils permettront à Maspero de préciser les idées qu'il avait déjà tirées de l'étude des tombeaux.

« Ce qu'était cette condition du *bi*, les textes nous le laissent entendre clairement en exprimant ce qu'on lui souhaitait d'avoir ou de ne pas avoir le jour des funérailles. En premier lieu, il n'était pas immortel ; il était exposé à la seconde mort, c'est-à-dire à l'anéantissement définitif et cette catastrophe suprême pouvait être produite par les mêmes causes qui produisent la première » (I, 153). Ces causes, Maspero les analyse successivement. Ce peuvent être : 1° le venin des serpents, des scorpions, etc. ; d'où toute une série de formules cadencées, « probablement à l'origine, des chansons de charmeurs de serpents », pour mettre en fuite tous les êtres venimeux. « Beaucoup d'entre elles sont écrites dans une langue et avec des combinaisons de signes, qui ne paraissent plus avoir été complètement comprises, même des scribes, sous Ounas et les Pepi. Je crois, quant à moi, qu'elles appartiennent au plus vieux rituel et qu'elles remontent au-delà du règne de Menès ». Vue originale, qui restituait le formulaire magique à sa véritable place, c'est-à-dire aux plus lointaines origines, alors que l'on enseignait d'ordinaire que la magie, en Égypte, n'était qu'une dégénérescence tardive de la religion. 2° La faim et la soif, grande préoccupation du mort, à laquelle répond le service des offrandes et la théorie de la transmission magique de la nourriture au *ka* du défunt par le *ka* des offrandes. 3° L'affaiblissement sénile, que le mort évitera par des moyens magiques, eau de Jouvence, fluide de vie (*sa*), ou par l'identification avec les dieux. Celle-ci s'obtient par des procédés brutaux tels que la capture et la manducation des dieux, mais aussi par des rites plus subtils, ceux du sacrifice (I, 157-159).

L'identification avec les dieux suppose que l'âme *bi* « n'est plus enchaînée à la demeure souterraine où repose sa larve humaine ». Le *bi* peut sortir ou rentrer à sa volonté de la tombe, « pourvu qu'il se soit mis en règle avec les dieux, en apprenant les prières et les actes nécesraires à se faire respecter par eux. Il parcourt donc le monde entier, le ciel comme la terre, mais ce monde diffère tellement de celui que nous avons appris à connaître que je crois utile d'en esquisser le tableau, d'après les textes gravés sur la muraille des pyramides ». Suit une brillante esquisse de l'Univers, sur laquelle je reviendrai plus loin. L'âme avait accès au ciel par des moyens divers, dont la variété représente des transformations successives et de plus en plus raffinées de la doctrine. « On croyait encore à l'époque des pyramides, qu'une échelle immense, dressée à l'Occident, reliait la terre au séjour des dieux; Hathor en avait la garde et en permettait l'accès aux âmes qui se présentaient devant elle, munies des talismans indispensables. D'autres considéraient l'âme comme un oiseau, que ses ailes portaient à son gré jusque dans les régions d'en haut. D'autres enfin supposaient qu'elle se rendait à la « Bouche de la fente[1] », le soir des funérailles, et rejoignait le cortège divin au moment même qu'il pénétrait dans le monde nocturne. Une fois au ciel, elle partageait les destinées du Soleil... De temps à autre elle quittait les dieux et redescendait sur terre afin de visiter son corps et son double... Il semble bien que pour entrer dans la barque du soleil et pour participer à ses joies, elle dût justifier de la bonne conduite qu'elle avait menée durant la vie terrestre[2]; mais si l'honnêteté était récompensée, l'abondance des offrandes faisait fermer les yeux sur bien des faiblesses humaines » (I, 162).

Chaque ligne de ce résumé condense l'interprétation de concepts nouveaux déduits de ces textes, ou de faits déjà connus mais dont l'extrême antiquité n'était pas établie jusque là. Aussi Maspero dût-il justifier ses traductions ou interprétations par quantité d'études techniques dont une partie fut publiée entre 1886 et 1894, sous une forme moins dogmatique que critique : « Chaque fois que l'apparition d'un ouvrage nouveau m'en offrait l'occasion, je faisais connaître mon sentiment sur des parties importantes de la religion égyptienne. Pierret, Dümichen, Schiaparelli, Naville, Lefébure, Brugsch, Lanzone, Wiedemann m'ont fourni tour à tour l'occasion d'exposer mes doctrines, de les modifier, de les corriger, de les développer » (I, préface). Les *Études de Mytho-*

---

1) Maspero entend par là une faille de la chaîne libyque près d'Abydos, par où le soleil semble disparaître à l'Occident.

2) Sur ce point, que Maspero n'avait pas mis en lumière suffisamment, voir es travaux d'Erman et de Lefebure cités par A. Moret, *Au temps des Pharaons*, p. 195; le jugement des morts est bien nettement décrit dans la pyramide d'*Ounas*, l. 453.

logie donnent en réalité le commentaire que Maspero avait projeté de joindre à sa traduction, mais qu'il n'a point repris pour une étude d'ensemble ; en analysant ces fragments dispersés de l'œuvre projetée, j'essaierai de donner une idée de ce qu'aurait pu être le commentaire définitif.

b) *L'alimentation du mort et le sacrifice.* — Le but essentiel des formules funéraires est l'alimentation du mort : on l'atteint par deux méthodes qui correspondent à deux moments dans les croyances.

Tant que le *ka* et le *bi* furent censés rester au tombeau, on servait le pain, la bière, les viandes, directement au défunt, dont le *ka* sortait du *serdab,* se nourrissait, puis rentrait chez lui. Mais du jour où l'âme *bi,* ou le *ka,* s'envolèrent au ciel près des dieux, on chargea les dieux de transmettre les offrandes, « bien entendu moyennant commission : Osiris, Anubis, les autres, acceptèrent complaisamment de transmettre le sacrifice, sauf à déduire leur portion de la masse... Dans les textes des pyramides, la présentation directe n'était déjà plus qu'une formalité traditionnelle : on employait les dieux à nourrir indifféremment le double et l'âme et leur office était jugé à ce point nécessaire, qu'une moitié au moins des formules gravées dans la chambre du sarcophage a pour objet avoué de les contraindre à servir d'intermédiaires entre l'âme et les vivants. » (I, 165-166).

Le sacrifice et ses formules tiennent donc, conclut Maspero, une grande place dans ces textes ; et il distingue d'abord *le sacrifice funéraire,* qui comporte essentiellement la présentation et la transmission des offrandes au défunt, c'est-à-dire l'envoi de l'âme ou du *ka* des offrandes au *ka* du défunt. Ce fut l'occasion pour Maspero de reprendre dans tous ses détails le sujet qu'il avait déjà abordé avant la trouvaille de Saqqarah. Les pyramides donnent la première version d'un rituel, dont les tombeaux thébains et saïtes livrent aussi une version complète et illustrée de figures détaillant les gestes rituels des officiants ; cette version a été publiée par Schiaparelli en 1886 ; Maspero en fit un compte-rendu où il étudie à fond le *Rituel funéraire* (*R. H. R.,* t. XV, p. 159-188 ; réédité I, 283-324). Comment la momie, ou la statue, était purifiée, repourvue de son âme, revivifiée physiquement par l'ouverture de la bouche et des yeux, et par le mouvement rendu à tous ses membres, dotée de fluide magique (*sa*), alimentée par les offrandes, habillée, parée, fardée avec les vêtements et les huiles canoniques, Maspero, commentant Schiaparelli, le montre avec une parfaite netteté. Chemin faisant, il met en valeur quelques points essentiels : 1° L'assi-

milation complète du sacrifice funéraire aux rites osiriens : « c'était à
chaque enterrement la représentation du mystère divin qui s'était
accompli autrefois autour d'Osiris, quand son fils (Horus), ses sœurs
(Isis et Nephthys), ses amis (Anubis, Thot), s'étaient réunis autour de
ses restes mutilés et avaient réussi par leurs incantations et leurs
manœuvres à en faire la première momie, puis avaient ranimé cette
momie... » (I, 291). Quant au sacrifice, « il passait pour être l'image
exacte de celui qu'Horus avait offert pour Osiris, lors du premier enterrement, et tous les personnages qui avaient aimé et suivi le mort
devaient y prendre part comme jadis tous ceux qui avaient aimé et
suivi Osiris » (I, 303). La conclusion, c'est que par les rites funèbres,
tout mort devient un dieu Osiris. 2° Les renseignements précieux que
le culte des morts peut fournir pour l'étude du culte des dieux. Puisque
le mort est devenu un Osiris, on le nourrit, on l'habille, on le prie
comme Osiris ; et d'autre part, la comparaison des textes prouve que
le culte osirien est celui qu'on adresse à tous les dieux ; le culte funéraire et le culte divin ont donc des rituels identiques. « Cette identité nous oblige à penser que l'objet était le même dans les deux
cas. On préparait le dieu et le mort, ou plutôt leurs statues animées,
à recevoir d'abord les purifications préliminaires, puis les mets, les
parfums, les viandes, les habillements qui leur étaient nécessaires.
Seulement, tandis que le mort, une fois repu et approvisionné, ne
faisait rien, et probablement ne pouvait rien, pour récompenser le
vivant, le dieu, en pareille circonstance, avait le droit et la faculté
de se montrer reconnaissant » (I, 323). Cette reconnaissance des dieux
s'exerçait surtout au bénéfice du roi, qui, comme grand-prêtre et fils
des dieux, était l'officiant-né du culte divin. Après avoir esquissé sommairement ces rapports du culte divin et du culte funéraire, et montré
« quel intérêt ces tableaux si dédaignés ont pour l'histoire du culte et
par suite de la religion égyptienne », Maspero ajoutait : « qui d'entre
nous aura la patience de les recueillir, de les classer et de les traduire?
(I, 324). Le culte des dieux n'a jamais été étudié jusqu'à présent (I,
329). » C'est à ces *desiderata* que j'ai répondu en traduisant le *Rituel du
culte divin*, d'après les papyrus et les textes d'Abydos. Maspero voulut
bien faire bon accueil à cet ouvrage [1], et me parlant du sujet, il me
confirma que c'était un de ceux qu'il eût désiré traiter, s'il en avait eu
le loisir.

[1] *Revue critique*, 27 juillet 1903.

Par suite de l'identité du culte funéraire et du culte divin, le sacrifice funéraire présente les mêmes rites que le *sacrifice aux dieux*; les deux sacrifices sont d'ailleurs étroitement mêlés et confondus au tombeau, puisque, nous l'avons vu plus haut, c'est aux dieux Osiris, Anubis, à d'autres encore, qu'on remet l'offrande pour qu'elle soit transmise au défunt. L'explication de la transmission de l'offrande par les dieux fait l'objet du mémoire *La table d'offrandes des tombeaux égyptiens* (*R. H. R.* 1897, réédité : VI) où Maspero étudie jusque dans le détail, en comparant les textes des pyramides avec ceux des mastabas memphites et du tombeau saïte de Patuamenemap (publié par Dümichen), d'une part la « pancarte » ou menu du repas offert au mort ou (au dieu), le mobilier funéraire indispensable au repas, les gestes de l'officiant, et, d'autre part, le formulaire avec ses intentions magiques et les possibilités de sa réalisation matérielle. C'est cette deuxième partie qui nous intéresse surtout. Analysant la formule gravée sur les stèles « Le roi donne l'offrande à tel dieu... pour qu'il donne ce qui sort-à-la voix (*per-khrôou*).,. au *ka* de tel défunt », Maspero montre avec clarté l'évolution de la formule, révélée par l'étude minutieuse des variantes classées chronologiquement. Il en déduit que le roi donnait réellement offrandes, statues, stèles, tombeaux, à ses favoris, et qu'il assignait des repas funéraires, ou des rations de vivres à prendre dans ses magasins, aux morts comme aux vivants (VI, 372). De là toute une organisation de fondations royales ou privées en faveur des morts, un système analogue aux fondations musulmanes *ouakfs*, auquel Maspero a consacré plusieurs études pénétrantes, au fur et à mesure que des documents se révélaient[1]; de là, aussi, la conception du pharaon grand-prêtre des dieux et des morts, intermédiaire entre les dieux et l'humanité, propriétaire du sol entier de l'Égypte, père nourricier ou providence des vivants et des morts, théorie que Maspero a ébauchée, et qui a été traitée à fond par ses disciples[2]. Quant à l'élément magique, il réside, au centre de la formule, dans l'expression : « ce qui sort-à-la-voix » (VI, 377); elle nous ramène aux idées que Mas-

---

1) Voir à ce sujet : G. Maspero, *Sur le sens de certains tableaux qui décorent la tombe de Noukankhou*, dans les *Annales du Service des antiquités*, III, p. 131 et suiv. ; A. Moret, *Donations et Fondations*, dans le *Recueil de travaux* (XXIX) ; Maspero, *Guide* IV, p. 38, 114.

2) Thèses de A. Moret, *Du caractère religieux de la royauté pharaonique* (1903), et J. Baillet, *Le régime pharaonique et la morale* (1913). Voir les comptes-rendus de Maspero dans la *Revue critique* (10 août 1903 et 6 sept. 1913).

pero avait déduites des formules funéraires (voir *supra*, p. 269), sur le rôle magique de la voix. Il insiste avec force sur le caractère particulier que prend le sacrifice en Égypte. « La prière n'était pas comme chez nous une pétition que le dieu est libre d'accepter ou de refuser : c'était une formule dont les termes ont une valeur impérative, et dont l'énonciation exacte oblige les dieux à concéder ce qu'on lui demande... La prière est une incantation ; de là l'importance que la voix avait en Égypte, comme d'ailleurs en Orient, et l'épithète « juste de voix » *mâkhrôou* que le mort porte dans les textes. Le dieu adjuré selon la forme voulue, que lui-même avait souvent révélée, n'était plus maître de rien refuser... Parfois le mort met le marché en mains aux dieux : « O dieux... si vous désirez jouir de la vie complète... recevoir vos offrandes .. prenez la main de ce Pepi... pour qu'il vous présente une grande proposition de pains... »

Ainsi compris, le sacrifice se réduit à la transmission de l'offrande ; il est essentiellement *alimentaire* et la magie y a comme but principal de forcer le dieu à nourrir le mort. Quant à y trouver d'autres significations mystiques ou symboliques, ou à y chercher ce que les rituels védiques, par exemple, définissent avec tant de précision, l'accumulation dans le victime d'une sorte d'électricité religieuse qui revivifie ensuite le défunt ou le dieu, un repas qui devient une communion sacrificielle, bref ce qu'on appelle « le passage du profane au sacré », Maspero s'en est peu soucié : son esprit réaliste le détournait de ces recherches. La question doit se poser, cependant, et fait aujourd'hui l'objet de controverses[1]. Rappelons que c'est à Maspero[2] que nous devons la première explication de certains rites qui accompagnent le sacrifice : par exemple, le passage du défunt (ou de son substitut le *tikenou*) par la peau de l'animal sacrifié ; dans cette peau le défunt retrouve son âme et une nouvelle vigueur (I, 298). Poussant plus loin la recherche, j'ai démontré dans mes *Mystères égyptiens* (p. 85), les analogies entre ce rite et la *dîksâ* du sacrifice védique, où il est dit expressément que le passage par la peau fait renaître à une nouvelle vie. De tels éléments, qu'on retrouve en Égypte dès les pyramides,

1) Lefébure, S*phinx*, vii, p. 185, viii p. 1 et suiv. « *La vertu du sacrifice funéraire* » ; A. Moret, *Du sacrifice en Égypte*, dans R. H. R. janv. 1908 et *Mystères égyptiens*. En sens contraire, voir G. Foucart, *Histoire des religions et méthode comparative*[1], p. 140 et suiv.

2) G. Maspero, *Le tombeau de Montouhikhopshouf* (ap. *Mission du Caire*, t. V, 3) ; cf. A. Moret, *Mystères Egyptiens*, p. 42 et suiv.

prouvent, à mon avis, que dans le sacrifice égyptien aussi on passe du profane au sacré. La théorie de la transmission magique de l'offrande ne repose-t-elle pas aussi sur le même postulat? Ainsi les travaux de Maspero suffisent, au besoin, à fournir les matériaux qui permettront d'ajouter des développements au solide édifice qu'il a élevé.

c) La vie du mort auprès des dieux. — Si le sacrifice a pris cette importance, c'est que le mort, quittant la terre, pour vivre auprès des dieux, on dut imaginer un véhicule pour l'envoyer, lui et les offrandes, au-delà de la terre dans un autre monde.

L'étude des destinées de l'âme et celle des paradis qu'elle fréquente s'imposait donc à Maspero. L'examen critique de deux recueils de textes publiés par Naville et Lefébure lui permettra d'exposer ses recherches à ce sujet.

L'édition du *Livre des Morts* publiée par Ed. Naville en 1886 est une compilation des papyrus de l'époque thébaine, qui donnent un texte plus ancien et souvent moins altéré que les papyrus de l'époque saïte, aussi Maspero en profite-t-il pour donner une analyse exacte du texte (*Le Livre des Morts*, R. H. R. XV, p. 266-316 = I, 325 et suiv.). Et d'abord une définition : « *Le Livre des Morts* était destiné à instruire (*saqrou*) l'âme de ce qu'elle doit faire après la vie. C'est un recueil d'incantations, ou si ce mot effraye trop les personnes qui ne peuvent pas s'habituer encore à reconnaître dans les rites égyptiens quelque chose qui ressemble plus à la magie qu'à la religion, un recueil de prières, dont les unes ont pour objet de donner à l'homme des renseignements généraux sur le sort qui l'attend au-delà du tombeau et dont les autres s'appliquent à des cas particuliers de l'existence funéraire. La première condition à remplir pour en saisir le sens et la composition est donc de rechercher quelle idée ceux qui l'ont compilé se faisaient de l'âme et du milieu dans lequel elle tombait en quittant le corps (I, 330) ». Nous connaissons la définition que Maspero donne de l'âme *bi* et du double *ka* ; quant au milieu où se trouve le défunt en quittant la tombe, c'est ce que les Égyptiens appelaient *l'autre terre (ki ta)*. « La description complète ne s'en trouve nulle part, mais en réunissant ce que nous apprend le *Livre des Morts* aux enseignements que contiennent les autres livres religieux, on parvient à en recomposer le tableau général et par conséquent le système de l'univers tel que les Égyptiens l'avaient imaginé ».

On reconnaît la méthode ordinaire à Maspero : laissant de côté la

« métaphysique », il aborde son sujet par les aspects les plus concrets.
Il attachait une grande importance à reconstituer la conception exacte
que les Égyptiens s'étaient formée du monde : « qui ne connaîtrait pas
la physique égyptienne, il serait mal préparé pour comprendre la métaphysique qu'ils en avaient déduite ». (II, 205). Aussi y est-il revenu à
plusieurs reprises ; c'est par ce tableau général que s'ouvre sa grande
Histoire (I, p. 16) ; il y donne même de l'univers égyptien, une représentation figurée. L'univers était comme une caisse rectangulaire ;
notre terre en formait le fond ; le ciel s'étendait au-dessus, pareil à un
plafond de fer, semé de lampes suspendues à des câbles (les étoiles),
supporté par quatre piliers ou pics montagneux aux quatre points cardinaux, pics reliés entre eux par une chaîne de montagne ininter-
rompue. Un grand fleuve, analogue à l'Océan des Grecs, circulait le
long de ces montagnes, sur une sorte de banquette en corniche, un peu
au-dessous de la crête continue sur laquelle le ciel s'appuyait. Vers le
Nord, cette banquette était masquée à la vue de la terre par un écran
de montagnes ; le fleuve céleste coulait alors dans une vallée étroite
appelée *Daît*. Or, sur ce fleuve naviguait la barque du soleil. « Le courant l'entraînait d'un mouvement égal le long des remparts du monde.
Du soir au matin, il disparaissait dans les gorges de *Daît* et c'était la
nuit ; du matin au soir, ses rayons, n'étant plus arrêtés par aucun
obstacle, se répandaient librement et c'était le jour. »

Ce pays de *Daît* est précisément la région des mânes et c'est là que
Maspero va rechercher l'emplacement des paradis égyptiens. D'après
les livres sacrés, il y en avait plusieurs ; les principaux sont « *les champs
d'Ialou* » appelés aussi « champs des offrandes », et « la Daît ».

Reprenant une observation de Lauth, qui cadrait à merveille avec sa
méthode réaliste, Maspero cherche dans la géographie humaine le premier site des champs d'Ialou. Non loin de Mendès, en Basse-Égypte, on
trouve un canton d'Ialou, dont les caractères physiques ont pu inspirer
la description que les livres religieux font du paradis d'Ialou : ce ne
sont que champs cultivés et marais, encombrés de joncs et de plantes
gigantesques, semés d'îles entrevues de loin, mais inaccessibles ; on en .
fit, dans l'autre monde, un pays de prairies semées de canaux nombreux et de lacs, riches en végétation, tel que les vignettes du *Livre
des Morts* le représentent. A côté sont les villes de Busiris et Mendès,
celles que les textes des pyramides assignent comme résidence à Osiris.
Cette localisation des origines d'Osiris dans le Delta est une des découvertes importantes de Maspero. Osiris, dit-il, n'a été, au début, qu'un

dieu local. « J'ai cru longtemps, comme la plupart des égyptologues, qu'il était originaire d'Abydos ; les textes l'appellent pourtant le roi Osiris, maître de Didou [1] (Busiris et Mendès)... le centre terrestre du culte d'Osiris était donc dans les cantons nord-est du Delta, situés entre la branche Sébennytique et la branche Pélusiaque » (II, 10). A proximité de ce paradis terrestre où avait vécu Osiris, se trouvait la nécropole d'Ialou. Ce fut là que le corps d'Osiris fut transporté par le Nil, là qu'Isis conçut, et qu'Horus naquit, là que les morts dévoués à Osiris et à son fils, allèrent rejoindre leur maître. Busiris et Mendès devinrent des cités funéraires par lesquelles les âmes passaient de ce monde dans l'autre. » (II, 14) « Mais, comme domaine des morts, les champs d'Ialou suivirent la même fortune que les îles bienheureuses des Grecs : ils se déplacèrent à mesure que l'on connût mieux la géographie de l'Égypte et des contrées environnantes. Ils partirent naturellement vers le Nord-Est, dans la direction qu'indiquait leur situation primitive. Plusieurs traits du mythe d'Osiris montrent qu'une de leurs premières étapes fut sur la côte de Phénicie. C'est en Phénicie, à Byblos, que le courant emporta le corps du dieu ; c'est à Byblos qu'Isis se réfugia... Je ne sais si, de Phénicie, les champs d'Ialou ne passèrent point sur la côte plus lointaine d'Asie-Mineure. Le certain, c'est qu'ils quittèrent bientôt la Terre pour s'élever au Ciel. Ils y prirent place au Nord-Est, comme il résulte du témoignage du *Livre des Morts* (chap. XVII, p. 15) ». (II, 15-16).

Une fois localisés au ciel, les champs d'Ialou prirent place sur cette voie du soleil, décrite plus haut et qu'on appelait *Datt*. Maspero lui consacra une étude approfondie, lorsque Lefébure eut donné du texte une édition très soignée, sous le titre *Les Hypogées royaux de Thèbes* (parue dans *R H R*, 1888, XVII et XVIII, rééditée II, 1 et suiv.).

Cet autre monde, la *Datt*, est, comme l'Égypte, une vallée resserrée entre deux montagnes, où coule un Nil céleste ; la barque du soleil y circule, et les morts osiriens ont accès sur la barque quand ils veulent réaliser les paradis lointains. La *Datt* est partagé en douze régions, correspondant à chacune des douze heures de la nuit ; elles sont peuplées de dieux, d'animaux, d'hommes ; l'entrée de chacune est défendue par des

---

1) Osiris passait pour être originaire d'Abydos, à cause d'une erreur de Lepsius qui avait traduit *Didou* par Abydos au lieu de Busiris. L'école allemande admet aujourd'hui la rectification de Maspero et reconnaît son importance historique. (Erman. *Aeg. Religion*[II], préface ; Ed. Meyer, *Histoire*, II, § 178.)

portes fortifiées, qu'ouvrent ou ferment des cynocéphales armés de
couteaux. Quant au voyage du soleil Râ, le roi des dieux, dans la *Dat/*,
Maspero l'envisage à un point de vue original en retrouvant sous cette
allégorie barbare un substratum historique. « Le soleil voyage à travers le monde nocturne de la même façon qu'un Pharaon parcourant ses
états. Il punit ses ennemis en les livrant aux dieux cruels; ses fidèles, il
les récompense en leur distribuant des champs, c'est-à-dire en créant
ou en enrichissant, dans chaque heure de la nuit, une féodalité analogue à celle que Pharaon créait ou enrichissait dans chaque nome, à
chacun des voyages qu'il exécutait en Égypte »(II, 45). Les discours pro-
noncés par le soleil Râ nous apprennent nettement la condition des êtres
qui habitaient le domaine de chaque heure. « Râ leur a donné des
champs, mais ces champs sont de véritables fiefs militaires ; les mânes
et les dieux établis dans les heures sont ce que les textes grecs appellent les *guerriers* μάχιμοι. Le domaine qu'ils ont reçu est assez grand
pour les nourrir abondamment s'ils le font valoir : mais il leur est
défendu de le quitter et de suivre la barque de Râ au-delà des limites
de l'heure. Leur service consiste à repousser les ennemis de Râ, à
l'aider dans la lutte contre les ténèbres et le serpent Apophis... c'est
dans le royaume des ombres la reproduction de ce qui se passait sur
terre, et l'on peut juger exactement par les obligations de ces fiefs ima-
ginaires ce qu'étaient celles des fiefs réels. » (II, 53-54).

Chacune des douze régions livre aussi des résultats intéressants sous
l'analyse de Maspero. La 1ʳᵉ est une sorte d'antichambre de *Dait* ; les
2ᵉ et 3ᵉ sont des régions gouvernées par Osiris; les 4ᵉ et 5ᵉ font connaître un des plus anciens royaumes des morts, la *terre de Sokaris* (le
dieu funéraire associé à Phtah de Memphis) ; les 6ᵉ et 7ᵉ sont la « re-
traite *d'Osiris* », ou le paradis d'Osiris ; les 8ᵉ et 9ᵉ sont des cimetières
de « dieux ensevelis suivant les rites d'Horus » ; les 10ᵉ et 11ᵉ préparent la renaissance du soleil, qui revient un jour à la limite de la
12ᵉ heure. Il résulte de cette enquête que *Dait* n'est pas une région
sous terre, comme on le croyait ; mais *en marge* de notre univers ; c'est
véritablement un « autre monde ». Il ne comprend, en somme, que
deux paradis complets : celui de Sokaris et celui d'Osiris. Maspero parvient à les situer géographiquement, en marge de l'Égypte humaine,
le premier à l'ouest, du Fayoum à Memphis, symétriquement aux
nomes qui relèvent de Sokaris, dieu funéraire de Memphis ; le second
au nord-est du Delta, à la lisière idéale du nome gouverné par Osiris,
dieu de Busiris-Mendès (II, 157). Il note aussi que « bien que nous

soyions tout le temps dans le royaume d'Osiris, on ne voit nulle part apparaître le nom des Champs d'Ialou », que le *Livre des Morts* place pourtant à *Datt*. Il en trouve la raison historique : « Le livre de *Dait* appartient par sa rédaction à l'époque où la religion solaire, l'emportant sur les autres religions, s'efforçait d'élever son dieu au-dessus de tous les dieux. La conception des Champs d'Ialou avait l'inconvénient de mettre tous les morts, dieux ou hommes, sous la domination directe d'Osiris, autour d'un chef qui n'était pas le Soleil. D'autre part, l'idée que les rédacteurs de notre livre, pénétrés de la toute-puissance du Soleil, avaient de la félicité parfaite en l'autre vie, excluait l'idée que s'en étaient faite les théologiens qui avaient développé le thème populaire des Champs d'Ialou. Le bonheur complet pour l'âme humaine, ce n'était pas de végéter dans un coin du ciel et du monde ténébreux, c'était de faire comme le Soleil, de monter sur sa barque et même de s'identifier à lui[1] pour voyager à travers l'Univers, nuit et jour. Aux mondes immobiles d'Osiris et de Sokaris, tels que les plus vieux des Égyptiens les avaient imaginés, on superposa le monde mouvant de Râ. » (II, 162). Cette substitution, plus ou moins bien acceptée selon les villes, marque le temps où Thèbes, la capitale d'Amon-Râ, imposa sa domination terrestre aux autres villes, à leurs dieux et aux croyances de leurs habitants.

Comme on le voit, grâce à la géographie et à l'histoire judicieusement interrogées, Maspero éclaircit ces textes dont personne avant lui n'avait compris l'intérêt « humain ». C'est encore la méthode historique qui va le guider dans ses recherches sur la mythologie proprement dite, où il va apporter plus que ses devanciers : raison, précision, clarté.

III. — La Mythologie et les Cosmogonies.

Les textes des pyramides ont amené Maspero à se prononcer sur la valeur des conceptions émises avant lui sur la religion égyptienne. « Les savants ne sont pas encore entièrement d'accord sur la nature des religions égyptiennes. Au début les uns, désireux de retrouver partout une sorte de révélation primitive, ont cherché en elles les preuves d'une

---

1) C'est ce qui explique, comme l'a montré Maspero, qu'à la fin de l'empire thébain, les stèles funéraires sont dédiées non « à l'*Osiris* un tel », suivant le formulaire osirien, mais « au *Khou instruit de Râ* un tel ». Ces appellations ne survécurent pas à la domination de Thèbes (II, 27).

conception monothéiste, et, négligeant les témoignages qui déposaient contre leurs théories, ont démontré à leur satisfaction qu'il y avait aux bords du Nil une seule religion et qu'elle était établie sur la croyance au Dieu unique. D'autres, frappés surtout par le vague des formes divines et voyant qu'au moins à partir d'une certaine époque, elles rentrent sans peine et s'absorbent l'une dans l'autre, ont cru reconnaître diverses nuances de panthéisme. Pour certains, le polythéisme, et le polythéisme le plus grossier, ressort jusqu'à l'évidence du témoignage des monuments. Quelques-uns découvrent partout le soleil et les cultes solaires; quelques autres pensent que les dieux ne sont que la représentation concrète des notions métaphysiques les plus abstruses. Tous me semblent avoir raison par quelque endroit, tort sur le plus grand nombre de points. » (*Guide* IV, p. 460).

Au début de sa carrière, Maspero suivait la route tracée par Lepsius, Chabas, et surtout de Rougé. « Je croyais vraiment à l'unité du Dieu égyptien, à son immatérialité, à la sublimité de l'enseignement que donnaient ses prêtres [1] : tout était Soleil pour moi comme pour nos maîtres, et l'axiome *Nomina Numina*,[2] me paraissait être la règle certaine de toute recherche sérieuse. Le contact direct des monuments ébranla d'abord, puis détruisit ma foi égyptienne; je dus reconnaître que les Égyptiens eux-mêmes ne semblaient jamais avoir professé, ni seulement soupçonné, la plupart des belles doctrines qu'on leur prêtait si généreusement. » (I, préface.)

Maspero discerna vite une erreur capitale de la plupart des théoriciens; elle consistait dans l'emploi de textes de toutes les périodes et de toute origine, confondus et amalgamés sans critique, pour échafauder un système cohérent et adaptable à toutes les époques de la religion égyptienne. Aussi écrit-il dès 1871 : « Qu'on puisse légitimement s'appuyer sur les élucubrations mystiques des bas âges pour reconstituer le système religieux des premiers Pharaons, c'est là ce que je n'admets à aucun prix. Plus tard, quand des textes contemporains nous auront montré quels étaient les mythes particuliers aux sujets de Sésostris, des Ousortesen et de Khéops, nous pourrons, en comparant ces textes aux textes ptolémaïques, suivre la marche de l'esprit égyptien à travers les siècles de son histoire, peut-être même déterminer quelles raisons l'ont poussé à développer certaines traditions de préférences à certaines

1) Voir la première leçon de Maspero à l'École des Hautes-Études (déc. 1871). *Sur la littérature religieuse des anciens Égyptiens* (II, 446.)

2) C'est l'épigraphe que Pierret met en tête de sa *Mythologie.*

autres et à surcharger d'allégories grotesques et hideuses le fonds si
pur de sa doctrine. Pour le moment, nous devons nous borner à étudier
dans les textes ptolémaïques la mythologie d'époque ptolémaïque et rien
de plus. Essayer d'en induire la religion des générations antérieures.
serait au moins téméraire. » (II, 462). Jusqu'à son départ pour l'Égypte
(1881), Maspero étudia les documents religieux, comme je l'ai montré,
par rapport au tombeau, c'est-à-dire au point de vue historique (I, 140)
mais il mettait sur fiches les textes mythologiques « classés par ordre '
de matières et par ordre de dates » (I, 120) et, faisant la critique de
l'*Essai sur la mythologie* de Pierret (*R. H. R.* I, 1880) il écrivait ces
lignes, qui étaient tout un programme :

« Chaque fois que j'entends parler de la religion égyptienne, je suis
tenté de demander de quelle religion égyptienne il s'agit. Est-ce de la
religion égyptienne de la IV⁵ dynastie ou de la religion égyptienne de
l'époque ptolémaïque? Est-ce de la religion populaire ou de la religion
sacerdotale? de la religion telle qu'on l'enseignait à l'école d'Héliopolis,
ou de la religion telle que la concevaient les membres de la *Faculté de
théologie* thébaine? Entre le premier tombeau memphite portant le
cartouche d'un roi de la III⁵ dynastie et les dernières pierres gravées à
Esneh sous César Philippe l'Arabe, il y a cinq mille ans d'intervalle.....
Combien de fois le sacerdoce égyptien ne dut-il pas altérer ses dogmes
pendant ces cinquante siècles »... (I, 118-119) [1].

Maspero avait donc l'acquit nécessaire et la méthode indispensable
pour utiliser la masse de textes nouveaux qu'il eut la fortune de découvrir à Saqqarah. Lui-même en explique la valeur inestimable :

« On n'avait aucun texte développé qui remontât d'une façon certaine
jusqu'au temps de l'Ancien Empire : nous possédons maintenant
4.000 lignes au moins d'hymnes et de formules, dont la plupart ont été
rédigées pour la première fois aux temps antéhistoriques de l'Égypte.
On ne savait rien des idées religieuses qui prévalaient sous les premières
dynasties : les destinées de l'âme, le culte des morts, le rôle des principaux dieux, nous sont connus aujourd'hui avec clarté. »

Suivant son habitude, Maspero ne donna pas un exposé dogmatique
de la religion, vue dans son ensemble, d'après les textes des pyramides :
le sujet, on le comprend bien, était trop complexe et trop vaste pour
être traité sans une préparation à laquelle la vie entière du savant n'eut

---

1) Ce passage a été reproduit et légèrement corrigé dans l'exposé général
sur la religion égyptienne, qui se trouve au *Guide* IV, p. 480 et suiv.

pas suffi. Mais, à propos des ouvrages de Pierret et de Brugsch, tous
deux partisans du monothéisme, il présenta des critiques détaillées du
système qu'il combattait, et proposa une méthode et un plan d'études
qu'il nous faut maintenant exposer.

Paul Pierret, adoptant et développant les idées préconisées par de
Rougé et Grébaut, écrivait au début de son *Essai sur la mythologie
égyptienne* (1879) : » Rien de plus compliqué que cette mythologie si
l'on veut entrer dans toutes les variantes de détail, si l'on veut préciser
et expliquer minutieusement toutes les subdivisions des types divins;
rien de plus simple au contraire, si l'on se contente d'indiquer la pensée mère du système. Un dieu unique et caché se manifeste par le soleil,
lequel devient dieu à son tour et engendre d'autres dieux destinés à
symboliser les phases successives de sa course... Telle est la conception
qui a dominé toute l'Égypte depuis Menès jusqu'à la conquête romaine...
Il n'est pas nécessaire d'être bien avancé dans se? études pour constater
qu'un même type divin était représenté par des dieux différents dans
les différentes localités : c'est ainsi que le même rôle est joué par Phtah
à Memphis, par Khnoumou aux cataractes, et par Atoum à Héliopolis.
Qu'en faut-il conclure ? C'est qu'au lieu de s'attarder à faire la mono-
graphie de tel ou tel dieu, à définir le culte de telle ou telle ville, il est
de beaucoup préférable, pour le rapide progrès de la science, de grouper
les dieux des diverses parties de l'Égypte et même des différentes
époques d'après la nature de leurs fonctions, de réunir et de confronter
ceux qui personnifient le soleil diurne, nocturne, et renaissant...
(Ainsi l'on pourra) tracer un tableau d'ensemble qui nous offre une
idée claire de la doctrine. » (p. 3-5).

Dans son livre *Religion und Mythologie der alten Aegypter* (1884-88),
où il condensait le résultat de quarante ans d'étude des textes (y compris une partie de ceux des Pyramides), H. Brugsch soutenait la même
doctrine. « La multiplicité des dieux n'est qu'une apparence : derrière
toutes les formes de physionomie individuelle, un seul dieu se cache
dont les dieux ne sont que les aspects, ou, pour employer une expression égyptienne, les membres. Ce dieu est le Soleil dont les qualités, les
phases, l'histoire, sont symbolisées par autant de figures humaines et
animales, où nous sommes tentés de voir, où la masse ignorante voyait
autant de dieux, où les théologiens, les initiés anciens et modernes
reconnaissent les hiéroglyphes divers qui servent à exprimer les actes
et les manifestations multiples d'un seul dieu. » (II, 183).

Maspero ne nie point que la mythologie conçue par Pierret et Brugsch ne puisse se déduire des textes thébains ou d'époque ptolémaïque; il conteste que ce soit là la forme ancienne de la religion, ou une doctrine universellement admise et invariable; et il incrimine à bon droit la méthode préconisée. « M. Brugsch, dit-il, a tenté la synthèse de la religion égyptienne : c'est l'analyse que je crois qu'il en faudra faire, si on veut arriver à la comprendre et à la rétablir telle qu'elle était au début des temps historiques. » (II, 222).

Pour lui, revenant sur le terrain des faits, il ébauche « avant la métaphysique, la physique égyptienne » et reconstruit l'Univers tel qu'il nous apparaît dans les textes égyptiens (II, 205-212, voir plus haut, p. 283). Et il conclut :

« Nous devons nous attendre à trouver ce monde, si peu semblable au nôtre, organisé et habité d'une façon qui ne rappelle pas exactement l'organisation et la population de notre Univers..... de fait, la nature entière y était animée de sensibilité, de volonté, de passions, de besoins et de facultés analogues aux facultés humaines. Le ciel, la terre, l'eau, le soleil, les astres étaient autant de personnes respirantes, agissantes et pensantes. » D'où il suit que les premiers dieux à distinguer seront les dieux de la nature ou les dieux des éléments.

Ces *dieux élémentaires* on les retrouve dans le ciel Nouit, la terre Seb (Geb), le soleil Râ, la lune Ahou, les étoiles, le Nil Hâpi, les quatre dieux étais qui soutiennent le ciel aux quatre coins de l'horizon, dans les quatre maisons du monde. Maspero déduit des textes leurs caractéristiques : 1° Ces dieux portent des épithètes de sens général : père, mère, chef ou régente des dieux, seigneur ou dame du ciel; 2° ils ne sont pas attachés, à l'origine, à une ville ou à une province spéciale, mais, adorés par l'ensemble de la population égyptienne, ce sont donc des dieux nationaux (II, 222). Ces dieux ont une très haute antiquité ; jusqu'à la fin de l'histoire égyptienne, le culte a gardé la trace de leur influence : tous les rites se répètent par quatre fois, souvenir du temps où l'on vénérait particulièrement les dieux des quatre « maisons du monde » ou des quatre parties de l'horizon. D'ailleurs ces dieux « constituent à eux seuls un Panthéon complet, où la nature entière est représentée et dont le culte donnait satisfaction à toutes les impressions, à tous les besoins, à toutes les aspirations des premiers Égyptiens. » Ainsi, Seb et Nouit sont des dieux des vivants; mais « c'est un fait d'expérience que tous les êtres qui sortent du sein de la terre rentrent dans le sein de la terre, et Seb fut aussi le dieu des morts »; de même Nouit devint [l'asile des morts dès que l'âme habita les cieux (II, 222-225).

Parmi les dieux élémentaires, les *dieux du Soleil* prirent une place prépondérante, ce qui s'explique par la simple observation de la nature dans les pays orientaux. Mais, d'une part, les autres dieux n'ont été assimilés que *tardivement* au Soleil, atteints par ce que Maspero appelle la *contagion solaire*; d'autre part, il y a plusieurs formes divines du Soleil : à côté de Râ sont les Horus. C'est ce que Maspero explique dans une page décisive :

« Le Soleil, qui est tout dans la religion telle que l'ont reconstruite les Égyptologues, ne tenait peut-être pas autant de place qu'on l'a cru dans la religion telle que la connaissaient les Égyptiens... Le culte de Râ et son prêtre l'*ourmaou* se retrouvent dans toutes les villes, sans que nulle part on rencontre un nome spécialement dédié à Râ, pas même celui d'Héliopolis » ; de même sous le nom de Khopri : il n'y a nulle part un nome ou une ville qui ait pris Khopri pour dieu. « Enfin dernier trait des dieux cosmiques primitifs, Râ n'a point de déesse à côté de lui. Aux basses époques, on a réparé cette omission en tirant de lui une forme féminine de son nom *Râït* qui trahit par la façon même dont elle est déduite grammaticalement l'artifice de sa composition. »

Mais si Râ le soleil était un objet d'adoration commun à toutes les tribus égyptiennes, « certaines d'entre elles rendaient un culte spécial à des dieux qui n'étaient que Râ pourvu d'un autre nom ou considéré sous un aspect particulier. Le plus répandu de ces dieux était Horus l'épervier »..... on voyait en lui l'âme du dieu Râ. On eut ainsi une douzaine de formes d'Horus dans des villes déterminées, et aussi des Anhouri et Amon. Tous finirent par se confondre avec Râ. A la XX⁰ dynastie, la contagion solaire avait gagné des dieux primitivement étrangers au Soleil, Shou, Phtah, Khnoumou, Atoumou, sans parler des déesses; preuve : les grands hymnes thébains. D'autre part, même contamination vis-à-vis des dieux des morts Osiris, Sokaris, Khontamenti; preuve : les livres des hypogées royaux. (II, 5-9).

En opposition aux dieux généraux, sont les *dieux locaux*, qui se sont développés au fur et à mesure de l'organisation historique de l'Égypte et dont la fortune a varié suivant les vicissitudes des villes elles-mêmes : Tels sont Thot à Hermopolis, Khnoumou à Éléphantine, Sebek à Ombos, Horus à Edfou, Hathor à Dendérah, Osiris à Mendès, Phtah à Memphis, Montou et Amon à Thèbes, etc. Ces dieux peuvent être dieux des vivants et dieux des morts : ainsi Osiris à Mendès [1], Sokaris

1) Pour Osiris, voir surtout II, 9 et suiv.

à Memphis, Khontamenti à Abydos, Anubis à Siout, ont commencé par être les patrons des nécropoles locales avant de devenir, par la divulgation des rites osiriens, des divinités funéraires générales. Ce qui caractérise cette catégorie de dieux locaux c'est « un véritable titre féodal : Sebek est seigneur d'Ombos, Khnoumou seigneur du pays de la cataracte, Phtah seigneur de Memphis... Au début ces dieux étaient complètement étrangers, parfois ennemis, et auraient été aussi étonnés de se voir assimilés l'un à l'autre, que le prince temporel des districts où on les vénérait aurait été étonné si on lui avait dit, qu'en possédant la principauté d'Ombos, il possédait par là même, la principauté d'Éléphantine et celle de Memphis. La féodalité divine est le fait primordial de la religion égyptienne, comme la féodalité humaine est le fait primordial de l'histoire d'Égypte [1] » (II, 234-236).

Ces dieux locaux peuvent devenir des dieux généraux. Le fait s'est réalisé, on vient de le dire, pour quelques divinités des morts, Osiris, Anubis, Khontamenti, lorsque les rites osiriens se furent imposés à tous les Égyptiens, ce qui est acquis dès les textes des pyramides (I, 167). Surtout, la politique humaine a fait le succès de quelques dieux des vivants : Râ, sous l'ancien empire a conquis, grâce aux théologiens d'Héliopolis, la première place à la cour; Amon, le dieu de Thèbes, s'est imposé avec les princes thébains de la XIIe et de la XVIIIe dynastie; Phtah a suivi la progression ascendante de Memphis sous les Ramessides. Mais l'hégémonie de ces dieux a suivi la fortune des villes dont ils étaient les patrons; elle a prospéré, puis décliné avec celle-ci; elle est d'ordre *historique*, non religieux.

· Parmi les dieux locaux, Maspero attache une grande importance aux *cultes de la religion populaire*. Il signale, à ce point de vue, l'intérêt que présentent de petites stèles, qu'on négligeait trop souvent jusque-là, « consacrées par des ouvriers ou par de petits bourgeois, à l'oie d'Amon et à ses œufs, à l'hirondelle, au bélier d'Amon, à la chatte de Bastit, à l'urœus de Ranouit ou Miritskro, aux serpents protecteurs de la maison » (*Guide* IV, p. 120). Maspero a publié un assez grand nombre de ces petits monuments (II, 395-427) [2]. « Ces stèles ont souvent l'avan-

---

1) La division préconisée par Maspero en dieux féodaux ou locaux et dieux élémentaires généraux, sert de base à l'exposé fait par Ed. Meyer de la religion égyptienne dans son *Histoire* II (§ 182-191) où il rend pleine justice à Maspero (§ 178, 183).

2) *De quelques cultes et de quelques croyances populaires des Egyptiens.*

tage de nous introduire dans l'âme de la nation et de nous la produire
sous des aspects plus vrais que ne font les documents officiels : les religions de la foule et les miracles des dieux populaires seraient presque
ignorés de nous, si nous ne les possédions... » (*Guide* IV, p. 121).

L'animisme populaire. Culte des animaux et mythes. — Ces cultes ont
gardé sous une forme vivante les vestiges de ce qui fut peut-être la
plus ancienne manifestation du sentiment religieux. Les dieux-animaux,
ou demi-hommes demi-bêtes, et les animaux sacrés ne paraissent
point être à Maspero ce qu'y voyaient de Rougé, Pierret et Brugsch :
« de véritables groupes hiéroglyphiques, des idéogrammes, des symboles... Le dieu soleil est représenté par un épervier ou par un homme
à tête d'épervier parce que la course de l'astre dans le ciel était comparée au vol de cet oiseau ; la déesse mère allaitant le dieu fils porte
une tête de vache, parce que la tête de vache explique sa fonction de
nourrice » (Pierret, *Panthéon égyptien*, p. v-vi). Maspero admet bien
qu'il existe dans l'iconographie religieuse égyptienne « des figures
composites que les prêtres ont fabriquées de toutes pièces, avec l'intention bien arrêtée d'exprimer l'union d'idées et de symboles distincts » ;
mais ces dieux factices ne doivent pas être confondus avec les animaux
divinisés : « le plus simple serait d'admettre le témoignage des monuments et de déclarer que les Égyptiens, en donnant à leurs dieux des
formes bestiales, ont songé à adorer les animaux... Assez d'autres
peuples ont adoré le bœuf et le serpent pour qu'on n'ait pas à s'étonner
de voir le culte des bêtes en Égypte... » (I, 130-132). Aujourd'hui la
démonstration est faite pour tous de ces idées si justes que Maspero
eut tant de peine à faire prévaloir. « Les dieux qui composent ces trois
groupes (dieux des morts, dieux des éléments, dieux du Soleil) sont,
aux temps où leur histoire commence pour nous, *les représentants d'un
animisme préhistorique*. Ils étaient associés à des dieux quadrupèdes,
poissons ou oiseaux, le chacal, le taureau, le bœuf, le serpent, le faucon,
le vautour, l'ibis, le lates, le crocodile, et à des fétiches renommés même
aux siècles les plus brillants ». (*Guide* IV, p. 461-462). L'animisme
divinisait même les objets en apparence inanimés. « Une couronne,
une canne, un couvercle de sarcophage, une figure d'homme ou d'animal, recevaient, avec un nom particulier, une âme, un double, une
existence qui durait aussi longtemps qu'on ne les tuait pas en les défi-
gurant ou en les brisant. Ajoutez qu'aux yeux des Égyptiens, comme à
ceux de la plupart des peuples à demi-civilisés, la distance qui séparait

l'homme des animaux était à peu près nulle. Les bêtes parlaient à l'occasion, comme les bœufs de Bitiou, comme le serpent du Naufragé, comme le crocodile du Prince prédestiné. Leurs accouplements avec l'espèce humaine étaient féconds, et l'on ne s'étonnait pas de voir les rois d'Égypte présenter l'épervier solaire comme chef de famille et parler de l'œuf dont ils étaient sortis. Les Pharaons appartenaient à la lignée directe de l'épervier, de la même manière que plusieurs tribus d'Afrique et d'Australie descendent de l'ours, du chien, du perroquet, ou du kangourou. Ces parentés paraissaient d'autant moins invraisemblables qu'on connaissait plus d'une espèce vivante, chez laquelle les formes de l'animal se mariaient à celles de l'homme. Le désert nourrissait l'androsphinx à tête d'homme et à corps de lion, le criosphinx à tête de bélier et à corps de lion, le griffon *sefer* à corps de félin, à ailes et à tête d'aigle, la *saza* à corps de lion et à tête de serpent, la *saga* à corps de lionne et à tête d'épervier » (II, 212-213 ; cf. I, 117-132).

Que d'idées fécondes, qui seront plus tard développées par Maspero ou ses disciples, jetées au courant de la plume ! Que de résistances aussi à vaincre, pour faire admettre que fétichisme et animisme ne sont point des dégénérescences tardives, mais la forme la plus primitive revêtue par le sentiment religieux[1].

Ce même animisme se révèle, à un degré plus haut de l'intelligence humaine, par l'invention des *mythes anthropomorphiques*. « Le ciel, la terre, l'eau, le soleil, les astres, étaient autant de personnes respirantes, agissantes et pensantes... (II, 212) ». « Du moment que la nature entière est une société de personnes animées, tous ses phénomènes et toutes ses révolutions devront trouver leur explication nécessaire dans les actes de la vie des dieux qui reproduira tous les détails de la vie des hommes »…. « Prenons un des mythes les plus vieux qu'il y ait en Égypte, celui par lequel on expliquait la création de notre ciel et de notre terre. Tous les peuples ont imaginé le ciel et la terre sous la forme d'un couple de personnages vivants dont le mariage produit ce qui existe. En Égypte, le dieu terre Seb et la déesse ciel Nouit reposaient au sein de l'eau primitive, unis étroitement dans un accouplement perpétuel, le dieu sous la déesse. Ils ne se seraient jamais séparés de leur plein gré, mais un autre dieu Shou, se glissa entre eux, les

---

1) Cf. II, 250 : « Le dieu des morts n'est souvent, chez les peuples à demi civilisés, que l'ancêtre divin des hommes ou un premier homme divinisé. Cf. Tylor, *La civilisation primitive*, II, p. 403 sqq. exemple de cette doctrine parmi les peuples de l'Amérique et de la Polynésie. »

disjoignit et souleva Nouit, sans toutefois réussir à la détacher entièrement : son buste est allongé parallèlement au corps du dieu terre,
mais ses jambes et ses bras retombent de chaque côté de Shou » et
forment les quatre piliers du ciel (II, 216).... « Seb, cependant, avait
essayé de lutter et les peintures nous le montrent dans la posture de
l'homme qui se retourne à demi sur sa couche afin de se mettre
debout... mais, frappé d'immobilité par le Créateur, il demeura comme
pétrifié dans la pose où il se trouvait : les mouvements de terrain
qu'on remarque à la surface de notre monde sont dus à l'attitude tour-
mentée dans laquelle il fut saisi » (*Histoire*, I, 128-129). Chaque matin
le soleil sortait de la matrice de la déesse Nouit ; chaque soir il rentrait
dans la bouche de sa mère. Quant à Shou, les textes ptolémaïques en
font la colonne d'air qui semble soutenir le ciel. On saisit sur le vif le
procédé, commun aux théologiens de toutes les religions, par lequel
« ils ramènent les mythes anciens à des sortes d'allégories où les actions
attribuées jadis aux dieux n'étaient pas des actes réels mais des façons
conscientes d'exprimer le jeu des phénomènes de la nature par des
images empruntées à la vie humaine » (II, 220).

Le mythe d'Osiris est encore un exemple saisissant de cet anthropo-
morphisme de la nature. En lui s'opposent le Nil bienfaisant, qui
féconde la terre noire (Isis), personnifié par Osiris, et le désert aride
dont l'haleine brûlante déssèche la végétation (Set) ; et comme le Nil
tombe du ciel, du moins dans l'imagination des Égyptiens, Osiris-Nil
« se confondit avec l'Homme, né de la terre et du ciel (il est fils de Seb et
de Nouit), qui paraît parmi les autres hommes pour les instruire et les
civiliser. C'est un souverain qui servira de type à tous les autres sou-
verains terrestres : sa vie est utile à ses sujets, et sa mort leur devient
profitable ». Il sauve même leurs âmes en les accueillant dans son
royaume, devenu le paradis, à la condition qu'elles se rangent, contre
Set, parmi les « serviteurs d'Horus » (II, 11). Les développements ou
les déformations révélés par les textes de basse époque, qui introduisent
des épisodes nouveaux, pour ramener à l'unité osirienne ou solaire des
mythes, à l'origine distincts (cf. *Les forgerons d'Horus*, II, 329 et suiv.),
les interprétations rationalistes fournies par Diodore et Plutarque, ne
doivent pas obscurcir pour nous les origines humaines du mythe
d'Osiris, qui, au début, ne s'encombrait point d'intentions moralisa-
trices. Osiris est devenu plus tard le Justicier. Mais « y a-t-il dans la
lutte d'Osiris et de Set un élément moral ? Je pense qu'il y a seulement
un mythe racontant l'origine de la mort. Set est le mal matériel, la

mort, et j'en vois une preuve de plus dans le rôle qu'on attribue à
Nephthys. Nephthys prend parti contre lui et contribue à sauver Osiris : or, c'est là précisément le rôle que la femme du dieu de la mort
a souvent dans les mythes. Le dualisme matériel entraîne partout le
dualisme moral. De même qu'Osiris devient l'être bon *Ounnofir,* Set
devient l'être méchant. La lutte entre le bon et le méchant se trans-
forme donc en lutte entre le bien et le mal, mais au début, les deux
adversaires sont simplement les deux fils de la terre et du ciel... Les
hommes ont vu de tout temps que le plaisir et la douleur, la vie et la
mort, sont simultanés et ne vont point l'un sans l'autre : les êtres qui
les représentent sont donc nés en même temps l'un que l'autre... »
(II, 251-252). Ajoutons le voisinage géographique des premiers sanctuaires d'Osiris « dieu féodal des nomes Busirite et Mendésien » et
de Set « dieu féodal du nome Lycopolite et des cantons situés sur la
branche Pélusiaque du Nil » (II, 354). La rivalité de voisinage entrait
pour une part dans la lutte mythique de Set et d'Osiris.

L'explication rationaliste qui ne voit dans les mythes que des « formules décomposant l'*Un promoteur du tout* en une série de concepts
matériels » (Brugsch) paraît donc à Maspero absolument artificielle et
relativement tardive ; surtout il se refuse, avec raison, à y voir l'essentiel de la religion égyptienne... « L'effort des théologiens réussit sans
doute dans les écoles, mais j'ai peine à croire que leur façon d'interpréter les faits religieux pénétra profondément dans les masses populaires... Qu'il faille tenir compte de cette métamorphose et l'enregistrer
à sa place dans l'histoire de la théologie égyptienne, rien de mieux ;
mais qu'on puisse donner l'état d'esprit qui l'a produite comme
représentant l'état d'esprit des Égyptiens au moment où le mythe
est né, c'est à quoi je ne saurai me résoudre, malgré l'autorité de
M. Brugsch et l'enseignement de l'école à laquelle il appartient. Je
pense qu'il est plus sage et plus conforme à ce que nous connaissons
des autres religions humaines d'admettre que les Égyptiens ont commencé par concevoir ce que nous appelons leurs mythes, comme étant
l'action de deux ou trois personnages réels agissant sous l'impulsion de
passions analogues à celles qui agitaient les hommes : plus tard, quand
eux-mêmes eurent progressé en science et que leurs dieux furent
demeurés les mêmes, ils essayèrent d'interpréter ces légendes selon les
conceptions nouvelles qu'ils avaient pu se former de l'organisation du
monde et de la nature divine. — Le premier travail du mythographe
égyptien consiste, non pas comme a fait M. Brugsch, à renchérir encore

sur les données des textes relativement nouveaux de la littérature hié-
roglyphique, et à essayer de donner l'explication rationaliste de tous
les mythes et de tous les dieux connus : il consiste plutôt dans le travail contraire, dans la dissection des personnes divines modernes pour
y retrouver les personnes divines anciennes, dans la reconstitution des
vieilles légendes dénaturées par les commentaires et les interpolations
rationalistes, dans la comparaison des mythes ainsi décomposés avec
les mythes des autres nations sauvages ou à demi-civilisées que nous
connaissons (II, 221-222) ».

L'animisme des théologiens : L'Ennéade héliopolitaine. — L'imagination populaire ne fut pas cependant seule à travailler la « matière divine »
et à en tirer des mythes : « L'Égyptien avait l'esprit métaphysique »
(II, 277) ; « qu'il y ait eu dans plus d'un temple de l'Égypte des tentatives très anciennes de grouper en un corps ces divinités isolées et de
les déduire l'une de l'autre, on n'en saurait douter et les monuments
nous le prouvent : celui de ces systèmes qui trouva le plus de faveur et
qui supplanta presque entièrement les autres fut celui d'Héliopolis »
(II, 243).

Brugsch en a fait une description entièrement pénétrée de symbolique moderne, substituant au mot dieu (corporel) la notion de *divin*,
remplaçant les termes concrets ou matériels « soleil, voix » par les
termes abstraits ou mystiques « lumière, verbe ». Pour lui l'Ennéade
est non pas un groupement de dieux réels, mais « la représentation
symbolico-mythologique de la matière primitive à l'état chaotique trans-
formées en parties harmoniques du Tout, c'est-à-dire l'ensemble du
Cosmos, après la division produite en elle par l'acte de la création ».

Maspero commence par ramener au niveau du sens historique et
commun ces généralisations ampoulées. Pour lui aussi « l'ennéade
héliopolitaine est à la base de la religion égyptienne » (II, 352) mais il
pose en principe que les dieux de l'ennéade n'ont pas été « inventés,
eux, leurs attributs ou leurs traditions dans l'ombre du sanctuaire : les
théologiens d'Héliopolis ont réuni dans un même ensemble des éléments préexistants, épars dans la nation, pour en former un corps bien
proportionné. Notre tâche, si nous voulons comprendre leur travail,
consiste à découvrir l'origine des matériaux qu'ils ont mis en œuvre et
la part d'invention qu'ils y ont mêlée pour en composer un tout original » (II, 354).

Revenant à cette notion réaliste que les dieux étaient pour les Égyp-

20

tiens « des êtres et non des idées », Maspero ramène le système des théologiens à une sorte d'animisme intellectuel. Sans doute, réfléchissant sur l'Univers et cherchant à se figurer son origine, « ils étaient arrivés à la solution moniste qui sera (celle des premiers Ioniens) : ils avaient tout ramené à une seule matière primitive, qui comprenait en germe les autres, et qui était l'Eau. (Mais), pour eux cette eau était un être, un dieu, et tous ses développements successifs furent et restaient des dieux, les dieux qui existaient déjà dans les sanctuaires de chaque ville[1], avant que la spéculation théologique cherchât à expliquer leur existence ou à la mettre en harmonie avec celle des dieux voisins » (II, 243).

Les théologiens ont donc imaginé, non pas, comme le disait Brugsch, *des forces qui se déploient*, mais des *êtres qui s'enfantent l'un l'autre* (II, 249); comme les Sémites ils exprimaient par des *généalogies de dieux* la constitution du monde (II, 353). La famille primordiale est ainsi décrité pour la première fois aux Pyramides ; « O cette grande Neuvaine qui est dans Héliopolis : Atoumou, Shou-Tafnouit, Seb-Nouit, Osiris-Isis, Set-Nephthys, nés de Atoumou ! » (*Mirinri*, l. 205). Comment s'explique ce choix de neuf dieux ? Maspero en donne les raisons avec une érudition et une clarté convaincantes.

L'analyse révèle d'abord que tous ces dieux sont soit « élémentaires », soit voisins d'Héliopolis, la ville qui a fourni les théologiens auteurs du système. Atoumou est le soleil adoré à Héliopolis; de son dieu féodal, la ville fit naturellement le Démiurge. Les théologiens imaginèrent que Atoumou resta plongé dans l'Eau primitive (le Noun) jusqu'au jour où il apparut au monde, manifestant son activité en tirant de lui-même[2] le premier couple divin Shou et Tafnouit (II, 247). Shou est un dieu du ciel; Tafnouit (*la cracheuse*) est la divinité de la rosée et de la pluie ; tous deux sont adorés à Sébennytos de Basse-Égypte. Ils enfantent un deuxième couple : Seb la terre, Nouit le ciel. divinités communes à l'Égypte entière. Ceux-ci enfantent le couple Osiris, dieu-Nil, adoré à Didou (Mendès) sur la rive droite de la branche de Damiette, en face de Bouto, sur la rive gauche, où régnait Isis, qui personnifie la terre noire

1) Ajoutez cette réflexion d'un bon sens lumineux : « Une religion, prise à quelque moment que ce soit de son existence autre que son origine, a toujours une histoire, et l'histoire des dieux isolés devrait précéder une histoire des théories théologiques où les dieux isolés sont réunis en conseil et leurs dogmes en corps de doctrines (II, 236).

2) *Pyr. de Pepi I*, l. 465 sqq.

fécondée par le Nil. A ce couple s'oppose un autre couple issu de Seb-Nouit, celui de Set, dieu du désert stérile et Nephthys, copie incolore d'Isis.

En somme « la doctrine héliopolitaine reconnaissait trois moments principaux dans la création de l'univers : le dédoublement du seigneur-dieu et l'éclosion de la lumière ; le soulèvement du ciel et la mise à nu de la terre ; la naissance du Nil et l'aménagement du sol de l'Égypte, le tout exprimé par des manifestations de divinités successives. » (*Histoire*, I, p. 140). Dans ce système « la religion locale d'Héliopolis prêtait le créateur Atoumou-Râ ; la cosmogonie osirienne apportait le groupe final tout préparé : Seb-Nouit, Osiris-Isis, Set-Nephthys » — entre Toumou et les Osiriens, les Héliopolitains « intercalèrent le couple Shou-Tafnouit » de Sébennytos (II, 369-70).

Ainsi la géographie éclaire bien des faits que l'étude théorique des concepts religieux est impuissante à expliquer. « Ce n'est pas toujours la communauté ou l'analogie de nature qui amena la confusion de certains dieux, mais le simple voisinage. Héliopolis est une ville de la Basse-Égypte ; c'est en Basse-Égypte qu'elle s'est approvisionnée de mythes » (II, 354-355).

Reste à expliquer pourquoi ce système s'est cristallisé dans une *Ennéade*-Neuvaine (*Paoutt*). La raison qui poussa les prêtres héliopolitains « à choisir ce nombre de *neuf* de préférence à tout autre n'est pas évidente pour nous : elle tenait sans doute à ces croyances relatives aux propriétés des nombres, qui ont exercé une influence si profonde sur le développement des civilisations anciennes. *Neuf* est particulièrement puissant dans l'arithmétique mystique des premiers âges et si l'ensemble des grands dieux fut chiffré par 9, c'est sans doute que 9 était le nombre le plus propre à rendre compte de l'action irrésistible exercée par ces dieux » (II, 244)[1].

« Avec ces neuf dieux, l'ordonnance du monde est achevée et il ne reste plus qu'à consolider ce qui existe ; » c'est à quoi s'emploient la *seconde ennéade* (la *petite* par opposition à la *grande*), et même une *troisième* ; toutes deux sont mal connues. La seconde avait à sa tête Horus fils d'Isis, et comprenait les « compagnons d'Osiris », Horus

1) Dans sa *Religion des anciens Égyptiens* (Bibliothèque de vulgarisation du Musée Guimet, t. XXIII) Ed. Naville se rallie à l'explication historique donnée par Maspero de l'Ennéade, en faisant quelques réserves qui confirment d'ailleurs la thèse générale : la généalogie des dieux varie suivant les textes, c'est-à-dire suivant les écoles locales de théologiens (p. 102).

d'Edfou, Thot, Oupouaitou le chien de Siout, Mâit déesse de la Justice, c'est-à-dire les dieux « qui organisent plus spécialement le petit monde de l'Égypte dans le grand monde que les membres de la première ennéade avaient organisé ». Quant à la troisième ennéade, celle des « Mânes » Νεκύες, il semble qu'elle comptât parmi ses membres Anubis et les quatre génies funéraires, enfants d'Horus.

Ajoutons que Maspero a démontré par ailleurs [1] que les trois ennéades n'étaient pas seulement une conception théologique : elles formaient encore « le cadre de l'histoire fabuleuse de l'Egypte, et répondaient aux trois dynasties divines que les historiens égyptiens plaçaient au début des choses » (II, 353). Les théologiens d'Héliopolis avaient donc forgé un système d'une clarté parfaite, qui menait le croyant depuis les origines du monde jusqu'aux débuts de l'humanité, du Créateur Râ-Atoumou au premier roi Ménès. Les dieux restaient en contact ininterrompu avec l'homme. Après avoir élucidé la création des théologiens d'Héliopolis, Maspero montra que ce système se répandit par toute l'Égypte, mais en s'adaptant, dans chaque ville, aux religions locales. Les théologiens de province remplacèrent Atoumou par le dieu local à la tête de l'ennéade ; cela fait, les autres dieux suivirent comme dans le prototype héliopolitain. On eut ainsi l'ennéade d'Anhor à Sébennytos, celle de Minou à Koptos, celle d'Horus le Grand à Edfou, de Sebek à Ombos, de Phtah à Memphis et d'Amon à Thèbes, etc. Les nomes qui adoraient une déesse remplacèrent Atoumou par Neit à Saïs, Isis à Bouto, Hathor à Denderah (*Hist.*, I, 144). Seuls les théologiens d'Hermopolis, une des villes principales de l'Égypte moyenne, se refusèrent d'accepter le système héliopolitain et gardèrent une tradition locale sur l'organisation de l'Univers.

L'ogdoade hermopolitaine. — Brugsch attachait une grande importance au système d'Hermopolis, parce qu'il témoigne d'une aptitude remarquable à l'abstraction. Il était constitué de quatre dieux : *Nou* = l'eau primordiale, *Hehou* = l'éternité, *Kekou* = l'obscurité, *Naôu* = l'inertie primitive ; ces interprétations, qui épousent le sens littéral, sont celles de Brugsch ; Lepsius y voyait les quatre éléments ; Dümichen, la matière, l'espace, le temps, la force primordiale. Maspero, recherchant, à son ordinaire, les faits historiques sous les abstractions, fait une première remarque : les quatre dieux d'Hermopolis, sont en réalité *cinq*, car le prince d'Hermopolis, porte comme grand-prêtre du nome le

1) *Sur les dynasties divines de l'ancienne Égypte* (II, 278-296).

titre : « chef des *cinq* dans la maison de Thot » : ce sont Thot et les quatre dieux qui soutiennent les quatre piliers du ciel ou président aux quatre maisons du monde, ce que nous appellerions par à peu près les dieux des quatre points cardinaux. Les cinq dieux d'Hermopolis se divisaient donc naturellement en deux groupes, un dieu chef et quatre assesseurs » (II, 258).

Les quatre dieux se dédoublent par couples, car on leur adjoint à chacun une déesse; désignée par la forme féminine du nom de chaque dieu mâle : *Nouit, Hehit, Kakit, Nàit.* Nouvelle occasion pour Maspero d'appliquer la méthode critique : l'analyse des noms lui révèle que ces déesses, loin d'être, comme le croit Brugsch, des divinités primordiales, ont un caractère tout artificiel (II, 257). « Elles appartiennent, dit-il, à la famille de ce que j'ai appelé les divinités grammaticales : elles dérivent chacune du nom de son dieu par adjonction de la flexion ordinaire du féminin : Nouit de Nou, Hehit de Hehou, Kakit de Kakou, Nàit de Nàou [1]. Ce sont des êtres de raison, fabriqués après coup pour compléter un ensemble » (II, 381). Les quatre dieux sont donc devenus les huit dieux et c'est pour cela que le nom égyptien d'Hermopolis est *Khmounou* « la ville des huit », Mais cette transformation des quatre en huit a une signification historique; Maspero la discerne et la met en valeur; si les Hermopolitains ont développé par couples leurs quatre dieux primitifs, cela est dû à l'influence des conceptions d'Héliopolis.

Les couples ont été inventés au moment où l'ennéade héliopolitaine pénétrant à Hermopolis, il fallut adjoindre quatre déesses aux quatre dieux qui assistaient Thot, pour jouer le rôle de Tafnouit, Nouit, Isis et Nephthys » (II, 381). Dès lors, l'*ogdoade* d'Hermopolis, présidée par le dieu suprême de la ville, Thot, devient une *Ennéade* conçue sur le type héliopolitain; mais l'ogdoade conserve un caractère personnel. Les huit dieux ne forment qu'un seul être, personnifié par un seul dieu *Khmounou,* = le dieu *Huit*; à côté de lui, le dieu Thot tantôt s'ajoute à l'ogdoade, tantôt en reste distinct. — Quelques années après avoir établi cette interprétation, Maspero découvrit au Caire, sur un cercueil de prêtre thébain, la formule égyptienne qui chiffre et qui résume cette

---

1) Ailleurs Maspero note que le soleil Râ, comme les autres dieux primitifs, n'a point de déesse à côté de lui. « Aux basses époques, on a réparé cette omission, en tirant de lui une forme féminine de son nom *Râït*, qui, ainsi que toutes les formes de ce genre, *Amenit*, à côté d'Amon, *Horit*, à côté de Hor, trahit par la façon même dont elle est déduite grammaticalement, l'artifice de la composition » (II, 7).

arithmétique mystique. Le défunt, s'identifiant au démiurge d'Hermopolis, dit de lui-même: « Je suis *Un* qui devient *Deux*; je suis *Deux* qui devient *Quatre* ; je suis *Quatre* qui devient *Huit*; je suis *Un* protecteur de ce (*Huit*) [1] ». C'est-à-dire « je deviens pareil au démiurge qui se développe en *ogdoade*, puis réalise l'*ennéade* en se joignant un à huit ».

La création par la Voix et le Verbe. — La tendance à l'abstraction, que manifestait le sacerdoce hermopolitain, se développa de plus en plus à partir du nouvel Empire. « L'ennéade hermopolitaine représentait aussi un principe d'action différent de celui qu'on sentait au fond de l'héliopolitaine. Celle-ci supposait que la création était le résultat d'efforts musculaires et d'actes violents, par lesquels les dieux avaient imposé au monde la forme qu'il a aujourd'hui. L'école hermopolitaine admettait un autre instrument de création, la *parole articulée* ou même la simple émission de la *voix*, à laquelle elle prêtait tous les effets que l'école héliopolitaine attribuait à la seule force corporelle » (II, 372). La voix humaine est en effet « l'instrument magique par excellence... chacune de ses émissions porte dans le monde des invisibles... elle devient l'agent de la création » (II, 374).

Personne n'a tiré meilleur parti que Maspero de cette théorie de la voix magique. Il en avait fait, nous l'avons vu plus haut, un des fondements du culte et des monuments funéraires ; non moins important est le rôle qu'il lui découvre dans les conceptions cosmogoniques ou métaphysiques. La voix magique agit soit comme son inarticulé, soit comme parole articulée, véhicule de la pensée. Les textes égyptiens disent que les dieux, et toutes les bonnes choses, « sont sorties de la bouche » du Créateur. Cela est vrai surtout du dieu d'Hermopolis, Thot, le « maître des paroles divines », le maître de la voix juste » (*mâ-khrôou*). Thot n'eut pas besoin de recourir, comme démiurge, au procédé brutal d'auto-fécondation utilisé par Atoumou d'Héliopolis; à l'acte physique il substitua un procédé magique, et remplaça la création ordinaire par la création par la voix. En émettant des sons, il créa les dieux et tous les êtres [2]. Maspero distingue soigneusement à ce sujet, la création par le son de la création par la parole. « Le son est à la parole ce que le coup de sifflet de l'officier de quart est au commandement détaillé dans la manœuvre d'un navire ; il devient presque une abstraction. Au début, le créateur avait parlé le monde ; plus tard il le sonna ; il lui restait encore à le penser, mais c'est

1) *Recueil de travaux*, XXIII, p. 196-197.

2) Maspero cite un livre magique en langue grecque qui a gardé la tradition du monde créé par les éclats de rire ou de voix émis par Thot (II, 376).

là une conception à laquelle les théologiens de l'Égypte ne paraissent pas avoir songé » (II, 377-378). — Complétons sur ce point la théorie de Maspero. Un texte de philosophie memphite, longtemps méconnu faute d'une bonne publication, mais aujourd'hui élucidé par Breasted, Maspero et Erman, nous permet de conclure que dès l'Ancien Empire les théologiens admettaient cette conception : Le monde a été *pensé* avant que d'avoir été créé par le Verbe. Il y est dit expressément : « Toute opération créatrice (émanant des dieux) doit procéder du cœur (esprit) et de la langue, et être parlée en dedans, *pensée*, puis énoncée au dehors en paroles... » — Ainsi rien n'existe avant d'avoir été pensé et nommé par le Dieu[1]. Et Maspero de conclure : « ce texte est de ceux où l'on trouve exposée nettement la doctrine des théologiens, pour qui la création est l'œuvre de la voix articulée en paroles, et peut-être serais-je tenté d'y supposer çà et là une intention de polémique contre ceux qui s'en tenaient pour le même objet au concept de la voix seule[2] ».

Cet esprit d'abstraction de la théologie hermopolitaine nuisit à sa popularité : ce n'est guère que sous la domination thébaine que nous la voyons assez largement répandue... Amon l'adopta alors à côté de l'ennéade héliopolitaine », — Phtah fut aussi qualifié « cœur (esprit) et langue de l'Ennéade[3] ». Grâce à l'influence politique de Thèbes et de Memphis, la conception de Hermopolis gagna du terrain à la basse époque, et « la prépondérance qu'Hermès exerce à l'époque gréco-romaine nous prouve que Thot et ses procédés de création par la parole ou par la voix avaient dû l'emporter dans les écoles, au moins à partir des dynasties saïtes. » Le verbe et la voix de Thot-Hermès firent oublier la force brutale des vieux dieux Héliopolitains (II, 384-85).

Qu'elle fut d'origine héliopolitaine ou hermopolitaine, l'Ennéade eut pour résultat « de donner aux Égyptiens une théologie commune et d'imposer à leur adoration un certain nombre de divinités qui, restant féodales dans leur domaine d'origine, devinrent la propriété générale de la nation » (II, 388). « L'Ennéade marquait donc un progrès sur le polythéisme que l'analyse des textes nous révèle; elle éliminait les dieux secondaires, mettait en lumière un petit nombre de types facilement

---

1) Voir les références dans mes *Mystères égyptiens*, p. 121 et suiv. La contribution de Maspero a paru au *Recueil de travaux*, XXIV, p. 168 : *Sur la toute puissance de la parole.*

2) *Recueil*, XXIV, p. 175.

3) *Ibidem,* p. 168.

acceptés de la population, les déduisait hiérarchiquement l'un de l'autre et, par ses combinaisons variées avec les *triades*, fondait les dogmes locaux dans la doctrine universelle » (I, 389).

Les Triades. — Ce qu'on appelle triade, pour employer l'expression de Champollion, n'est, en somme, qu'une conception anthropomorphique de la divinité. « La plupart des divinités féodales avaient débuté pour vivre isolées dans leur grandeur, étrangères à leurs voisines, souvent hostiles ; on leur assigna une famille après coup. » Le plus souvent, on constitua cette famille en adjoignant à un dieu une déesse, comme femme, et un dieu comme fils ; « dans la plupart des cas les convenances de voisinage déterminèrent ces unions : on maria les divinités des principautés limitrophes » (*Histoire*, I, 106), comme les princes des Nomes se mariaient, ou mariaient leurs enfants entre eux.

Maspero refuse donc de faire, avec Brugch, de la triade un élément cosmogonique, « une triplication du père primitif Atoumou sur le modèle de la famille terrestre. » Il admet qu'il y a des triades très anciennes « et mêmes antérieures à l'ennéade. Il était assez naturel qu'avant de concevoir le monde comme un ensemble de neuf dieux procédant les uns des autres, on l'imaginât comme une famille de dieux constituée sur le modèle de la famille humaine » (II, 272). Mais, il considère « comme artificiel et postérieur à l'Ennéade, non point le principe même de la triade, mais l'application systématique de ce principe à tous les dieux provinciaux et à tous les dieux cosmiqves. » Il cite les triades composées d'un dieu et de deux déesses ; celles où la déesse n'est qu'une entité grammaticale (Amon, Amonit), celles où le dieu fils est aussi ancien que son père, mais réduit à ce rôle subordonné pour raisons purement historiques (Amon et Montou) ; celles où père et fils ne sont qu'un dédoublement factice d'un dieu préexistant (II, 269-72). Il en conclut que la triade n'est pas, le plus souvent une création de la foi populaire, mais une invention des collèges sacerdotaux. « Je serais assez porté à considérer l'élaboration de ces triades artificielles comme l'œuvre d'une génération relativement moderne[1], pour qui la mise en train de neuf dieux paraissait lourde et inutile et qui trouvait plus

---

1) Cf. II, p. 389 : « L'isolement d'Atoumou-Râ au sommet du système et le procédé par lequel il tire de lui-même Shou et Tafnouit montre qu'à Héliopolis le concept de l'ennéade précéda celui de la triade. »

commode de la remplacer par l'action de trois divinités s'unissant et se créant réciproquement afin de créer le monde » (II, 272).

En tout cas « l'influence de la triade amena sûrement à l'unification des dieux. » Le dieu féodal de chaque cité écrasait de telle sorte sa femme et son fils que les rôles de ceux-ci se confondaient dans le sien propre : « père en tant que premier membre de la triade, fils en tant que troisième membre, identique à lui-même dans ses deux rôles, il était à la fois son propre père, son propre fils, et le mari de sa mére. » (*Hist.*, I, 108).

La conception de l'Unité divine et ses causes historiques. — « En raisonnant de la sorte, conclut Maspero, les Égyptiens s'acheminaient naturellement vers le concept de l'*Unité divine*. Ils y touchèrent en effet, et les monuments nous montrent d'assez bonne heure les théologiens occupés à concentrer sur un seul être les attributions que leurs ancêtres avaient dispersées dans mille êtres différents. » J'ajouterai que dans un papyrus de Leide, récemment publié par M. Gardiner, cette unité s'affirme en effet avec des expressions remarquables : les dieux des trois capitales politiques et religieuses, Amon de Thèbes, Phtah de Memphis, Râ d'Héliopolis, forment pour le gouvernement du monde un trimuvirat, où Amon représente la pensée, Râ la volonté, Phtah la réalisation ; et l'on définit ce trio, cette trinité, en disant qu'ils sont « totalisés trois », qu'ils forment « l'Unité-trinité [1]. »

Mais, si Maspero admet que les prêtres d'Amon étaient arrivés à extraire des textes anciens le dogme d'un dieu *un*, absolu, parfait, il en trouve surtout la raison dans la grandeur politique de Thèbes. « Je ne puis m'empêcher de croire que les prêtres thébains n'auraient pas compris l'unité et la suprématie d'Amon aussi nettement qu'ils l'ont fait, si les rois thébains n'avaient pas étendu leur domination du dieu de leur cité royale sur la moitié du monde connu. Le fait matériel de l'hommage rendu au chef terrestre de Thèbes par les chefs terrestres d'Hermopolis, d'Abydos, de Memphis, de Tanis, de la Syrie, de l'Ethiopie, n'a pas dû être pour peu de chose dans la suzeraineté concédée au dieu de Thèbes par les autres dieux de l'Égypte et des pays étrangers. Le seul dieu toujours victorieux a dû devenir plus facilement le seul dieu et l'élévation de son empire mondain faillit donner à l'Égypte un dieu national vraiment unique. Toutefois la politique terrestre qui avait amorcé l'évolution en ce sens la suspendit, puis la fit

1) A. Moret, *Mystères égyptiens*, 127-128.

avorter ; la chute de l'empire thébain, entraînant celle de l'empire d'Amon, décida, vers la XX⁰ dynastie, le triomphe de l'ancien polythéisme sur le monothéisme commençant des hymnes thébains [1] (*Guide* IV, 463-463 ; cf. I, 140).

La *conclusion* de ces recherches minutieuses, c'est que si « la conception d'une unité surgit de très bonne heure [2], c'est pour des raisons politiques et géographiques plutôt que théologiques. » Il ne faut point ici se laisser abuser par les mots, même pour cette épithète « dieu unique » dont on qualifie tel ou tel dieu. « Pour l'Égyptien, le dieu un ne fut jamais Dieu tout court, et Lepage-Renouf a fait remarquer très justement que le mot *noutir* « dieu » n'a jamais cessé d'être nom commun pour devenir nom propre [3]. » Il y avait un *dieu-un* dans chaque nome ou ville, et ses sujets l'y révéraient comme le Pharaon des autres dieux. Au sein même du polythéisme se constitua une sorte de *monothéisme* local, ou selon l'expression suggérée par Edouard Naville, d'*hénothéisme* géographique. « Si la multiplicité des dieux est incompatible en bonne logique avec l'unité de Dieu, elle ne l'est pas dans la réalité de l'histoire. Râ *dieu-un* à Héliopolis n'est pas le même qu'Osiris *dieu-un* en Abydos et il peut être adoré à côté de lui sans s'absorber en lui. Le *dieu unique* n'est que le dieu du nome ou de la ville (*noutir noutti*) qui n'exclut pas l'existence du *dieu unique* de la ville ou du nome voisin. En résumé, ce n'est pas du *dieu unique* de l'Égypte qu'on doit parler, mais des *dieux uniques* de l'Égypte. » (*Guide* IV, 462-463 ; cf. I, 122). « L'esprit féodal, toujours si vivace et jaloux, s'oppose à ce que le dogme entrevu dans les temples y triomphât des religions locales et s'étendît au pays entier. L'Égypte connut autant de dieux uniques qu'elle avait de grandes cités et même de temples importants : elle n'accepta jamais le dieu unique, Dieu. » (*Histoire*, I, 152).

****

A la fin de son mémoire sur l'Ennéade, écrit en 1891, Maspero résume ainsi sa méthode. « On me permettra de terminer cet article par

---

1) *Guide* IV, p. 463-64.

2) « Dès le temps des pyramides, le dogme héliopolitain nous apparaît comme entièrement accepté par tous les Égyptiens »... Or « les textes des pyramides sont pour la plupart antérieurs à Ménès : les idées qu'ils renferment remontent plus haut encore... » (II, 236).

3) Voir l'argumentation philologique détaillée, II, 185, et surtout 214.

le plan de ce que pourrait être, selon moi, un traité de mythologie égyptienne. Voilà si longtemps que je critique la façon de procéder des autres qu'on est en droit d'exiger de moi quelques renseignements généraux sur la mienne.

« Il me semble qu'un traité de mythologie devrait commencer par la statistique des noms de divinités. L'énumération en serait divisée par chapitres, dont le *premier* contiendrait la liste des dieux féodaux, de leur famille, des divinités secondaires propres à chaque nome, avec leurs épithètes caractéristiques et la mention des localités extérieures au nome où elles étaient adorées. — On recueillerait dans le *second* tous les renseignements relatifs au dogme, au culte de chacun d'eux, les cérémonies, le nom des prêtres, leur costume, leurs fonctions, qui font d'eux le plus souvent une véritable incarnation du dieu sur la terre, les animaux sacrés. Dans le *troisième* on essayerait d'établir, au moyen de ces documents, le caractère primitif, l'histoire et les alliances de chacun d'eux. Ces trois chapitres seraient donc avant tout un recueil de faits mythologiques, destinés à montrer ce qu'était le matériel et le personnel des religions égyptiennes.

« Dans une *seconde partie*, il me paraît qu'il faudrait essayer de montrer les premières combinaisons de ces éléments, les raisons de voisinage ou de convenance personnelle qui déterminèrent le rapprochement de certains dieux et leur union dans un même mythe : on montrerait, par exemple, comment se sont constituées et la cosmogonie osirienne, et d'autres cosmogonies propres au Delta, comme celle de Neit, ou à la Haute-Égypte, comme celle d'Horus-Set.

« On serait amené à exposer dans la *troisième partie* le culte héliopolitain et son ennéade, c'est-à-dire la constitution d'un dogme, et, par suite, d'une religion commune à l'Égypte entière.

« La diffusion de l'ennéade et ses modifications entraînèrent la généralisation des cultes de Râ et la transformation, souvent mal opérée, des vieux mythes en mythes solaires. On serait donc amené à étudier, dans *deux parties successives*, ce que cette invasion du Soleil avait produit de changements, à la seconde époque thébaine, dans le culte et la théologie des dieux morts.

« Quelques pages seraient consacrées à raconter les tentatives faites par plusieurs dieux, à partir de ce temps, pour arriver à la suprématie, et à tâcher de découvrir pourquoi ils échouèrent l'un après l'autre, Amon-Râ, puis Osiris et les dieux de son cycle, enfin Khnoumou et Thot-Hermès.

« La *dernière partie* dirait ce qu'étaient les cultes et la religion de l'Égypte sous les Césars, comment ils se répandirent dans l'Empire romain ; elle indiquerait la guerre d'influences qu'ils exercèrent sur le paganisme et les sectes excentriques du christianisme naissant.

« Je ne sais si j'aurai jamais le loisir d'exécuter entièrement le plan que je viens de tracer : les personnes qui ont bien voulu suivre mes articles verront sans peine jusqu'à quel point j'ai réussi à m'y con-former. »

Il n'a pas été donné à Maspero de réaliser l'œuvre dont il esquissait le plan magistral. Toute la première partie, qui concerne « le matériel et le personnel de la religion » aurait nécessité une documentation qui ne se trouve, encore aujourd'hui, que très incomplètement rassemblée. Sans doute le *Dictionnaire géographique* de Brugsch (terminé en 1880) et le *Dizionario di Mitologia Egizia* de Lanzone, que Maspero accueillit avec tant de faveur (I, 137 ; II, 189), fournissent déjà de très précieux renseignements. Mais le premier est antérieur, et le second n'a pu encore puiser, aux 4.000 lignes des pyramides, et comme il n'existe pas encore d'*index* de ces textes des pyramides, leur utilisation demande un temps très long. D'autre part, la publication par M. Lacau des textes inscrits sur les sarcophages antérieurs au nouvel Empire a révélé une nouvelle source de livres religieux, aussi abondante que celle des pyramides[1] ; mais M. Lacau n'a pas donné de traduction et la publication n'est point encore finie ; elle n'a donc été jusqu'ici qu'à peine utilisée. Pour l'époque suivante, nous possédons l'édition critique du *Livre des Morts* de l'époque thébaine, par Ed. Naville, et la vieille édition du *Livre des Morts* de l'époque saïte par Lepsius. La première est dépourvue d'*index*, la seconde en possède un, grâce à Lieblein et à Budge. Quant à l'énorme masse de textes que récèlent les temples de toute époque, rituels, récits mythiques, textes cosmogoniques et calen-dériques, il n'en a été publié encore qu'une très petite partie, et les éditions ont une valeur scientifique inégale. Ainsi le « matériel » de la religion égyptienne est-il loin d'être complètement encore à la disposi-tion des égyptologues mythographes ou historiens.

C'est sans doute pour ces motifs que Maspero s'est borné aux vues d'ensemble, correspondant aux parties II à V de son plan, et aux esquisses si suggestives qu'il a données dans ses *Études de Mythologie,*

---

1) Ces textes font, il est vrai, de nombreux emprunts aux rituels des pyra-mides, et, à leur tour, furent utilisés par les compilateurs des *Livres des Morts.*

son *Guide,* son *Histoire.* J'ai essayé de coordonner les idées dispersées dans vingt mémoires successifs, et d'en dégager les idées générales et la méthode. Je puis dire, sans tomber dans la louange hyperbolique, que l'effort réalisé par Maspero pour rompre avec les idées préconisées par ses maîtres De Rougé, Lepsius, Devéria, et défendues par Brugsch, Grébaut, Pierret ; pour créer une méthode nouvelle et diamétralement opposée ; pour la faire triompher par une dialectique vigoureuse et une étude personnelle des textes les plus importants ; cet effort représente une œuvre aussi difficile et plus urgente que la réunion complète des matériaux qui, d'ailleurs, ne pouvait alors se réaliser. Pour cette dernière tâche, les qualités d'érudition scrupuleuse suffisent (et Maspero s'y distinguait autant qu'aucun de ses collègues) ; l'autre tâche réclame, en outre de l'érudition, des qualités parfois contradictoires et qu'on trouve rarement réunies chez le même homme : la clairvoyance du critique, le jugement de l'historien, l'intelligence du philosophe et la clarté de l'écrivain ; Maspero les possédait à un degré éminent.

Aussi la méthode qu'il a définie restera-t-elle, sans doute possible, celle qu'on préconisera pour réaliser l'œuvre qu'il a rêvée, lorsque les documents en cours de publication seront assez complets. Elle utilise les procédés de la philologie classique pour élaborer et classer les textes ; de la critique historique pour discerner les influences des hommes et des lieux sur les circonstances qui aidèrent les cultes à naître, se développer, se propager ; enfin de la « méthode comparative », qui fait présumer, par analogie, ce que le défaut ou l'obscurité des textes laisse à expliquer, et qui aide à situer les phénomènes religieux de l'Égypte à leur place relative dans l'histoire de l'humanité.

Depuis les travaux de Maspero, la religion égyptienne a comme changé d'aspect. Rares sont ceux qui y cherchent encore une doctrine esotérique ou qui veulent y trouver toujours et partout une sagesse profonde, appuyée sur un monothéisme, qui serait comme un écho d'une révélation primitive. A suivre les voies ouvertes par Maspero, les égyptologues se sont éloignés des sommets, mais ils se rapprochent tous les jours plus près de la vie terre à terre des Égyptiens primitifs [1]. « Certes, dit Maspero, on ne m'accusera pas de vouloir déprécier les Égyptiens : plus je me familiarise avec eux et plus je me persuade qu'ils ont été un

---

1) « C'est à nous de nous mettre pour comprendre cette religion et ces textes dans l'état d'esprit où était, il y a plus de sept mille ans, le peuple qui les a constitués. » (II, 237).

des grands peuples de l'humanité, l'un des plus originaux et des plus créateurs, mais aussi qu'ils sont toujours demeurés des demi-barbares ; Thoutmès III et Ramsès II sont plus près des Mtésa de l'Afrique centrale que d'Alexandre ou de César... Je ne puis plus admettre la notion de la divinité égyptienne et de son unité... Je prends cette religion pour ce qu'elle se donne : un polythéisme avec ses contradictions, ses redites, avec ses dogmes parfois indécents, parfois cruels, parfois ridicules pour un moderne, avec ses familles de divinités à demi-humaines et que le dévot chérissait ou comprenait d'autant mieux qu'elles lui ressemblaient plus à lui-même. » (II, 277-278).

Ce n'est pas l'Égypte seule qui s'est éclairée à la lumière des recherches et des raisonnements de Maspero ; la science des religions comparées y a gagné de trouver en Égypte un terrain d'expériences. A un système théologique artificiel, et aux spéculations trop ambitieuses des premiers égyptologues, le témoignage des monuments a opposé des vérités plus réalistes : l'Égypte nous a présenté le développement religieux complet d'une race, conservant l'empreinte de ses débuts barbares, tout en atteignant parfois les hauteurs morales les plus élevées. Vue sous ce jour, la religion égyptienne nous apparaît moins sublime, mais plus humaine et partant plus vraie.

A. MORET.

REVUE DES LIVRES

—

ANALYSES ET COMPTES-RENDUS

——

Anthropological Report on Sierra Leone, by Northcote
W. Thomas, m. a. f. r. a., *Governement Anthropologist* : Part. I.
Law and custom of the Timne and other tribes, 196 p. ; Part. II.
Dictionary, 139 p. ; Part. III. Grammar, 186 p, ; Part. IV. Specimen
of languages from Sierra Leone, 62 p.

Le rapport anthropologique sur la Sierra Leone, confié par le gouvernement anglais aux soins de M. Northcote W. Thomas, comprend deux
parties.

L'une, en trois opuscules distincts, traite des langues indigènes du
protectorat. En dehors du Fulfulde (Fula), ces langues sont soudanaises et se répartissent en deux groupes principaux : les langues à
préfixes et les langues affixes. Au premier, qui est le groupe primitif,
se rattachent le Timne, le Limba, le Buləm, du nom des tribus qui les
parlent. Les langues affixes sont le Gola et le groupe Mandigo. L'auteur donne des spécimens de ces différentes langues et des dialectes qui
s'y rattachent. Il étudie plus à fond la langue Timne, dont il compose
une grammaire et un vocabulaire. Une idéographie très simple lui permet d'exposer commodément le système phonétique qui joue un rôle
considérable dans le Timne comme dans toutes les langues primitives.
On regrette que M. W. Thomas n'ait pas tiré de ses études linguistiques
des conclusions sur la mentalité des peuplades qui les parlent. Le lecteur y pourra souvent suppléer. C'est ainsi que l'on déduira de la liste
des préfixes de la langue Timne une curieuse classification primitive des
noms de choses qui lui correspond. Une série d'historiettes Timnes,
données en appendice à la grammaire, vient opportunément illustrer
d'exemples concrets et bien choisis ces considérations théoriques. Le
travail, dans son ensemble, constitue un nécessaire complément à la
Polyglotta Africana de Koelle.

L'autre partie est une étude anthropologique des peuples de la Sierra Leone. La démographie en est excellente. L'auteur a entrepris des recherches statistiques, qu'il résume dans des tableaux synoptiques très clairs, portant sur la natalité et la mortalité masculine et féminine envisagées en fonction de la monogamie et de la polygamie. A la base de l'organisation politique des tribus se trouve le pouvoir occulte des sociétés secrètes dont le rôle est avant tout politique et judiciaire. Les plus importantes, souvent décrites par les explorateurs, sont les sociétés Poro et Rabenle. Elles concourent dans chaque tribu à l'élection du chef suprême dont la succession ne se fait pas forcément en ligne mâle directe. Les relations entre les chefs suprêmes sont celles de suzerains égaux entre eux : un condamné peut en appeler au chef d'une autre tribu sur l'invitation duquel le premier, sans se disqualifier, doit réviser sa décision. Le pouvoir du chef suprême est absolu. Il est soumis à l'époque de son couronnement à de nombreuses prohibitions rituelles.

La religion a été fortement influencée par le mahométanisme. Il y a un dieu suprême, appelé Kuru ou Kurumasaba, qui est l'équivalent d'Allah. Au-dessous se trouvent quelques figures de dieux subalternes, dernier reste d'un polythéisme primitif. Tel est le Dieu Rumba, dieu de la végétation et de la pluie, que l'on invoque pour les moissons. Au-dessous encore se trouve la plèbe des génies inférieurs, des corps bruts et des corps manufacturés, des plantes, des animaux et des hommes, des vivants et des morts, des chefs et des dieux, appelés Krifi [1], qui correspondent aux jins des Arabes, aux frahvashis des Perses, aux génies des Romains. Ces Krifis que certains indigènes et certains auteurs identifient avec les âmes des morts, sont bons ou mauvais, mâles ou femelles anonymes ou dénommés suivant la plus ou moins grande importance de leurs fonctions. Les plus caractéristiques sont les Krifis protecteurs des récoltes, du riz engrangé, des fermes, de la chasse et de la pêche. Les Krifis tantôt président simplement à certains actes ou siègent dans certains objets, tantôt s'identifient avec les objets eux-mêmes et s'utilisent comme tels : ainsi la trappe est un véritable Krifi, de mêmes que certaines pierres de forme particulière, ou les masques que l'on fabrique dans les sociétés secrètes.

Le culte des morts diffère suivant les régions. En général l'âme du

1) L'auteur rend par le terme *krifis*, ce que d'autres explorateurs ont appelé plus communément *grigris*. Le premier anthropologiste qui ait décrit les grigris (ou krifis) semble Thomas Winterbottom, *An Account of the Native Africans in the Neighborhood of Sierra Leone* (Londres, 1803), pp. 261 sq.   (L. R.)

défunt s'incarne dans une pierre que l'on porte dans le boromasar (hutte réservée à cet office à l'entrée du village). Les sacrifices sont offerts aux ancêtres à l'époque des labours. Le chef prend une poignée de riz et la pose sur chaque pierre. Ailleurs, un mouton est sacrifié. Les femmes n'ont généralement pas le droit de figurer sous forme de pierres au boromasar : elles appartiennent, en effet, à une contrée non à un village. Dans cette occurrence, la pierre de la mère revient à sa fille aînée qui l'emporte dans la maison de son mari et lui rend un culte filial. Quand les ancêtres ne sont pas favorables, on leur offre comme prémices des aliments avariés. Il y a un ciel et un enfer (Yehenama) et des sanctions d'outre-tombe, transitoires, pour les méchants. La croyance en la réincarnation est peu répandue : parfois on croit reconnaître un ancêtre dans un de ses descendants ou de ses proches.

Les sorciers sont l'occasion d'un grand nombre de rites protecteurs (akanta). Ils sont radicalement proscrits. Leur état est congénital et non acquis : ils naissent d'une mère cannibale. Pour bien savoir si quelqu'un est sorcier, on le soumet à des épreuves variées.

Les sacrifices d'animaux sont très en usage. Ils ne diffèrent des rites magiques qu'en ce que le nom du dieu suprême, ou Kurumsaba, par suite de l'influence musulmane, y est associé. Ils s'accompagnent de magie imitative. Le but est de conjurer les maladies, les calamités naturelles, les sorciers (wanka), les voleurs (kanta) ou de provoquer l'accomplissement d'un désir. L'usage du tabou-wanka (objet fabriqué avec des feuilles d'arbre tabou) est utilisé pour assurer le respect de la propriété privée. Un tableau synoptique résume les différentes offrandes, leurs noms et leurs effets.

Les tabous ou prohibitions rituelles, d'origine magique et religieuse, diffèrent notamment des caractères ordinaires du tabou dans les religions sémitiques ou de l'antiquité classique. Il n'en est pas qui se rattachent aux victimes sacrifiées, au cadavre d'un mort ou au corps d'un homme vivant. Ils ont le plus souvent une destination utilitaire : par exemple, on ne doit pas manquer de respect à ses beaux-parents dans la crainte qu'ils ne reprennent votre femme. D'autres sont d'origine animiste et ont pour but d'échapper aux représailles des Krifis, en dehors de toutes conséquences naturelles fâcheuses pour le commettant. D'autres règlent le respect que l'on doit au souverain, lès relations sexuelles et familiales, etc.

Le totémisme et l'exogamie sont en voie de disparition chez les peuplades de la Sierra Leone, bien qu'il n'y ait nul doute que le totémisme

21

exogamique n'ait été la règle dans le passé. Le nom des clans n'est pas dérivé du totem, et celui-ci semble de peu d'importance dans la vie des indigènes, sauf chez les Kurumas et Bokoros où l'animal tòtem ne doit pas être tué, ni mangé, ni même touché dans certains cas. Dans les autres clans, ces règles ne sont pas observées : on chasse et l'on fait commerce de l'animal totémique. L'héritage du totem est en général patrilinéal. Un totem n'est pas exclusivement caractéristique d'un clan : on le retrouve chez d'autres; c'est pourquoi chaque clan a généralement plusieurs totems diversement combinés. Certains clans ont plusieurs li.tes alternatives de totems.

L'auteur étudie ensuite brièvement la divination, les épreuves, les augures, la naissance, la circoncision, le mariage, les funérailles et la mort; les lois et le droit, l'esclavage, l'héritage, la propriété, les dettes, la culture et la récolte, les arts pratiques.

Ce travail appartient à la sociologie descriptive. En aucun cas, l'auteur ne se préoccupe de rechercher une explication de ce qu'il note, ou de discuter les grandes théories classiques. Dans le seul chapitre sur la famille, il tente une classification plus judicieuse des différents systèmes de parenté : il n'institue pas non plus de rapprochements entre les peuplades de la Sierra Leone et celles d'autres régions africaines, sauf à l'occasion des sociétés secrètes où il se réfère à celles du Niger. Des photographies suggestives et des tableaux synoptiques minutieusement dressés compensent ce que l'ouvrage offre d'insuffisant par ailleurs.

L. Rougier.

Élie Benamozegh. — Israël et l'humanité. Étude sur le problème de la religion universelle et sa solution. Préface de Hyacinthe Loyson. — Paris, Leroux, 1914, xliii-735 pages, 12 francs.

M. Élie Benamozegh, rabbin-prédicateur à Livourne, était un noble esprit, hanté, comme le Père Hyacinthe dans les dernières années de sa vie, par le problème de l'établissement de l'unité religieuse parmi les hommes. Il attendait la réalisation de cet idéal du triomphe de ce qu'il appelait l'hébraïsme ou le judaïsme orthodoxe intégral, comprenant les enseignements de l'Ancien Testament, du Talmud et de la Kabbale. L' « hébraïsme », pensait-il, est éminemment propre à devenir la religion universelle : il comporte deux statuts religieux, l'un, le « mosaïsme »,

pour les Juifs, seuls astreints à l'observation de la Loi, l'autre, le « noa-
chisme », pour ceux qui ne sont pas israélites de naissance. « Israël ne
demande pas que tous les peuples se convertissent au judaïsme et en
pratiquent les préceptes, mais qu'ils arrivent à la conception du Dieu
Un, tout en l'adorant à leur manière » (p. VI).

Israël doit observer les lois « suprarationelles » du mosaïsme, parce
qu'il est « le peuple-prêtre ». « Doué d'une aptitude particulière pour
le divin, d'une faculté religieuse que la science moderne reconnaît de
plus en plus comme caractéristique de la race sémitique et spécialement
de la race juive, il est soumis à des devoirs qui n'incombent qu'à lui
seul; il a un culte et des pratiques à l'aspect hiératique, disons même
théurgique, qui répondent au côté mystérieux de l'univers » (p. 32). Il
se charge pour l'humanité « des obligations relatives au surnaturel »
(p. 617). « Maître infaillible de vérité » même en matière politique
(p. 648), Israël est appelé à exercer « l'hégémonie » comme un « maître
au milieu de ses disciples », comme un « prêtre entouré des fidèles »
(p. 527). « Le mosaïsme était un degré supérieur d'initiation accessible
à tous ceux qui y voulaient prétendre, mais auquel en conscience aucun
gentil n'était tenu de s'élever » (p. 494).

Les autres nations, selon M. Benamozegh, n'ont qu'à se grouper
autour de cette élite religieuse; le judaïsme leur offre, en effet, un cadre
dans lequel elles pourraient tout à la fois conserver une liberté relative
et entretenir un lien organique avec le peuple « prêtre de l'humanité » :
il leur suffirait de se soumettre aux obligations imposées aux « prosélytes de la porte » ou « enfants de Noé ».

Sur l'étendue de ces obligations la pensée de l'auteur paraît présenter
un certain flottement. Parfois il semble demander simplement la reconnaissance de l'unité de Dieu, ainsi lorsqu'il s'approprie ces sentences
du Talmud : « Quiconque abjure l'idolâtrie est un véritable juif » ou
« Quiconque rejette le polythéisme confesse toute la Loi » (p. 496). Il
permettrait même volontiers aux « enfants de Noé » d'associer dans
leur culte d'autres dieux à celui de la Bible, pourvu qu'ils reconnussent
à celui-ci la suprématie; il ne leur demande pas même de confesser le
vrai Dieu jusqu'au martyre (p. 670-671). Il identifie avec insistance la
« loi noachide » avec la « religion naturelle, patrimoine du genre
humain » (p. 505, 614). — Ailleurs, au contraire, il spécifie que les
devoirs du prosélyte de la porte comportent toute une série d'observances que l'on ne saurait raisonnablement déduire de la « religion
naturelle ». Déjà au nombre des sept préceptes qui, d'après l'opinion

dominante des rabbins, formaient la loi des enfants de Noé, se trouve l'interdiction de manger de la viande avec du sang. Mais ces sept commandements eux-mêmes ne forment, selon M. Benamozegh, que le noyau central de la loi noachique, qui en implique bien d'autres : par exemple « l'interdiction de la castration et du croisement des diverses races ou du greffage des arbres » (p. 665), l'observation d'un demi-repos le jour du sabbat (p. 479-480), la célébration des néoménies et de la fête des Tabernacles (p. 549-550), le paiement de la dîme (p. 706-707). La polygamie est permise aux enfants de Noé, mais il leur est défendu d'épouser leur belle-mère (p. 696, 701). Ils doivent de plus reconnaître le privilège d'Israël et croire à la révélation primitive (p. 540).

La très réelle largeur de M. Benamozegh ne va donc pas sans exiger de l'humanité tout entière de l'avenir l'observation d'une partie assez considérable des usages spécifiquement juifs, sans parler de la renonciation aux « erreurs des cultes locaux et nationaux » (p. XXI).

Le livre de M. Benamozegh est un ouvrage d'apologétique et de propagande. L'auteur ne s'en cache pas : il parle de « la cause de l'hébraïsme que nous avons ici la mission de défendre » (p. 53). Sa polémique est courtoise et loyale; mais il plaide toujours. Son éditeur relève avec raison tout à la fois la franchise avec laquelle il va au devant des objections et la virtuosité qu'il déploie pour en faire sortir « des arguments en faveur de la thèse orthodoxe » (p. XVI), l'habileté avec laquelle il entreprend d' « expliquer le judaïsme dans toutes ses parties, même les plus déconcertantes d'ordinaire pour ses apologistes ».

On estimera cependant qu'il va un peu loin dans son parti-pris de tout justifier et de tout admirer dans le judaïsme, par exemple lorsqu'il trouve « nobles et tolérantes » les conditions imposées par les Israélites aux Cananéens (p. 466) : on sait que, d'après les données du livre de Josué, dont M. Benamozegh admet l'entière historicité, Israël devait tout exterminer, hommes, femmes, enfants, bestiaux. Après avoir étudié le commandement permettant — ou, selon Maïmonide, ordonnant — au Juif de prêter à usure aux gentils, M. Benamozegh ajoute : « il convient de parler ici d'une loi qui permet d'admirer non moins que les précédentes les sentiments de délicatesse et de charité de la Thora d'Israël à l'égard de l'étranger » (p. 605). Il est difficile de trouver une preuve de « magnanimité admirable » dans la prescription du Talmud ordonnant de détruire, brûler et exterminer l'homme qui fait tomber son semblable dans l'erreur (p. 672).

Cette Revue est « purement historique » et s'interdit toute controverse dogmatique. Nous n'avons donc pas à discuter le fond même de la thèse de M. Benamozegh : son idéal d'unité religieuse est-il de nature à satisfaire ceux qu'il veut concilier? La destinée qu'il réserve aux groupements étrangers au judaïsme et à leurs doctrines séduira-t-elle les non-israélites? La pensée de M. Benamozegh, toute pénétrée de théories kabbalistiques, aura-t-elle l'entière approbation de l'orthodoxie juive? Ce sont des questions que nous n'aborderons pas, nous limitant au côté historique de la thèse de l'auteur.

M. Benamozegh soutient, en effet, que sa conception de l'organisation religieuse idéale de l'humanité a été de tout temps celle de l'hébraïsme. Ce point de sa démonstration a même, à ses yeux, une importance capitale. Car le judaïsme, s'il avait varié, cesserait, estime-t-il, d'apparaître comme une religion révélée et perdrait le meilleur de son prestige. Il entreprend donc de prouver qu'Israël a toujours été monothéiste et universaliste. C'est à dessein que M. Benamozegh confond sous un même nom, celui d' « hébraïsme », les doctrines qu'on trouve dans la Bible, dans le Talmud ou dans la Kabbale : les croyances d'Israël sont toujours restées identiques à elles-mêmes ; elles constituent le vrai catholicisme (*quod semper, quod ubique, quod ab omnibus creditum est*) ; tout au plus certains enseignements ont-ils été d'abord ésotériques, pour ne devenir publics qu'à une époque ultérieure (p. 319-320).

Le rabbin de Livourne n'ignore pas qu'en soutenant cette thèse, il se met en contradiction avec les conclusions de la « critique indépendante », celle-ci admettant que la religion d'Israël, d'abord nationale et monolâtrique, n'est devenue monothéiste et universaliste que par une évolution progressive dont on peut suivre les étapes dans les documents. M. Benamozegh soutient cependant la conception traditionnelle, sans paraître le moins du monde impressionné par les preuves si fortes qui ont été accumulées contre elle au cours d'un travail séculaire.

Pour expliquer une pareille attitude de la part d'un esprit aussi ouvert, on peut alléguer que l'ouvrage posthume du rabbin de Livourne, bien que publié en 1914, paraît avoir été écrit il y a une trentaine d'années déjà ; en effet, aucun des ouvrages cités au cours du volume n'est, si nous ne faisons erreur, postérieur à 1885. A cette époque les vues de l'école Reuss-Graf-Kuenen-Wellhausen, qui a mis en pleine lumière l'évolution religieuse de l'ancien Israël, n'avaient pas encore acquis en Italie et en France le crédit qu'elles ont obtenu depuis.

Mais la véritable raison de l'attitude anticritique de l'auteur, c'est qu'il ne semble pas même avoir pris la peine de s'informer exactement

des travaux des « critiques indépendants » de son temps. Il paraît ignorer que ceux-ci s'étaient appliqués depuis plus d'un siècle à reconstituer
les sources dont ont été formés les écrits bibliques, à dater chacun de
ces documents selon les règles de la méthode historique, et que c'est
sur cette base solide qu'ils ont entrepris de restituer l'histoire réelle du
peuple d'Israël. Voici, en effet, la phrase étonnante — la seule où nous
ayons relevé une allusion précise à la distinction des sources dans les
livres bibliques — qu'il écrit à propos de la juxtaposition dans certaines
pages de passages universalistes et de textes « où l'on prétend trouver
la notion d'un Dieu exclusivement juif » : « Dire que ceux-ci sont les
plus anciens et que la doctrine qui résulte des autres textes est d'une
date bien postérieure, c'est s'obliger à prouver la valeur de l'affirmation
par un travail critique *que nul ne sera jamais en état de faire* »
(p. 223-224).

Il croit que le « cantique d'Anne » est « un passage dont la critique
ne conteste pas l'authenticité » (p. 90), alors qu'il est très généralement
admis que c'est un psaume royal inséré après coup dans le livre de
Samuel ; car il ne convient pas à la situation et la version des Septante
ne l'intercale pas exactement à la même place que l'édition masorétique.

Tout le travail de la critique biblique, — ses conclusions et ses
méthodes — est nul et non avenu pour M. Benamozegh. Le Pentateuque
est de Moïse. Les livres d'Ésaïe et de Zacharie sont tout entiers des prophètes dont ils portent le nom. Les Psaumes attribués par l'édition
masorétique à David sont effectivement du prince-poète. Adam est un
personnage historique — bien qu'ailleurs il soit identifié avec le protozoaire —. « Les prophètes étaient des docteurs de la Loi » (p. 639).

Considérant les livres bibliques comme des blocs, M. Benamozegh
n'a pas de peine à trouver à peu près dans tous, même dans ceux « de
Moïse », les plus anciens selon lui, des affirmations monothéistes et
universalistes ; il en conclut que les patriarches déjà ont cru en un Dieu
unique que tous les hommes doivent adorer. Il est vrai que ces mêmes
livres contiennent aussi des textes qui semblent reconnaître l'existence
d'autres divinités et présenter Yahvé comme un Dieu national ; mais
M. Benamozegh, convaincu que ces passages sont du même auteur que
que les autres, pose *a priori* que ces contradictions ne peuvent être
qu'apparentes et qu'il faut chercher dans les affirmations de l'ordre le
plus élevé la clé de celles qui paraissent d'ordre inférieur. Les spéculations de la Kabbale lui fournissent un moyen très apprécié pour concilier les contradictoires et prêter un sens sublime aux anthropomor

phismes trop grossiers. La présence de ces textes choquants dans la Bible lui semble même, comme autrefois à Origène, une preuve de la légitimité de l'interprétation allégorique et théosophique : il parle « d'anthropomorphismes grossiers qui ne peuvent s'expliquer en dehors de la doctrine théosophique » (p. 60). Il écrit : « L'universalisme juif..., est si peu une interprétation fantaisiste des Rabbins, il est si authentiquement biblique que sans lui le récit des premiers chapitres de la Genèse n'a que contradictions, mystères et puérilités à nous offrir... Il suffit de lire la narration biblique pour y découvrir autre chose que la signification littérale » (p. 279-280).

Tandis que le premier principe de la méthode critique, c'est qu'il faut interpréter chaque texte dans son sens naturel, littéral, en essayant de le comprendre naïvement selon les idées du temps de l'auteur, M. Benamozegh admet que la Bible est un livre dont les premiers rédacteurs n'ont pas entendu le sens dans toute sa plénitude, « un livre dont on ne pénètre jamais complètement les enseignements, mais qui toujours mieux écouté devient de plus en plus intelligible » (p. 404).

Il est clair que, pour les esprits foimés aux méthodes modernes, la démonstration historique de M. Benamozegh perd toute valeur probante. Il est donc inutile de la discuter en détail.

Bornons-nous à indiquer sommairement — il faudrait tout un livre pour traiter le sujet en détail [1] — comment il nous semble que l'histoire des rapports d'Israël avec l'humanité apparaîtra au critique qui aura commencé par faire un classement chronologique des sources et qui, ne posant pas en axiome une invraisemblable immutabilité des croyances israélites et juives, admettra, au contraire, la possibilité de divergences de vues entre les époques et les personnes. Nous nous limiterons, comme M. Benamozegh, à l'antiquité.

Dans une première période qui s'étend jusque vers le viii° siècle avant J.-C., les Israélites n'ont pas été monothéistes, mais monolâtres. Yahvé est le seul Dieu qu'ils doivent adorer ; mais ils admettent qu'à ses côtés il existe d'autres divinités, celles, par exemple, des pays étrangers moins puissantes que lui certes, mais ayant sur leur peuple et dans les limites de leur domaine les mêmes droits que Yahvé sur Israël et dans la terre de Canaan. Quand un Israélite quitte la Palestine ou, comme

---

1) Deux des aspects du sujet ont été traités dans les ouvrages classiques de Kuenen, *Religion nationale et religion universelle*, (trad. M. Vernes, Paris, 1884), et d'Alfred Bertholet : *Die Stellung der Israeliten und der Juden zu den Fremden*, Fribourg, Mohr, 1896.

on disait, s'éloigne de la face de Yahvé et se fixe en territoire étranger, il va de soi qu'il doit servir les dieux du pays (1 Sam 26, 19). Ceux-ci, lorsque leur colère est excitée, peuvent infliger de redoutables défaites aux armées israélites qui s'aventurent dans leur pays (2 Rois, 3, 27).

L'Israélite de cette époque est, naturellement, très flatté si un étranger, comme Naaman, général araméen, vient demander la guérison à un prophète de Yahvé et annonce l'intention d'offrir un culte au Dieu d'Israël ; mais même un *nabi* comme Élisée ne prétend nullement que celui-ci soit le Dieu unique, seul digne des adorations de tous les hommes ; car il autorise expressément Naaman à rendre ses hommages à Rimmon, dieu de Damas, en même temps qu'il sacrifiera à Yahvé auprès d'un autel *élevé sur de la terre emportée de Palestine.*

On pouvait certes, observer, dès cette période, dans la religion d'Israël, des phénomènes qui, en logique rigoureuse, auraient impliqué la croyance à un Dieu unique et que l'on peut interpréter, selon ses préférences, soit comme des germes de monothéisme universaliste, soit comme des ressouvenirs d'un monothéisme primitif. Mais ces phénomènes ne paraissent guère avoir eu plus d'importance dans l'ancien Israël que les faits tout semblables qu'on peut constater dans d'autres religions indubitablement polythéistes. Ainsi les Israélites saluaient en Yahvé le créateur des cieux et de la terre — mais les Babyloniens attribuaient le même rôle à Enlil ou à Mardouk sans pour cela nier l'existence des autres dieux ni même faire du créateur la divinité suprême. Les Israélites représentaient les premiers hommes célébrant le culte de Yahvé — il y a là une naïveté analogue à celle des peintres du moyen âge habillant Abraham ou Ponce-Pilate à la mode du xiiie ou du xive siècle. Les oracles de Yahvé transmis par Joseph, Moïse ou Élisée à des princes étrangers ne sont pas davantage une preuve d'universalisme : les oracles dans toute l'antiquité étaient internationaux : les dieux grecs ou égyptiens se laissaient consulter par les monarques perses. Le phénomène de « l'hénothéisme », qui fait que l'adorateur, dans ses prières, décerne au dieu invoqué des louanges qui, en bonne logique, aboutiraient à dénier tout pouvoir et même toute existence aux autres divinités, s'observe chez les polythéistes de l'Inde ou de la Babylonie et jusque chez les non-civilisés du sud de l'Afrique comme dans l'ancien Israël ; cette tendance devait cependant avoir une force particulière en Israël, puisque Yahvé y était le seul Dieu national légitime.

Mais ces faits et d'autres semblables où l'on peut trouver des embryons de monothéisme n'avaient pas, à cette époque primitive, grande influence pratique. Et Yahvé était avant tout, pour la conscience israélite, le Dieu exclusif d'Israël, comme Israël était le peuple exclusif de Yahvé.

Une deuxième période s'ouvre au viii° siècle avec les grands prophètes. Ces puissants génies dégagent et affirment le monothéisme avec une clarté qui va en croissant jusqu'aux formules doctrinales catégoriques du Deutéronome et du second Esaïe (vii° et vi° siècles). On constate, du reste, sur ce point, des variations, des incertitudes, des divergences individuelles : les uns admettent encore l'existence des dieux étrangers, mais réduits à une impuissance à peu près complète ; d'autres affirment nettement qu'ils n'ont aucune réalité ; d'autres encore, étendant à tous les dieux un système d'accommodation qui avait été appliqué dès la période précédente aux anciens *elohim* de Canaan (Gen. 32, 2-3 ; cf. 28, 12) considèrent les dieux païens comme des anges de Yahvé (Deut. 32, 8 (lxx) ; Daniel) ; mais ce procédé de conciliation n'était pas, comme le veut M. Benamozegh, la doctrine constante et unique de tout « l'hébraïsme » : ce n'était qu'une des lignes de la pensée des prophètes et de leurs disciples.

En même temps que l'unité de Dieu, les *nebiim* israélites des viii°, vii° et vi° siècles découvrent l'universalisme religieux qui en est la conséquence : Yahvé n'est pas seulement le Dieu d'Israël, il est aussi celui des autres peuples. A tous il applique les règles de la justice ; à tous aussi il témoigne sa sollicitude : il a tiré les Araméens de Qir et les Philistins de Caphtor comme les Israélites d'Égypte ; ceux-ci sont à ses yeux sur le même pied que les Kouchites (Am. 9, 7). Un jour viendra où toutes les nations salueront effectivement pour leur Dieu ce Yahvé qu'Israël est actuellement seul à connaître ; et c'est le rôle assigné à ce peuple de le leur révéler. Le grand anonyme de l'exil, que nous appelons le Second Ésaïe, trouve dans cette mission l'explication des souffrances endurées par « le Serviteur de Yahvé », c'est-à-dire par Israël déporté ; il faut qu'il subisse cet indicible abaissement pour qu'ensuite son glorieux relèvement ouvre les yeux des nations et les amène à croire et à espérer en Yahvé ; il faut qu'Israël souffre pour le bien des « nations », pour les faire parvenir à la justice, c'est-à-dire à la vraie religion.

Ce sont donc les prophètes qui ont proclamé, en même temps que la doctrine monothéiste, le principe de la nécessité de l'établissement d'une religion universelle.

Mais leur prédication eut, d'autre part, une conséquence toute diffé-

rente. Les prophètes exigeaient la purification rigoureuse de la religion
israélite, l'abandon de toute pratique ayant de près ou de loin quelque
attache avec le paganisme. De là une tendance à préserver anxieuse-
ment le groupe des adorateurs de Yahvé contre tout contact avec les
peuples étrangers, tendance qui culmine dans les mesures d'Esdras,
mais dont on peut suivre les progrès depuis les censures d'Osée et
d'Ésaïe, dans les discours de Sophonie et de Jérémie, dans le Deutéronome, dans les appels et les projets de loi d'Ézéchiel, dans la législation
sacerdotale.

Au cours d'une troisième période, que l'on peut faire commencer
au retour de l'exil et où le peuple juif s'applique à réaliser pratiquement la religion des prophètes, les deux tendances opposées,
universalisme et exclusivisme, font effort pour s'amalgamer, en se
combinant de plus avec le nationalisme hérité des origines et qui ne
perdait pas ses droits. Selon les époques, les milieux et les individualités, c'était tantôt l'étroitesse antipaïenne qui prédominait (Esdras et
Néhémie, Daniel et en général le judaïsme palestinien depuis les Macca-
bées), tantôt c'était la largeur universaliste (Ruth, Jonas, les Proverbes,
Job, l'Ecclésiaste, le Siracide, le judaïsme alexandrin).

La nécessité d'une solution pratique s'imposa lorsque le judaïsme vit
venir à lui un afflux considérable de païens amenés, soit par la force
des armes, soit par la prédication missionnaire. Les princes hasmo-
néens obligèrent, on le sait, les Iduméens vaincus et les habitants de
beaucoup des villes grecques conquises à se faire circoncire. On peut
trouver dans ces conversions forcées une preuve d'universalisme, le
besoin de propagande ayant été plus fort que la crainte des infiltra-
tions païennes ; mais on y verra surtout une survivance de l'antique
territorialisme : quiconque habite la terre de Yahvé doit se soumettre
aux exigences du Dieu du pays.

Bien plus importants et plus féconds furent les résultats de la mission
pacifique que les colonies juives répandues dans l'empire perse, puis
dans le monde grec, entreprirent autour d'elles. Ayant le sentiment pleinement justifié qu'il possédait des biens spirituels inestimables (connaissance du Dieu unique, morale très pure, espérances d'avenir), stimulé
par les promesses de ses prophètes, le Juif parla à tous de sa religion.
Et cette prédication, qui se trouvait répondre à certains besoins essentiels de l'époque, réussit au moins aussi bien que celle des adeptes
d'Isis ou de Sérapis. Autour de chaque synagogue se constitua un vaste
cercle d'hommes « craignant Dieu » ou « vénérant Dieu ». Tous

n'allaient pas jusqu'à la circoncision et à l'observation intégrale de la loi mosaïque; beaucoup se contentaient d'adopter telle ou telle partie des croyances et des pratiques juives, monothéisme, culte sans image, sabbat, lois alimentaires.

Quelle place le judaïsme fit-il à cette foule d'adeptes venus des « nations » ? Elle est bien caractérisée par le nom même que l'on appliqua au nouveau converti : on l'appela un *guér*. Par là, on le rangeait dans une catégorie sociale déjà existante. Le mot *guér* était un terme du langage *politique* : dans tous les textes bibliques il désignait, comme dans les anciennes sociétés sémitiques; le métèque, l'homme de race étrangère qui demande à habiter sur le territoire d'un peuple ou d'une tribu et à se placer sous sa protection. Le converti qui se soumet à la circoncision est, par le fait, affilié à la *nationalité* juive ; il cesse d'être soumis aux lois grecques ou romaines pour obéir au droit judaïque.

De plus le *guér* est, par définition, un *subalterne*. Et c'était, en effet, une situation inférieure qui était faite, dans la société juive, au païen converti. Le prosélyte, même circoncis, n'acquérait pas une égalité complète avec le Juif de naissance. Un texte connu de la Michna le place bien au-dessous du prêtre, du lévite et du laïque israélite, après le bâtard et le *ndtîn* (Horayot III, 8). A plus forte raison le simple « craignant Dieu » : l'indulgence même avec laquelle on tolérait chez lui toute sorte de pratiques et de croyances païennes indique le rang inférieur où on le plaçait.

On ne saurait, on le voit, reconnaître qu'un caractère d'universalisme relatif à la solution qui prévalut dans l'organisation de la société religieuse juive et qui est, dans ses grandes lignes, celle même que préconise M. Benamozegh pour l'humanité de l'avenir. Très remarquable pour l'époque, elle était un compromis entre les tendances opposées qui coexistaient alors dans le judaïsme.

Les faits qui se produisirent par la suite dans l'Église naissante d'une part, dans la Synagogue de l'autre, se chargèrent, du reste, de faire saillir les insuffisances de ce système.

Dans les communautés chrétiennes primitives on était généralement d'accord pour admettre que les chrétiens d'origine juive devaient continuer à observer toute la Loi, tandis que les fidèles d'origine païenne, comme les « craignant Dieu » du judaïsme, n'y étaient pas astreints[1]. Mais cette coexistence de deux catégories de croyants dans

1) Le témoignage de Paul (Gal. 2, 1-10) est d'accord sur ce fait général

la même Église ne put pas se maintenir à la longue. Si l'observation de
la Loi est nécessaire au Juif, si elle constitue un « degré supérieur
d'initiation », il était inévitable que l'on cherchât à y faire parvenir
tous les chrétiens ; de là la propagande des judaïsants, conjurant tous
les membres de l'Église de se faire circoncire. Si, au contraire, le
pagano-chrétien est sauvé sans la Loi, par la seule foi au Christ Jésus,
les pratiques de la Loi ne sont pas indispensables non plus au Juif de
naissance. C'est, on le sait, cette seconde tendance qui finit par prévaloir après des luttes ardentes ; et l'Église aboutit à établir une égalité
absolue entre ses membres de toute origine.

Les expériences faites dans la Synagogue ne furent pas moins significatives. Les progrès de la propagande juive ne tardèrent pas à être
arrêtés presque entièrement par la mission chrétienne. La situation de
croyants de seconde ou de troisième classe que le judaïsme réservait
aux convertis fut évidemment pour beaucoup dans cet échec. La prédication semi-universaliste du judaïsme perdit une grande partie de son
attrait du jour où elle se trouva en concurrence avec une Église qui
déclarait qu'en Christ il n'y a plus ni Juif ni Grec[1].

D'autre part, les luttes acharnées qui mirent aux prises la nation
juive et l'empire romain firent sentir douloureusement aux prosélytes
circoncis ce qu'il y avait de faux dans la situation qui leur était faite :
obligés de se prononcer entre leurs convictions religieuses et leur attachement à leur peuple d'origine, beaucoup d'entre eux abandonnèrent
leur foi juive, qu'on ne leur avait pas appris à distinguer de l'apparte-
nance à la nationalité juive (Josèphe, *C. Ap.*, II, 10).

Ces amères expériences contribuent à expliquer le revirement qui se
produisit dans les cercles dirigeants du judaïsme au cours d'une quatrième période, celle de la Michna et du Talmud. L'universalisme des
prophètes se manifeste sans doute encore d'une façon parfois admirable chez certains docteurs. Mais la plupart d'entre eux émettent sur
les prosélytes des jugements sévères ou méprisants. C'est à cette

avec le récit, moins historique, que le livre des Actes donne du « synode de
Jérusalem ». D'après celui-ci, on le sait, les autorités de l'Église imposèrent
aux pagano-chrétiens quelques règles fort semblables aux « préceptes noachiques » du Talmud et destinées à faciliter les rapports, — notamment les
repas communs — entre chrétiens de toute origine. Le récit des Actes représente apparemment la solution particulière prônée par un certain parti.

1) Ce point est bien mis en lumière par M. Klein, rabbin à Stockholm, *Der
älteste Katechismus und die jüdische Propaganda-Literatur*, 1909, p. 250.

époque qu'a été édifiée la théorie sur les lois noachiques, c'est-à-dire sur le minimum d'observances religieuses que devraient pratiquer tous les hommes. Les divergences considérables que l'on observe entre les opinions des divers rabbins sur ce point montrent qu'il s'agit d'un débat académique et non de la codification d'un statut réellement appliqué à une classe nombreuse d'adhérents de l'église juive.

Il y a, on le voit, beaucoup à objecter à la thèse historique de M. Benamozegh. Il a présenté comme ayant été connu et admis de tout temps un système d'organisation religieuse qui n'a jamais fonctionné tel qu'il le décrit et où il a combiné les conceptions et les tendances de plusieurs périodes différentes. Dans cette construction théorique il s'est inspiré surtout des idées de la grande époque de la propagande juive, sans remarquer que la solution adoptée aux environs de l'ère chrétienne était celle d'un temps déterminé et ne constituait qu'une réalisation imparfaite du haut idéal entrevu par les prophètes.

Ceci n'empêche pas qu'il y ait beaucoup à apprendre dans le livre du savant rabbin de Livourne. Sans parler des renseignements qu'il donne sur une foule de points de détail, il oblige le lecteur à penser ; car il soulève d'innombrables problèmes et les renouvelle en ce sens qu'il les envisage à un point de vue qui ne nous est plus très familier : celui du néo-platonisme à la manière de Plotin et de la Kabbale.

Adolphe Lods.

J. Abelson. — **Jewish Mysticism.** (Quest Series.) — London, G. Bell, in-8° de 184 p., 1913. 2 sh. 6 p.

Nous avons présenté naguère aux lecteurs de cette Revue, à propos d'un ouvrage sur la mystique de l'Islam (Nicholson, *The mystics of Islam*), la collection de publications à laquelle préside, avec un sens très délicat de l'intérêt philosophique et religieux des sujets, l'éditeur du *Quest*, G. R. S. Mead. Cette série s'est enrichie de plusieurs ouvrages dont deux nous sont parvenus : l'un traite du mysticisme juif, l'autre de la psychologie bouddhique.

J. Abelson ne prétend donner qu'une vue à vol d'oiseau sur le mysticisme juif ; c'est précisément ce qui manquait au public cultivé, ainsi qu'aux étudiants désireux de s'initier à une littérature ardue et touffue. Tel, qui n'a pas encore lu ou qui ne lira pas la *Kabbale* d'A. Franck, la traduction du *Zohar* par Jean de Pauly ou la thèse de Karppe (*Origine et histoire du Zohar*, Alcan, 1901), prendra du sujet la notion d'ensemble la plus juste en suivant l'exposé à la fois limpide et substantiel d'Abelson. Les judaïsants, qui n'ont pas oublié une excellente étude critique intitulée *The Immanence of God in Rabbinical Literature* (London, 1912), ne s'étonneront pas de voir l'auteur de ces deux travaux signaler comme les étapes d'un même courant mystique les divers concepts par lesquels l'esprit juif a symbolisé l'immanence du Créateur dans la créature : Merkabah d'Ézéchiel, Metatron inspiré du Logos de Philon, Schechinah des traités rabbiniques, notions d'émanation et doctrine des Sefirot dans le *Yetsirah* et le *Zohar*. L'interprétation rationaliste de la loi mosaïque n'épuise donc pas le contenu dogmatique du judaïsme; ou plutôt, par mélange avec des éléments non-seulement néoplatoniciens, mais mithraïques, l'antique judaïsme donna naissance à un mysticisme original. Le rôle d'Isaac l'aveugle, celui surtout des Israélites d'Espagne dans l'élaboration de ce mysticisme fait l'objet de suggestions brèves, mais pénétrantes.

P. MASSON-OURSEL.

Mrs C. A. F. RHYS-DAVIDS. — **Buddhist Psychology**. (Quest Series). — Londres, G. Bell, in-8° de x-212 p., 1914, 2 sh. 6 p.

Mrs C. A. F. RHYS-DAVIDS and SHWE ZAN AUNG. — **Points of Controversy**, *or subjects of discourse, being a translation of the* **Kathâ-Vatthu** *from the Abhidhamma-Piṭaka*. London (Pali Text Society), Humphrey Milford, 1915, grand in-8 de LVI-416 p.

L'œuvre considérable, entreprise par M. et Mᵐᵉ Rhys-Davids pour faciliter la connaissance du canon bouddhique de langue pâlie, et menée à bien à force d'assiduité, a commencé, comme il convenait, par donner des éditions de textes, base désormais de toute étude en ce domaine. Puis le besoin a été ressenti, de rendre la compréhension des ouvrages accessible à quiconque, en élaborant des traductions ; la « Pâli Text Society » a fait ainsi paraître, dans ces dernières années, les « Psaumes des Religieux et des Religieuses » (*Theragâthâ, Therîgâthâ,* par Mᵐᵉ R.-D.), la « Grande chronique » singhalaise (*Mahâvaṃsa,* par Geiger et Mabel Bode) et même une œuvre de scolastique relativement tardive, l'*Abhidhammattha sangaha* d'Anuruddha (*Compendium of*

Philosophy, traduction de Shwe Zan Aung et Mrs R.-D.); à la suite de ces traductions vient de voir le jour la première version en langue européenne du *Kathâvatthu*. Concurremment avec ces travaux de pure objectivité, un sérieux effort a été tenté pour analyser le contenu du Bouddhisme Hînayâniste ; le dernier travail de ce genre est la *Buddhist Psychology*.

Les deux récents ouvrages de Mme Rhys-Davids intéressent l'un l'histoire de la logique, l'autre celle de la psychologie. Le *Kathâvatthu*, où les Bouddhistes trouvent un catéchisme dogmatique et les indianistes une mine de renseignements sur les sectes, fournit des exemples caractéristiques de la dialectique indienne. Pour réfuter des erreurs doctrinales, — réfutation qui constitue l'objet essentiel de l'ouvrage, — le recours à des textes du canon ne représente qu'une ressource subsidiaire ; la discussion est le principal moyen de persuasion. La multiplicité des procédés employés déconcerte, mais plus encore le contraste entre l'agilité la plus subtile et les plus pesantes gaucheries. Notre logique formelle, d'inspiration grecque, devant peut-être son artificialité, mais sûrement sa rigueur, à ce qu'elle postule une hiérarchie d'idées, le spectacle ne saurait être indifférent d'efforts logiques étrangers à toute théorie du concept : cette expérience eût été d'un prix inestimable pour un Stuart Mill. Toute subsomption selon l'extension ou la compréhension était absente, la démonstration revêt aux premiers âges du Bouddhisme une forme complexe, capricieuse, plus apte à persuader qu'à prouver. Le talent déployé dans la perpétuelle maïeutique par laquelle l'orthodoxe prétend amener l'hérétique à abandonner ses thèses, consiste non à lui montrer qu'elles sont contradictoires, mais à lui faire comprendre que leur exactitude impliquerait des conditions non réalisées. La faiblesse démonstrative et l'aspect réaliste de cette dialectique se trouvent intimement liées : tandis que le caractère factice, comme le gage de précision, de la logique aristotélicienne tiennent à ce qu'elle raisonne sur un concept en s'efforçant de l'envisager sous un unique point de vue, — ce qui a permis de formuler le principe de non contradiction (A ne peut pas être non-A en même temps et sous le même rapport), — le Bouddhisme primitif s'ingénie à étreindre une pensée en la saisissant tour à tour par ses diverses faces, c'est-à-dire en notant le rapport entre un fait et les autres faits qui en peuvent être les conditions. De là, cette forme de rabâchage où se dilue et en apparence se perd la cohérence du raisonnement, les mêmes procédés dialectiques (affirmation, négation, affirmation et négation, ni affirmation ni négation) étant successivement appliqués aux différents biais sous lesquels on peut aborder une même notion. Cette méthode, qui devait être jusqu'à un certain point éliminée par la logique bouddhique ultérieure, peut-être sous des influences étrangères, semble proprement indienne : elle s'est épanouie dans la logique jaina.

On peut donc regretter que Mme Rhys-Davids ait cédé à la tentation d'écourter, de condenser les répétitions où se complaît le raisonnement bouddhique dans le *Kathâvatthu* comme dans tout le *Tipiṭaka*. Ce délayage est fastidieux, mais imposé par la méthode même; à prétendre concentrer les arguments on risque de masquer, au lieu de le mettre en évidence, ce qui différencie les diverses phases d'un raisonnement, et le travail perd, sauf en ce qui concerne la première Kathâ, traduite *in extenso*, le caractère d'une traduction pour prendre celui d'un sommaire analytique. Comme tel, l'ouvrage a d'ailleurs l'avantage de faciliter l'accès à un texte dont la portée ne sera déterminée que lorsque les questions effleurées dans les « Prefatory Notes », celle surtout des sources du *Kathâvatthu*, auront fait l'objet d'une étude de critique historique.

La rédaction d'une « Psychologie Bouddhique » a donné à l'auteur l'occasion de présenter en un manuel succinct le fruit de la connaissance de la terminologie psychologique des livres pâlis acquise en traduisant naguère la *Dhammasangañi* (*Buddhist Psychological Ethics*, 1900) et le *Compendium* d'Anuruddha. Les rapides indications fournies sur l'évolution de ce vocabulaire à travers le moyen âge sont les bienvenues. L'ouvrage, qui joint à l'utilité d'un exposé celle d'un répertoire de textes, ne pourrait être plus rigoureux que si les documents originaux avaient été eux-mêmes mieux écrits et plus fortement pensés. Mais la médiocrité du canon pâli, à l'exploration exclusive duquel Mme Rhys-Davids s'est vouée de propos délibéré, apparaît au spectacle de la difficulté même éprouvée par l'auteur pour assigner une signification précise aux termes qui désignent des fonctions psychologiques. A quels résultats plus fermes aurait abouti un labeur si consciencieux, s'il se fût porté sur le canon sanscrit, tibétain ou chinois! Mais pour être ingrate, une œuvre n'en apparaît que plus méritoire.

P. MASSON-OURSEL.

NOTICES BIBLIOGRAPHIQUES

The commentaries of Isho'dad of Merv, bishop of Ḥadatha (c. 850 A. D.) in syriac and english, edited and translated by Margaret Dunlop Gibson... with an introduction by James Rendel Harris... Vol. V. Part I. *The epistles of Paul the apostle in syriac* (180 pages) ; vol. V. Part II. *The epistles of Paul the apostle in english,* 4°, XVIII + 148 pages. Cambridge, at the University Press, 1916 (Horae semiticae, n° XI). — Prix : seven shillings and sixpence net, et five shillings net. — La *Revue* (t. LXVIII, p. 252-253) a déjà annoncé la publication d'une partie des commentaires de cet évêque syrien du ix° siècle. La savante éditrice, M⁻ᵉ Gibson, complète l'œuvre en donnant la fin des commentaires exégétiques de Isho'dad (Jésudad) ; elle a apporté le même soin, la même diligence à parachever son œuvre, et l'on ne se douterait pas, tant les deux volumes se présentent bien, qu'ils ont été imprimés à une époque aussi critique.

Comme pour les volumes précédemment parus, M⁻ᵉ Gibson a utilisé quatre manuscrits : Codex M, du professeur Margoliouth ; codex H, du D' Rendel Harris ; une copie d'un manuscrit d'Ourfah (codex B), de la collection Sachau, soit le n° 312 de la bibliothèque royale de Berlin ; enfin, le codex P, de la bibliothèque impériale de Pétrograd. M⁻ᵉ Gibson rappelle qu'elle a donné les descriptions souhaitables de ces manuscrits dans les préfaces des volumes V et X des *Horae semiticae.*

Le codex M est à la base de l'édition, comme dans le n° X des *Horae semiticae,* et l'on donne en note les variantes des trois autres manuscrits. Lorsque M présente des lacunes, on lui substitue P ; enfin l'on adopte les rubriques du codex H.

M⁻ᵉ Gibson signale en passant (p. viii) que dans son commentaire des épîtres de Paul, Isho'dad se montre tout à son avantage, et il est intéressant de relever, à propos de Hébr. VII, 3, « sans père, sans mère », le rapprochement qui s'impose avec les renseignements fournis par les tablettes de Tell-el-Amarna.

Cette dernière partie de l'œuvre contient le commentaire des épîtres de Paul, dans cet ordre : Romains, I Corinthiens, II Corinthiens, Galates, Ephésiens, Philippiens, Colossiens, I Thessaloniciens, II Thessaloniciens, I Timothée, II Timothée, Tite, Philémon, Hébreux.

Ce qui ajoute de l'importance à la publication, c'est que M⁻ᵉ Gibson a pris la peine de dresser la liste des passages parallèles chez Isho'dad et dans les

22

œuvres de Théodore de Mopsueste, et il en résulte des rapprochements des plus intéressants.

On ne saurait trop louer Mᵐᵉ Gibson du soin et de la patience qu'elle a apportés à mener à bien son entreprise scientifique, alors que les derniers volumes (ceux annoncés présentement) ont subi forcément le contre-coup des événements, et que l'établissement du texte et de la traduction « has been delayed by the terrible conflagration which is raging in Europe ».

F. MACLER.

HAMBARTZOUM ARAKÉLIAN. — **Contes et Nouvelles.** Traduit de l'arménien oriental par ARAM EKNAYAN. Préface de Frédéric Macler (*Petite Bibliothèque arménienne*). Un vol. in-18 de xxv + 251 pages. Paris, E. Leroux, 1916. — En dépit des circonstances difficiles que nous traversons, M. Fr. Macler continue à accroître la collection de la « Petite Bibliothèque Arménienne » qu'il dirige avec un succès croissant et où il s'efforce « de faire connaître, de plus en plus, la vie et l'activité littéraires et intellectuelles d'un peuple qui se plaît à être appelé *la France de l'Orient* ». La préface nous apprend que le traducteur, M. Aram Eknayan, élève diplômé de notre École des Langues Orientales vivantes, est tombé au champ d'honneur, sur notre front, le 4 octobre 1914. Sa traduction atteste une connaissance parfaite de notre langue.

M. H. Arakélian, sujet russe, occupe dans le journalisme et la littérature de son pays une place très en vue ; c'est aussi un orientaliste de valeur. Les contes et nouvelles réunis ici ont été publiés par lui à différentes occasions sous le pseudonyme de Chahriar. Ils nous font pénétrer dans l'intimité de ces peuples d'Orient aux sentiments complexes et aux aspirations mystérieuses, groupés encore en « nations » suivant le culte qu'ils pratiquent, mais riches d'avenir. Le petit volume que nous signalons est à lire du point de vue documentaire : chaque phrase, chaque mot est en situation dans les scènes très bien observées, notamment celles de la vie persane placées sous le titre de Heydar-Chah, curieux personnage religieux.

R. D.

Le Pape et la Guerre. Simples réflexions d'un catholique français sur la situation religieuse (1915-1916). — Paris, Alcan, 1916, in-8, 40 p., 60 cent. — L'auteur anonyme se déclare « fils soumis et respectueux de l'Eglise ». Cette protestation est-elle une très solide garantie d'orthodoxie dans un temps où, entre autres signes remarquables, l'on voit des athées se dire, par nationalisme intégral, catholiques ?

Quoi qu'il en soit de la nature de son catholicisme, l'auteur aurait désiré que, dans la guerre actuelle, le pape se fût promptement et catégoriquement prononcé pour la justice ; il aurait aussi souhaité que les évêques de France sortissent « un peu du rôle passif, où », dit-il, « ils se sont cantonnés ». L'auteur a exposé ses regrets et ses aspirations dans trois mémoires, écrits en juin et avril 1915 et février 1916. « Tirés à un très petit nombre d'exemplaires, ils furent adressés à Rome aux cardinaux et à plusieurs prélats de la Cour pontificale et, en France, aux évêques ». Manifestement, la hiérarchie n'en a tenu aucun compte. L'auteur les publie. Ce « fils soumis et respectueux de l'Église » ne serait-il pas quelque peu homme de lettres ?

La plupart de ses raisonnements et de ses assertions appelleraient des réserves. Par exemple, il dit : « Ah ! si Rome savait !... » « Que les évêques de France, pour obvier à l'absence si regrettable d'un ambassadeur français, établissent à Rome une sorte de représentant officieux et permanent des catholiques de France, dont le rôle consisterait à tenir exactement le Vatican au courant de ce qui se passe chez nous. » Nous n'avons aucune objection à ce que les évêques de France établissent à Rome autant de représentants qu'ils le voudront. Mais, quand tous ces évêques eux-mêmes, quand nombre de journalistes et même de politiciens français, ne cessent de défiler au Vatican, pourquoi dire : « Ah ! oui, si Rome savait » ? Benoît XV a passé la plus grande partie de sa vie dans les affaires diplomatiques ; il a été longtemps le principal auxiliaire d'un cardinal secrétaire d'État. Est-ce qu'il ignore l'art de se renseigner ? Et le secrétaire d'État de Benoît XV n'a-t-il pas vécu une vingtaine d'années en France ?

A. Houtin.

TABLE DES MATIÈRES

DU TOME SOIXANTE-QUATORZIÈME

ARTICLES DÉ FOND

MÉLANGES ET DOCUMENTS

REVUE DES LIVRES

I. — *Analyses et comptes-rendus.*

Le Gérant : ERNEST LEROUX.

NOUVELLES PUBLICATIONS

Annuaire du Collège de France. 14ᵉ et 15ᵉ années, 1916-1917. In-8, écu.   2 fr. 50
Les Archives Berbères. Publication du Comité d'études berbères de Rabat. Publication trimestrielle. Abonnement. . . . . 15 fr. »
— Étranger. 16 fr. — Un numéro . . . . 4 fr. 50
Babelon (Ernest), de l'Institut. Traité des monnaies grecques et romaines. Tome III. Les monnaies de la Grèce centrale et méridionale aux vᵉ et viᵉ siècles avant notre ère. In-8 à 2 colonnes . . . . 40 fr. »
— Le même. Album des planches. Tome III. Planches 186 à 270. In 8, en un carton. . . . . 40 fr. »

BIBLIOTHÈQUE D'HISTOIRE DE PARIS

Répertoire des Sources Manuscrites de l'Histoire de Paris. Première section. Dépouillement des inventaires et des catalogues, mis en ordre et publié par Etienne Clouzot. 3 volumes in-8, à 2 colonnes , ... 45 fr. »

BIBLIOTHÈQUE ORIENTALE ELZÉVIRIENNE

Tome 89. Récits sur la vie de Mohammed. Traduction et notes de Victor Cauro. In-18 . . . . 2 fr. 50
Boucher (colonel Arthur). La bataille de Platées d'après Hérodote. In-8, 4 cartes. 3 fr. »
Chavannes (Ed.), de l'Institut. Mission dans la Chine septentrionale. Texte. Tome I, seconde partie. La sculpture bouddhique en Chine. In-8, planches. 25 fr. »
Cloché (Paul). La Restauration démocratique à Athènes en 403 av. J.-C. In-8 . . . . 7 fr. 50
— Étude chronologique sur la troisième guerre sacrée (356-346 av. J.-C.). In-8 . . . . 4 fr. »

COLLECTION DE CONTES ET CHANSONS POPULAIRES. Tome XLIII.

Essai sur la littérature merveilleuse des Noirs, suivi de Contes indigènes de l'Ouest africain français, par V. Equilbecq. Tome III. In-18 . . . 5 fr. »
Deonna (W.). Le soleil dans les armoiries de Genève. In-8, nombreuses illustrations . . . . 5 fr. »
Dussaud (René). Le sacrifice en Israël et chez les Phéniciens. In-8. . 6 fr. »
École des Hautes-Études (section des sciences religieuses).
Tome XXX. **Prolégomènes à l'Étude de la Religion égyptienne,** par E. Amélineau. Tome II. In-8 . . . . 15 fr. »
École des Langues orientales vivantes, IVᵉ série, vol. XXII.
Le Livre de la Création et de l'Histoire. Texte arabe et traduction, par Cl. Huart. Tome V. Un fort volume in 8 . . . . 20 fr. »
Espérandieu (Em.). Les monuments antiques figurés du Musée archéologique de Milan. I, Marbres. In-8, 56 fig . . . . 3 fr. 50
— Recueil général des bas-reliefs, statues et bustes de la Gaule romaine. Tome VI. In 4, nombr. illustrations . . . . 42 fr. »
Le Roux (Hugues). Chez la reine de Saba. Chronique éthiopienne. In-18 3 fr. 50
Marty (Paul). Études sur l'Islam maure. In-8, planches . . . . . . 6 fr. »
Maspero (Gaston). de l'Institut. Études de mythologie et d'archéologie égyptiennes. Tome VIII. In-8 . . . . 15 fr. »
  Bibliothèque égyptologique, Tome XL.
Maspero (Georges). Grammaire de la langue khmère (cambodgien). In-8 de VIII et 490 pages . . . . 20 fr. »
Monuments du Cambodge (Les). Étude d'architecture khmère. Publié par M. L. Delaporte. In-folio, planches en noir et en couleurs. Livraison I. Prix de souscription à l'ouvrage complet en 3 livraisons . . . . 100 fr. »

LA GRANDE QUESTION D'OCCIDENT

LE RHIN DANS L'HISTOIRE

Par Ernest **BABELON**, de l'Institut

Tome I. — L'ANTIQUITÉ. GAULOIS ET GERMAINS

Un vol. in-8 de 480 pages, accompagné d'une carte . . . . . 7 fr. 50

Sous presse

Tome II — MOYEN-AGE ET TEMPS MODERNES
FRANÇAIS ET ALLEMANDS

Un volume in-8, avec une carte. . . . . 7 fr. 50